Kevin Kempke / Lena Vöcklinghaus / Miriam Zeh (Hg.)

Institutsprosa – Literaturwissenschaftliche Perspektiven auf akademische Schreibschulen

Einleitung: ›Institutsprosa‹ als poetologisch-soziologischer Analysebegriff

Kevin Kempke,
Lena Vöcklinghaus,
Miriam Zeh

Einen literaturwissenschaftlichen Sammelband über universitäre Literaturinstitute im deutschsprachigen Raum – noch dazu den ersten seiner Art – mit ›Institutsprosa‹ zu betiteln, könnte man als vorschnelles Werturteil der Herausgeberïnnen missverstehen. Schwingen doch in diesem Begriff Vorurteile und Vorbehalte gegen Literatur, die in Werkstattseminaren und Schreibworkshops an den sogenannten Schreibschulen entstanden ist, bereits mit. Es fehle ihr an Welthaltigkeit und Erfahrungsreichtum, an Genie und Esprit, sie lasse die altehrwürdige Literatur zur öden Bauchnabelschau verkommen. Oder, wie Kerstin Preiwuß, Schriftstellerin und Absolventin des Deutschen Literaturinstituts Leipzig, es zuspitzt:

> Kennzeichen der Institutsliteratur seien die Schwierigkeiten junger Menschen mit dem Erwachsenwerden, die Richtungslosigkeit dieser schönen, elegischen Wesen, die Nele oder Finn heißen und völlig unvermittelt, dafür aber sehr melancholisch ein weißes Pferd berühren. In einfachen Hauptsätzen. Im Präsens. Wer den Begriff gebraucht, benutzt ihn als Formel einer sich selbst erfüllenden Prophezeiung. Lauerndes Misstrauen, oft im Zusammenhang mit der Frage: Kann man Schreiben überhaupt lernen?[1]

1 Kerstin Preiwuß, »Instituts-ABC«, in: Jan Fischer / Nikola Richter (Hg.), *Irgendwas mit Schreiben. Diplomautoren im Beruf*, 2. erw. Aufl., Berlin: Mikrotext, 2017, S. 97–108, hier S. 101.

In Preiwuß' konjunktivisch-distanzierter Aufzählung der üblichen Schreibschulklischees spiegelt sich die teilweise rege geführte Debatte um Zweck und Chancen der institutionalisierten Autor'innenausbildung wider, die im deutschen Feuilleton seit der Einrichtung der ersten deutschen Schreibschulen nach der Wende betrieben wird.

Auf die Gründung des Deutschen Literaturinstituts Leipzig 1995 (in Nachfolge des Johannes R. Becher-Instituts) wurde 1999 der Studiengang ›Kreatives Schreiben und Kulturjournalismus‹ in Hildesheim eingerichtet. 2006 kam das Schweizerische Literaturinstitut in Biel hinzu und seit dem Wintersemester 2009/10 bietet die Universität für angewandte Kunst Wien den Studiengang ›Sprachkunst‹ an. Zuletzt wurde zum Wintersemester 2017/2018 an der Kunsthochschule für Medien in Köln der Studienschwerpunkt ›Literarisches Schreiben‹ eingerichtet. Mittlerweile erfreuen sich die Institute großer und wachsender Beliebtheit: Die Schreibschulen in Hildesheim und Leipzig bekommen jährlich bis zu 600 Bewerbungen.[2]

Ähnlich groß ist das Interesse an der Kommentierung dieser Ausbildungsstätten: In den letzten Jahren sind Ausbildungspraktiken, Funktion und Selbstverständnis deutschsprachiger Literaturinstitute in Betrieb und Feuilleton immer wieder diskutiert worden – meist jedoch unter negativen Vorzeichen. Am medienwirksamsten entfaltete sich 2014 die sogenannte Kessler-Debatte, welche im Feuilleton allzu vorschnell auf den Vorwurf verkürzt wurde, die deutsche Gegenwartsliteratur sei »brav und konformistisch«. Florian Kessler, Absolvent des Hildesheimer Studienganges ›Kreatives Schreiben und Kulturjournalismus‹ und aktuell Lektor beim Hanser Verlag, hatte in seiner Polemik »Lassen Sie mich durch, ich bin Arztsohn!«[3] die geringe soziale Durchmischung an Literaturinstituten kritisiert (man befinde sich dort unter »Lehrerkindern und Ärztekindern«) und damit die These verknüpft, dass die habituellen Ähnlichkeiten der Schreibschüler'innen auch zu ästhetisch gleichförmiger Literatur führten. Es herrsche an Literaturinstituten und in der jungen deutschen Gegenwartsliteratur folglich eine »satte Form von ästhetischer Bürgerkinder-Anspruchslosigkeit«.[4] In dieser Zuspitzung kann Kesslers Beitrag stellvertretend für Tendenzen des Diskurses über

Literaturinstitute gelten, in denen die Schreibschulen oft lediglich der Aufhänger sind, um übergeordnete Fragen nach literarischen Wertungsmaßstäben, nach Machtverteilungen und nach dem Zusammenhang von institutionellen, ästhetischen und sozialen Faktoren zu diskutieren. Die Institute stehen dabei in den Debatten immer wieder pars pro toto für den sogenannten jungen Teil der deutschen Gegenwartsliteratur ein, also alle diejenigen Autorïnnen, die um oder nach 1980 geboren wurden (und für deren Sozialisation die Schreibschulen auch tatsächlich eine der zentralen Institutionen des literarischen Feldes darstellen) oder aber für ›die‹ Gegenwartsliteratur als Ganze.

Dass es einen eigenen, wenn auch pejorativen Begriff für Texte aus Literaturinstituten gibt, verweist also nicht zuletzt darauf, dass die Schreibschulen bereits einige Beharrungskräfte unter Beweis gestellt haben und die gegenwärtige Literatur und ihre Entstehungsbedingungen prägen. Die ›Institutsprosa‹ und ihre Urheberïnnen sind inzwischen in der Mitte des Literaturbetriebs angekommen. Das liegt auch daran, dass die kreativen Studiengänge nicht ausschließlich auf eine Karriere als Schriftstellerïn vorbereiten, sondern durch ihre Kombination mit Journalismus, Übersetzung oder Kulturwissenschaft auch alternative Karrierewege im Umfeld der Literatur ermöglichen. Inzwischen besetzen eine ganze Reihe von Absolventïnnen Schlüsselpositionen in Verlagen, Redaktionen und der Wissenschaft.

›Institutsprosa‹ scheint indes immer noch ein Schimpfwort zu sein, obwohl ja auch eine Verwendung als Hochwertbegriff denkbar wäre. Einem Gütesiegel gleich, würde er dann Texte bezeichnen, die durch die institutionelle Bindung gleichsam veredelt würden. Dass dem (noch) nicht so ist, sagt natürlich mehr über die Bezeichnenden aus als über das Bezeichnete und verweist auf das Irritationspotenzial der Institute.

2 Nach Angaben der Deutschen Presse-Agentur (dpa) treffen in Leipzig 400 bis 600, in Hildesheim rund 300 Bewerbungen ein, während in beiden Studiengängen jeweils zwischen 20 und 25 Studierende aufgenommen werden. Vgl.: O.A., »Kreatives Schreiben: ein sehr begehrter Studiengang«, in: *Berlin.de – das offizielle Hauptstadtportal*, https://www.berlin.de/special/jobs-und-ausbildung/uni-und-studium/studentenleben/2734973-1018135-kreatives-schreiben-ein-sehr-begehrter-s.html (geprüft am 19.10.2018).

3 Florian Kessler, »Lassen sie mich durch, ich bin Arztsohn!«, in: *Die Zeit*, 16.1.2014, zitiert nach: http://www.zeit.de/2014/04/deutsche-gegenwartsliteratur-brav-konformistisch/komplettansicht (geprüft am 19.10.2018).

4 Ebd. Vgl. zu Kesslers Beitrag auch Peer Trilcke, »Buh«, in: *litlog*, 16.2.2014, http://www.litlog.de/literarisches-leben/buh/ (geprüft am 19.10.2018).

In diesem Sammelband wird nun eine neue Bedeutungsvariante erprobt, indem der Begriff der ›Institutsprosa‹ im Sinne einer Heuristik als analytisches Raster auf zentrale Problemfelder und Fragestellungen hinsichtlich der Literaturinstitute und ihrer Rolle in der Gegenwartsliteratur angewendet wird. Denn der Begriff der ›Institutsprosa‹ schafft eine Verbindung zwischen zwei Bereichen, die noch häufig gegeneinander ausgespielt werden: Institutionen und Kunst. Scheint diese Verzahnung in der bildenden Kunst und bei Musikhochschulen unproblematischer zu sein, stellt sich das Verhältnis im Falle der Literatur weniger selbstverständlich dar. Während das regelgeleitete Studium in der (klassischen) Musik und die Künstlerïnnenausbildung in Meisterklassen üblich ist, zeigt sich im Erlernen des literarischen Schreibens eine deutlich stärkere Tendenz zur Vereinzelung. Durch das Institut wird allerdings sichtbar, wie die individuelle Produktion einzelner Autorïnnen in den größeren Zusammenhang des Literaturbetriebs eingebunden ist – auch wenn die Institutionen selbst nach außen gern ihre Betriebsferne betonen. Die ›Institutsprosa‹ lässt sich daher – ganz ohne pejorative Komponente – als »Poetik einer Produktionsgemeinschaft«[5] fassen.

Es ist vor diesem Hintergrund eigentlich wenig erstaunlich, dass Literaturinstitute so oft zum diskursiven Brennpunkt werden und dass an ihnen der Stand der Gegenwartsliteratur diskutiert wird. Schließlich zwingen sie dazu, sich mit Fragen auseinanderzusetzen, die die Literatur und ihren Betrieb grundlegend betreffen: Was ist Autorschaft? Woran bemisst sich literarische Qualität? Literaturinstitute bringen die ›Illusio‹ (Bourdieu), die von allen am literarischen Feld beteiligten Akteuren geteilten Grundsätze und Spielregeln, ans Licht. Sonst verborgene Prozesse des Literaturbetriebs werden durch Schreibschulen sichtbar – denn die Frage, wie jungen Schreibenden bei ihrer Professionalisierung geholfen werden kann, führt zu einer Konfrontation mit den ökonomischen und symbolischen Ordnungen des Marktes und zu einer Offenlegung beziehungsweise Reflexion seiner Regeln.

Möglich erscheint uns daher eine Umwertung des ungeliebten Terminus im Rahmen einer literatursoziologischen Untersuchungsperspektive, die das Verhältnis von ›Institut‹ – stellvertretend für die universitäre Institutionalisierung des literarischen Schreibens –

und ›Prosa‹ – stellvertretend für die Literatur und ihre Ästhetik – auslotet. Wir unternehmen mit diesem Band die Neubesetzung eines Begriffs, den immer nur ›die anderen‹ verwenden, zu dem niemand sich emphatisch bekennt, sondern nur in Anführungsstrichen. Akteur‌innen der Schreibschulen selbst benutzen die Zuschreibung einer institutsspezifischen Ästhetik nämlich zunehmend selbstironisch, ganz im Sinne einer ermächtigenden Aneignung von Fremdbezeichnungen: »Endlich wieder Arztsohnprosa!« lautet – in Anlehnung an Kesslers Artikel – beispielsweise ein offizielles Quote, mit dem der Berlin Verlag den zweiten Roman des Autors und Schreibschuldozenten Thomas Klupp bewirbt. Es ließe sich als ironischer Kommentar auf das Schreibschul-Bashing verstehen, käme es nicht auch noch vom Urheber ebendieses Begriffs selbst, Florian Kessler.

Wie sich der Vorwurf der Stromlinienförmigkeit und die öffentliche Kommunikation über Institute im Verlauf ihrer relativ kurzen Geschichte überhaupt entwickelt haben, zeigt Claudia Dürr (Wien) in ihrer Auswertung der feuilletonistischen Berichterstattung über Literaturinstitute. Für den Zeitraum von 1990 bis 2017 hat sie für diesen Band 161 Beiträge daraufhin analysiert, inwiefern ihnen Fragen der Lehrbarkeit, der ästhetischen Maßstäbe des Schreibens und der literarischen Praktiken an den Instituten dargestellt und besprochen werden. Deutlich wird dabei, dass das Etikett ›Institutsprosa‹ als Zuschreibung zunehmend unscharf geworden ist und Fragen nach der Lehrbarkeit des Schreibens langsam an Brisanz verloren haben. Nichtdestotrotz arbeitet Dürrs Durchgang durch 20 Jahre Schreibschulberichterstattung aus wissenstheoretischer Sicht heraus, dass nach wie vor kein Entwurf von Kreativität vorliegt, der Leistungen Einzelner in eine kollektive Praxis einbettet. Allzu gern wird von der Berichterstattung deshalb noch auf den Genie-Begriff ausgewichen, auch wenn das Wissen um dessen Überholtheit immer wieder durchscheint.

5 Philipp Theisohn / Christine Weder (Hg.), *Literaturbetrieb. Zur Poetik einer Produktionsgemeinschaft*, Paderborn: Fink, 2013.

Eine deutsche ›Program Era‹? – die USA als institutionelles und diskursives Vorbild

Die Durchdringung von Literatur und Universität ist andernorts bereits deutlich weiter vorangeschritten: In den USA haben universitäre Schreibstudiengänge eine Phase mangelnder Akzeptanz nämlich schon hinter sich gelassen und mittlerweile den Status flächendeckender Verbreitung erreicht. Dieser Aufstieg des Kreativen Schreibens und der entsprechenden Institutionen in der deutschsprachigen Literatur der letzten zwei Jahrzehnte ist also keineswegs voraussetzungs- oder beispiellos. Auch wenn im deutschsprachigen Raum (noch) keine amerikanischen Verhältnisse herrschen, verweisen die zentralen historischen und konzeptuellen Kontexte auf die USA: »The creative writing program is an American invention, and it has recently become an American export.«[6] Diese Diagnose gilt aber nicht nur für Deutschland, sondern auch für andere europäische Länder mit institutionalisierter Autor'innenausbildung. Sofie Cerutti zeigt anhand qualitativer Interviews, dass von Lehrenden in ganz Europa auf die USA als fortschrittlichste Nation in diesem Fachgebiet und als Vorbild verwiesen wird.[7]

Wenn sich unser Band hauptsächlich auf Deutschland und die USA fokussiert, liegt das damit zum einen an dem engen transatlantischen Zusammenhang, der bezüglich des Konzepts des Kreativen Schreibens und seiner historischen Herleitung zu konstatieren ist, wodurch diese Konstellation als exemplarisch für die europäische Rezeption des US-amerikanischen Creative Writing betrachtet werden kann. Zum anderen begründet sich diese Beschränkung aus dem vorwiegend germanistischen Interesse dieses Bandes, das sich in dieser Hinsicht komplementär zur sprachlich-räumlichen Gebundenheit der Institute verhält. Zu guter Letzt ist diese Ausrichtung auch Folge des Forschungs-Desiderats, das zu Literaturinstituten in Deutschland herrscht. Auch hier steht der deutschsprachige Raum dem amerikanischen zeitlich ein paar Jahrzehnte nach.

2009 betonte der Literaturwissenschaftler Mark McGurl mit seiner Studie *The Program Era*[8] erstmals den maßgeblichen

Einfluss akademischer Creative Writing-Programme auf die US-amerikanische Nachkriegsliteratur. »This book argues that the rise of the creative writing program stands as the most important event in postwar American literary history«,[9] heißt es programmatisch in der Einleitung. McGurl zeichnet entsprechend nach, wie in den USA die institutionalisierte Ausbildung von Schriftstellerinnen nach 1945 zu einem beherrschenden Faktor der Literatur und ihrer Produktion geworden ist. Bestechend ist dabei nicht nur McGurls literarhistorische Herleitung der bestimmenden Stile der ›Program Era‹ (vom ›Technomodernism‹ über den ›High Cultural Pluralism‹ bis zum ›Lower Class Modernism‹), sondern auch die Art seiner literatursoziologischen Perspektivierung, die sich durch eine große Sensibilität für die sozialen Dimensionen der Literatur auszeichnet, ohne diese aber unabhängig von literarischen Verfahren und Stilen zu denken. Wirft man literatursoziologischen Ansätzen (oft zu Recht) ihre Vernachlässigung von ästhetischen und literarhistorischen Aspekten beziehungsweise die fehlende Vermittlung von sozial- und stilgeschichtlichen Fragen vor, denkt McGurl Ästhetik und ›Klassenlage‹ konsequent zusammen. Aspekte der Formgebung und ihre kontextuellen Begleitumstände werden wechselseitig aufeinander bezogen und in ihrem Bedingungsverhältnis offengelegt. Nach McGurl kann Stil nicht unabhängig von Faktoren wie Race, Class und Gender betrachtet werden. Dabei gelangt er sowohl zu symptomatischen Lesarten von Texten der US-amerikanischen Institutsprosa als auch zu einer sozialgesellschaftlichen Verortung der Schreibschulen im Kontext der »Great Transformation in Higher Education«[10] und anderer sozialgeschichtlicher Horizonte der US-amerikanischen Geschichte.

6 Louis Menand, »Show or Tell. Should Creative Writing be Taught?«, in: *The New Yorker*, 8.6.2009, https://www.newyorker.com/magazine/2009/06/08/show-or-tell (geprüft am 19.10.2018).

7 So erklärt beispielsweise Alain André, Begründer des Pariser Schreibateliers ›Aleph-Écriture‹, dass viele französische Schriftsteller ihren Beruf als ›Berufung‹ betrachten würden, obwohl ein ›amerikanischer Zugang‹ zum Kreativen Schreiben nötig wäre, bei dem Schreiben eher als Handwerk, als erlernbare Profession verstanden würde. Ähnliches konstatiert Hann Sieja, Absolventin des Schreibstudiengangs der Jagiellonen-Universität in Krakau, wenn sie polnischen Universitäten unterstellt, ungern Schriftstellerdiplome auszuhändigen und in ›romantischen Vorstellungen‹ des schriftstellerischen Genies verhaftet zu bleiben. Vgl. Sofie Cerutti, *Creative Writing in Europe. An Introduction: Teaching Creative Writing in 11 European Countries*, Utrecht: Kunstfactor, 2011, S. 14.

8 Mark McGurl, *The Program Era. Postwar Fiction and the Rise of Creative Writing*, Cambridge, Mass./London: Harvard University Press, 2009.

9 Ebd., S. IX.

10 Ebd., S. 283

Trotz mancher großer Unterschiede spiegeln sich in der ungleich kürzeren Geschichte der deutschsprachigen Institute einige zentrale Diskussionszusammenhänge und Entwicklungslinien der amerikanischen Schreibschulgeschichte. Das betrifft zum einen die sozialstrukturelle Ebene: Nicht nur, dass in Deutschland mit der sogenannten Bildungsexpansion[11] ein ähnlicher Umbau der höheren Bildungsanstalten stattfand wie in den USA, der es einer deutlich größeren Zahl von Menschen ermöglichte, hohe Bildungsabschlüsse zu erwerben und damit zu einer Umverteilung von kulturellem Kapital führte. Auch der rasante Aufstieg der Kreativität als entscheidender gesellschaftlicher Wert stiftet hier Bezugspunkte. Nicht zuletzt gibt es auch eine ästhetische Verwandtschaft zwischen den Instituten dies- und jenseits des Atlantiks, denn derjenige Stil, der als ›Institutsprosa‹ bezeichnet wird, hat einen US-amerikanischen Vorläufer: Es ist der ebenso viel imitierte wie gescholtene Minimalismus im Stile Raymond Carvers, laut McGurl der »House Style«[12] der ›Program Era‹. Zusammen mit Ernest Hemingway kann Carver als eine der bestimmenden Gestalten der amerikanischen Literaturinstitute gelten, deren stilistischer Einfluss auch auf die deutschen Schreibschulen sehr groß war beziehungsweise ist. Nicht nur gehören beide Autoren zum Seminarprogramm in Hildesheim und Leipzig, sondern sind auch Paten für das Konzept der sogenannten ›Institutsprosa‹; gehören doch die Merkmale des alltagsnahen, detailliert-lakonischen Erzählens im Präsens, gerne aus der 1. Person, das man der ›Institutsprosa‹ nachsagt, auch zur DNA von Carvers und Hemingways Stil. Gerade in der Klischeehaftigkeit dieser Zuschreibung, die sowohl in den USA (»I made a point of saying, whenever possible, that I refused to spend two years being made to imitate Raymond Carver«[13]) als auch in Deutschland (»Alle Versuche, um Carver herumzukommen, wurden in den Seminaren durch gnadenlose Verrisse quittiert. Carver war das Flakgeschütz einer neuen Lakonie, die als einzig vertretbare Erzählhaltung galt«[14]) nicht ohne Widerspruch geblieben ist, wird die enge Verwandtschaft zwischen den Instituten und der sie begleitenden Debattenbeiträge deutlich. Diese soziologischen und ästhetischen Verschränkungen beeinflussen die Lehrenden und die Lernenden der jeweiligen Institute. Spezifische historische Prägungen bringen also spezifische Subjektivierungsformen von Autorschaft hervor, deren Nachzeichnung ebenfalls diesseits und jenseits des Atlantiks zu Erkenntnissen führen kann. Johannes Franzen (Bonn) nimmt diesbezüglich eine der zentralen transatlantischen Analogien in den Blick und zeichnet in seinem Beitrag nach, wie sich in der US-amerikanischen Debatte um Nutzen und Nachteile der Schreibschulen für die Literatur ein Wechsel von der poetologischen auf die soziale Ebene konstatieren lasse. Sei es früher vor allem um die Frage gegangen, ob und inwiefern Schreiben an einer Universität gelehrt und gelernt werden können, gehe es in den rezenten Schreibschuldebatten insbesondere darum, ob die große Anzahl von Schreibinstituten als soziales Versorgungssystem für die Autor*innen zum Verderben der Literatur führe. In Deutschland werde bis in die jüngste Vergangenheit vor allem die poetologische Debatte weiterhin geführt, die indes auch in den USA neuen Schwung durch die Verknüpfung mit identitätspolitischen Argumenten bekomme, wobei ein starker Begriff der individuellen und kollektiven Erfahrung eine zentrale Rolle spiele.

An dieser Stelle setzt der Beitrag von Kevin Kempke (Stuttgart) an, der sich mit der Rolle eines bestimmten Erfahrungsbegriffs beschäftigt, der in den (deutschsprachigen) Diskussionen um Schreibschulen immer wieder ins Feld geführt wird. Der oft zu hörende Vorwurf, dass die Studierenden nichts erlebt hätten und dadurch uninteressante Literatur produzierten, wird dabei im Kontext eines zunehmenden Realitätshungers in der Gegenwartsliteratur betrachtet. Autor*innen-Biografien werden in diesem Zuge zur Ressource und zum Bestandteil von ökonomischen und symbolischen Machtkämpfen. Zumal in ihrer Bindung an soziale Kategorien wie Herkunft und Klassenlage wiederholten sich in Deutschland aktuell Diskursmuster, die auch in der US-amerikanischen Debatte eine Rolle spielten. Mit dem Konzept der ›biografischen Legende‹ können lebensgeschichtliche Selbstzuschreibungen der Autor*innen außerdem als Teil bestimmter Inszenierungsstrategien betrachtet werden.

Der Beitrag von Sara Heristchi (Frankfurt am Main) widmet sich mit Leslie Jamisons Memoir *The Recovering* einem Text, der

11 Vgl. dazu Heribert Tommek, *Der lange Weg in die Gegenwartsliteratur. Studien zur Geschichte des literarischen Feldes in Deutschland von 1960 bis 2000*, Berlin / Boston: De Gruyter, 2015, S. 16–20.

12 McGurl, *The Program Era*, S. 294.

13 Alexander Chee, »My Parade«, in: Chad Harbach (Hg.), *MFA vs NYC. The Two Cultures of American Fiction*, New York: n+1 / Farrar, Straus and Giroux, 2014, S. 83–106, hier S. 88.

14 Juli Zeh, *Treideln. Frankfurter Poetikvorlesungen*, Frankfurt am Main: Schöffling & Co. 2013, S. 55.

die Mythen und Narrative des Iowa Writers' Workshop, der wohl bekanntesten Schreibschule der USA, kritisch hinterfragt, und zwar in Form eines autobiografischen Erfahrungsberichtes. Heristchi arbeitet in vergleichender Perspektive heraus, auf welche Weise Jamison ihre Prägung durch zwei Institutionen – den Writers' Workshop und die Anonymen Alkoholiker – und deren Sozialisierungsformen beschreibt. Entscheidend sind dabei die Erzählungen, die in und um die beiden Institutionen herum entstehen. Während die Narrativierungen des Alkoholentzugs auf eine Entindividualisierung und eine Angleichung von Erfahrungen hinausliefen, gehöre zur Schreibschule der Imperativ der Originalität, der sich allerdings auf der Grundlage disziplinierender Künstlermythen (der ›berauschte Autor‹) erhebe. Beide Institutionen stellen somit poetologische Modelle und Techniken bereit, die für den ›autopoetischen Prozess‹ (McGurl) zu berücksichtigen sind.

»The Elephants Teach«[15] – eine kurze Geschichte des Kreativen Schreibens

Die transatlantischen Affinitäten erstrecken sich bis in die Vorgeschichte der Institute. Denn sowohl in Deutschland als auch in den USA finden sich Vorläufer der universitären Schreibstudiengänge außerhalb der akademischen Institutionen. Eine geradlinige Entwicklung zeichnet etwa der Autor und Schreibdozent Stephen Wilbers in seiner von der University of Iowa selbst herausgegebenen und damit quasi-offiziellen Historie des dortigen Writers' Workshop, in der das Studienprogramm des Kreativen Schreibens unter anderem auf die zahlreichen »amateur writers' clubs« zurückgeführt wird, die sich seit den frühen 1890er Jahren in europäischer Salontradition rund um Iowa City etabliert hatten.[16] In den lokalen Lese- und Schreibzirkeln gehörten Schreibspiele zum festen Aktivitäten-Repertoire. Das Prozedere, in dem der Text eines Clubmitgliedes dabei zunächst laut gelesen und dann gemeinsam diskutiert wurde, ähnelte laut Wilbers der später institutionalisierten ›workshop method‹. Mag damit zwar eine äußerliche Ähnlichkeit zwischen den Laienzirkeln und Creative Writing-Programmen bestehen, war der Anfangsimpuls zum akademisierten Schreibenlernen doch nicht spielerischer Natur, sondern hatte in seiner frühen Phase bereits einen dezidiert pädagogischen Anspruch. Im Anschluss an die Schriften John Deweys, insbesondere an seinen reformpädagogischen Ansatz eines auf praktischen Erfahrungen basierten Lernens,[17] sollte das Kreative Schreiben den abhandengekommenen Praxisbezug in die Literaturwissenschaft zurückbringen und die Vorstellung vom Studium der Literatur »as an integrated discipline of thought and activity, of textual study and practical technique« vervollständigen.[18]

Die zahlreichen Schreibkurse, die um 1900 das literaturwissenschaftliche Studium vieler amerikanischer Universitäten ergänzten, fungierten damit »als Reflexionsinstanz der neueren Philologien, als Praxislehre, jedoch auch als Kritik: als Wissenschaftskritik.«[19] Seit frühesten Dokumentationen dieser Seminare kristallisiert sich hier eine Betonung der subjektiven Erfahrung heraus. So ließ Barrett Wendell, einer der ersten, seit 1880 in Harvard unterrichtenden Schriftsteller, seine Studierenden ein »daily theme« verfassen. Die Bedingungen dieser täglichen Schreibetüde, die schnell zur Kernmethode und zum Kennzeichnen der neuen Disziplin wurde, beliefen sich nach Wendell darauf, dass »the subject shall be a matter of observation during the day when it is written, that the expression of it shall not exceed a hundred words or so, and that the style be fluent and agreeable.«[20] Obwohl Wendells Stelle in Harvard an Adams Sherman Hills Professur für Rhetorik und Redekunst angegliedert war, zentrierte sich sein Sprach- und Ausdruckstraining also um subjektive Beobachtung oder – wie Wendell selbst es formulierte – um das Begreifen der individuellen

15 Vgl. D.G. Meyers, *The Elephants Teach. Creative Writing since 1880*, Chicago: The University of Chicago Press, 2006. Der Titel dieser Studie geht auf eine bekannte Anekdote zurück: Als Vladimir Nabokov 1957 als Schreibdozent nach Harvard eingeladen werden sollte, habe sich Roman Jakobson dagegen ausgesprochen, und zwar mit dem häufig zitierten Ausspruch: »Gentlemen, even if one allows that he is an important writer, are we next to invite an elephant to be Professor of Zoology?« (Brian Boyd, *Vladimir Nabokov. The American Years*, Princeton: Princeton University Press, 1991, S. 303.)

16 Vgl. Stephen Wilbers, *The Iowa Writers' Workshop. Origins, Emergence, and Growth*. Iowa City: University of Iowa Press, 1980, S. 19 f.

17 Vgl. zur Rolle der Erfahrung im Lernen etwa John Dewey, *Democracy and Education. An Introduction to the Philosophy of Education*, Bloomfield: Myers Education Press, 2018, S. 148 ff.

18 D. G. Myers »The Rise of Creative Writing«, in: *Journal of the History of Ideas 54*, 1 (1993), S. 277–297, hier S. 279.

19 Oliver Ruf, *Kreatives Schreiben. Eine Einführung*, Tübingen: Narr Francke Attempto, 2016, S. 52.

20 Barrett Wendell, »English Work in Secondary School«, in: *School Review* 1 (1893), S. 659–660, hier S. 659.

Beschaffenheit von Erfahrung.[21] So wird in der folgenden raschen Verbreitung das Kreativen Schreiben an US-amerikanischen Universitäten die Erfahrung zum Leitbegriff einer auf das persönliche Erleben der Studierenden ausgerichteten Pädagogik.[22]

Im Jahr 1930 boten bereits 45 Prozent der US-amerikanischen Universitäten eigenständige Creative Writing-Studiengängen an.[23] In diesen dozieren bis heute überwiegend Schriftstellerïnnen, die sich nicht durch ihre akademische Lehrerfahrung, sondern durch ihr praktisches Wissen und ihren literarischen Erfolg qualifizieren. Verschiedene Netzwerke aus Gastprofessuren und writer-in-residence-Programmen sorgen außerdem für einen professionellen Austausch innerhalb des Fachs.

Auch in Deutschland kamen – wie in den USA – wichtige Impulse für das Kreative Schreiben aus pädagogischen Kontexten, allerdings deutlich später. In den 1970ern mehrten sich in Fachdiskussionen der Deutschdidaktikerïnnen Stimmen, die sich für einen kreativitätsfördernden Schulunterricht einsetzen und das Schreiben »aus der Zwangsjacke des ritualisierten Aufsatzunterrichts« befreien wollten.[24] An die Stelle der dominierenden und als entsubjektivierend wahrgenommenen Zwecksprache sollte realistisches Schreiben durch Beobachtung und sinnliche Anschauung treten. So sollten Schülerïnnen sich auf ihre gesamte Lebenswirklichkeit beziehen und das komplette »Potenzial der Sprache« für sich nutzen können.[25] Literarische Ansprüche klammerte die Schreibpädagogik zugunsten einer Schulung von Wahrnehmungsfähigkeit, Subjektbewusstsein und kommunikativen Fähigkeiten der Schülerïnnen bewusst aus.[26] Die Kreativitätsförderung im schulischen Schreibunterricht der 1970er Jahre war daher nicht individuell, sondern sozial orientiert. Die ökonomischen Interessen des amerikanischen Kreativitätsbooms wurden scharf kritisiert und Techniken der Kreativitätsförderung deshalb nur unter Vorbehalt eingesetzt.[27]

Die Vorschläge zur Förderung der literarischen Produktivität und Eroberung der Kunst mit dem Ziel der Identitätsentwicklung fanden auch außerhalb des schulischen Kontexts Anklang. In selbstorganisierten Werkstätten und zunehmend auch in Schreibkursen an Volkshochschulen kamen Laien aus verschiedensten gesellschaftlichen Milieus zusammen. In diesen Kursen wurde zumeist »einfach losgeschrieben«[28] – eine Entwicklung, die seit den 1980er Jahren unter dem Begriff der ›Schreibbewegung‹ zusammengefasst wurde. Gemeinsam ist diesen Schreibkursen der intime, gesellige Rahmen, in dem nicht für die globale literarische Öffentlichkeit mit ihrer »marktgerechten gesellschaftlichen Funktionalisierung der Person«[29] geschrieben wird. Vielmehr fanden innerhalb der eigenen Schreibgruppe ausnahmslos alle Texte Verständnis und Anerkennung; fernab von den Normen und Maßstäben des allgemeinen Literaturmarktes begriffen die Mitglieder der Schreibbewegung jeden kreativen Text als »ein Stück Alltagskultur, ein Stück Gegenkultur und Protest.«[30] Auch die selbsttherapeutische Funktion des Schreibens trat hierbei in den Vordergrund. Denn diskutiert und produziert wurden in diesen Gruppen meist autobiografisch geprägte Dokumentationen der psychisch-subjektiven Befindlichkeit ihrer Mitglieder. Das Verfassen, Verlesen und Diskutieren dieser Texte sollte therapeutisch, das heißt stabilisierend auf das Ich wirken und der »zwangsfreien (schreibenden) Selbstentdeckung und Selbstentwicklung« dienen.[31]

21 Vgl. Barrett Wendell, *English Composition. Eight Lectures Given at the Lowell Institute.* New York: 1891, S. 265. Die Fähigkeit zur sinnlichen Wahrnehmung beziehungsweise Erfahrung macht Wendell zufolge das Wesen des Künstlers aus: »It is the perception of what makes one moment different from another that marks the sympathetic character of the artist and nothing can do more to make life interesting than the deliberate cultivation of such perception.« (Ebd.)

22 Vgl. Barbara Glindemann, *Creative Writing in England, den USA und Deutschland. Kulturelle Hintergründe, literaturwissenschaftlicher Kontext, institutioneller Bezug*, Frankfurt am Main: Peter Lang, 2001, S. 27.

23 Vgl. Katherine H. Adams, *A History of Professional Writing Instruction in American Colleges. Years of Acceptance, Growth and Doubt*, Dallas: Southern Methodist University Press, 1993, S. 95.

24 Gundel Mattenklott, *Literarische Geselligkeit - Schreiben in der Schule. Mit Texten von Jugendlichen und Vorschlägen für den Unterricht*, Stuttgart: Metzler, 1979, S. 39.

25 Valentin Merkelbach, »Können wir nun doch alle das Dichten lernen?«, in: ders. (Hg.), *Kreatives Schreiben*, Braunschweig: Westermann, 1993, S. 5–27, hier S. 14. Hintergrund dieser sogenannten ›kommunikativen Wende der Sprachdidaktik‹ ist Habermas' »Diskreditierung des zweckrationalen (instrumentalen und strategischen) Handelns« (Jürgen Habermas, *Technik und Wissenschaft als ›Ideologie‹*, Frankfurt am Main: Suhrkamp, 1968, S. 61) zugunsten einer Betonung des kommunikativen Handelns. Vgl. Gerd Antos, »Eigene Texte herstellen! Schriftstellerisches Formulieren in der Schule. Argumente aus der Sicht der Schreibforschung«, in: *Der Deutschunterricht. Beiträge zu seiner Praxis und wissenschaftlichen Grundlegung*, 3 (1988), S. 37–49, hier S. 38.

26 Eine »Erziehung zum Schreiben, die sich als Versuch der Befreiung des Ausdrucks versteht« müsse auf Originalitätsanspruch verzichten, heißt es etwa bei Gundel Mattenklott. Sie werde stattdessen »den gesellschaftlichen Konditionierungen der Sprache Rechnung tragen und den Schülern helfen, sich ihrer bewußt zu werden.« Vgl. Gundel Mattenklott, *Literarische Geselligkeit*, S. 46.

27 Vgl. Glindemann, *Creative Writing in England, den USA und Deutschland*, S. 52.

28 Karl Emert / Thomas Bütow (Hg.). *Was bewegt die Schreibbewegung? Kreatives Schreiben - Selbstversuche mit Literatur*, Rehberg-Loccum: Evangelische Akademie, 1990 (Loccumer Protokolle 63/1989), S. 213.

29 Helmut H. Koch / Winfried Pielow, *Schreiben und Alltagskultur. Voraussetzungen und Haltungen des Schreibens in Schule, Hochschule und in außerschulischen Bereichen*, Baltmannsweiler: Pädagogischer Verlag Burgbücherei Schneider, 1984, S. 22.

30 Ebd., S. 76.

31 Ebd., S. 15. Aus Teilen der Schreibbewegung wird sich im Laufe der 1980er Jahre die Poesie- und Bibliotherapie entwickeln. Vgl. hierzu etwa Lutz Werder, *... triffst Du nur das Zauberwort. Eine Einführung in die Schreib- und Poesietherapie und in die Arbeit literarischer Werkstätten*, München / Weinheim: Psychologie-Verlags-Union, Urban und Schwarzenberg, 1986.

Es sind gewiss auch dieser expressiv-selbsttherapeutische Ansatz und die Selbstverortung der deutschen Schreibbewegung als Gegenkultur, die eine professionelle Ausrichtung der ersten universitären Schreibseminare vorerst verhinderten. 1986 boten zwar bereits 37 germanistische Institute in Deutschland Seminare oder Foren an, in denen – ergänzend zum Germanistikstudium – literarische Texte von Studierenden bearbeitet wurden.[32] Das Kreative Schreiben wird jedoch keineswegs als eigene Disziplin verstanden, sondern in den Dienst der literaturwissenschaftlichen Erkenntnis gestellt,[33] weshalb es auch nicht von Schriftstellerïnnen oder Lektorïnnen mit praktischem Wissen, sondern von Literaturwissenschaftlerïnnen und -didaktikerïnnen mit theoretisch-akademischer Qualifikation unterrichtet wurde.

Erst in den 1990er Jahren fand das Kreative Schreiben an deutschen Universitäten Anschluss an den professionellen literarischen Diskurs. Nach dem Vorbild von Musikhochschulen oder Kunstakademien und im Anschluss an das angloamerikanische Modell schärften universitäre Schreibseminare ihr Profil, und es entstanden eigenständige Schreibstudiengänge. Bezeichnend für diese Professionalisierung war der Umstand, dass die ersten einschlägigen Studiengänge von professionell künstlerisch Schreibenden und nicht von Literaturwissenschaftlerïnnen gegründet wurden. Den gesamtdeutschen Neubeginn des Literaturinstituts in Leipzig übernahm 1995 federführend der in der DDR bereits als Verleger und Lyriker bekannte Bernd Jentzsch.[34] Vier Jahre später folgte die Gründung des Diplomstudiengangs ›Kreatives Schreiben und Kulturjournalismus‹ durch den der Öffentlichkeit als Autor bekannten Hanns-Josef Ortheil.

Im Bereich der Selbsttechniken blitzt das Erbe des Kreativen Schreibens im alten Stil in den aktuellen Instituten immer wieder auf: Hans-Ulrich Treichel stellt den therapeutischen Aspekt des Schreibens mitunter offensiv heraus, etwa wenn er als Alternative zum Ruhm für Schreibschülerïnnen in Aussicht stellt, im Schreiben immerhin »ein Medium und eine Tätigkeit [zu finden], die dem Schreibenden hilft, sein Ich in der Balance zu halten«.[35] Auch der Begriff der (Selbst-)Erfahrung spielt weiterhin eine Rolle. Durch die räumlich-zeitliche Konzentration einer Gruppe ausdruckswilliger Studierender und einer kleinen Zahl Lehrender sehen die

Schreibschulen ihre Aufgabe auch darin, eine kreative Atmosphäre zu schaffen. In einer Selbstbeschreibung des Hildesheimer Institutes etwa ist von der Schreibschule als einem »kommunikationsintensive[n] literarische[n] Produktionsraum« und von »drei Jahren produktionsästhetischer Intensivsterfahrung«[36] die Rede. Stephan Porombka, einer der prägendsten (inzwischen ehemaligen) Vertreter des Hildesheimer Institutes, versteht die Schreibschule als bewegliches »Gesamtkunstwerk«,[37] in dem es einen umfassenden »Lese-, Schreib- und Gesprächszusammenhang«[38] gebe. Zur Vorstellung vom Schreiben als Prozess gehört für Porombka eine Ausweitung der Reichweite des Schreibens in Richtung einer Lebenskunst, in der jede Alltagshandlung und jeder Vollzug von gewöhnlichen oder ungewöhnlichen Lebenspraktiken potenziell bedeutungstragend ist.

Die historische Ausnahme in dieser Entwicklung fand sich in der Deutschen Demokratischen Republik in Form des Johannes R. Becher-Instituts. Katja Stopka (Leipzig) zeigt in ihrem Artikel, wie die sozialistische Schreibakademie seit 1955 im Spannungsfeld zwischen dem offiziellen Staatsauftrag der DDR und den individuellen Ansprüchen von Dozentïnnen und Studierenden arbeitete und wie junge Schreibende darin zu ihrem schriftstellerischen Selbstverständnis kamen und zu Autorïnnen werden konnten. In einem bisher einzigartigen Projekt hat sie gemeinsam mit Isabelle Lehn und Sascha Macht die fast vierzigjährige Geschichte dieses Instituts aufgearbeitet. Nicht immer sind die Erfahrungen der Studierenden des Becher-Instituts grundverschieden von jenen, die die Studierenden am heutigen Deutschen Literaturinstitut Leipzig machen, auch wenn diese Nachfolgeinstitution politisch unter vollkommen anderen Rahmenbedingungen agiert. Stopka betont

32 Vgl. Hans Arnold Rau »Einleitung: Kreatives Schreiben an bundesdeutschen Hochschulen«, in: ders. (Hg.), *Kreatives Schreiben an Hochschulen. Berichte, Funktionen, Perspektiven*, Tübingen: Niemeyer, 1988, S. 1–15, hier S. 3.

33 So formuliert Kaspar H. Spinnen: »Durch die Einbeziehung kreativer Verfahren in die literaturwissenschaftliche Lehre kann literarische Bildung wieder als etwas vermittelt werden, was Geist, Gefühl und eigenes Tun in gleichem Maße anspricht und anregt« (Kaspar H. Spinner, »Kreatives Schreiben und literaturwissenschaftliche Erkenntnis«, in: Hans Arnold Rau (Hg.), *Kreatives Schreiben an Hochschulen. Berichte, Funktionen, Perspektiven*, Tübingen: Niemeyer, 1988, S. 79–87, hier S. 87.)

34 Vgl. O.A. »Geschichte«, in: *Webseite des Deutschen Literaturinstituts Leipzig*, https://www.deutsches-literaturinstitut.de/geschichte.html (geprüft am 18.10.2018).

35 Hans-Ulrich Treichel: »Ehre, Reichtum, Ruhm und Liebe. Was angehende Autoren in Seminaren lernen«, in: *literaturkritik.de*, 10 (2003), https://literaturkritik.de/id/6419 (geprüft am 18.10.2018).

36 O.A.: »Studium. Was hier passiert«, in: *Website des Literaturinstituts Hildesheim*, https://literaturinstitut-hildesheim.de/studium/ (geprüft am 18.10.2018).

37 Stephan Porombka, »ALLES mit Schreiben. Was ich in Hildesheim gelernt habe«, in: Jan Fischer / Nikola Richter (Hg.), *Irgendwas mit Schreiben. Diplomautoren im Beruf*, 2. erw. Aufl., Berlin: Mikrotext, 2017, S. 84–96, hier S. 89.

38 Ebd., S. 88.

in ihren Ausführungen vielmehr, dass jenseits normativer und ideologischer Verpflichtungen am Becher-Institut bereits Lehrverfahren und Ausbildungsziele entwickelt wurden, die der heutigen Ausbildungspraxis ähneln. So macht sie Muster und Strukturen einer akademischen Schreibausbildung sichtbar, die sich über den konkreten historischen und politischen Kontext hinaus entwickeln.

An der Berichterstattung um die jüngste Institutsgründung im deutschsprachigen Raum lässt sich ablesen, dass diese Rahmenbedingungen nach wie vor stark von der Hoffnung auf kulturelles Kapital geprägt sind, und zwar nicht nur seitens der Lehrenden und Lernenden, sondern auch seitens der Gründenden. Die große Aufmerksamkeit, die die Einrichtung eines neuen Studienschwerpunkts für ›Literarisches Schreiben‹ an der Kunsthochschule für Medien (KHM) in Köln zum Wintersemester 2017/18 begleitete, illustriert die (hochschul-)politische Bedeutung des prestigeversprechenden Trends um das Fach. Die Vorstellung des Studienschwerpunkts im Düsseldorfer Landtag am 6.2.2017 wurde von Lobpreisungen der NRW-Wissenschaftsministerin Svenja Schulze (SPD) flankiert. Sie bezeichnete die Nähe zu dem Medienbereich an der Kunsthochschule als »ein zukunftsträchtiges Alleinstellungsmerkmal« des Kölner Studiums: »Unser Angebot ist in Deutschland also einmalig.«[39] Deutlich wird dadurch, wie mit dem Schreibschulangebot auch die Notwendigkeit steigt, sich von konkurrierenden Kunstakademie-Standorten abzugrenzen.

Konkurrenz und Beliebtheit der Studiengänge verweisen auf eine größere gesamtgesellschaftliche Entwicklung. Die Institutionalisierung der Ausbildung von Autorïnnen und der Aufstieg des Kreativen Schreibens als Disziplin stehen in engem Zusammenhang mit der Herausbildung eines »Kreativitätsdispositivs«[40] in der Gegenwartsgesellschaft. In ihren Praxisformen haben die Institute Anteil daran, indem sie einerseits den Prozesscharakter des Schreibens betonen, andererseits früh das projektförmige Arbeiten in künstlerisch-ökonomischen Netzwerken ermöglichen. Damit wird die Sozialfigur des Kreativen[41] zur bestimmenden Subjektform an Instituten. Bereits der Begriff des Kreativen Schreibens verweist auf die Vorstellung einer erlernbaren Kulturtechnik und eine Abkehr von genieästhetischen Exklusivitätsansprüchen. Wenn wir ferner mit Andreas Reckwitz davon ausgehen, dass individuelle Besonderheit von Subjekten oder Gütern – Reckwitz nennt sie Singularität[42] – heutzutage die Kapitalsorte ist, die am meisten Verwertung findet, wäre die Schreibschule in der Hyperkultur *die* exemplarische Ausbildungsform der Gegenwart, weil in ihr die Dialektik von Individualität und Standardisierung prägnant sichtbar wird.

Literaturinstitute als Praktikenensemble

Aus der Geschichte der Literaturinstitute geht hervor, dass die zeitgenössischen Subjektivierungsformen von Autorschaft nicht nur zwischen institutioneller und nicht-institutioneller Ausbildung schwanken, sondern auch zwischen idealistischer Genieästhetik[43] und therapeutischem VHS-Kurs. Es ist anzunehmen, dass sie sich in den kommenden Jahren weiterhin stark ausdifferenzieren werden, insbesondere durch die gesamtgesellschaftlichen Umwälzungen, die sich durch die umfassende Kulturalisierung und nicht zuletzt den Medienwandel ergeben. So werden sich literaturvermittelnde und publizierende Instanzen weiterhin auf rasant wandelnde Rezeptionsbedingungen einstellen müssen.[44] Um marktfähig zu bleiben, muss zeitgenössische Literatur sowohl an bestehende Strukturen anschlussfähig sein als auch genügend Individualität besitzen, um als originell und kreativ wahrgenommen zu werden. Die Schreibschule ist dabei ein Ort, an dem nicht nur Schreibverfahren erprobt werden können, sondern auch die Theatralität der sozialen Umgangsformen, die Teil des Berufsbilds ›Autorïn‹ sind – find your voice and find your pose. Die Arbeit in der Schreibschule ist für die Autorïnnen damit auch Arbeit an der Entwicklung eines unique selling points, einer unverwechselbaren Marke der eigenen Autorschaft und seiner Verkörperung nach außen.

39 Zitiert nach Andreas Sträter, »Neuer Studiengang ›Literarisches Schreiben‹ in Köln, in: *WDR*, 6.2.2017.

40 Vgl. Andreas Reckwitz, *Die Erfindung der Kreativität. Zum Prozess gesellschaftlicher Ästhetisierung*, Berlin: Suhrkamp, 2012.

41 Andreas Reckwitz, »Der Kreative als Sozialfigur der Spätmoderne«, in: ders.: *Kreativität und soziale Praxis. Studien zur Sozial- und Gesellschaftstheorie*, Bielefeld: Transcript, 2016, S. 185–194.

42 Andreas Reckwitz, *Die Gesellschaft der Singularitäten. Zum Strukturwandel der Moderne*, Berlin: Suhrkamp, 2017.

43 Vgl. dazu Jochen Schmidt, *Die Geschichte des Genie-Gedankens in der deutschen Literatur, Philosophie und Politik 1750-1945*, Darmstadt: Wissenschaftliche Buchgesellschaft, 1985.

44 Vgl. zur Dynamisierung des Literaturbetriebs Sonja Vandenrath, *Private Förderung zeitgenössischer Literatur. Eine Bestandsaufnahme*, Bielefeld: Transcript, 2015.

Die Frage danach, welche performativen Fähigkeiten und welche Schreibstrategien es braucht, um Karriere im literarischen Feld zu machen, stellt sich daher für die Institute wie für die sie erforschenden Wissenschaftlerïnnen gleichermaßen. Ein Literaturinstitut lässt sich als ein historisch und örtlich situiertes Praktikenensemble begreifen, das einerseits für sich, andererseits angebunden an den Literaturbetrieb funktioniert. Unter institutioneller Aufsicht wird hier der literarische Ernstfall geprobt – und dabei entstehen nicht nur professionell gearbeitete literarische Werke, sondern auch solide informelle Netzwerke und nicht zuletzt immer professionellere Inszenierungs- und Vermarktungsstrategien.

Gegenwartsliteraturwissenschaftlerïnnen bietet sich mit Blick auf den Forschungsgegenstand ›Institutsprosa‹ also die Möglichkeit, ihre Arbeit auch als Literaturbetriebsforschung zu verstehen und auszuführen. Der Praktikenkomplex rund um die ›Institutsprosa‹ schließt bei einem solchen Ansatz daher nicht nur textuelle Artefakte, das heißt die literarischen Texte und ihr Gemachtsein, sondern auch die sich um sie herum ausbildenden Performanzen mit ein, die sich Forschenden in einem Literaturinstitut raumzeitlich und institutionell gebunden darbieten. Für die wissenschaftliche Betrachtung eines solchen Praktikenensembles ist eine Ausweitung der epistemischen und methodischen Zugänge zum Gegenstand sinnvoll, wie sie zur Zeit insgesamt für die Gegenwartsliteraturforschung diskutiert wird.[45] Um ein zeitgenössisches Praktikenensemble zu untersuchen, kann die Interpretationspraxis von literarischen Artefakten um andere Forschungspraktiken erweitert werden, in denen die Forschenden im Feld ihre eigenen Daten erzeugen. Hier stellt sich gerade für Wissenschaftlerïnnen im Bereich der Gegenwartsliteratur ein gleich mehrfaches Distanzproblem: Einerseits müssen Methoden entwickelt werden, um die Nähe und die damit einhergehenden Verpflichtungen, Affekte und Bündnisse, die bei der Interaktion mit Untersuchungssubjekten zwangsläufig aufkommen, zu kontrollieren und transparent zu halten.[46] Andererseits sind gerade Autorïnnen, Verlegerïnnen, Schreibprofessorïnnen und Schreibschülerïnnen Akteure, die ebenfalls hauptberuflich Texte mit bestimmten Effekten und Funktionen für ein bestimmtes Publikum produzieren. Es liegt also nicht nur eine potenzielle affektive Nähe der Akteure, sondern auch eine Affinität auf praktischer Ebene vor: Die Forschenden und die Beforschten machen in ihren Praktiken von ähnlichen Routinen und Zielsetzungen Gebrauch. Zudem wird auch in den Literaturinstituten Gegenwartsliteraturforschung betrieben, sodass einige dort ansässige Akteure Doppel- oder Dreifachrollen als Schreibschulalumni, Wissenschaftlerïnnen und Schriftstellerïnnen einnehmen. Zusätzlich können die Akteure des Literaturbetriebs, die oftmals selbst literaturwissenschaftlich ausgebildet sind, die in der Wissenschaft erzeugten Texte rezipieren und ihre eigenen Praktiken auf sie ausrichten – es besteht die Gefahr beschleunigter »Rezeptions- und Feedbackschleifen.«[47]

Werden diese Faktoren hinreichend reflektiert, bieten Schreibschulen für Gegenwartsliteraturforscherïnnen indes eine Fülle von Möglichkeiten, die Entstehung von Literatur zu beobachten und zu versprachlichen. Denn um das Schreiben zu lehren, muss in den Literaturinstituten eine gewisse Explikation der ›Schweigsamkeit der Literaturproduktion‹[48] erfolgen. Autorïnnen sind wie Künstlerïnnen »eingebettet in ein konkretes praktisches und diskursives Umfeld, das ihren Denkstil, ihre Ausdrucks- und Artikulationsmittel, ihre Ressourcen und materiellen Möglichkeiten prägt. Ihr Arbeitsprozess ist wissenstheoretisch gesehen sowohl reproduktiv als auch generativ. Das heißt, sie greifen auf vorhandenes Wissen zurück, schaffen aber zugleich durch die Partikularität jedes künstlerischen Projekts neues Wissen.«[49] Die Ausbildung dieses Wissens ist integriert in das Erlernen schriftstellerischer Praktiken und Fertigkeiten und somit in die Praxis literarischen Könnens. Wird dieses in einer sozialen Situation wie der Schreibschule vermittelt, bietet sich die Möglichkeit, der Explikation des Wissens im Feld beizuwohnen und so »all jene Schichten von implizitem, körperlichen Wissen, das die Teilnehmer haben, ohne dass sie es einfach verbalisieren können«[50] zu beobachten und zu analysieren.

45 Vgl. Julika Griem, »Standards für Gegenwartsliteraturforschung«, in: *Germanisch-Romanische Monatsschrift*, 65, 1 (2015), S. 97–114.
46 Vgl. hierzu Carlos Spoerhase, »Literaturwissenschaft und Gegenwartsliteratur«, in: *Merkur* 68, 1 (2014), S. 15–24.
47 Griem, »Standards für Gegenwartsliteraturforschung«, S. 103
48 Der Terminus ist angelehnt an Stefan Hirschauers Begriff von der »Schweigsamkeit des Sozialen«, die sich auf die Hindernisse der Versprachlichung sozialer Situationen in der ethnografischen Forschungspraxis der teilnehmenden Beobachtung bezieht. Vgl. hierzu Stefan Hirschauer, »Ethnografisches Schreiben und die ›Schweigsamkeit des Sozialen‹. Zu einer Methodologie der Beschreibung«, in: *Zeitschrift für Soziologie* 30, 6 (2001), S. 429–451.
49 Claudia Dürr / Tasos Zembylas, *Wissen, Können und literarisches Schreiben. Eine Epistemologie der künstlerischen Praxis*, Wien: Passagen, 2009, S. 17.
50 Hirschauer, »Ethnografisches Schreiben und die ›Schweigsamkeit des Sozialen‹«, S. 443.

Ein in diese Richtung wegweisendes Forschungsprojekt war selbst an einer Schreibschule angesiedelt: Unter dem Titel »Schreiben im Zwiegespräch – das literarische Mentorat als Autorinstanz« untersuchten Johanne Mohs und Marie Caffari (Biel) die Explikation des Wissens im sogenannten Mentorat, einem der typischsten Lehrformate an Schreibschulen. Für diesen Band haben Mohs und Caffari zentrale Ergebnisse ihrer Studie zusammengefasst, in dem sie 22 Aufzeichnungen von Mentoratsgesprächen in drei europäischen Schreibschulen analysieren. In ihrem Artikel gehen sie auf die Gemeinsamkeiten und Unterschiede der sozialen Textarbeit im Zwiegespräch ein. Dabei berücksichtigen sie die verschiedenen Akteure und Artefakte der Gesprächssituation – Mentor'in, Student'in, Text und Figur – und analysieren aus kommunikationstheoretischer Sicht die unterschiedlichen Perspektiven, die die Gespräche prägen. Deutlich wird insbesondere, wie die Mentoratsgespräche zur Ausbildung eines bestimmten verinnerlichten Blicks auf die Textproduktion führen, der zu einem wichtigen Teil des vermittelten Könnens an Literaturinstituten wird.

Neben dieser Versprachlichung des Vorsprachlichen, also des impliziten Wissens, das Teil einer Praxis ist, kann die Beobachtung des Praktikenensembles rund um die Schreibschule auch Auskunft über eine andere Form des Ungesagten geben. Denn an Literaturinstituten wird auch gelehrt und gelernt, wie man mit dem Literaturbetrieb umgeht und sich in ihm verhält. Oft ist die ›Betriebskunde‹ Bestandteil des Lehrplans, wird aber auch in künstlerischen und literaturvermittelnden Projekten um die Schreibschulen herum erworben. Die in diesen Projekten erlernten Praktiken geben nicht nur über Schreibverfahren Auskunft, sondern auch über Praktiken der Wertung von Artefakten wie Texten und Publikationsmedien, über Praktiken der Präsentation und der Valorisierung von Literatur – wie sie beispielsweise in Vorworten betrieben wird. Solche Praktiken analysiert Sonja Lewandowski (Bonn), die sich im Rahmen eines mehrstufigen ethnografischen Forschungsdesigns die von Schreibschulstudierenden produzierten Anthologien anschaut: Mittels einer Fülle an Daten, die sie aus ihrer teilnehmenden Beobachtung an der KHM Köln aus textuellen Artefakten wie den Anthologien selbst und den Webseiten der Literaturinstitute sowie aus Interviews generiert hat, entwirft

Lewandowski ein praxeologisches Portrait der »rituellen Übergangsmedien einer sich in den Schreibschulen bildenden Autorschaft.« Bei der Beobachtung dieses Praktikenkomplexes legt Lewandowski das implizite Wissen und die Wertungsprozesse offen, die mit der Herstellung und Publikation einer Textsammlung aus einer Schreibschule einhergehen, – und verrät damit auch etwas über das übergeordnete Praktikenensemble der Schreibschule, den gegenwärtigen Literaturbetrieb.
An der Schnittstelle von Schreibschule und Öffentlichkeit setzt auch der Beitrag von Miriam Zeh (Frankfurt am Main) an. Sie verfertigt eine narrative Analyse von Schreibratgebern, die von Lehrenden der deutschsprachigen Literaturinstitute verfasst wurden, und kommt zu dem Schluss, dass in ihnen zwar einerseits Teile der nötigen Autorïnnen-Performanz und Schreibverfahren gelehrt werden, andererseits aber ein gewisses Talent zur Grundvoraussetzung für erfolgreiche Autorschaft erklärt, und so die Illusio aufrecht erhalten wird, Schreiben könne nicht vollends gelehrt und gelernt werden. Damit beobachtet Zeh einen Teil der performativen Schließungsmechanismen der Kommunikation um Schreibschulen herum und aus ihnen heraus. Trotz der Existenz von Schreibratgebern verbleibt das implizite Wissen um das Schreiben innerhalb des Instituts. Somit ist Schreibratgeber-Analyse ein Beispiel für die Funktion und Wirkung nicht-fiktionaler textueller Artefakte, die aus Schreibschulen hervorgehen und als Teil ihres Praktikenensembles gelesen werden können.

Es lassen sich jedoch nicht nur Gebrauchstexte hinsichtlich der Spuren des Diskurses um Literaturinstitute analysieren. Wolfgang Hottner (Berlin) untersucht in seinem Beitrag »Betriebsromane« auf ihr Verhältnis zum Betrieb und seinen Ausbildungsroutinen dies- und jenseits der Institute. Er behandelt dabei mit Ben Lerners *10:04* und Leif Randts *Planet Magnon* zwei Romane, die kontrastive Vergleichspunkte erlauben. Nicht nur, dass die jeweiligen Eigenheiten des US-amerikanischen und des deutschen Literaturbetriebs an den beiden Texten prägnant ablesbar sind, auch die jeweiligen Verschlüsselungsverfahren der Romane sind erhellend. Präsentiert sich Lerners Roman als autofiktionaler Klartext über das Leben als Schriftsteller in New York (der also gerade nicht vom ›Planet MFA‹ stammt), spricht Randt auf deutlich vermitteltere und fiktionalisierte Weise über die Ausbildung an einer deutschen Schreibschule. In einer allegorischen Auseinandersetzung mit Ausbildungs- und Publikationsformen der Institute wird deutlich, dass auch die Schreibschulen Teil einer komplexen ästhetisch-sozialen Formation der Gegenwart sind, die sich auf keinen einfachen Nenner bringen lässt.

Dass die Gegenwartsliteraturwissenschaft anfällig für ›Feedbackschleifen‹ ist, gilt auch für diesen Band und die in ihm versammelten Beiträge. Im recht kleinen Bereich der Gegenwartsliteratur und ihrer Erforschung ergeben sich persönliche Bekanntschaften und Erfahrungen aus erster Hand gleichsam zwangsläufig, auch für die Herausgeberïnnen und Beitragenden dieses Bandes. Die diesem Sammelband vorausgehende Konferenz »Institutsprosa – ästhetische und literatursoziologische Perspektiven auf akademische Schreibschulen im deutschsprachigen Raum«, die im Februar 2018 an der Goethe-Universität Frankfurt am Main stattfand, kann zudem durchaus als ›Tagung mit lebenden Autorïnnen‹ verstanden werden, denn die wissenschaftlichen Vorträge wurden immer wieder auch mit Podiumsdiskussionen und Lesungen von Akteuren des Literaturbetriebs angereichert und perspektivisch ergänzt. Der Versuch, diese Nähe nicht zu verschweigen, sondern vielmehr selbst zum Gegenstand zu machen, kann als ein erster, wenn auch kleiner Schritt verstanden werden, die Praktiken der Gegenwartsliteraturforschung in Richtung methodisch kontrollierter, kollektiv ausgehandelter und explizit benannter Standards zu transformieren.

Ohne Unterstützung wären weder die zurückliegende Tagung noch der vorliegende Sammelband realisierbar gewesen. Unser Dank gilt allen Tagungsteilnehmerïnnen, unseren Kollegïnnen der »Schreibszene Frankfurt« sowie beiden Leiterinnen des Kollegs, Susanne Komfort-Hein und Julika Griem. Herzlich bedanken wir uns außerdem bei der VolkswagenStiftung, die dieses Projekt finanziell erst ermöglichte.

Die Tagung und das nun daraus entstandene Buch verstehen sich als erste systematische Erkundung des Phänomens ›Institutsprosa‹, das sowohl ein drängendes Desiderat der Gegenwartsliteraturwissenschaft als auch eine methodische Herausforderung darstellt. Die vorliegenden Untersuchungen sind also als Startschuss und Einladung zu weiterer Forschung zu sehen und erheben daher keinen Anspruch auf Vollständigkeit oder Repräsentativität. Das gilt insbesondere für die Behandlung der Schreibschulen als mehr oder wenige homogene Gruppe aus Gründen des thematischen Aufrisses. Bei aller Neugier auf das Praktikenensemble ›Schreibschule‹ ist Vorsicht vor Generalisierungen und Sensibilität für Differenzierungen geboten. So blickt jedes Institut auf seine eigene Geschichte zurück und sollte in seinem historischen Verlauf betrachtet werden – diese geschichtlichen Dimensionen wären in nachfolgenden Studien zu vertiefen. Wie unterschiedlich das Selbstverständnis der Institute ist, wurde auch während einer Podiumsdiskussion auf der ›Institutsprosa‹-Tagung deutlich, an der die Leitenden der deutschsprachigen Schreibschulen teilnahmen. Die Antworten auf die Frage, welches Tier denn am ehesten für das jeweilige Institut stehe – genannt wurden u.a. Pfau, Faultier, Seehund, Koboldmaki und Kleine Hufeisennase – machten eines deutlich: Wenigstens in ihrem Selbstverständnis sind die Literaturinstitute im deutschsprachigen Raum höchstens stamm-, aber nicht artverwandt.[51]

Literaturverzeichnis

O.A.: »Kreatives Schreiben: ein sehr begehrter Studiengang«, in: *Berlin.de - das offizielle Hauptstadtportal*, https://www.berlin.de/special/jobs-und-ausbildung/uni-und-studium/studentenleben/2734973-1018135-kreatives-schreiben-ein-sehr-begehrter-s.html (geprüft am 19.10.2018).

O.A.: »Geschichte«, in: *Webseite des Deutschen Literaturinstituts Leipzig*, https://www.deutsches-literaturinstitut.de/geschichte.html (geprüft am 18.10.2018).

O.A.: »Studium. Was hier passiert«, in: *Website des Literaturinstituts Hildesheim*, https://literaturinstitut-hildesheim.de/studium/ (geprüft am 18.10.2018).

Adams, Katherine H.: *A History of Professional Writing Instruction in American Colleges. Years of Acceptance, Growth and Doubt*, Dallas: Southern Methodist University Press, 1993.

Antos, Gerd: »Eigen Texte herstellen! Schriftstellerisches Formulieren in der Schule. Argumente aus der Sicht der Schreibforschung«, in: *Der Deutschunterricht. Beiträge zu seiner Praxis und wissenschaftlichen Grundlegung*, 3 (1988), S. 37–49.

Boyd, Brian: *Vladimir Nabokov. The American Years*, Princeton: Princeton University Press, 1991.

Cerutti, Sofie: *Creative Writing in Europe. An Introduction: Teaching Creative Writing in 11 European Countries*. Utrecht: Kunstfactor, 2011.

Chee, Alexander: »My Parade«, in: Chad Harbach (Hg.), *MFA vs NYC. The Two Cultures of American Fiction*, New York: n+1 / Farrar, Straus and Giroux, 2014, S. 83–106.

Dewey, John: *Democracy and Education. An Introduction to the Philosophy of Education*, with a Critical Introduction by Patricia H. Hinchey, Bloomfield: Myers Education Press, 2018.

Dürr, Claudia/ Zembylas, Tasos: *Wissen, Können und literarisches Schreiben. Eine Epistemologie der künstlerischen Praxis*, Wien: Passagen, 2009.

Engelmeier, Hanna: [Tweet], 1.2.2018, https://twitter.com/HannaEngelmeier/status/959155589979963392 (geprüft am 29.9.2018).

Glindemann, Barbara: *Creative Writing in England, den USA und Deutschland. Kulturelle Hintergründe, literaturwissenschaftlicher Kontext, institutioneller Bezug*, Frankfurt am Main: Peter Lang, 2001.

Griem, Julika: »Standards für Gegenwartsliteraturforschung«, in: *Germanisch-Romanische Monatsschrift*, 65, 1 (2015), S. 97–114.

Habermas, Jürgen: *Technik und Wissenschaft als ›Ideologie‹*, Frankfurt am Main: Suhrkamp, 1968.

Hirschauer, Stefan: »Ethnografisches Schreiben und die ›Schweigsamkeit des Sozialen‹. Zu einer Methodologie der Beschreibung«, in: *Zeitschrift für Soziologie* 30, 6 (2001), S. 429–451.

51 Vgl. Hanna Engelmeier: [Tweet], 1.2.2018, https://twitter.com/HannaEngelmeier/status/959155589979963392 (geprüft am 29.9.2018).

Kessler, Florian: »Lassen sie mich durch, ich bin Arztsohn!«, in: *Die Zeit*, 16.1.2014, zitiert nach: http://www.zeit.de/2014/04/deutsche-gegenwartsliteratur-brav-konformistisch/komplettansicht (geprüft am 19.10.2018).

Koch, Helmut H./ Pielow, Winfried: *Schreiben und Alltagskultur. Voraussetzungen und Haltungen des Schreibens in Schule, Hochschule und in außerschulischen Bereichen*, Baltmannsweiler: Pädagogischer Verlag Burgbücherei Schneider, 1984.

Mattenklott, Gundel: *Literarische Geselligkeit - Schreiben in der Schule. Mit Texten von Jugendlichen und Vorschlägen für den Unterricht*, Stuttgart: Metzler, 1979

McGurl, Mark: *The Program Era. Postwar Fiction and the Rise of Creative Writing*, Cambridge, Mass. / London: Harvard University Press, 2009.

Menand, Louis: »Show or Tell. Should Creative Writing be Taught?«, in: *The New Yorker*, 8.6.2009, https://www.newyorker.com/magazine/2009/06/08/show-or-tell (geprüft am 19.10.2018).

Merkelbach, Valentin: »Können wir nun doch alle das Dichten lernen?«, in: ders. (Hg.), *Kreatives Schreiben*, Braunschweig: Westermann, 1993, S. 5–27.

Myers, D. G.: »The Rise of Creative Writing«, in: *Journal of the History of Ideas*, 54, 1 (1993), S. 277–297.

Meyers, D.G.: *The Elephants Teach. Creative Writing since 1880*, Chicago: The University of Chicago Press, 2006.

Porombka, Stephan: »ALLES mit Schreiben. Was ich in Hildesheim gelernt habe«, in: Jan Fischer/ Nikola Richter (Hg.), *Irgendwas mit Schreiben. Diplomautoren im Beruf*, 2. erw. Aufl., Berlin: Mikrotext, 2017, S. 84–96.

Preiwuß, Kerstin: »Instituts-ABC«, in: Jan Fischer/ Nikola Richter (Hg.), *Irgendwas mit Schreiben. Diplomautoren im Beruf*, 2. erw. Aufl., Berlin: Mikrotext, 2017, S. 97–108.

Rau, Hans Arnold: »Einleitung: Kreatives Schreiben an bundesdeutschen Hochschulen«, in: ders. (Hg.), *Kreatives Schreiben an Hochschulen. Berichte, Funktionen, Perspektiven*, Tübingen: Niemeyer, 1988, S. 1–15.

Reckwitz, Andreas: *Die Erfindung der Kreativität. Zum Prozess gesellschaftlicher Ästhetisierung*, Berlin: Suhrkamp, 2012.

Reckwitz, Andreas: »Der Kreative als Sozialfigur der Spätmoderne«, in: ders.: *Kreativität und soziale Praxis. Studien zur Sozial- und Gesellschaftstheorie*, Bielefeld: Transcript, 2016, S. 185–194.

Reckwitz, Andreas: *Die Gesellschaft der Singularitäten. Zum Strukturwandel der Moderne*, Berlin: Suhrkamp, 2017.

Ruf, Oliver: *Kreatives Schreiben. Eine Einführung*, Tübingen: Narr Francke Attempto, 2016.

Schmidt, Jochen: *Die Geschichte des Genie-Gedankens in der deutschen Literatur, Philosophie und Politik 1750-1945*, Darmstadt: Wissenschaftliche Buchgesellschaft, 1985.

Spinner, Kaspar H.: »Kreatives Schreiben und literaturwissenschaftliche Erkenntnis«, in: Hans Arnold Rau (Hg.), *Kreatives Schreiben an Hochschulen. Berichte, Funktionen, Perspektiven*, Tübingen: Niemeyer, 1988, S. 79–87.

Spoerhase, Carlos: »Literaturwissenschaft und Gegenwartsliteratur«, in: *Merkur* 68, 1 (2014), S. 15–24.

Sträter, Andreas: »Neuer Studiengang ›Literarisches Schreiben‹ in Köln, in: *WDR*, 6.2.2017.

Treichel, Hans-Ulrich: »Ehre, Reichtum, Ruhm und Liebe. Was angehende Autoren in Seminaren lernen«, in: *literaturkritik.de*, 10 (2003), https://literaturkritik.de/id/6419 (geprüft am 18.10.2018).

Trilcke, Peer: »Buh«, in: *litlog*, 16.2.2014, http://www.litlog.de/literarisches-leben/buh/ (geprüft am 19.10.2018).

Theisohn, Philipp/ Weder, Christine (Hg.), *Literaturbetrieb. Zur Poetik einer Produktionsgemeinschaft*, Paderborn: Fink, 2013.

Tommek, Heribert: *Der lange Weg in die Gegenwartsliteratur. Studien zur Geschichte des literarischen Feldes in Deutschland von 1960 bis 2000*, Berlin/ Boston: De Gruyter, 2015.

Vandenrath, Sonja: *Private Förderung zeitgenössischer Literatur. Eine Bestandsaufnahme*, Bielefeld: Transcript, 2015.

Wendell, Barrett: *English Composition. Eight Lectures Given at the Lowell Institute*. New York: Charles Scribner's Sons, 1891.

Wendell, Barrett: »English Work in Secondary School«, in: *School Review* 1 (1893), S. 659–660.

Werder, Lutz: *... triffst Du nur das Zauberwort. Eine Einführung in die Schreib- und Poesietherapie und in die Arbeit literarischer Werkstätten*, München / Weinheim: Psychologie-Verlags-Union, Urban und Schwarzenberg, 1986.

Wilbers, Stephen: *The Iowa Writers' Workshop. Origins, Emergence, and Growth*. Iowa City: University of Iowa Press, 1980.

Zeh, Juli: *Treideln. Frankfurter Poetikvorlesungen*, Frankfurt am Main: Schöffling & Co, 2013.

Schreiben lernen können aus Sicht des Feuilletons. Eine wissenstheoretische Analyse

Claudia Dürr

> Wenn man aber außer Elternhaus, Schule und Schreibwerkstätten nichts anderes kennen gelernt hat, stellt sich die Frage, worüber man nun eigentlich schreibt. Über eigene Erfahrungen etwa? [...] Die Absolventen dieser Kurse können alle ganz gut schreiben, und sie machen nichts falsch. Dass sie meistens gar keinen Stoff haben, fällt zunächst nicht auf.[1]

> Wie bei allen literarischen Texten, die auch nach der Lektüre noch im Kopf bleiben, kommt es nicht so sehr auf die Handlung an, die sich nacherzählen lässt, sondern auf die Atmosphäre und die Worte, in denen und mit denen sie spielt.[2]

Zwischen diesen beiden Zitaten des Literaturkritikers Helmut Böttiger in der *Süddeutschen Zeitung* liegen zehn Jahre. Offensichtlich zeigen sie eine unterschiedliche Gewichtung von Stoff und formaler Umsetzung. Lassen sich die Aussagen auch als Zeichen einer veränderten Wahrnehmung der Schriftstellerinnenausbildung im deutschsprachigen Literaturbetrieb auslegen? Sah der Kritiker 2008 den Grund für die von ihm als »so brav, ordentlich und monoton« kritisierte deutsche Gegenwartsliteratur noch darin,

1 Helmut Böttiger, »Und immer wird gerade jemand anderes geküsst«, in: *Süddeutsche Zeitung*, 13.12.2008.
2 Helmut Böttiger, »Die Lupe der Sehnsucht«, in: *Süddeutsche Zeitung*, 28.1.2018.

dass zahlreiche Debütant:innen einen »angewandten Studiengang, in dem sie Schreiben und Medientechniken lernen«[3] belegt hatten, so verliert er 2018 im Lob des Debütromans von Anja Kampmann kein Wort über deren Biografie: Kampmann ist Absolventin des Deutschen Literaturinstituts in Leipzig. Ihr Debütroman *Wie hoch die Wasser steigen* war für den Preis der Leipziger Buchmesse nominiert, steht zum Zeitpunkt des Verfassens dieses Artikels auf der Longlist des Deutschen Buchpreises und wurde dementsprechend oft besprochen. Bewertet wurde Kampmanns Roman, dem Lyrik-Veröffentlichungen voraus gingen, jedoch nicht nur von Böttiger, sondern auch von seinen Kolleg:innen über die Qualität der Sprache – und zwar äußerst positiv.[4] Wenn die Ausbildung der Autorin Erwähnung fand, dann präsentierte man Kampmann als Gegenbeispiel für die These, dass Literaturinstitute »Literatur nach Schnittmusterbögen«[5] hervorbringen. Ob die Schreibschulvergangenheit von Autor:innen eher in Verrissen thematisiert wird, muss an dieser Stelle empirisch ungesicherte Hypothese bleiben. Wie sich die Feuilleton-Berichterstattung zur Thematik institutionalisierter Lehrbarkeit literarischen Schreibens in den letzten Jahrzehnten verändert hat, zeichne ich im Folgenden nach. Dafür bedarf es zunächst einer Vorstellung von künstlerischer Kompetenz und einer begrifflichen Präzisierung der unterschiedlichen Formen von Wissen.

Wissenstheoretische Perspektive

Eine zentrale Annahme wissenstheoretischer Untersuchungen ist die These, intelligente und komplexe Handlungen seien wissensgeleitet. ›Wissen‹ und ›wissensgeleitet‹ werden jedoch je nach zugrunde liegender Theorie unterschiedlich verstanden, sodass dieses Postulat auslegungsbedürftig ist. Mentalistische Handlungstheorien fokussieren die Rolle des Verstandes und Bewusstseinsfunktionen wie Absicht, Wille, Planung, um intelligente Handlungen als solche zu charakterisieren. Eine Ausnahme bildet das künstlerische Handeln. Der Geniebegriff legitimiert den seit dem 18. Jahrhundert philosophisch postulierten Sonderstatus des künstlerischen Schaffensaktes, für den die an andere intelligente Handlungen angelegten Maßstäbe nicht gelten. Die Kritik an den verschiedenen Versionen des mentalistischen Paradigmas hat jedoch sukzessiv die Entstehung von Konzeptionen des Handlungsprozesses ermöglicht, die die Bedeutung von kognitiven Repräsentationen abschwächen und Erfahrungswissen aufwerten. Eine solche Epistemologie der Praxis, die seit Mitte des 20. Jahrhunderts in unterschiedlichen Ausprägungen die Bedeutung von praktischem und implizitem Wissen betont, erscheint auch geeignet, um die Aneignung künstlerischer Kompetenzen zu erfassen – unabhängig davon, ob sich diese individuell oder im Kontext einer Ausbildungsinstitution vollzieht.[6]

Aus wissenstheoretischer Sicht kann literarisches Schreiben als Zusammenspiel unterschiedlicher Wissensformen verstanden werden – von theoretischem Wissen und ›Knowing How‹. Gilbert Ryle betont, dass »knowing how to do things« nicht notwendigerweise immer auf ein »knowing that something is the case« zurückzuführen sei.[7] Erkenntnis, das heißt propositionales Wissen über einen Sachverhalt (Literaturgeschichte, Ästhetik, erzähltheoretische Kenntnisse, Genrewissen, et cetera) meint Wissen, das zwar im Handeln genutzt wird, aber auch außerhalb der praktischen Anwendung existiert; praktisches Wissen hingegen ist konstitutiv dem Handeln einverleibt, wird in der individuellen Aneignung einer kollektiven Praxis erworben und durch das eigene Tun aufrechterhalten. Michael Polanyi spricht in diesem Zusammenhang von »personal knowledge«.[8] Es ist ein situatives, kontextbedingtes Wissen, das sich kaum im Sinne einer abstrakten Verallgemeinerung systematisieren lässt und stets gebunden ist an jene Person, die die praktische Erfahrung leibhaftig vollzog. »Knowing is literally something which we do«,[9] so John Dewey. Genau dieses häufig nur im Hintergrund und sprachlos (tacit) wirkende Erfahrungsreservoir, das sich produktiv niederschlägt, führt zur Entstehung und Entwicklung spezifischer Fertigkeiten.

3 Böttiger, »Und immer wird gerade jemand anderes geküsst«.
4 Vgl. u.a. Paul Jandl, »Nur die Tauben finden den Weg zurück in Anja Kampmanns Debütroman«, in: *Neue Zürcher Zeitung*, 31.1.2018; Miriam Zeh, »Tiefenbohrungen in der eigenen Sehnsucht«, in: *DLF*, 6.2.2018.
5 Ulrich Rüdenauer, »Anja Kampmann: Wie hoch die Wasser steigen«, in: *SWR2*, 26.2.2018.
6 Für eine ausführliche Darstellung siehe Tasos Zembylas / Claudia Dürr, *Wissen, Können und literarisches Schreiben. Eine Epistemologie der künstlerischen Praxis*, Wien: Passagen, 2009.
7 Gilbert Ryle, »Knowing How und Knowing That«, in: *Proceedings of the Aristotelian Society*, 46 (1945/46), S. 1–16.
8 Michael Polanyi, *Personal Knowledge. Towards a Post-Critical Philosophy*, London: Routledge & Kegan, 1958.
9 John Dewey, »Introduction to Essays in Experimental Logic«, in: ders., *The Middle Works (1899–1924), Vol. 10: Essays on Philosophy and Education 1916–1917*, hrsg. v. Jo Ann Boydston. Carbondale / Edwardsville: Southern Illinois University Press, S. 320–369, hier S. 367.

Diese Charakteristika künstlerisch-praktischen Wissens – personengebunden, situativ, kaum verallgemeinerbar, häufig nicht verbalisierbar – vermitteln eine erste Ahnung davon, welchen Herausforderungen Vermittlungsprozesse literarischen Schreibens begegnen. Sind sie in der feuilletonistischen Berichterstattung wiederzufinden? Welches Bild vom literarischen Schreiben entwirft das Feuilleton, wenn es über Schreibausbildungen berichtet? Welche Vorstellung von Lernen wird vermittelt? Wie wird die im Ausbildungskontext entstandene Literatur inszeniert? Welche Aspekte einer Praxis werden gezeigt, und was bleibt unsichtbar?

Feuilleton-Berichterstattung 1990–2017

Auf Basis der vom Innsbrucker Zeitungsarchiv (IZA) ausgewerteten Printmedien[10] habe ich für den Zeitraum von 1990 bis 2017 insgesamt 161 Beiträge analysiert: Reportagen, Porträts der akademischen Institutionen, Vorstellungen kommerzieller Angebote, Berichte über Festivals oder Wettbewerbe, wenn sie Anlass boten, (institutionalisierte) Schreibausbildungen zu thematisieren, Beiträge über entsprechende Symposien oder Anthologien, Literaturdebatten mit Fokus auf Schreibausbildungen sowie Einzel- / Sammelrezensionen, die sich auf die Ausbildung der Autorïnnen fokussieren. Zentral ist ein Korpus von 75 Reportagen über die vier akademischen Anbieter: das Deutsche Literaturinstitut Leipzig (DLL, 1995 neugegründet), den Studiengang ›Kreatives Schreiben und Kulturjournalismus‹ in Hildesheim (seit 1999), das Schweizerische Literaturinstitut in Biel (seit 2006) und das Institut für Sprachkunst in Wien (seit 2009).[11] Auffällig: Der Großteil dieser Reportagen inszeniert eine Annäherung, nicht nur thematisch, sondern auch räumlich. Wenn es Literaturredakteurïnnen sind, die berichten, dann begeben sie sich meist an den Ort des Geschehens,[12] vermitteln »Einblicke«,[13] »Nachrichten aus dem Inneren«[14] und geben den Anbietern Raum für Selbstdarstellungen; häufig liefern involvierte Personen – Lehrende, Studierende, später Absolventïnnen – nicht nur O-Töne oder Interviews, sondern ganze Erfahrungsberichte.[15] Auf dieses Korpus der Reportagen bezieht sich der erste Abschnitt ›Lernen‹. Um die Rezeption der in den Ausbildungsinstitutionen entstandenen Texte zu charakterisieren, greife ich unter Punkt II ›Literatur‹ auch auf ausgewählte Rezensionen sowie Berichterstattung in anderen Zusammenhängen (zum Beispiel Festivals) zurück.[16] Unter Abschnitt III ›Praxis‹ wurden Reportagen, Kritiken und Beiträge zur Literaturdebatte im Ausbildungskontext ab 2014 berücksichtigt. Die drei Abschnitte folgen auch einer chronologischen Entwicklung. Dennoch ist die Zuordnung zu den Überbegriffen Lernen – Literatur – Praxis wie jede Anordnung im Sinne eines Erkenntnisinteresses eine Zuspitzung, eine Markierung von Schwerpunkten und keine strikte Abgrenzung; das gilt besonders für Punkt I: Die Frage nach der Lehrbarkeit literarischen Schreibens ist bis heute nicht komplett verschwunden, wird aber deutlich weniger thematisiert. 68 der 75 Reportagen sind vor 2014 erschienen.

I. Lernen

»Kann tatsächlich jeder schreiben?«[17] »Ist literarisches Schreiben lehrbar?«[18] »Ist Schreiben lernbar, lehrbar, lebbar?«[19] »Kann man schreiben lernen?«[20] – um die zentrale Fragestellung der Berichterstattung in den 1990er Jahren zu erfassen, genügt ein Blick auf die Titel und Untertitel der Artikel. Und kaum, als sich eine Veränderung abzeichnet – »Langsam verbreitet sich auch bei uns die Erkenntnis, dass man das Handwerk des Schreibens lernen kann«[21] –,

10 Das IZA wertet regelmäßig 30 deutschsprachige Tages- und Wochenzeitungen aus, seit 2001 in digitalisierter Form. Dank an Michael Pilz für die Datenerhebung!

11 Vor der Gründung des Instituts für Sprachkunst wurde in den Reportagen aus österreichischer Sicht häufig auf die seit 1991 bestehende Wiener Schule für Dichtung Bezug genommen, daher taucht sie gelegentlich – obwohl nicht-universitär – in diesem Konvolut auf.

12 Cornelia Fiedler, »Himmelsstürmer im Formationsflug. Schreiben lernen – geht das überhaupt? Ein Besuch am DLL«, in: *Süddeutsche Zeitung*, 14.3.2013.

13 U.a. Hans-Dieter Schütt, »Lebens Kunst: Schule ohne Ferien. Das Deutsche Literaturinstitut – Einblick in ein Vorfreude-Projekt«, in: *Neues Deutschland*, 23.3.2004.

14 Nico Daniel Schlösser, »Der Neidschweiß der Jung-Genies. Wie man lernt, zum Schriftsteller zu werden: Nachrichten aus dem Inneren der Hildesheimer Schreibschule«, in: *Süddeutsche Zeitung*, 10.8.2007.

15 Als ein Beispiel von vielen: Katja Lange-Müller, »Schreiben lernen«, in: *Neue Zürcher Zeitung*, 23.4.2004.

16 Im Gegensatz zu den Beiträgen, in denen Ausbildungsinstitutionen zentral präsentiert beziehungsweise die Frage nach der Lehrbarkeit diskutiert wird, konnte hinsichtlich der Rezensionen kein Anspruch auf Vollständigkeit verfolgt werden. Hier dienen die gewählten Kritiken als beispielhafte Belege.

17 Joachim Jung, »Kann tatsächlich jeder schreiben? Ein Symposium über die Lehr- und Lernbarkeit literarischen Schreibens«, in: *Der Freitag*, 1.5.1992.

18 Serientitel in der *Berliner Zeitung*, u.a. Hajo Steinert, »Bloss das nicht! Bloss kein Diplomschriftsteller!«, 16.4.1998.

19 Ursula Krechel, »In den Kreissälen der Kreativität«, in: *Neue Zürcher Zeitung*, 4./5.7.1998.

20 Untertitel von u.a. Pia Reinacher, »Genies und Ernst und hohe Ambitionen. Kann man schreiben lernen?«, in: *Tagesanzeiger*, 13.11.1998; Stefan Beuse, »Das kann doch nicht so schwer sein. Kann man schreiben lernen?«, in: *Zeit Magazin*, 28.1.1999.

21 Edda Ziegler, »Am liebsten gleich ein Roman«, in: *Süddeutsche Zeitung*, 13./14.5.2000.

nicht zuletzt durch die aktive Medienarbeit der Anbieter – »Literarisches Schreiben kann man lernen«[22] (Josef Haslinger, Leiter DLL) –, sorgen entweder das Jubiläum einer bestehenden oder die Gründung einer neuen akademischen Schreibausbildung für die nochmalige Auflage derselben Frage: »Doch ist literarisches Schreiben wirklich erlernbar?«[23]

Diskutiert wird die Lehrbarkeit literarischen Schreibens mit einer spürbaren Skepsis; einer Skepsis, die Journalistïnnen allerdings vorzugsweise bei anderen verorten, wobei diese anderen nicht konkret benannt, sondern meist vage im deutschsprachigen Raum[24] verortet werden. »Denn gerade in Deutschland steckt hinter einer Kunstauffassung noch immer und mit großer Absolutheit der Geniegedanke«.[25] Auch wenn die Überholtheit des Genie-Konzepts suggeriert wird, bleibt der Begriff – sehr breit und assoziativ verwendet – präsent. Er wird unter anderem benutzt, um jene Aspekte im kreativen Schaffen zu markieren, die sich einer Beschreibung und somit auch der Fassbarkeit in der Lehre entzögen. Auch Formulierungen mit ironischer Distanz – »Als Genie kann man nicht scheitern. Als Schriftsteller schon«[26] – erwecken den Eindruck, der Begriff sei »zu schön, um ihn einfach zum Müll der Geistesgeschichte zu werfen«,[27] als habe man keinen adäquaten Ersatz. Die regelmäßig erwähnte und der deutschen Geschichte gegenübergestellte lange Tradition des Creative Writing an Hochschulen in den USA bietet offenbar kaum unmittelbare journalistische Anknüpfungspunkte.

Die wenigsten Beiträge entwerfen Schreiben lernen im Rahmen einer universitären Ausbildung als eine Spielart dessen, was alle professionell Schreibenden betrifft, nämlich ihre schriftstellerischen Fähigkeiten zu entwickeln. Vielmehr wird der Eindruck erweckt, es gäbe jene, die es *können* und jene, die es an einer Schreibschule *lernen*. Der Begriff des Lernens wird von Journalistïnnen (fast) ausschließlich an einen institutionellen Kontext gebunden eingesetzt. Auch Schriftstellerïnnen außerhalb institutioneller Ausbildungszusammenhänge assoziieren häufig nicht den Begriff des Lernens mit ihren Erfahrungen. Eine mögliche Erklärung dafür ist, dass die Aneignung praktischer Wissensformen – wie literarisches Schreiben – häufig nebenbei geschieht, ohne bewusste Absicht, implizit.[28] Aber alle Schreibenden, auch wenn sie diese Erfahrungen nicht ›Lernen‹ nennen, erweitern im Schreiben, im Lesen, im Austausch mit anderen, durch die zunehmende Integration in eine Praxis ihr Können. Keine Form des Lernens ist rein individuell und kognitiv – auch nicht bei künstlerischen Tätigkeiten.[29] Analogien zwischen Ausbildungskontext und informellen Lernsituationen bleiben in der Feuilleton-Berichterstattung jedoch die Ausnahme. Katja Gasser und Anita Kapshammer stellen fest: »Schreiben hat auch ohne Dichterschulen mit Lernen zu tun: Texte entstehen immer kontextgebunden. AutorInnen haben immer schon von AutorInnen gelernt«.[30] Sie verweisen mit dieser Aussage allerdings auf das Lernen durch Lektüre, nicht auf einen aktiven Austausch zwischen Schreibenden. Letzteres ist eine den Lehrenden jedoch durchaus vertraute Sichtweise: Josef Haslinger, damaliger Leiter des Deutschen Literaturinstituts in Leipzig, erzählt in einer Reportage aus seiner eigenen Biografie vom frühen »Kontakt zu anderen jungen Autoren«[31] oder der Tätigkeit im Rahmen von Literaturzeitschriften. Seine Schilderungen illustrieren, was Studien zum Austausch von Erfahrungswissen konstatieren: Der Transfer von Wissen und Können beschränkt sich nicht auf Nachahmen, sondern vollzieht sich vor allem in situativen, kommunikativen Interaktionen.[32]

Vom Feuilleton wird das Lernen literarischen Schreibens jedoch überwiegend als ein künstlicher, von Ausbildungsinstitutionen erschaffener Fall dargestellt, den es kritisch zu hinterfragen gilt. Dabei wird institutionelles Lernen nicht in Form einer hierarchischen Lehrerïn-Schülerïn-Konstellation präsentiert, sondern als Austausch in der Gruppe; dementsprechend fokussiert

22 Josef Haslinger, »Die Penne der Poeten«, in: *Die Zeit*, 19.10.2000.
23 Katja Gasser / Anita Kapshammer, »Dichten lehren in Ehren. Zehn Jahre sfd in Wien. Doch ist literarisches Schreiben wirklich erlernbar?«, in: *Der Standard*, 19.10.2002.
24 Vgl. etwa »Die Ansicht, Talent reiche aus, um gute Texte herzustellen, ist hierzulande immer noch weit verbreitet«, Barbara Liepert, »Dichter zwischen Handwerk und Genie«, in: *Süddeutsche Zeitung*, 15.7.1999.
25 Christoph Schröder, »Von wegen Genie, Dichter arbeiten«, in: *Die Tageszeitung*, 27.5.2008.
26 Michael Kraske, »Tippgemeinschaft: Deutsch für Profis«, in: *Süddeutsche Zeitung*, 12.11.2001.
27 Haslinger, »Die Penne der Poeten«.
28 Etienne Wenger, *Communities of Practice. Learning, Meaning and Identity*. Cambridge u.a.: Cambridge University Press, 2002, S. 7. Lerntheorien sind Gegenstand unterschiedlicher Disziplinen, Wenger bezieht sich auf Sozialisations- oder Handlungstheorien und gibt Lernen eine anthropologische Fundierung (S. 4). Vgl. auch Zembylas/Dürr, *Wissen, Können und literarisches Schreiben*, S. 132.
29 Polanyi, *Personal Knowledge*, S. xiv.
30 Gasser / Kapshammer, »Dichten lehren in Ehren«.
31 Haslinger, »Die Penne der Poeten«.
32 Vgl. John S. Brown / Allan Collins / Paul Duguid, »Situated Cognition and the Culture of Learning«, in: *Educational Researcher*, 18, 1, (1989), S. 32–42; Stephanie Porschen, *Austausch impliziten Erfahrungswissens. Neue Perspektiven für das Wissensmanagement*, Wiesbaden: Verlag für Sozialwissenschaften, 2008; vgl. auch Zembylas / Dürr, *Wissen, Können und literarisches Schreiben*, S. 133.

die Berichterstattung auf einen bestimmten Lehrveranstaltungs-Typ des Lehrplans: das Werkstattseminar. Szenen daraus prägen nahezu alle Reportagen. Studierende treten auf, die Professorïn ist eine Stimme unter anderen, alle kritisieren gemeinsam Texte, die teilweise in den Artikeln zitiert werden. Die Passagen lesen sich so, als würden die Journalistïnnen selbst die alte Regel kreativen Schreibens befolgen, ›show, don't tell‹.

> ›Grau sind sie und verbraucht. Doch sie wollen nicht enden, sie behaupten angebracht zu sein. (...)‹ So beginnt Steffi Lemkes Auseinandersetzung mit ihrer norddeutschen Heimat; das erste Kapitel dieses breit angelegten Prosawerkes, steht im Werkstatt-seminar zur Debatte. Ein wenig Ratlosigkeit herrscht zu Beginn der Stunde zwischen den Literaturstudenten, wenn das Referat gehalten ist und alle am liebsten ›Alles prima, alles ganz große Klasse‹ sagen wollen, schon allein, um den Kommilitonen nicht in die Pfanne zu hauen. Einer meint, der Text sei wie ›ein unan-greifbares Stück Edelmetall‹. Hier wird pathetische Wortwahl angekreidet, dort eine unangemessene Häufung von Metaphern.[33]

Was sich in diesen Szenen nicht zuletzt zeigt, sind Maximen und Leitbilder: »Um sein eigenes Schreibprofil zu ermitteln und zu schärfen«, so kommt etwa Hanns-Josef Ortheil, damaliger Leiter des Studiengangs in Hildesheim, zu Wort, müsste ein/e Studentïn »sich selbst mit Hilfe von aufmerksamen Beobachtern ununterbrochen in den verschiedensten Genres und Stillagen testen.« Dabei kristallisiere sich im günstigen Fall »das eigene Schreiben«[34] heraus. Verortet Mark McGurl in *The Program Era*[35] dieses Postulat der eigenen Stimme für den amerikanischen Raum in den 1970ern, so ist das Lob des »jeweils eigenen, unverwechselbaren Ton(s)«[36] in der deutschsprachigen Berichterstattung bis heute vorhanden und äußerst positiv besetzt. Die Beobachtung der Soziologin Christiane Schürkmann in Bezug auf das Studium bildender Kunst lässt sich auf Schreibausbildungen übertragen und wird in der Berichterstattung vielfach illustriert:

> Seine eigene Position findet ein derartiges Arbeiten [...] erst, wenn der Einzelne immer wieder in Beziehung zu seinen hervorgebrachten Arbeiten durch die Spiegelung der Anderen tritt und Sichtweisen in Anbetracht der Arbeiten zum Sprechen gebracht werden, indem Lehrende und Mitstudierende Fragen, Thesen und Kommentare in Hinblick auf das Entstehende äußern. Künstlerisches Arbeiten wird so als permanentes Justieren und Ausrichten, Befragen und Erfinden, Suchen und Versuchen, Ausprobieren und Modifizieren relevant gemacht.[37]

Die Vielfältigkeit und Komplexität kreativer Arbeitsprozesse wird dabei in den Feuilleton-Beiträgen nebenbei auf *ein* spezifisches Bild reduziert: Texte werden produziert, präsentiert, diskutiert, überarbeitet, erneut zur Diskussion gestellt. Credo: Schreiben lernen durch genaues Lesen lernen. Dieser Arbeitsablauf braucht Materialisation, schließlich müssen Texte vorhanden sein, um über sie sprechen zu können. Eine Ausbildungssituation, in der Schreibende regelmäßig gezwungen sind, Texte zu liefern, hat Auswirkungen auf die Gestaltung des eigenen Arbeitsprozesses. Während die befürchteten Konsequenzen einer – laut Instituten ohnedies nicht praktizierten – normativen Regelpoetik expliziert werden, bleibt von der Berichterstattung unbemerkt, dass auch die Organisation der Abläufe indirekt Einfluss nimmt auf die Texte.

Weitgehend unbemerkt bleiben auch die Inhalte anderer Lehrveranstaltungen als jene der sogenannten Werkstattseminare: Welche Theorien in den beiläufig genannten Theorie-Seminaren vermittelt werden, wird ebenso wenig erwähnt wie die Zusammensetzung der Leselisten und die Präzisierung der vermittelten erzähltheoretischen Modelle. Genau diese Inhalte tragen aber dazu bei, *wie* Studierende Texte wahrnehmen und nach welchen Maßstäben sie kritisieren. Theorien, Konzepte und Modelle können wissenstheoretisch als

33 Oliver Kaufhold, »Der gelernte Schriftsteller bekommt ein Diplom«, in: *Der Tagesspiegel*, 27.6.1998.

34 [red.], »Klagenfurt ist ein Gefangenenlager«, Interview mit Hanns-Josef Ortheil, in: *Die Welt*, 24.6.2010.

35 Mark McGurl, *The Program Era: Postwar Fiction and the Rise of Creative Writing*, Cambridge, Mass./London: Harvard University Press, 2009.

36 Jörg Plath, »Die Schulen der Fantasie« in: *Der Tagesspiegel*, 3.1.2003.

37 Christiane Schürkmann, *Kunst in Arbeit. Künstlerisches Arbeiten zwischen Praxis und Phänomen*, Bielefeld: Transcript, 2017, S. 131.

kognitive Werkzeuge begriffen werden, *mit* denen Autorïnnen denken. Von Harry Broudy stammt der treffende Ausdruck »knowing with«, um zu veranschaulichen, wie eine Theorie, propositionales Wissen, zum Werkzeug werden kann, mit dem man handelt, ohne *an* es zu denken.[38] Es gerät, sobald es verinnerlicht wurde, aus dem Lichtkegel der Aufmerksamkeit, wird unsichtbar im Handeln – und es ist unsichtbar in der Berichterstattung.

Dennoch wird man durch die Vermittlung theoretischen Wissens allein nicht zum / zur Schriftstellerïn, sonst wären alle Literaturwissenschaftlerïnnen begnadete Autorïnnen. Gerade die Abgrenzung zur Germanistik wird – von den Institutionen selbst wie von den Medien – ebenso deutlich betont wie die Tatsache, dass die Lehrenden selbst Schriftstellerïnnen sind. Das mediale Interesse gilt jenen Lehrveranstaltungen, die nahe an der künstlerischen Praxis scheinen, in denen also über eigene Texte gesprochen wird. Weitgehend Einigkeit herrscht hierbei darüber, dass technische und analytisch-narratologische Aspekte in Texten fassbar, artikulierbar und vermittelbar sind, dass man sie erlernen und trainieren kann. Der Begriff des Handwerks ist omnipräsent. »Zum Schreiben gehört auch methodisches Handwerkszeug, und das ist erlernbar.«[39] Wie an Kunstuniversitäten und Konservatorien für Musik »können natürlich auch hier nur handwerkliche Grundlagen vermittelt werden, die allein gewiß kein Genie, aber zumindest einen passablen Stilisten hervorzubringen vermögen.«[40] Unisono wird konstatiert: Erlernte Grundfertigkeiten garantieren »keine gute Literatur«.[41] Die Anführungszeichen markieren eine grundlegende Schwierigkeit im Zusammenhang mit dem Themenkomplex ›Lernen und Kunst‹: Lernen ist in der Regel an Gelingen gebunden, aber bei künstlerischen Tätigkeiten fehlt die Möglichkeit, die Handlungsqualität zu objektivieren. Es gibt keinen stabilen Konsens, was gute Literatur ist. »Wer bestimmt, was am jeweiligen Schreiben gut ist? Wo sind die Kriterien, deren Unantastbarkeit Sicherheit beim Schreiben gäbe?«, fragt Hans Dieter Schütt, *Neues Deutschland*.[42]

Die Institute sind bemüht, über die unterschiedlichen ästhetischen Positionen ihrer Lehrenden künstlerische Vielfalt zu suggerieren: »Das Konzept der Vielfalt, das epigonalen Eifer mindestens erschwert, wird vor allem auch durch die ständig wechselnden Gastprofessorïnnen gesichert.«[43] Aber nicht nur literarische

Qualität, sondern auch Begabung und Talent sind evaluative Begriffe, die es nicht nur gilt, im häufig erwähnten Aufnahmeverfahren zu erkennen, sondern die je nach Literaturverständnis unterschiedlich definiert werden. Sowohl Institutionen als auch Berichterstattung vermeiden es jedoch, diese Vorstellungen am konkreten Fall zu präzisieren, solange von den jeweiligen Absolventinnen keine Publikationen vorliegen.

Ausbildungsprogramme vermitteln größtmögliche Offenheit – keine (Schreib-)Regeln! – und die Berichterstattung trägt dieses Bild weiter. Besonders deutlich wird diese inszenierte Offenheit, wenn man sie Artikeln über kommerzielle Angebote gegenüberstellt. Der Verlag Bastei Lübbe initiierte 2013 eine »Academy«[44] für Unterhaltungsliteratur. Ein Porträt der »Bestsellerschmiede«[45] gewährt, ähnlich jenen der Reportagen über universitäre Ausbildungen, Einblicke in ein Werkstattseminar, in dem ein Lehrender eine Drei-Akt-Grafik projiziert. Der Journalist kommentiert im Beitrag: »es klingt einfach, wie Tipps eines Anlegeberaters«.[46] Im Zusammenhang mit der Vermittlung literarischen Schreibens ist die Lage komplexer, wie die Schilderung einer Lehrszene am Schweizerischen Literaturinstitut zeigt: »Irgendwann später in einer langen fachlichen Diskussion erklärt der Mentor entwaffnend: ›Ich habe jetzt auch nicht alle Lösungen, weil ich diesen Text ja nicht selber schreibe. Aber auch wenn ich ihn selber schreiben würde, hätte ich nicht alle Lösungen.‹«[47]

Literatur zu verfassen ist kein Ziel, das man direkt anstreben (und somit auch nicht direkt lehren) kann, sondern ein offener Prozess. Diese im Feuilleton suggerierte Vorstellung hält Zweifel an der institutionellen Lehrbarkeit aufrecht, korreliert aber durchaus mit wissenstheoretischen Annahmen: Können kann nicht direkt erlernt werden, sondern muss als Emergenzphänomen aus der

38 Harry Broudy, »On ›knowing with‹«, in: *Philosophy of Education. Proceedings of the 26th Annual Meeting of the Philosophy of Education Society*, (1970), S. 89–103.
39 Mechthild Hahne, »Wo das Schreiben zur Lebensäußerung wird«, in: *Neues Deutschland*, 6.1.1998.
40 Michael Allmaier, »Mehr Tragikomik. Schreiben lernen im Deutschen Literaturinstitut Leipzig«, in: *Frankfurter Allgemeine Zeitung*, 16.1.1996.
41 Gisa Funck, »Diplomierte Perfektion«, in: *Die Tageszeitung*, 19.4.2004.
42 Schütt, »Lebens Kunst: Schule ohne Ferien«.
43 Gottfried Fischborn, »Werkstatt der Diplomdichter«, in: *Der Freitag*, 14.11.2013.
44 Bereits zwei Jahre später pausierte das Angebot wieder – bis heute, vgl. *Branchenmeldung* vom 27.4.2015: https://www.autorenwelt.de/aktuelles/branchennews/meldung-27042015-bastei-l%C3%Bcbbe-academy (geprüft am 2.10.2018).
45 Verena Mayer, »Die Traumwerkstatt«, in: *Der Tagesspiegel*, 1.6.2013.
46 Ebd.
47 Stefan Keller, »Die Schule der AutorInnen«, in: *WochenZeitung*, 17.5.2007.

Akkumulation und Generierung unterschiedlicher Wissensformen verstanden werden.[48] Die Frage »Kann literarisches Schreiben gelernt werden?« wird vom Feuilleton immer und immer wieder gestellt, aber nicht um sie zu beantworten, sondern offensichtlich, um sie unbeantwortet zu lassen und genau damit Ausbildungen Kreativen Schreibens von anderen abzuheben.[49]

Werfen die Berichte der involvierten Akteure naturgemäß ein positives Licht auf die Möglichkeiten der Ausbildung, diskutieren Journalistinnen sie tendenziell skeptisch, aber nicht ablehnend. Der kritischste Beitrag kommt in der Gründungsphase der beiden deutschen Literaturinstitute Leipzig und Hildesheim nicht zufällig von einem Literaturkritiker. Hajo Steinert plädiert 1998 in der *Berliner Zeitung* für den Austausch mit bestehenden Instanzen und für das Lernen durch Lesen. Er sieht durch institutionalisierte Lehre die »Unberechenbarkeit« der jungen deutschen Literatur in Gefahr, fürchtet »Uniformen«. »Sollten in den nächsten Jahren Bücher auftauchen, in deren Klappentexten steht ›ausgebildet am Leipziger Literaturinstitut‹, kommen wir heftig ins grübeln.«[50] Das sollte nicht lange dauern.

II. Literatur

Können ist stets gebunden an eine Praxis beziehungsweise an eine Domäne – es gibt kein abstraktes, allgemeines, unspezifisches Können. Künstlerisch-praktisches Wissen, wie literarisches Schreiben, wird in Hinblick auf das Gelingen des Handlungsvollzugs beurteilt. Aber auch Gelingenskriterien sind Gegenstand sozialer Aushandlungsprozesse.

Die Frage nach ästhetischen Maßstäben der Lehre literarischen Schreibens manifestiert sich mit den ersten Publikationen der Absolventinnen des Deutschen Literaturinstituts Leipzig um die Jahrtausendwende am Einzelfall. Waren es bislang Reportagen, Symposiums- oder Erfahrungsberichte, die institutionelle Schreibausbildungen medial thematisierten, so liegt der Ball nun bei der Literaturkritik. Die reagiert zunächst positiv. Die *FAZ* lobt den Roman *Saga* von »Tobias Hülswitt, der am Deutschen Literaturinstitut in Leipzig studiert, was seinem Schreiben offensichtlich gut bekommt.« Selbstverständlich sei sein Debüt ein Jugendbuch. »Aber es ist noch etwas anderes, und nun dröhnt die Fanfare: Es ist Literatur!«[51] Der *Spiegel* bejubelt Juli Zeh, Absolventin des DLL, mit den Worten, ihr sei »ein originelles Debüt gelungen«.[52] In den nach wie vor erscheinenden Reportagen über die Ausbildungsmöglichkeiten werden diese Kritiken aufgegriffen und als Einschätzung anderer referiert, rhetorisch ähnlich wie zu Beginn im Zusammenhang mit der Genie-Ästhetik: »Selbst das Feuilleton beachtet die akademischen Schriftsteller mittlerweile«.[53]

Was zunächst zwar als »typisch« gekennzeichnet, aber noch nicht als »Einheitsbrei«[54] verurteilt wird, kippt schnell zum negativen Label ›Institutsprosa‹ mit den Vorwürfen: gut gemacht, aber nicht relevant. Jörg Magenau spricht 2004 von der »Gattung Literaturinstitutsliteratur«: »selbstbewußt, risikolos, sympathisch, vor allem aber ohne jeden Zweifel an der Notwendigkeit des eigenen Erzählens.«[55] Die zugeschriebenen Merkmale sind derart breit auslegbar, dass man Gutachten in jede Richtung wird vorfinden können; tatsächlich belegen mittlerweile einige Analysen den Variantenreichtum der Veröffentlichungen jenseits von »Ich-Perspektive, schnörkelloser Stil«.[56] Verfolgt man jedoch den Weg des Etiketts, zeigen sich Knotenpunkte eines betrieblichen Netzwerks, in dem Schreibschul-Absolventinnen bereits in den ersten Jahren als solche wahrgenommen werden: Verlage, Wettbewerbe und Preise. Lektor Olaf Petersenn etwa ist »beunruhigt« angesichts der gleichförmigen Biografien mit institutioneller Schreibausbildung und sieht die Gefahr, dass vor lauter »erzählerischen Fähigkeiten der Gegenstand des Erzählens in den Hintergrund tritt«.[57] In der Berichterstattung über die Tage der Deutschsprachigen Literatur in Klagenfurt – die per se dem Verdacht der Literaturkritik ausgesetzt sind, eine bestimmte literarische Ästhetik zu befördern – lässt sich in der *Welt* über die teilnehmenden Literaturinstitutsabsolventinnen nachlesen: »Sie können erzählen, wissen aber

48 Vgl. Zembylas / Dürr, *Wissen, Können und literarisches Schreiben*, S. 16.
49 Vgl. Louis Menand, »Show or tell. Should creative writing be taught?«, in: *The New Yorker*, 1.6.2009: »keeping alive the belief that all this training and socialization never really touches the heart of the imaginative process«.
50 Steinert, »Bloss das nicht! Bloss keine Diplomschriftsteller!«.
51 Eberhard Rathgeb, »Kein Pop im Dorf«, in: *Frankfurter Allgemeine Zeitung*, 12.10.2000.
52 Rainer Traub, »Verkokste Kindheit«, in: *Der Spiegel*, 6.8.2001.
53 Kraske, »Tippgemeinschaft: Deutsch für Profis«.
54 Funck, »Diplomierte Perfektion«.
55 Jörg Magenau, »Plattenbau als Kulisse«, in: *Frankfurter Allgemeine Zeitung*, 15.1.2004.
56 Vgl. etwa Marlen Schachinger, *Werdegang - Autor/innen zwischen autodidaktischer und institutioneller Ausbildung*, Frankfurt am Main: Peter Lang, 2012, S. 218ff.
57 Interview mit Olaf Petersenn in der NRW-Kulturzeitschrift *K.West*, zitiert nach Funck »Diplomierte Perfektion«.

eigentlich nicht was. Sie riskieren nichts, schreiben ungefährdete, ordentlich geschnittene Literatur«.[58] Dieses Urteil wiederum wird im *Tagesspiegel* in einer Reportage über das DLL zitiert[59] – wo Studierende im O-Ton widersprechen. Ebenso oft wie man den Vorwurf der ›Institutsprosa‹ bestätigt sieht, werden Ausnahmen von der Regel konstatiert, manchmal beides in einer Besprechung. Gerrit Bartels etwa beschreibt drei Neuerscheinungen als »Bücher, auf die weder die abwertend gemeinte, in der Regel mit Handwerk und Mittelmaß assoziierte Bezeichnung ›Literaturinstitutsliteratur‹ passt« noch dass sie sich unter Coming-of-Age-Erzählungen subsumieren ließen. Wenig später hält er ihnen doch »leise, sehr leise« vor: »das Fehlen von Lebensprallheit, auch ihre Kühle, ihre Raffinesse, ihr Hang zur Perfektion«, sie wären »zwingend aufgeschrieben, auf literarisch hohem Niveau, nur mitreißend sind sie nicht«.[60]

Wie bei anderen Etiketten – etwa dem ›Fräuleinwunder‹ – sind es auch bei ›Institutsprosa‹ außerliterarische Faktoren (die Biografie), die instrumentalisiert werden, und an sich noch keine Bewertung, sondern nur eine Komplexitätsreduktion durch Gruppenbildung darstellen. Verknüpft mit einer Handvoll prägnanter, immer gleicher Zuschreibungen, verfestigt sich in der beständigen Wiederholung im intertextuellen Geflecht jedoch ein Bündel an Assoziationen, das einerseits wie jedes Labelling als Aufmerksamkeitsstrategie interpretiert werden kann, gleichzeitig dennoch Wertmaßstäbe verfestigt. Dominierte in den Darstellungen der Ausbildungsinstitute das Bemühen um Offenheit und ästhetische Vielfalt, dem Journalistïnnen in ihren Reportagen durchaus Raum gaben, ist das Kritikerïnnen-Urteil in der Einzelrezension nun das absolute Gegenteil, nämlich normativ mit konkreten Erwartungen an Literatur: erfahrungsgesättigt, spannend. Dass man diese nicht erfüllt sieht, führt zu einer kritischen Haltung gegenüber den Schreibinstituten auch in den parallel noch immer entstehenden Reportagen.

Der bislang als kleinster gemeinsamer Nenner geltende Begriff des Handwerks für jene Aspekte im literarischen Schreiben, die lehrbar sind, wird jetzt mit Blick auf konkrete Texte klar pejorativ verwendet. Die negative Konnotation im Zusammenhang mit Handwerk als ein Aspekt des künstlerisch-praktischen Wissens lässt sich mit der historisch gewachsenen Differenz zwischen dem

Künstlerischen als Topos des Individuellen und dem Handwerklichen als geschickte Ausführung in einem Bereich, in dem das Individuelle verschwinden soll, erklären.[61] Dass die Kenntnis einer Technik nicht automatisch Handlungskompetenz impliziert, machte bereits Aristoteles klar,[62] dennoch steht zu bezweifeln, dass die Kategorie des Handwerks von der Kritik derart massiv herangezogen werden würde ohne das Wissen um die Ausbildung der Autorïnnen. Dasselbe gilt für den Vorwurf mangelnder Lebenserfahrung. Scheinbar als ästhetischer Vorwurf stark gemacht, ist er nichts anderes als Ausdruck eines Vorurteils und geknüpft an die Biografie der Autorïnnen trivial. Wenn die Literaturkritik zu wenig Lebenserfahrung an den begrenzten Möglichkeiten dessen zu erkennen glaubt, »worüber man nun eigentlich schreibt«,[63] um das Eingangszitat von Helmut Böttiger stellvertretend nochmals aufzugreifen, propagiert sie damit eine bestimmte Vorstellung von Literatur und wertet eine andere, nämlich jene, die sich aus Erfundenem speist, ab. Damit ist mehr über Erwartungen an Literatur als über die Leistung von Literaturausbildungen gesagt.

Dennoch zielt die Literaturkritik mit dem Erfahrungsbegriff mitten ins Zentrum der Aneignung künstlerisch-praktischen Wissens: Dieses ist Erfahrungswissen und nur durch Erfahrungen in der ersten Person erwerbbar. Andere mögen sich noch so detailliert zu einem entstehenden Text äußern: Konkrete Lösungen finden und schreiben müssen die Autorïnnen selbst – ob zuhause oder in einer institutionellen Jugendstilvilla. Auf diese Grenzen von Lehre und Lehrbarkeit verweist der Wissenstheoretiker Michael Polanyi, wenn er die Aneignung von (theoretischem oder praktischem) Wissen als eine Leistung beschreibt, die der Lernende in den meisten Fällen aktiv betreiben muss: »We alone can catch the knack of it; no teacher can do this for us.«[64]

58 Elmar Krekeler, »Im Gefängnis einer gewissen Könnerschaft«, in: *Die Welt*, 27.6.2005.
59 Verena Mayer, »Dichter machen«, in: *Der Tagesspiegel*, 3.1.2007.
60 Gerrit Bartels, »Ein Gefühl von Zukunft«, in: *Die Tageszeitung*, 11.5.2005.
61 Vgl. Michael Brater / Uta Büchele / Erhard Funcke, *Künstlerisch handeln. Die Förderung beruflicher Handlungsfähigkeit durch künstlerische Prozesse*, Stuttgart: Freies Geistesleben, 1989, S. 72.
62 Aristoteles, *Nikomachische Ethik*, aus dem Griechischen und mit einer Einführung und Erläuterung versehen von Olof Gigon, München: dtv, 2000, 6. Buch, 1141b.
63 Böttiger, »Und immer wird gerade jemand anderes geküsst«.
64 Michael Polanyi, *Knowing and Being: Essays*, Chicago, Ill.: University of Chicago Press, 1969, S. 126; Georg Hans Neuweg, *Könnerschaft und implizites Wissen. Zur lehr-lerntheoretischen Bedeutung der Erkenntnis- und Wissenstheorie Michael Polanyis*, Münster: Waxmann, 1999, S. 386; vgl. auch Claudia Dürr, »Wittgensteins Wink & Haslingers Hund. Unsagbares im Sprechen über Literatur, während sie entsteht«, in: Marie Caffari / Johanne Mohs / Katrin Zimmermann (Hg.), *Schreiben im Zwiegespräch – Writing as Dialogue. Praktiken des Mentorats und des Lektorats in zeitgenössischer Literatur – Practices of the Editor and the Mentor in Contemporary Literature*, Bielefeld: Transcript, 2019, S. 65–78.

Eines der Pro-Argumente der Institute und Studierenden, dass die Ausbildung Zeit und Umwege erspare, »ein Katalysator«,[65] »ein Dampfkessel«[66] sei, verliert im Spiegel der Kritik an Überzeugungskraft. Denn Erfahrung lässt sich nicht beschleunigen.[67]

Diskutierte die Berichterstattung vor dem Eintritt einiger Absolventinnen in den Markt die Frage nach der Lehrbarkeit literarischen Schreibens, hat sich danach der Fokus auf die Professionalisierung und das Berufsbild Schriftstellerin verschoben. Die Aufnahme durch die Institution – in vielen Beiträgen als Auszeichnung, die nur wenigen Auserwählten gilt, inszeniert und mit Zahlen belegt – mag wichtig für die Legitimation der künstlerischen Tätigkeit sein. Dennoch ist es die erste (Buch-)Publikation, die für viele Schreibende die Initiation zum Schriftstellerin-Sein markiert. Instanzen des literarischen Feldes tauchen als Gatekeeper nun verstärkt in den Berichten über die Ausbildungsinstitutionen auf; es geht nicht mehr nur ums Schreiben, sondern auch ums Publizieren: »›Der Roman wird ein Knüller‹, sagt er. Bei Paul klingt das nach Marktanalyse, nicht nach Marktgeschrei. [...] Warum sollte es auch nicht möglich sein, von einem Buchmarkt zu profitieren, der im vergangenen Jahr einen Umsatz von 18,4 Milliarden Mark verzeichnete?«[68] Die immer selben prominenten Absolventinnen werden genannt, das Netzwerk der Institute betont.

Problematischer als explizit benennbare Inhalte (Seminare zu Aspekten des Literaturbetriebs) und Angebote der Ausbildungsinstitutionen (eigens geschaffene Publikationsformate als erste Präsentationsformen) erscheinen der Kritik die impliziten Momente der Ausbildungspraxis: Christoph Schröder, der über die Jahre mehrfach über das Thema berichtete, sieht 2008 – im selben Jahr wie der eingangs zitierte Helmut Böttiger – in der »frühen Einordnung in eine den Moden und Diskursen unterworfene Szene« den Grund für die mangelnde »ästhetische Eigenständigkeit«.[69] In dieser von vielen geteilten Kritik wird ausgeblendet, dass auch Schriftstellerinnen, die nicht an einem Institut Schreiben studieren, keine isolierten Monaden sind, sondern – selbst wenn sie keine direkten Interaktionen pflegen – Teil eines Praxiskollektivs.[70] Auch sie versuchen, im Schreiben zu antizipieren, wie Rezipientinnen auf bestimmte Zeichen und symbolische Formen potenziell reagieren; diese Antizipation setzt eine geteilte kulturelle Praxis (Konventionen, Vorbilder, Interpretationsmuster, et cetera) voraus, eine Art imaginatives Zwiegespräch mit der ›Kunstwelt‹, Howard Becker spricht von »continual dialogue with the world relevant to the choices being made.«[71] Autorïnnen, die bereits im Feld etabliert und vertrauter mit dessen Konventionen sind, wie die jeweiligen Lehrenden, können Reaktionen und Lesarten womöglich besser einschätzen. Ihre Studierenden dahingehend zu lenken, das ist der indirekte Vorwurf der Kritik.

Dennoch betonen Lehrende wie Robert Schindel, damals Leiter des Instituts für Sprachkunst in Wien: »Erfolg ist aber niemals planbar.«[72] Davon abgesehen, dass auch Erfolg ein auslegungsbedürftiger Begriff ist, ist diese Aussage nicht unberechtigt. Schriftstellerïnnen können sich nicht nur bei der Abwägung und Einschätzung von konkreten textimmanenten Aspekten irren, auch ihr Umfeld ist dynamisch, Bewertungsprozesse sind im Grunde unberechenbar und nicht zur Gänze beeinflussbar.[73] Ändert sich die Praxis, etwa durch neue kulturbetriebliche Vorgaben,[74] dann können unter Umständen vorhandene, bereits anerkannte Fähigkeiten kritisiert und devaluiert werden. In diesem Sinne spricht der Soziologe Etienne Wenger von »regimes of competence«,[75] die permanent Gegenstand sozialer Aushandlungsprozesse sind.

III. Praxis

Jede Praxis enthält explizite und implizite Aspekte: Sprache, Regeln, Dokumente und Vereinbarungen einerseits sowie stillschweigende Übereinkünfte, nicht-ausgesprochene Konventionen,

65 Vgl. u.a. »Das Institut, findet der 42jährige Autor, wirke wie ein Katalysator (...)«, Beuse, »Das kann doch nicht so schwer sein«.

66 »eine abkürzung: was man sonst in jahren mühevoll durch try und error zuhause lernen muss, lernt man dort in einem dampfkessel in 3 bis 4 jahren«, wird eine Mail-Auskunft von Tobias Hülswitt zitiert nach Fischborn, »Werkstatt der Diplomdichter«.

67 Vgl. den Beitrag von Kevin Kempke in diesem Band.

68 Kraske, »Tippgemeinschaft: Deutsch für Profis«.

69 Schröder, »Von wegen Genie, Dichter arbeiten«.

70 Im Sinne des Begriffs bei Wenger, *Communities of Practice*.

71 Howard Becker, *Art Worlds*, Berkeley / Los Angeles / London: University of California Press, 1982, S. 204.

72 [red.], »Erfolg ist aber niemals planbar«, Interview mit Robert Schindel, in: *Der Standard*, 18.9.2010.

73 Richard Caves, *Creative Industries. Contracts between Art and Commerce*, Cambridge, Mass. / London: Harvard University Press, 2000, S. 3.

74 Solche kulturbetrieblichen Veränderungen thematisierte Florian Kessler in seinem Beitrag in der *Zeit*: den Aufstieg mächtiger Handelsketten, riesiger Verlagskooperationen und einflussreicher Agenten. Florian Kessler, »Lassen Sie mich durch, ich bin Arztsohn!«, in: *Die Zeit*, 16.1.2014.

75 Wenger, *Communities of Practice*, S. 136–139.

subtile Zeichen, inkorporierte Kommunikationsweisen und verinnerlichte Deutungsmuster andererseits. Die Kenntnisnahme dieser impliziten Dimension ist ein klares Zeichen für die Teilnahme an einer Praxisgemeinschaft.[76] Den Fokus auf dieses ›Knowing How‹ lenkt 2014 die viel diskutierte Polemik »Lassen Sie mich durch, ich bin Arztsohn!«[77] von Florian Kessler, Absolvent des Studiengangs ›Kreatives Schreiben und Kulturjournalismus‹ in Hildesheim. Was sein Artikel zur Reflexion von Schreibausbildungen leistet, ist weniger der auch von ihm wiederholte Vorwurf der Eintönigkeit der Literatur der Absolventïnnen, die »immer stärker auf die angeblichen Bedürfnisse des Marktes eingehen, noch bevor diese nur ausgesprochen sind.«[78] Vielmehr bringt er die längst überfällige Verbindung von Individuum und Gemeinschaft in die Diskussion um die Leistung der Schreibausbildungen – und zwar indem er das unsichtbare Band der Konventionen, das die Mikro- mit der Makroebene verbindet, thematisiert. Offensichtlich zeigt Kesslers Argumentation den Einfluss Bourdieus. Sieht Howard Becker als Vertreter eines Production-of-Culture-Ansatzes jedes Kunstwerk als das Ergebnis von koordinierten Aktivitäten, ohne die es nicht in dieser Form hätte fertig gestellt werden können und unterstreicht also die Interaktion und Kooperation der Akteure, betont Pierre Bourdieu stärker als alle anderen den inhärenten Antagonismus zwischen den Feldteilnehmerïnnen und die Idee des (Klassen-)Kampfes. Freundschaftliche Beziehungen, das soziale Kapital, ein Handlungsdispositiv, das bei Bedarf aktiviert wird, um Einfluss auf soziale Vorgänge zu nehmen, entfaltet seine Hebelkräfte allerdings am besten, wenn diese diskret bleiben. Mit dieser Konvention des Schweigens zu brechen, quasi einen Verrat von innen zu begehen – formal konform mit der vorhergehenden Reihe der Erfahrungsberichte, den Nachrichten aus dem Inneren –, verlieh Kesslers Beitrag das notwendige Skandalisierungspotential. Dabei hat Kessler in seinem Text selbst die Anwendung dessen, was Ausbildungsinstitutionen lehren wollen, erfolgreich demonstriert: Individualität und Originalität. Mit »Witz, Chuzpe und einer gehörigen Portion Charme« schrieb er, so etwa Verena Roßbacher, DLL-Absolventin in einer Replik, »ein Stück gar nicht schlecht gelungener Literatur.«[79] Dem Zusammenhang (bürgerliche)

Herkunft und (brave) Literatur wurde in der Folge medial vehement widersprochen, wie schon zuvor beim Institutsprosa-Vorwurf führte man Beispiele als Ausnahmen ins Feld. Die allgemeinen Behauptungen Kesslers schwappten allerdings nun in die Einzelkritik zurück, man statuierte ein Exempel an Fabian Hischmann, der in Leipzig und Hildesheim studierte hatte und dessen Roman *Am Ende schmeißen wir mit Gold* zur Hochzeit der Kessler-Debatte für den Deutschen Buchpreis nominiert war. »Man kann somit gar nicht anders, als dieses Debüt exemplarisch zu lesen – vor dem Hintergrund der gegenwärtigen Debatte um die Bravheit und Betriebsnudeligkeit der jungen deutschen Schriftsteller«, schreibt Richard Kämmerlings in der *Welt*, und erneut sind andere die Kritiker, deren Urteil man sich anschließt: »Fabian Hischmanns Selbstfindungsroman [...] gibt den Kritikern der Schreibschul-Blutleere leider recht.«[80]

Aber: Nach Kesslers Polemik ist die Frage nach der Lehrbarkeit ins Hintertreffen geraten. Und das wundert kaum: Das Lachen an den richtigen Stellen half bei der Aufnahme in den Studiengang Hildesheim und es hilft danach bei den In-Groups im Feld, so Kessler. Die Institution fungiert als Bestätigung des bürgerlichen Habitus, aber die Praxis der Ausbildungssituation spielt in der Argumentation eine untergeordnete Rolle. Die Autorin und DLL-Absolventin Olga Grjasnowa fragt in ihrer Replik mit jenen beiden Begriffen, zwischen denen die Frage der Lehrbarkeit in der Mehrheit der Reportagen vor der Kessler-Debatte aufgespannt wurde: »Warum kommen in Kesslers Text die beiden Begriffe ›Handwerk‹ und ›Talent‹ nicht vor?«[81] Jan Wiele in der *FAZ*,[82] Daniela Strigl in der *Furche*,[83] Ina Hartwig in der *SZ*[84] und Enno Stahl in der *taz*[85] erwähnen die Ausbildungssituation in ihren Reaktionen mit keinem Wort, ja sogar Kessler selbst verzichtet in der Antwort an seine Kritikerinnen auf eine Erwähnung der Schreibinstitutionen.

76 Ebd., S. 47.
77 Florian Kessler, »Lassen Sie mich durch, ich bin Arztsohn!«.
78 Florian Kessler, »Hat da jemand ›brav‹ gesagt? Eine Antwort an meine Kritiker«, in: *Süddeutsche Zeitung*, 6.2.2014.
79 Verena Roßbacher, »Die Hand, das Auge und das Herz«, in: *Wiener Zeitung*, 8.3.2014.
80 Richard Kämmerlings, »Hände hoch und her mit der Handlung!«, in: *Die Welt*, 18.2.2014.
81 Olga Grjasnowa, »Deutschland, deine Dichter«, in: *Die Welt*, 8.2.2014.
82 Jan Wiele, »Literatur-Debatte: Darauf eine Kronauer!«, in: *Frankfurter Allgemeine Zeitung*, 26.2.2014.
83 Daniela Strigl, »Mittelschicht und Mittelmaß«, in: *Die Furche*, 30.1.2014.
84 Ina Hartwig, »Krieg den Hornbrillen«, in: *Süddeutsche Zeitung*, 27.1.2014.
85 Enno Stahl, »Wer schreibt, der bleibt«, in: *Die Tageszeitung*, 23.1.2014.

Während der Betrieb über die saturierte Literatur bürgerlicher Schriftstellerïnnen diskutiert, verliert die Zuschreibung des Labels ›Institutsprosa‹ den Bezug zu seiner Herkunft und wird davon unabhängig anwendbar für eine bestimmte Ästhetik. Maxim Biller kritisiert in seinem Angriff auf die fade deutsche Gegenwartsliteratur Saša Stanišić für seine Anpassung an deutsche literaturbetriebliche Erwartungen in seinem zweiten Roman und lobt ihn für sein Debüt.[86] Die Pointe: Stanišić studierte ab 2004 »am Deutschen Literaturinstitut, und es ist ihm wichtig, dies immer wieder zu erwähnen. Als Fixpunkt seiner Biografie. Und dass er ohne das Institut niemals seinen Roman hätte schreiben können.«[87] Ijoma Mangold wiederum behauptet in seiner Antwort auf Biller, der nie eine Schreibschule von innen sah, dass dessen Debütroman als perfekte Institutsprosa durchginge.[88] Ob oder wie die Aneignung von praktisch-künstlerischem Wissen in einer universitären Ausbildungssituation Auswirkungen auf die so entstandene Literatur hat, ist vorerst kein Thema mehr. Kesslers Polemik hat also nur bedingt zu einer Reflexion der Ausbildungspraxis im Feuilleton geführt.

Die Praxis ist sexistisch, lautet der Befund einer ebenfalls aus dem Inneren der Institution heraus angestoßenen Debatte über Sexismus im Studiengang ›Kreatives Schreiben und Kulturjournalismus‹ in Hildesheim im Jahr 2017, und damit drei Jahre nach Kessler. In Online-Foren und im Blog der Zeitschrift *Merkur* publizieren Studierende und Absolventïnnen endlich die erfahrungsgesättigten lebensprallen Texte, die sich Kritikerïnnen von den Schreibschul-Studierenden seit Jahren wünschten. Auffällig ist die Verschiebung des Austragungsortes: Zahlreichen Erfahrungsberichten und kritischen Reflexionen im Internet steht eine sehr schmale Berichterstattung im Feuilleton gegenüber. In den an einer Hand abzählbaren Beiträgen werden die publizierten Schilderungen zitiert, vor allem aber macht die etablierte Literaturkritik eines: Sie weitet das Thema auf den Betrieb aus. »Natürlich ist die Sexismus-Falle eine subtilere und größere als die, die sich gerade an den Schreibschulen entzündet«,[89] kommentiert etwa Mara Delius knapp in der *Literarischen Welt*. Wenn von Schreibinstituten ausgehende Debatten wie jene um die Herkunft von

Autorïnnen oder sexistische Diskriminierung als typisch für den gesamten Betrieb ausgelegt und diskutiert werden, dann nimmt man Schreibausbildungen zwar den exotischen Status, gleichzeitig vergibt man die Chance, deren spezifische Praxis zu analysieren – und zwar über soziologische Grundkategorien wie Gender, Alter, soziale Position, kultureller Hintergrund oder ähnliche, die sich auf die Individuen beziehen hinausgehend. Es gelte, die Struktur der Praxisgemeinschaft zu betrachten, ihre Rituale, Artefakte und Werkzeuge. In der Auseinandersetzung mit Vorbildern und Autoritäten entsteht ein Selbstvergewisserungsprozess, der Vertrautheit für die Übereinstimmung des eigenen Urteils mit dem des ›significant other‹ und Vertrauen in die eigenen Fähigkeiten erzeugt.[90] Daher ist es aber auch nicht beliebig, wie dieser / dieses ›andere‹ in Ausbildungen aussieht – wie Lehrkörper und Leselisten definiert und ausgewählt werden. Sind literarische Konventionen einmal zu einem operationalen Prinzip geworden, wirken sie stumm und entziehen sich weitgehend dem Zugriff der Reflexion. Sie werden nicht mehr hinterfragt und sind dennoch wirksam. Genau dieses Phänomen spricht Lena Vöcklinghaus im Blog der Zeitschrift *Merkur* mit der Formulierung »inkorporierte Figur« an.[91] Auch der Denkstil anderer kann zu einem Werkzeug, zu einem konzeptuellen und interpretativen Rahmen im Erkenntnisprozess werden und Denken sowie Wahrnehmen strukturieren. Wir schauen nicht auf es, sondern *mit ihm*. »Werkzeuge haben mehrere bedeutsame Merkmale mit Wissen gemeinsam: Man kann sie nur durch den Gebrauch wirklich verstehen, und sie zu gebrauchen heißt sowohl die Weltsicht des Nutzers zu verändern als auch das Überzeugungssystem der Kultur zu übernehmen, in der sie gebraucht werden.«[92]

86 Maxim Biller, »Letzte Ausfahrt Uckermark«, in: *Die Zeit*, 20.2.2014.
87 Mayer, »Dichter machen«.
88 Ijoma Mangold, »Literaturdebatte: Fremdling, erlöse uns!«, in: *Die Zeit*, 27.2.2014.
89 Mara Delius, »Prolegomena: Der Betrieb III«, in: *Die Welt*, 15.7.2017.
90 Vgl. Tasos Zembylas, *Kunst oder Nichtkunst: Über Bedingungen und Instanzen ästhetischer Beurteilung*, Wien: Facultas, 1997, S. 105.
91 Mit Bezug auf den Essay »On Pandering« von Claire Vaye Watkins: Lena Vöcklinghaus, »Schreibschultagebuch, transatlantisch«, in: *Merkur* Blog, 6.7.2017, online unter: https://www.merkur-zeitschrift.de/2017/07/06/schreibschultagebuch-transatlantisch (geprüft am 5.7.2018).
92 S. Brown / Collins / Duguid, »Situated Cognition and the Culture of Learning«, S. 33.

Und nun?

In der Wahrnehmung des Feuilletons, so scheint es, sind institutionalisierte Schreibausbildungen wie andere Selektions- und Wertungsinstanzen Teil des Literaturbetriebs geworden. Die Frage nach der Lehrbarkeit hat an Brisanz verloren, Etiketten wie ›Institutsprosa‹ sind in der Zuschreibung unscharf geworden, überleben nur in Kontradiktion oder selbstbewusster Eigenbeschreibung von Absolventïnnen.[93] Den ironischen Werbespruch »Endlich wieder Arztsohnprosa!« von Florian Kessler für den im Herbst 2018 erschienenen Roman von Thomas Klupp, Absolvent und Lehrender des Studiengangs ›Kreatives Schreiben und Kulturjournalismus‹ in Hildesheim, nahmen Literaturkritikerïnnen in den bislang erschienen Rezensionen nicht zum Anlass, die Fragestellung erneut aufzugreifen.[94]

Blickt man zurück, so hat sich die Perspektive seit den 1990ern von allgemeinen Fragen der Lehrbarkeit literarischen Schreibens in den ersten Jahren des Jahrtausends hin zur Bewertung der literarischen Qualität der Publikationen von Absolventïnnen verschoben, in der Folge mit zunehmender Thematisierung des Kontextes – Literaturbetrieb und Markt –, um schließlich nochmals zehn Jahre später, mit zwei Debatten ab 2014 und 2017, den Fokus auf die Praxis zu lenken. Eine kritische Bestandsaufnahme, inwiefern diese Debatten zu einer Veränderung der Praxis geführt haben beziehungsweise führen, wäre wünschenswert; dass sie im Feuilleton stattfindet, ist unwahrscheinlich.

Es ist nicht Aufgabe der Literaturberichterstattung, institutionelle Lehrangebote literarischen Schreibens auf Basis einer Epistemologie der Praxis zu diskutieren; dennoch korrespondieren manche Befunde des Feuilletons der letzten Jahrzehnte durchaus mit wissenstheoretischen Erkenntnissen. Im Versuch der Darstellung der Grenzen der Lehrbarkeit zeigt sich allerdings, dass Konzepte und Begriffe, mit denen das Unsagbare, Implizite und schwer Vermittelbare im künstlerischen Schaffen erfasst werden können, fehlen. Das Feuilleton greift auf den Genie-Begriff zurück, obwohl das Wissen um dessen Überholtheit spürbar ist. Dennoch transportiert er lange Zeit die in der Berichterstattung positiv besetzten

Werte Individualität und Originalität. Die Herausforderung besteht in einem Entwurf von Kreativität, der die einzelne Leistung eingebettet in eine kollektive Praxis und als Ergebnis von Wertungsprozessen sieht. Aus Sicht des Feuilletons bleiben ›Talent‹ / ›Begabung‹ auf der einen und ›Institutsprosa‹, sprich Vereinheitlichung durch die Gruppe, auf der anderen Seite stattdessen weitgehend unvermittelbare Extreme. Aus soziologischer Sicht sind Werturteile aber weder total beliebig – ohne geteilte Werte wäre es völlig unmöglich, in Seminaren gemeinsam an Texten zu arbeiten – noch verläuft die Beziehung zwischen einer Praxisgemeinschaft und ihren Mitgliedern deterministisch. Es handelt sich um eine dynamische Verbindung, zumal der Grad der Partizipation und Integration der Mitglieder verschieden ist. Während die Schreibinstitute die Förderung der jeweiligen ›eigenen Stimme‹ hochhalten, diagnostiziert die Kritik lange Zeit tendenziell negative Auswirkungen des Kollektivs. Vor allem der journalistischen Berichterstattung jenseits der Erfahrungsberichte Involvierter mangelt es an einer Konzeption kreativer Prozesse, die darauf vertraut, dass die Disposition und Impulse jeder Person eine jeweils eigene Aneignung und Aktualisierung einer Praxis schaffen.

In einer Ausbildungssituation sind die Bedingungen der Aneignung von Wissen und Kompetenzen zugänglicher als bei informellen Lernprozessen. Gleichzeitig ist jeder generalisierte Befund über Absolventinnen reduktionistisch, man verkürzt die Partizipation und Aneignung einer kulturellen Praxis auf einen einzigen Faktor: die Ausbildung. Nicht alle Absolventinnen einer literarischen Schreibausbildung werden gute – was auch immer man darunter versteht – Schriftstellerinnen, das gleiche gilt aber auch für Autodidaktinnen oder andere Fachbereiche. Sind alle Absolventinnen der Germanistik gute Germanistinnen? Wäre die Ausbildung der einzig prägende Faktor, müsste sie auch bei jenen Absolventinnen der Literaturinstitute kritisch ins Feld geführt werden, die nicht die schriftstellerische Tätigkeit zum Beruf machen, sondern andere Positionen im Literaturbetrieb einnehmen, Positionen, die in der Berichterstattung nur am Rande erwähnt, aber für die die Gefahr der Vereinheitlichung nicht thematisiert

93 https://www.piper.de/buecher/wie-ich-faelschte-log-und-gutes-tat-isbn-978-3-8270-1366-8 (geprüft am 8.10.2018). Das DLL nennt eine Veranstaltungsreihe, bei der Absolventinnen lesen »Institutsprosa«, vgl: https://www.deutsches-literaturinstitut.de/veranstaltungen.html (geprüft am 8.10.2018).

94 Etwa Sandra Kegel, »Weiden als Wille und Vorstellung«, in: *Frankfurter Allgemeine Zeitung*, 6.9.2018; Gerrit Bartels, »Lügen lieben«, in: *Der Tagesspiegel*, 17.9.2018.

wurden. Dabei sind Verlegerïnnen, Lektorïnnen und Literaturkritikerïnnen mindestens so maßgeblich wie Schriftstellerïnnen daran beteiligt, was wir am Ende als Literatur wahrnehmen.

Literaturverzeichnis

O.A.: »Wie ich fälschte, log und Gutes tat – Inhalt«, Ankündigung des Romans von Thomas Klupp, in: *Website des Piper-Verlags*, https://www.piper.de/buecher/wie-ich-faelschte-log-und-gutes-tat-isbn-978-3-8270-1366-8 (geprüft am 8.10.2018).

O.A.: »Institutsprosa«, Veranstaltungsankündigung, in: *Website des Deutschen Literaturinstituts Leipzig*, https://www.deutsches-literaturinstitut.de/veranstaltungen.html (geprüft am 8.10.2018).

O.A.: Branchenmeldung vom 27.4.2015, in: *Autorenwelt*, https://www.autorenwelt.de/aktuelles/branchennews/meldung-27042015-bastei-l%C3%BCbbe-academy (geprüft am 8.10.2018).

[red.]: »Klagenfurt ist ein Gefangenenlager«, Interview mit Hanns-Josef Ortheil, in: *Die Welt*, 24.6.2010.

[red.]: »Erfolg ist aber niemals planbar«, Interview mit Robert Schindel, in: *Der Standard*, 18.9.2010.

Allmaier, Michael: »Mehr Tragikomik. Schreiben lernen im Deutschen Literaturinstitut Leipzig«, in: *Frankfurter Allgemeine Zeitung*, 16.1.1996.

Aristoteles: *Nikomachische Ethik*, aus dem Griechischen und mit einer Einführung und Erläuterung versehen von Olof Gigon, München: dtv, 2000.

Bartels, Gerrit: »Ein Gefühl von Zukunft«, in: *Die Tageszeitung*, 11.5.2005.

Bartels, Gerrit: »Lügen lieben«, in: *Der Tagesspiegel*, 17.9.2018.

Becker, Howard: *Art Worlds*, Berkeley / Los Angeles / London: University of California Press, 1982.

Beuse, Stefan: »Das kann doch nicht so schwer sein. Kann man schreiben lernen?«, in: *Zeit Magazin*, 28.1.1999.

Biller, Maxim: »Letzte Ausfahrt Uckermark«, in: *Die Zeit*, 20.2.2014.

Böttiger, Helmut: »Und immer wird gerade jemand anderes geküsst«, in: *Süddeutsche Zeitung*, 13.12.2008.

Böttiger, Helmut: »Die Lupe der Sehnsucht«, in: *Süddeutsche Zeitung*, 28.1.2018.

Brater, Michael / Büchele, Uta / Funcke, Erhard: *Künstlerisch handeln. Die Förderung beruflicher Handlungsfähigkeit durch künstlerische Prozesse*, Stuttgart: Freies Geistesleben, 1989.

Broudy, Harry: »On ›knowing with‹«, in: *Philosophy of Education. Proceedings of the 26th Annual Meeting of the Philosophy of Education Society*, (1970), S. 89–103.

Brown, John S./Collins, Allan/Duguid, Paul: »Situated Cognition and the Culture of Learning«, in: *Educational Researcher*, 18, 1, (1989), S. 32–42.

Caves, Richard: *Creative Industries. Contracts between Art and Commerce*, Cambridge, Mass. / London: Harvard University Press, 2000.

Delius, Mara: »Prolegomena: Der Betrieb III«, in: *Die Welt*, 15.7.2017.

Dewey, John: »Introduction to Essays in Experimental Logic«, in: ders., *The Middle Works (1899–1924), Vol. 10: Essays on Philosophy and Education 1916–1917*, hrsg. v. Jo Ann Boydston. Carbondale / Edwardsville: Southern Illinois University Press, S. 320–369.

Dürr, Claudia: »Wittgensteins Wink & Haslingers Hund. Unsagbares im Sprechen über Literatur während sie entsteht«, in: Marie Caffari / Johanne Mohs / Katrin Zimmermann (Hg.), *Schreiben im Zwiegespräch – Writing as Dialogue. Praktiken des Mentorats und des Lektorats in zeitgenössischer Literatur – Practices of the Editor and the Mentor in Contemporary Literature*, Bielefeld: Transcript, 2019, S. 65–78.

Fiedler, Cornelia: »Himmelsstürmer im Formationsflug. Schreiben lernen – geht das überhaupt? Ein Besuch am DLL«, in: *Süddeutsche Zeitung*, 14.3.2013.

Fischborn, Gottfried: »Werkstatt der Diplomdichter«, in: *Der Freitag*, 14.11.2013.

Funck, Gisa: »Diplomierte Perfektion«, in: *Die Tageszeitung*, 19.4.2004.

Gasser, Katja / Kapshammer, Anita: »Dichten lehren in Ehren. Zehn Jahre sfd in Wien. Doch ist literarisches Schreiben wirklich erlernbar?«, in: *Der Standard*, 19.10.2002.

Grjasnowa, Olga: »Deutschland, deine Dichter«, in: *Die Welt*, 8.2.2014.

Hahne, Mechthild: »Wo das Schreiben zur Lebensäußerung wird«, in: *Neues Deutschland*, 6.1.1998.

Hartwig, Ina: »Krieg den Hornbrillen«, in: *Süddeutsche Zeitung*, 27.1.2014.

Haslinger, Josef: »Die Penne der Poeten«, in: *Die Zeit*, 19.10.2000.

Jandl, Paul: »Nur die Tauben finden den Weg zurück in Anja Kampmanns Debütroman«, in: *Neue Zürcher Zeitung*, 31.1.2018.

Jung, Joachim: »Kann tatsächlich jeder schreiben? Ein Symposium über die Lehr- und Lernbarkeit literarischen Schreibens«, in: *Der Freitag*, 1.5.1992.

Kämmerlings, Richard: »Hände hoch und her mit der Handlung!«, in: *Die Welt*, 18.2.2014.

Kaufhold, Oliver: »Der gelernte Schriftsteller bekommt ein Diplom«, in: *Der Tagesspiegel*, 27.6.1998.

Kegel, Sandra: »Weiden als Wille und Vorstellung«, in: *Frankfurter Allgemeine Zeitung*, 6.9.2018.

Keller, Stefan: »Die Schule der AutorInnen«, in: *WochenZeitung*, 17.5.2007.

Kessler, Florian: »Lassen Sie mich durch, ich bin Arztsohn!«, in: *Die Zeit*, 16.1.2014.

Kessler, Florian: »Hat da jemand ›brav‹ gesagt? Eine Antwort an meine Kritiker«, in: *Süddeutsche Zeitung*, 6.2.2014.

Kraske, Michael: »Tippgemeinschaft: Deutsch für Profis«, in: *Süddeutsche Zeitung*, 12.11.2001.

Krechel, Ursula: »In den Kreissälen der Kreativität«, in: *Neue Zürcher Zeitung*, 4./5.7.1998.

Krekeler, Elmar: »Im Gefängnis einer gewissen Könnerschaft«, in: *Die Welt*, 27.6.2005.

Magenau, Jörg: »Plattenbau als Kulisse«, in: *Frankfurter Allgemeine Zeitung*, 15.1.2004.

Mangold, Ijoma: »Literaturdebatte: Fremdling, erlöse uns!«, in: *Die Zeit*, 27.2.2014.

Mayer, Verena: »Dichter machen«, in: *Der Tagesspiegel*, 3.1.2007.

Mayer, Verena: »Die Traumwerkstatt«, in: *Der Tagesspiegel*, 1.6.2013.

McGurl, Mark: *The Program Era: Postwar Fiction and the Rise of Creative Writing*, Cambridge, Mass.: Havard University Press, 2009.

Menand, Louis: »Show or tell. Should creative writing be taught?«, in: *The New Yorker*, 1.6.2009.

Lange-Müller, Katja: »Schreiben lernen«, in: *Neue Zürcher Zeitung*, 23.4.2004.

Barbara Liepert, »Dichter zwischen Handwerk und Genie«, in: *Süddeutsche Zeitung*, 15.7.1999.

Neuweg, Georg Hans: *Könnerschaft und implizites Wissen. Zur lehr-lerntheoretischen Bedeutung der Erkenntnis- und Wissenstheorie Michael Polanyis*, Münster: Waxmann, 1999.

Plath, Jörg: »Die Schulen der Fantasie« in: *Der Tagesspiegel*, 3.1.2003.

Polanyi, Michael: *Personal Knowledge. Towards a Post-Critical Philosophy*, London: Routledge & Kegan, 1958.

Polanyi, Michael: *Knowing and Being*, Chicago, Ill.: University of Chicago Press 1969.

Porschen, Stephanie: *Austausch impliziten Erfahrungswissens. Neue Perspektiven für das Wissensmanagement*, Wiesbaden: Verlag für Sozialwissenschaften, 2008.

Rathgeb, Eberhard: »Kein Pop im Dorf«, in: *Frankfurter Allgemeine Zeitung*, 12.10.2000.

Reinacher, Pia: »Genies und Ernst und hohe Ambitionen. Kann man schreiben lernen?«, in: *Tagesanzeiger*, 13.11.1998.

Roßbacher, Verena: »Die Hand, das Auge und das Herz«, in: *Wiener Zeitung*, 8.3.2014.

Rüdenauer, Ulrich: »Anja Kampmann: Wie hoch die Wasser steigen«, in: *SWR2*, 26.2.2018.

Ryle, Gilbert: »Knowing How und Knowing That«, in: *Proceedings of the Aristotelian Society*, 45 (1945/46), S. 1–16.

Schachinger, Marlen: *Werdegang – Autor/innen zwischen autodidaktischer und institutioneller Ausbildung*, Frankfurt am Main: Peter Lang, 2012.

Schlösser, Nico Daniel: »Der Neidschweiß der Jung-Genies. Wie man lernt, zum Schriftsteller zu werden: Nachrichten aus dem Inneren der Hildesheimer Schreibschule«, in: *Süddeutsche Zeitung*, 10.8.2007.

Schröder, Christoph: »Von wegen Genie, Dichter arbeiten«, in: *Die Tageszeitung*, 27.5.2008.

Schürkmann, Christiane: *Kunst in Arbeit. Künstlerisches Arbeiten zwischen Praxis und Phänomen*, Bielefeld: Transcript, 2017.

Schütt, Hans Dieter: »Lebens Kunst: Schule ohne Ferien«, in: *Neues Deutschland*, 23.3.2004.

Stahl, Enno: »Wer schreibt, der bleibt«, in: *Die Tageszeitung*, 23.1.2014.

Steinert, Hajo: »Bloss das nicht! Bloss keine Diplomschriftsteller!«, in: *Berliner Zeitung*, 16.4.1998.

Strigl, Daniela: »Mittelschicht und Mittelmaß«, in: *Die Furche*, 30.1.2014.

Traub, Rainer: »Verkokste Kindheit«, in: *Der Spiegel*, 6.8.2001.

Vöcklinghaus, Lena: »Schreibschultagebuch, transatlantisch«, in: *Merkur Blog*, 6.7.2017, online unter: https://www.merkur-zeitschrift.de/2017/07/06/schreibschultagebuch-transatlantisch (geprüft am 5.7.2018).

Wenger, Etienne: *Communities of Practice. Learning, Meaning and Identity*. Cambridge u.a., Cambridge University Press, 2002.

Wiele, Jan: »Literatur-Debatte: Darauf eine Kronauer!«, in: *FAZ*, 26.2.2014.

Zeh, Miriam: »Tiefenbohrungen in der eigenen Sehnsucht«, in: *DLF*, 6.2.2018.

Zembylas, Tasos / Dürr, Claudia: *Wissen, Können und literarisches Schreiben. Eine Epistemologie der künstlerischen Praxis*, Wien: Passagen, 2009.

Zembylas, Tasos: Kunst oder Nichtkunst: *Über Bedingungen und Instanzen ästhetischer Beurteilung*, Wien: Facultas, 1997.

Ziegler, Edda: »Am liebsten gleich ein Roman«, in: *Süddeutsche Zeitung*, 13./14.5.2000.

Get a Life! Zur Biografie als Ressource literarischer Produktivität

Kevin Kempke

I

Glaubt man einer verbreiteten Ansicht, wird an Schreibschulen gute Literatur eher verhindert als ermöglicht. Der Grund: Die Studierenden erlebten dort nichts. Die Journalistin Jana Hensel etwa bezeichnet in ihrem Artikel »20jährige können gut schreiben, aber worüber?« für die *Welt* das Leipziger Literaturinstitut als einen Ort, »wo man zwar das Schreiben, aber nicht das Leben lernt«.[1] Walter Hinck, Literaturwissenschaftler und kritischer Kommentator des Kreativen Schreibens seit den 1970ern, schlägt 2008 in einem Artikel über Literaturförderung ganz ähnliche Töne an, wenn er behauptet, »daß weder Stipendien noch Schreibschulen die Lebensschule ersetzen können.«[2] Und auch aus dem Literaturbetrieb selbst konnte man derartige Klagen hören. So äußerte sich Olaf Petersenn, damals noch Lektor bei Kiepenheuer & Witsch, jetzt bei Piper, dahingehend, dass die weitgehend normierten Lebensläufe junger Autorinnen dazu führen, dass die Erzählgegenstände an Relevanz und Welthaltigkeit einbüßten. Der Trias der Verderbnis »Abitur, Ausbildung, Literaturinstitut« setzt er »harte Erfahrungen«[3] als wünschenswerte Grundlage des Schreibens

1 Jana Hensel, »20jährige können gut schreiben, aber worüber«, in: *Die Welt*, 7.11.2006, https://www.welt.de/print-welt/article92782/20-Jaehrige-koennen-gut-schreiben-Aber-worueber.html (geprüft am 19.10.2018).

2 Walter Hinck, »Schreibschule, Lebensschule, Literaturförderung«. in: Seminar für Allgemeine Rhetorik, Tübingen, unter Federführung von Joachim Knape / Olaf Kramer / Peter Weit (Hg.), *»Und es trieb die Rede mich an…« Festschrift zum 65. Geburtstag von Gert Ueding*, Tübingen: Niemeyer, 2008, S. 23–28, hier S. 26.

3 Gisa Funck, »Diplomierte Perfektion«, in: *taz*, 19.4.2004, http://www.taz.de/!761986/ (geprüft am 19.10.2018).

und Desiderat der Gegenwartsliteratur entgegen. Dass Kritik an den Schreibschulen so häufig an der unterstellten Erfahrungsarmut der Studierenden ansetzt, ist nicht sehr überraschend. Denn Ressentiments gegen die vermeintliche Lebensferne der Universitäten sind altbekannt, während die Literatur sich gerne damit rühmt, ihre Früchte direkt von des Lebens goldenem Baum zu pflücken. Angehende Autorïnnen, die sich lieber in den Schoß des Seminarraums zurückziehen statt draußen ihren Erfahrungshunger zu stillen und der Welt Texte abzukämpfen, sind daher verdächtig. Die zitierten Krisendiagnosen führen eine biografistische Rezeptionsweise von Literatur vor, die nicht nur für aktuelle Darstellungsformen von Autorschaft generell, sondern gerade für die Schreibschuldebatten eine zentrale Rolle spielt – und zwar nicht nur für diejenigen Akteure, die den Instituten von vornherein feindlich gesonnen sind. Die Denkfigur, Literatur aus dem Leben abzuleiten, grundiert nämlich auch Florian Kesslers (seinerseits ein ehemaliger Hildesheimer Absolvent) berühmt gewordene Invektive[4] gegen die soziale Homogenität an Schreibschulen, in der ästhetische und soziologische Aspekte der Biografie als Ressource konvergieren. Denn er bringt die geringe soziale Durchmischung an Literaturinstituten in einen ursächlichen Zusammenhang mit der formalen und stofflichen Gestalt und Qualität der in ihrem Umfeld produzierten Literatur. Aus ähnlichen Verhältnissen stammend und damit auch habituell und biografisch nicht weit voneinander entfernt, produzierten die Schreibschülerïnnen auch sehr gleichförmige, uninteressante Literatur – so der bekannte und oft zitierte Vorwurf Kesslers. Ungeachtet der Frage, ob sich tatsächlich so einfache Kausalitäten herstellen lassen, ist die auch hier implizit mitlaufende Annahme, dass Erfahrungsarmut, die sich aus den gleichförmigen Lebensläufen der Autorïnnen ergibt, ästhetische Probleme mit sich bringt. Denn das intensive Leben, das als Ort literarischer Produktivität aufgerufen wird, ist sicherlich nicht dasjenige eines Arztsohnes.

Die zugrunde liegenden Annahmen des Vorwurfs der Erfahrungsarmut lauten also erstens, dass erfolgreiche Autorschaft ein erfahrungsreiches Leben zur Voraussetzung hat, das sich abseits der Bildungsinstitutionen abspielt und zweitens, dass dieses Leben dann auch literarisch produktiv wird: Es liefert die Stoffe, über die geschrieben werden kann. Was heißt es also ganz konkret für die Literatur und ihren Betrieb – und im Speziellen für die Schreibschulen – wenn die Biografie als Grundlage der Autorschaft verstanden wird? Es geht mir im Folgenden um diese Konstellation an der Schnittstelle von Poetik und Literatursoziologie. Ich werde eine zweifache Kontextualisierung vornehmen, mit der ich hoffe, eine Brücke zu schlagen zwischen den an sich eher unproduktiven Feuilletonvorwürfen und den tiefer liegenden Problemen und Fragen, die sich darin ausdrücken; denn es scheint mir kein Zufall zu sein, dass der Begriff Ressource, der in dieser Debatte immer wieder verwendet wird, sowohl an ökonomische wie auch an nicht-ökonomische (das heißt hier symbolische) Zusammenhänge anschlussfähig ist. Zudem hängt diese Konstellation mit der Tendenz zusammen, Autorschaft mit Faktoren der Herkunft und bestimmten kollektiven Identitäten zusammenzudenken. Ich werde – mit einem Seitenblick auf die US-amerikanische Debatte – zuerst die Voraussetzungen und einige Erscheinungsformen der Biografie als Ressource herausarbeiten (II), um sie anschließend mit Blick auf das Konzept der biografischen Legende zu theoretisieren (III) und in ihren Folgen für die (diskursive) Funktion von Schreibschulen zu analysieren (IV). Im letzten Teil des Artikels schaue ich mir dann mit Leif Randts Roman *Schimmernder Dunst über CobyCounty* einen Schreibschul-Text an, in dem das Problemfeld der Biografie als Ressource der Autorschaft unter satirischen Vorzeichen verarbeitet und kommentiert wird (V).

II

Auffällig ist an den eingangs zitierten Beispielen zunächst die begriffliche Unschärfe. Insbesondere die Kernbegriffe ›Leben‹ und ›Erfahrung‹ scheinen in den Augen der Kritikerinnen quasi synonym verwendet zu werden, um einen existenziellen Mangel anzuzeigen, wobei offenbar mehrere Aspekte zusammenwirken, die begrifflich nicht getrennt werden. Der Begriff ›Leben‹ ist etwa offensichtlich ambig: Zum einen referiert er auf die tatsächliche Biografie im Sinne eines (soziologisch, narratologisch etc.) erfassbaren Lebenslaufes.

4 Florian Kessler, »Lassen sie mich durch, ich bin Arztsohn!«, in: *Zeit online*, 16.1.2014, zitiert nach: http://www.zeit.de/2014/04/deutsche-gegenwartsliteratur-brav-konformistisch/komplettansicht (geprüft am 19.10.2018).

Soziologisch lässt sich die durch Herkunft und Klassenlage bestimmte Biografie mit Bourdieu als »durch die Dispositionen des jeweiligen Habitus geprägte, besondere Art und Weise [...], sich im sozialen Raum zu bewegen«[5] verstehen. Zum anderen steht der Begriff aber auch für die Intensität des Erlebens.[6] In der Kategorie des Erlebens sind begriffsgeschichtlich wiederum zwei Bedeutungsaspekte präsent. Mit Hans-Georg Gadamer können zwei miteinander korrespondierende Dimensionen des Erlebten unterschieden werden: Zum einen steht es für die »Unmittelbarkeit mit der etwas Wirkliches erfaßt«[7] wird und die der Verarbeitung vorausgeht, also für die Intensität des Selbsterlebten, zum anderen bezeichnet es aber auch den »Ertrag« des Erlebnisses, sein »bleibendes Ergebnis« hinsichtlich des Lebens als Ganzem[8] – für diese Begriffsdimension wird auch häufig der Begriff der ›Erfahrung‹ aufgerufen.[9] Ein Lebenslauf könnte so dann als Summe der sedimentierten Erlebnisse gefasst werden. In diesem Sinne konzipiert Dilthey Literatur als die Verarbeitung des gelebten Lebens der Autorïnnen.[10] Zentral für die Frage nach dem ›Leben‹ als auktoriale Ressource ist der Zusammenhang, der zwischen den verschiedenen Bedeutungsebenen gestiftet beziehungsweise angenommen wird: So wird in den zitierten Kritiken an der Erfahrungsarmut zum einen das Erleben, das Intensität meint, aus den Umständen des Lebens im biografischen Sinne abgeleitet. Ein aufregender Lebenslauf führt zu guter Literatur. Zur Erzeugung beziehungsweise Behauptung von Intensität wird auf paratextuell vermittelte biografische Informationen rekurriert – diese fungieren also als Mittel der argumentativen Beglaubigung. Umgekehrt wird aus der Lebenslage im soziologischen Sinn, das heißt der Herkunft, wiederum die Legitimation gezogen, um überhaupt zu sprechen; sie fungiert als Ausweis der Erfahrung. Ferner dient die Herkunft der Relevanzbehauptung, wenn die jeweilige erfahrungsgesättigte Perspektive mit Blick auf eine intime Kenntnis bestimmter gesellschaftlicher Verhältnisse begründet wird. All diese Aspekte stehen im Hintergrund der so hemdsärmelig daherkommenden Feuilleton-Invektiven gegen die vermeintliche Erfahrungsarmut an Schreibschulen.

Diese recht technisch-abstrakte Darstellung soll im Folgenden mit ›Leben‹, das heißt Beispielen, angereichert werden. Ließen sich die feuilletonistischen Vorwürfe auch mit einem Hinweis auf die gewisse Reflexhaftigkeit, die sich in solchen Angriffen zeigt, kritisieren, scheinen sie mir doch auf ein größeres Problem zu verweisen, das nicht zufällig immer wieder auftaucht, wenn es um Literaturinstitute geht. Aufschlussreich ist dafür ein Seitenblick auf die US-amerikanische Debatte um ebendieses Thema. Denn auch das gab es schon in den USA. So wie die meisten der hierzulande geäußerten Einwände gegen die Institute und ihre Prosa jenseits des Atlantiks bereits einige Jahrzehnte früher zu hören waren, wurde auch die Diskussion um Erfahrungen als Basis der Literatur dort bereits geführt. Mark McGurl führt in seiner Studie über die US-amerikanische ›Program Era‹ ein Produktionsmodell ein, das er »autopoetic process« nennt und als deren »key components« er »experience«, »craft« und »creativity« bestimmt.[11] Nach McGurl handelt es sich dabei um die grundlegenden Ressourcen auf die beim Schreiben unter Bedingungen der Program Era zurückgegriffen und deren Verhältnis in Schreibschulen stets neu austariert wird. Jeder dieser Kategorien sind jeweils bestimmte Techniken sowie ein pädagogischer Imperativ zugeordnet. Während sich der Anteil der »creativity« in der Formel »find your voice« beschreiben lasse und vor allem den Bereich der »imagination« betreffe, gehe es bei der »craft« um die traditionsbewusste Kraft der »revision«, die zu einem der berühmtesten Schreibschulslogans führt: »show, don't tell«. Der hier besonders interessierende Bereich der »experience« hat mit »write what you know«[12] eine gleichermaßen eingängige wie problematische Formel zum produktionsästhetischen Kern. Die Maxime, über das zu schreiben, was man kennt, etabliert ein Erfahrungsparadigma als Produktionsmodus. Der Stoff zum Schreiben soll aus dem Selbsterlebten stammen – eine poetologische Position mit langer Tradition. McGurl zeichnet nach, wie im Laufe des 20. Jahrhunderts die

5 Pierre Bourdieu, *Die Regeln der Kunst. Genese und Struktur des literarischen Feldes*, Frankfurt am Main: Suhrkamp, 1999, S. 410. Bourdieus Habituskonzept stellt ein theoretisches Modell bereit, um die Prägung durch die internalisierten Praxisformen bestimmter Milieus zu beschreiben, die zwar dem Individuum einen Spielraum bieten – Bourdieu nimmt keinen starren Determinismus zwischen ökonomisch-sozialer Lage und den Chancen zur Entwicklung an – aber doch eine starke Eingrenzung möglicher Verhaltensweisen wahrscheinlich machen.

6 Vgl. dazu Tristan Garcia, *Das intensive Leben. Eine moderne Obsession*, Berlin: Suhrkamp, 2017.

7 Hans-Georg Gadamer, *Hermeneutik I: Wahrheit und Methode. Grundzüge einer philosophischen Hermeneutik*, 5. durchges. und erw. Aufl., Tübingen: J.C.B. Mohr, 1986, S. 66.

8 Ebd., S. 67.

9 Vgl. Jan Urbich, *Literarische Ästhetik*, Köln / Weimar / Wien: Böhlau, 2011, S. 176f.

10 Vgl. Wilhelm Dilthey, *Das Erlebnis und die Dichtung. Lessing, Novalis, Goethe, Hölderlin*, 3. erw. Aufl., Leipzig: Teubner, 1910.

11 Mark McGurl, *The Program Era. Postwar Fiction and the Rise of Creative Writing*, Cambridge, Mass. / London: Harvard University Press, 2009, S. 23.

12 Ebd.

deutlich ältere »doctrine of self-expression«[13] verbunden wird mit einer neuen »rhetorical performance of cultural group membership«,[14] die sich auf ein solches poetologisches Programm stützt. Nun steht besonders das Erzählen von gesellschaftlichen Minoritäten und marginalisierten Gruppen unter diesen Vorzeichen: Das Selbsterlebte gewinnt Repräsentativität für eine (ethnische, soziale) Gemeinschaft. Der Faktor der Erfahrung wird dabei tendenziell verabsolutiert und nicht nur zum Ausweis richtiger, sozialkritischer Gesinnung, sondern auch zum ästhetischen Hochwertbegriff. Was McGurl im Kontext des US-amerikanischen Kreativen Schreibens in der zweiten Hälfte des 20. Jahrhunderts herausarbeitet, ist heute aktueller denn je. Unter dem Stichwort ›cultural appropriation‹ wird teilweise sehr erbittert über kulturelle Besitztümer und das Recht und Unrecht zur Verwendung ›fremder‹ kultureller Symbole und Praktiken gestritten.[15] Findet die Diskussion um ›cultural appropriation‹ größtenteils weiterhin im angloamerikanischen Raum statt, so spielt sie auch hierzulande eine immer größere Rolle – und zwar auch im Schreibschul-Kontext.

In ihrer ausführlichen Besprechung von McGurls *The Program Era* bringt Elif Batuman indes eine Problemlage auf den Punkt, die sich im Zusammenhang mit dem poetologischen Programm des »write what you know« und seinen ethisch-ästhetischen Folgen ergibt. In Auseinandersetzung mit Sandra Cisneros' auktorialer Methode – der genauen Schilderung ihrer eigenen, milieuspezifischen Lebenswelt als Nachfahrin mexikanischer Einwanderer in die USA, das heißt als sogenannte ›chicana‹ – entwickelt Batuman eine durchaus provokative Position: »The danger of Cisneros's dig at her Iowa classmates, ›cultivated in the finest schools in the country like hothouse orchids‹, is the implication that the children of privilege don't have stories to tell.«[16] Während Cisneros also eine erfahrungsgesättigte, gleichsam natürlich aus den individuellen Lebensbedingungen entstehende Literatur gegen die treibhausartige Züchtung von Autor*innen in Schreibschulen ausspiele, bezieht Batuman die gegenläufige Position. Sie wendet sich gegen die Tendenz zur Politisierung und ästhetische Enthistorisierung, die sie in einem solchen Produktionsmodell sieht. Mir geht es in diesem Zusammenhang aber weniger um Batumans Antwort als auf die prägnante Pointierung derjenigen Frage, die den aktuellen und rezenten Debatten um Erfahrung als Basis von Literatur zugrunde liegt. Es geht nämlich um nichts weniger als darum, wer eine Geschichte erzählen darf. Als Teil des Diskussionszusammenhangs um ›cultural appropriation‹ lassen sich bezüglich der Frage des ethischen Erzählrechts wiederum die zwei bereits bekannten Aspekte des (Er)lebens ausmachen: Eine Geschichte darf erzählen, wer sie entweder nachweislich selbst erlebt hat oder wer – qua Zugehörigkeit zu einer bestimmten kollektiven Identität beziehungsweise gesellschaftlichen Gruppe – ein biografisch-identitätspolitisches Anrecht darauf hat.[17] Erleben hat also eine individuelle und eine kollektive Dimension, die in der Praxis beide häufig miteinander korrespondieren, denn wie man die Welt erlebt, ist eben zum Teil immer auch Ergebnis einer Gruppenzugehörigkeit und ihrer sozialen Folgen. Auch ästhetisch ist diese Frage alles andere als unbedeutend. Batumans Abriss der identitätspolitischen Dimension der amerikanischen Schreibschulpädagogik gipfelt in der ketzerischen Frage: »In other words, is content less teachable than style?«[18] Wenn die jeweilige biografische Zugehörigkeit und die sich daraus ableitende literarisierbare Lebenswirklichkeit tatsächlich zu den bedingenden Faktoren hochwertiger Literatur gehören, wären die Schreibschulen in ihren Handlungsmöglichkeiten beschränkt, schließlich ist der sich aus der individuell-kollektiven Identität ergebende Stoff – im Gegensatz zu technischen Fragen – nicht erwerbbar und daher auch nicht lehrbar. Allerdings ist die Reflexion von und der praktische Umgang mit diesem biografischen Apriori sehr wohl Teil der institutionalisierten Autorïnnenausbildung dies- und jenseits des Atlantiks.

Bei einigen deutschen Institutionenvertretern findet das Erfahrungsparadigma (zunächst ohne die Appropriationsthematik) und das Konzept der Biografie als Ressource ein Echo an interessanter Stelle. Josef Haslinger und Hans-Ulrich Treichel (langjährige Professoren des Deutschen Literaturinstituts Leipzig) geben im Vorwort des von ihnen herausgegebenen Schreibratgebers *Wie*

13 Ebd., S. 93.
14 Ebd., S. 56.
15 Die Literatur zum Thema sprengt den Rahmen einer Fußnote deutlich. Ich weise daher exemplarisch auf zwei Titel hin: Vgl. Susan Scafidi, *Who Owns Culture? Appropriation and Authenticity in American Law*, New Brunswick: Rutgers University Press, 2005; James O. Young, *Cultural Appropriation and the Arts*, Malden, Mass.: Blackwell Publishing, 2008.
16 Elif Batuman, »Get a Real Degree«, in: *London Review of Books*, 32,18 (23.9.2010), S. 3–8, zitiert nach: https://www.lrb.co.uk/v32/n18/elif-batuman/get-a-real-degree (geprüft am 19.10.2018).
17 Vgl. Johannes Franzen, *Indiskrete Fiktionen. Theorie und Praxis des Schlüsselromans 1960-2015*, Göttingen: Wallstein Verlag, 2018, S. 331–333.
18 Batuman, »Get a real Degree«.

werde ich ein verdammt guter Schriftsteller?[19] nämlich eine interessante Antwort auf die Frage, was angehende Autorïnnen mitbringen müssen. Auch wenn sie (ganz im Sinne ihres Titels) das literarische Schreiben zu einer grundsätzlich lehr- und lernbaren Sache erklären, führen sie doch drei unhintergehbare Voraussetzungen für erfolgreiche Autorschaft an: Neben dem »Schreibwunsch« beziehungsweise dem »Schreibzwang« und der »Begabung« (jeweils absolut gängige Topoi der Produktionsästhetik) sticht besonders der dritte Faktor hervor, die »Biografie als entscheidende Ressource[ ] literarischer Imagination und Produktivität«.[20] Mit Bezug auf die Biografie scheint hier weniger der Glücksfall gemeint zu sein, eine ausreichende Erziehung und Bildung genossen zu haben, um eine schriftstellerische Karriere überhaupt anstreben zu können, sondern vielmehr eine bestimmte Form sozialer Geworfenheit und eines dadurch erlangten Erfahrungshorizontes, aus der das Schreiben schöpfe: »Kindheit, Jugend, Familie, soziale, sprachliche und geografische Herkunft gehören naturgemäß zu den entscheidenden Ressourcen literarischer Produktivität. Selbst und natürlich auch dann, wenn nichts davon in einem Werk auftauchen oder jemals thematisch werden sollte. Und natürlich ist auch die Biografie jedes einzelnen und sind die Umstände seiner Herkunft und seines Aufwachsens etwas, dem er sich nicht planvoll überlassen kann, sondern in die er sich vom Schicksal hineingestellt sieht.«[21] Und weiter: »Wenn Begabung, Biografie und Schreib-Wunsch auf günstige Weise miteinander kommunizieren, dann hat der Schreibende eine Chance, Schriftsteller zu werden, wenn er es denn unbedingt möchte.«[22] Deutlicher kann es nicht werden: Inhalt ist in den Augen von Haslinger und Treichel offenbar tatsächlich nicht lernbar. Die Herkunft und der aus ihr ableitbare Erfahrungsschatz gehen erfolgreicher Autorschaft voraus. Als Teil des Humankapitals (um in ökonomischer Terminologie zu sprechen) müssen die Biografien, die in der Institution ›Schreibschule‹ verwaltet werden, als notwendige Bedingung für den Eintritt und die erfolgreiche Autorschaft gewissermaßen schon fertig sein. Sind sie es nicht, müssen Maßnahmen ergriffen werden: Der *Frankfurter Rundschau* zufolge hat Hanns-Josef Ortheil bei einer öffentlichen Podiumsdiskussion die Hoffnung geäußert, dass der Erfahrungsarmut der Studierenden durch die Förderung von Auslandsaufenthalten begegnet werden könnte.[23] Auch wenn das möglicherweise ironisch zu verstehen ist, verweist Ortheils Kommentar doch auf die weite Verbreitung des Erfahrungsparadigmas.

Die produktionsästhetische Maxime ›erst Leben, dann Literatur‹ wird bei alldem bestätigt. Auf diese Weise kann das Institut als Objektivierungsinstanz verstanden werden, die dabei hilft, gelebte Erfahrungen in Literatur zu überführen und aus dem »write what you know« das Stadium »find your voice« zu erreichen. Vor einem solchen Hintergrund wird der unterstellte Mangel an Lebenserfahrung der Schreibschülerïnnen tatsächlich zum Problem, und zwar vor allem zu einem ästhetischen. Denn aus der amerikanischen Geschichte der ›Institutsprosa‹ ist bekannt: Hinter der Erfahrungsarmut lauert die Metafiktion[24] oder wenigstens der im deutschsprachigen Raum besser bekannte Vorwurf der Irrelevanz des Erzählten. Diese Art der Argumentation ist schließlich auch typisch für eine gewisse Form der Dekadenzkritik, in der sich der Wunsch eines saturierten Literaturbetriebs nach Alterität und existenzieller Intensität ausdrückt.[25] Dass es sich dabei um ein

19 Vgl. zu Schreibratgebern den Beitrag von Miriam Zeh in diesem Band.
20 Alle Zitate: Josef Haslinger / Hans-Ulrich Treichel, »Vorwort«, in: dies. (Hg.), *Wie werde ich ein verdammt guter Schriftsteller? Berichte aus der Werkstatt*, Frankfurt am Main: Suhrkamp, 2005, S. 7–10, hier S. 8.
21 Ebd.
22 Ebd.
23 Vgl. Joachim Otte, »Hiesige Abenteuer«, In: *Frankfurter Rundschau*, 18.7.2005, http://www.fr.de/kultur/literatur/hiesige-abenteuer-a-1198732 (geprüft am 19.10.2018). Das vollständige Zitat lautet: »Unlängst wurde auf einem Literaturfestival in Hildesheim über kreatives Schreiben diskutiert – und zwar ausgerechnet in einer Kleingartenkolonie statt [sic!], an einem Ort also, der die immer wieder an die junge deutsche Literatur gerichteten Vorwürfe trefflich symbolisiert: Erfahrungsarmut, Biedersinn, geistige Provinz. Hanns-Josef Ortheil, Hildesheimer Mentor, stellte sich gegen diese Kritik und sprach über die Maßnahmen zur literarisch-erlebnistechnischen Globalisierung seiner Schützlinge: Da diese naturgemäß noch nicht viel Verwertbares erlebt haben können, sagte er, würden sie per Stipendium nach Chile geschickt.«
24 Vgl. McGurl, *The Program Era*, S. 95.
25 Locus classicus einer solchen Konzeptualisierung ist Nietzsches *Zweite Unzeitgemäße Betrachtung* »Vom Nachteil und Nutzen der Historie für das Leben«, in der Nietzsche die »angeborene Grauhaarigkeit« (Friedrich Nietzsche, »Unzeitgemäße Betrachtungen. Zweites Stück: Vom Nutzen und Nachtheil der Historie für das Leben«, in: ders., *Sämtliche Werke. Kritische Studienausgabe in 15 Bänden*, hrsg. von Giorgio Colli und Mazzino Montinari. Band 1: *Die Geburt der Tragödie. Unzeitgemäße Betrachtungen I-IV, Nachgelassene Schriften 1870-1873*, 2. durchges. Aufl., Berlin / New York: De Gruyter, 1988, S. 243–334, hier S. 303) seiner akademischen Generation geißelte und die These entwickelte, »dass ein Uebermaas der Historie dem Lebendigen schade« (ebd., S. 258). In seiner Schrift verknüpft Nietzsche den Gedanken, dass eine zu starke Fixierung auf das historisch Gewordene zur Verkümmerung des gegenwärtigen Lebens führe, mit einem antiinstitutionellen Angriff auf die sogenannten Bildungsphilister an den Universitäten, die eine solche Verkrustung beförderten. Die Kritik an Schreibschulen verbindet ebenfalls den Angriff auf die Institute, die trotz ihres jungen Alters mit erheblichen betrieblich-strukturellen Beharrungskräften ausgestattet seien, mit der Hoffnung, diese in Richtung des Lebens zu überschreiten. Und zwar Leben in oben erwähnten doppelten Sinne: zum einen als Chiffre für Intensität, zum anderen bezogen auf die tatsächlichen Lebensläufe der Autorïnnen außerhalb des Instituts. Ist auch Nietzsches metaphysisch grundierter Lebensbegriff und sein Angriff auf die epigonale Wissenschaft seiner Zeit nicht genau deckungsgleich mit dem Problem der Biografie für die Schreibschulen, so ist doch seine vitalistische Denkfigur somit auch im Kontext zeitgenössischer Literatur deutlich wiederzuerkennen und zwar nicht nur dies-, sondern auch jenseits der Schreibschuldebatten.

Phänomen handelt, das in der Diskussion um Schreibschulen besondere diskursive Produktivität entwickelt, aber keineswegs darauf beschränkt ist, zeigt zum Beispiel das vielbesprochene Debüt von Simon Strauß. Sein Text *Sieben Nächte*[26] (der übrigens nicht mit einer Gattungsbezeichnung versehen ist, aber in der Regel als autobiografischer Roman rezipiert wird) handelt von der Suche nach Durchbruchserfahrungen, mit denen die Saturiertheit bürgerlicher Erfahrungswelten gesprengt werden könnte. Der Protagonist und Erzähler des Textes ist ein Bürgersohn auf Sinnsuche, dem vor allem die Sicherheiten und Privilegien seiner Herkunft zum Problem werden. Denn er leidet an einem Defizit intensiver Erfahrung des Lebens. In Manier eines Teufelspaktes trifft er mit einem mysteriösen Unbekannten die Vereinbarung, sich in sieben Nächten den sieben Todsünden hinzugeben. Die Bedingung: Über das Erlebte muss noch in der gleichen Nacht geschrieben werden und zwar sieben Seiten – sehr viel deutlicher kann das Produktionsmodell, aus Erfahrungen Literatur zu machen, nicht aufgerufen werden. Das ganze erweist sich als Teil einer spätzeitlichen Dekadenzerzählung mit ihrem Topos des »Vitalitätsverlustes« durch saturierte Erschlaffung.[27] Doch trotz dieser Bemühungen entkommt Strauß' Protagonist den Sicherheiten nicht. Am Ende des Buches stellen sich die Selbstversuche des Helden als lediglich vorübergehende Ausbrüche dar, die den Beginn des verantwortungsvollen Erwachsenenlebens nur etwas weiter nach hinten verschieben und nicht mehr als den Abglanz wahrer Lebensfülle zurücklassen. Ist das Ziel echter Intensität also bestenfalls bis zur nächsten welterschütternden Katastrophe unerreichbar, so führt die Evokation eines solchen Lebens immerhin zu einem mit 138 Seiten schmalen Debütroman. Und zugleich zeigen sich in dem Roman und seiner Autorfigur Simon Strauß die Probleme ausbuchstabiert, die sich ergeben, wenn eine auf Erfahrungsintensität bauende Produktionsästhetik auf die reproduzierenden Beharrungskräfte der sozialen Strukturen im Literaturbetrieb und der Gesellschaft trifft. Indem die Grenzübertretung in Richtung des Lebens am Ende gleichsam zurückgenommen und in die Struktur einer Bildungsgeschichte überführt wird, wird sehr klar, dass es sich um eine Simulation des echten Lebens handelt, deren Start- und Zielpunkt der Betrieb selbst ist.

Dass es beim Flirt mit der Gefahr bleibt, zeigt umso deutlicher, dass Strauß ein zutiefst bürgerlicher Autor ist.[28]

III

Darüber hinaus verweist der Fall Strauß noch allgemeiner darauf, dass die Autorïnnenbiografie in der heutigen Literatur eine symbolische Ressource ist, mit der es zu haushalten gilt. In der Aufmerksamkeitsökonomie des literarischen Feldes sind Autorïnnen und ihre Werke kaum getrennt voneinander zu betrachten.[29] Als Folge dieser Entwicklung gehören die textuelle und performative Inszenierung von Autorschaft und ihrer werkförmigen Korrelate zu den zentralen Elementen literarischer Kommunikation.[30] Als Signifikate, die die ihnen zugeordneten Texte transzendieren, verdichten sich in Autorïnnenfigren Selbst- und Fremdzuschreibungen zu einem öffentlichen Image. Um als Autorïnfigur eine wiedererkennbare Gestalt zu gewinnen, sind neben den performativ-habituellen Gesichtspunkten dabei besonders biografische Informationen entscheidend. Auch wenn sich prinzipiell alle von Autorïnnen produzierten Zeichen hinsichtlich ihrer soziokulturellen und habituellen Verfasstheit einordnen lassen, also stets auch auf die biografischen und materiellen Umstände des Lebens der Autorïnnen gewisse Rückschlüsse gezogen werden können, kommt den im engeren Sinne biografischen Daten doch eine herausgehobene Funktion bei der Performanz der ›Subjektform Autor‹ zu. Die mit den Autorïnnen assoziierten Zeichen gewinnen als Teil einer Lebensgeschichte eine narrative Dimension, die zudem weiterhin mit der Erwartung an Authentizität beziehungsweise Referenzialiät einhergeht.[31] In biografischer

26 Simon Strauß, *Sieben Nächte*, Berlin: Blumenbar, 2017.
27 Garcia, *Das intensive Leben*, S. 9.
28 Vgl. ebd, S. 115–121. Garcia gelangt in seinem Buch zu der Einschätzung, dass intensiv zu leben eine Art Maxime der Moderne sei, die aber immer wieder mit bürgerlichen Lebenspraktiken in Konflikt gerät.
29 Vgl. Julia Weiser / Christine Ott, »Autofiktion und Medienrealität. Einleitung«, in: dies. (Hg.), *Autofiktion und Medienrealität. Kulturelle Formungen des postmodernen Subjekts*, Heidelberg: Winter 2013, S. 7–16, hier S. 15. Vgl. auch Christopher F. Laferl / Anja Tippner, »Vorwort«, in: dies. (Hg.), *Leben als Kunstwerk. Künstlerbiographien im 20. Jahrhundert. Von Alma Mahler und Jean Cocteau zu Thomas Bernhard und Madonna*, Bielefeld: Transcript, 2011, S. 7–25, hier S. 18f.
30 Vgl. Christoph Jürgensen / Gerhard Kaiser (Hg.), *Schriftstellerische Inszenierungspraktiken. Typologie und Geschichte*, Heidelberg: Winter, 2011.
31 Vgl. Robert Leucht / Magnus Wieland, »Dichterdarsteller. Prolegomena zum Konzept der biographischen Legende«, in: dies. (Hg.), *Dichterdarsteller. Fallstudien zur biographischen Legende des Autors im 20. und 21. Jahrhundert*, Göttingen: Wallstein, 2016, S. 7–33, hier S. 28.

Form bekommen Autorïnnen eine Gestalt und versehen ihre Autorschaft mit einer narrativen Einhegung aus dem (auto)biografischen Formenrepertoire ihrer jeweiligen Gegenwart. Zur Beschreibung dieser Figuren bietet sich der aus dem russischen Formalismus stammende und von der neueren Germanistik wiederentdeckte Begriff der ›Biografischen Legende‹ an. Die biografische Legende bilde, so Boris Tomaševskij, die »literarische Konzeption des Lebens des Dichters« und den »wahrnehmbaren Hintergrund der literarischen Werke«[32] und gehört als Teil des öffentlichen Auftritts zu den unabdingbaren Voraussetzungen zeitgenössischer Autorschaft.

Steht somit die »vom Autor selbst geschaffene Legende seines Lebens«[33] im Mittelpunkt des Interesses, ist dennoch klar, dass biografische Legenden »mehr oder weniger große Schnittmenge[n] mit den reale[n] Biografien«[34] ihrer Autorïnnen aufweisen. Bei aller autofiktional-postmodernen Maskenspielerei der letzten Jahrzehnte ist Autorschaft ja dennoch stets in Abhängigkeit von harten Fakten wie class, race, gender mit dem Stempel quasi-objektiver Prägung versehen. Diese Fakten können (doch müssen nicht) Teil der biografischen Legende werden, existieren aber doch zunächst unabhängig von ihr. Sie sind die Basis dessen, was bei Tomaševskij die »reale, amtliche Biografie«[35] heißt, während die biografische Legende eine »mehr oder weniger freie Variation derselben«[36] darstellt. Damit eröffnen solche Legenden das Einfallstor für Authentizitiätsfiktionen, die umso wirkungsvoller sind, je stärker sie ihren Sitz im Leben, das heißt in den verbürgten beziehungsweise unhintergehbaren biografischen Informationen behaupten können. Ganz so scheint es auch bei der Biografie als Ressource zu sein: Ihre Wirkung erzielt sie aus der scheinbar unbezwingbaren Geltung, die eine per Geburt und Herkunft abgesicherte (kollektive) Identität verbürgt. Um die Erfahrungen eigenen Erlebens in die Waagschale werfen zu können, ist es also entscheidend, dass die Autorschaft nicht als lediglich autofiktional aufgeplusterte Wunschbiografie in Stellung gebracht, sondern vielmehr an Aspekte der amtlichen Biografie geknüpft wird, um mit eben ihrer Welthaltigkeit symbolische Distinktionsgewinne zu erzielen. Die flüchtige eigene Identität wird dabei in Richtung einer kollektiven Identität verallgemeinert; die amtliche Biografie trägt stark überindividuelle

Züge, die jeweils durch ein individuelles Bewusstsein kanalisiert und konkretisiert werden. Dabei geht es auch immer um die Frage nach Sichtbarkeiten und ihrer Herstellung.

Die allzu beliebte Frage (Genette nennt sie die »Königsfrage«[37]), ob ein ganzer Text oder auch nur ein einzelnes erzählerisches Motiv wirklich autobiografisch sei, ist aber natürlich zu naiv gestellt, auch im Hinblick auf die sogenannte amtliche Biografie.[38] Es geht mir also nicht um das literaturwissenschaftlich ohnehin recht müßige Problem, ob Leben und Text sich tatsächlich decken, sondern um diejenigen auktorialen Strategien, die eine solche Lesart überhaupt erst nahelegen und um deren Funktionen. Als Authentizitätsmarker ist der durchscheinende Bezug auf reale Grundlagen der Biografie jedenfalls reizvoll für Autorïnnen und Publikum gleichermaßen. Der Autorïnnenname und die lebensweltliche Referenz, die er suggeriert, sind dann ein Indikator dafür, dass ein Text »lesbar« wird auf »die Verhältnisse«;[39] er wird zum Erfahrungsbericht.

Dieser Bezug ist übrigens zunächst unabhängig von der Erzählperspektive zu denken: Weder aus der Maxime »write what you know« noch aus der Forderung nach erfahrungsgesättigter Literatur folgt zwangsläufig die Entscheidung für die Form der homodiegetisch-autobiografischen Erzählung. Und auch wenn sich sowohl in der sogenannten ›Institutsprosa‹ als auch in der Gegenwartsliteratur generell eine auffällige Häufung autobiografischen Schrifttums feststellen lässt, geht es vor allem um den »Reality Hunger«,[40] der durch diejenigen ästhetischen Effekte aufgerufen und befriedigt wird, die zwischen Biografie, biografischer Legende und Werk entstehen.[41] In dieser Passung von Werk

32 Boris Tomaševskij, »Literatur und Biografie«, in: Fotis Jannidis / Gerhard Lauer / Matías Martínez/Simone Winko (Hg.), *Texte zur Theorie der Autorschaft*, Stuttgart: Reclam 2000, S. 49–61, hier S. 57.
33 Ebd., S. 61.
34 Leucht / Wieland, »Dichterdarsteller«, S. 23–25.
35 Tomaševskij, »Literatur und Biografie«, S. 57.
36 Leucht / Wieland, »Dichterdarsteller«, S. 23.
37 Gérard Genette, *Paratexte. Das Buch vom Beiwerk des Buches*, Frankfurt am Main / New York: Campus, 1989, S. 345.
38 So kann man einerseits annehmen, dass schlechthin alles, was Autorïnnen schreiben, mit ihrem Leben zu tun hat (die Trennung zwischen Selbsterlebten und nur medial vermitteltem Wissen fällt), andererseits aber auch gar nichts, weil im Medium der Sprache immer eine Verschiebungsleistung stattfindet.
39 Nikolaus Wegmann, »Engagierte Literatur? Zur Poetik des Klartexts«, in: Jürgen Fohrmann / Harro Müller (Hg.), *Systemtheorie der Literatur*, München: Fink, 1996, S. 345–365, hier S. 361.
40 David Shields, *Reality Hunger. A Manifesto*, New York: Knopf, 2010.
41 Gerne auch im authentizitätsanzeigenden Modus des »Fast alles ist zwar selbsterlebt, aber natürlich ist es auch ein Roman.« (Jörg Pottbeckers, *Der Autor als Held. Autofiktionale Inszenierungsstrategien in der deutschsprachigen Gegenwartsliteratur*, Würzburg: Königshausen & Neumann, 2017, S. 37).

und biografischer Legende verbirgt sich damit eine zeitgemäß-aktualisierte Form der antiken Lehre vom aptum, der stilistischen und inhaltlichen Angemessenheit der Rede – das betrifft sowohl ihre Form als auch ihr Verhältnis zu »außersprachlichen Systemen und Gegebenheiten«.[42] Der Biografie (beziehungsweise dem, was wir davon erfahren) kommt damit eine Beglaubigungsfunktion zu im Hinblick auf den Erfahrungsreichtum der Werke, die im Umkehrschluss immer weniger fiktionalisiert daherkommen. Entsprechend wird bei Shields der Roman als Gattung verabschiedet und durch Formen des autobiografisch Schreibens abgelöst.[43] Ein solches aptum hat dabei auch negativ ausschließende Wirkung: Wenn es das Recht gibt, eine Geschichte zu erzählen, dann kann auch dagegen verstoßen werden. Wie Literatur nach diesen Kriterien gelesen wird, lässt sich allenthalben beobachten. Ob es dabei um Petitessen geht (Können die Berghain-Schilderungen Helenes Hegemanns aus erster Hand stammen, obwohl sie zum Zeitpunkt der Niederschrift noch minderjährig war?[44]) oder um Themen mit größerer Sprengkraft (etwa die Frage, ob weiße Autorïnnen über die Erfahrungen beziehungsweise aus der Sicht von People of Colour erzählen dürfen[45]) ist dabei erstmal nebensächlich – die Rezeptionsfigur funktioniert in analoger Weise.[46] Mit Blick auf eine solche Authentifizierung, die biografische Elemente gleichsam zur Wiedererkennung durch die Rezipientïnnen im Text ablegt, kann man von einer strukturellen Ähnlichkeit mit dem Schlüsselroman sprechen.[47] Wie bei diesem geht es auch bei den hier behandelten Texten darum, dass eine fiktionale Erzählung auf ihre faktuale Grundierung hin lesbar wird – Autobiografeme werden zu Realitätseffekten.[48] Den Text auf diese Weise aufzuladen, hat letztlich auch ökonomische Folgen. Denn es ist plausibel, mit Robert Leucht und Magnus Wieland anzunehmen, dass eine erfolgreiche Autorïnnenlegende nach einer möglichst hohen ästhetischen Kongruenz zum Werk verlangt, um ökonomisch erfolgreich zu sein.[49]

IV

Die Biografie kann bei alldem gleichsam zum Markenkern der Autorschaft werden. Mark McGurl beschreibt prägnant, wie sich ganze Schriftstellerïnnenkarrieren als Entfaltung einer biografischen Legende im Zeichen der Selbstkommodifizierung darstellen können: »Almost all artistically ambitious authors in the postwar period ›self-commodify‹ [...] – think of Tim O'Brien and his lifelong use of nine months in Vietnam«.[50] Das Extrembeispiel Tim O'Brien, der seine gesamte literarische Karriere auf der Teilnahme am Vietnamkrieg aufbaute, illustriert damit das Prinzip einer Begründung von Autorschaft aus den Akzidentien der individuellen Lebensgeschichte – »das literarische Ich als *wahre* und *echte* Realität also«?[51] Der Krieg liefert O'Brien sowohl die Urszene der schriftstellerischen Berufung als auch den Stoff, der in der Kombination von »memory« und »observation« zu Literatur verarbeitet wird. Als weißer, bürgerlicher Autor scheint er auf eine solche Extremerfahrung zur Legitimation der Autorschaft geradezu angewiesen zu sein.[52] Es scheint mir daher kein Zufall, dass auch bei Strauß immer wieder von Ausnahmesituationen heroischer Bewährung fantasiert wird – schließlich ließen sich damit gleich zwei Probleme lösen: das der Intensitätsarmut und das der

42 Vgl. zum aptum in der klassischen Rhetorik Gert Ueding / Bernd Steinbrink, *Grundriß der Rhetorik. Geschichte - Technik - Methode*, 5., aktualisierte Aufl., Stuttgart / Weimar: Metzler 2011, S. 221–226.
43 Vgl. Shields, *Reality Hunger*, z.B. S. 152.
44 In Wirklichkeit stammen die entsprechenden Passagen aus dem Roman Strobo des Bloggers Airen. Vgl. Gerrit Bartels, »Die Sprache der Nacht«, in: *Zeit online*, 15.2.2010, https://www.zeit.de/kultur/literatur/2010-02/literatur-clubkultur/komplettansicht (geprüft am 19.10.2018).
45 Diese Frage wurde kürzlich durch einen Angriff von Lionel Shriver auf das Konzept der ›cultural appropriation‹ 2016 zum (anglo-amerikanischen) Debattenthema. Vgl. Lionel Shriver, »I hope the concept of cultural appropriation is a passing fad«, in: *The Guardian*, 13.9.2016, https://www.theguardian.com/commentisfree/2016/sep/13/lionel-shrivers-full-speech-i-hope-the-concept-of-cultural-appropriation-is-a-passing-fad (geprüft am 19.10.2018).
46 Interessant ist in diesem Zusammenhang auch, dass im Zuge eines Dossiers über Sexismus an Schreibschulen, die im Sommer 2017 auf dem Blog des *Merkur* geführt wurde, das Erfahrungscredo in dem Hashtag #writewhatweknow neue Verwendung gefunden hat (https://www.merkur-zeitschrift.de/2017/07/06/sexismus-an-schreibschulen-hildesheim/). Darüber zu schreiben, was man aus eigenem Erleben weiß, wird hier dezidiert positiv besetzt und steht in der Tradition, sich die eigene Geschichte der Unterdrückung und Marginalisierung durch den Akt narrativer Ermächtigung anzueignen. Der Hashtag vermittelt das Bewusstsein, einzig dazu befähigt zu sein, die ganz individuelle Geschichte zu erzählen, gerade dadurch aber auch etwas Verallgemeinerbares über das Leben an einem bestimmten Ort zu einer bestimmten Zeit vermitteln zu können. Das Scharnier ist abermals die Annahme, an einer kollektiven Identität teilzuhaben.
47 Vgl. Franzen, *Indiskrete Fiktionen*, S. 119.
48 Vgl. zu diesem Konzept folgenden Sammelband: Brigitta Krumrey / Ingo Vogler / Katharina Derlin (Hg.), *Realitätseffekte in der deutschsprachigen Gegenwartsliteratur. Schreibweisen nach der Postmoderne?*, Heidelberg: Winter, 2014.
49 Leucht/Wieland, »Dichterdarsteller«, S. 27f.
50 McGurl, *The Program Era*, S. 337.
51 Pottbeckers, *Der Autor als Held*, S. 33.
52 Vgl. so auch Batuman, »Get a real Degree«.

Beschreibungsimpotenz einer verwöhnten Generation, die ihre Initiation nicht auf dem Schlachtfeld erleben darf, sondern auf die Deutungskämpfe im Seminarraum verwiesen bleibt – spätestens an dieser Stelle zeigt sich auch die spezifisch männliche Prägung, die das Erfahrungsparadigma in dieser Variante annimmt. Nicht nur in seiner gegenwärtigen Prägung ruft ein solcher Vitalismus damit einen genieästhetisch-antikapitalistischen Impuls gegen die Massengesellschaft auf, der gerade dadurch gut zu verkaufen ist, dass ein heroisches Individuum den entfremdeten postheroischen Lebensbedingungen gegenübergestellt wird. Solche antiinstitutionellen und gerne auch antiintellektuellen Entwürfe eines gefährlichen Lebens in der ›echten‹ Welt finden in der betriebsorientierten Kommodifizierung von Talent, die in Schreibschulen betrieben wird, natürlich ein beliebtes Angriffsziel. Darin konvergiert ein solcher Vitalismus mit dem bis heute weiterhin äußerst wirkungsmächtigen Künstlerïnnenmodell der Romantik, das zum einen unter den Bedingungen der Kunstautonomie erstmals die Lebensumstände der Künstlerïnnen mit Wichtigkeit auflud und zum anderen eine mehr oder minder ausgeprägte Form der antibürgerlichen Lebensführung zum Ideal ausrief. Aus der Not, prekär zu leben, wurde so eine Tugend, die in unterschiedlichen kulturellen Kontexten und mit verschiedenen Schwerpunkten immer wieder mal Konjunktur hat: von der Erlebnisdichtung der (Nach-)Goethe-Zeit bis zur Beat-Literatur der 1960er-Jahre.

Der zeitgenössische Vorwurf an die Absolventïnnen deutschsprachiger Schreibschulen, nichts Aufschreibenswertes erlebt zu haben, ist daher auch als eine Variante der in den letzten Jahren häufig zu hörenden Krisendiagnose zu verstehen, dass die Literatur durch den Literaturbetrieb verdorben werde,[53] weil dieser die Autorïnnen einhege und daran hindere, dem eigentlichen Leben nachzugehen. Das alte Motto ›Was mich nährt, zerstört mich‹ scheint in den Augen kulturkritischer Beobachterïnnen also auch für den Zusammenhang von Betrieb und Literatur zu gelten. Indes sind ähnliche Klagen teilweise auch aus den Schreibschulen selbst zu vernehmen. Sie werden bezeichnenderweise häufig von eben den Autorïnnen geäußert, die sich ohnehin ein eher schreibschulfernes Image aufgebaut haben. Juli Zeh etwa stimmt in den Abgesang auf die Institutsliteratur ein, indem sie schildert, wie sie sich von der Tendenz zur Normierung im Institut habe freischwimmen müssen. Im *KulturSpiegel* wird sie dahingehend zitiert, dass es ihr gelungen sei, im Laufe ihres Studiums zwar eine wasserdichte Erzählung zu schreiben, die nur wenig Kritik auf sich zog, aber auch literarisch nur minder interessant war.[54] Echte Literatur hingegen sei jenseits einer solchen kritikimmunen Konsenskunst zu suchen. Während sich feldstrategisch darin unschwer eine distinguierende Revierbestimmung gegenüber weniger welthaltig schreibenden Kollegïnnen erkennen lässt, ist es auch eine Aussage über die Funktion der Schreibschulen: Ihr Wissen muss nach erfolgreicher Assimilation wieder überwunden werden. Sie liefern symbolisches Kapital im Betrieb nur insofern, als sie den Einstieg ermöglichen, danach zählt anderes.

Es ist also sicher kein Zufall, dass ein Großteil derjenigen Absolventïnnen, denen längerfristiger Erfolg beschieden ist, schreibschulfremde Themen bearbeiten und dazu passende Autorïnnenfiguren performieren – was von der Öffentlichkeit mit Wohlwollen registriert wird. Und es ist bestimmt auch kein Zufall, dass sich unter diesen Autorïnnen auch gleich mehrere Schreibschulabsolventïnnen finden, die keinen typischen Lebenslauf und zumindest auch teilweise keinen bürgerlichen Hintergrund haben. Das Paradebeispiel ist dafür sicherlich Clemens Meyer, über den Eberhard Falcke in der *Zeit* schreibt: »Meyer [verfügt; KK] über etwas, was nicht jeder Schreibschulabsolvent mitbringt: einen Stoff, mit dem er sich auskennt, der was hergibt und mit dem der Autor, wie jede Romanzeile beweist, in Leidenschaft verbunden ist.«[55] Die drei Leipziger Schreibbedingungen Schreibwunsch, Talent und Biografie klingen in dieser Einschätzung als deutlich vernehmbares Echo mit, genauso wie McGurls These zu Sandra Cisneros: »Cisneros's long journey to success in this field began when she learned to convert her disabling sense of otherness into a valuable, because relatively scarce, form of cultural capital.«[56] Meyer, Cisneros und viele andere Autorïnnen dies- und jenseits des Atlantiks machen ihre Lebensgeschichte mehr oder weniger deutlich markiert und fiktionalisiert zur stofflichen Basis ihrer literarischen Texte. Sie schöpfen dabei aus einem, wenn auch nicht freiwillig

53 Vgl. dazu umfassend David-Christopher Assmann, *Poetologien des Literaturbetriebs. Szenen bei Kirchhoff, Maier, Gstrein und Händler*, Berlin / Boston: De Gruyter, 2014.
54 Vgl. Claudia Vogt, »Auf Linie«, in: *Kulturspiegel* 3/2006, S. 12–14, hier S. 13.
55 Eberhard Falcke, »Auf hartem Boden«, in: *Die Zeit*, 9.3.2006, zitiert nach: https://www.zeit.de/2006/11/L-Meyer/komplettansicht (geprüft am 19.10.2018).
56 McGurl, *The Program Era*, S. 337.

erworbenen, Erfahrungsschatz, der ihnen einen geeigneten Stoff gibt, um einem nach Alterität lechzenden Betrieb die gewünschte Dosis Fremdheit zu verabreichen. Eine solche Alterität manifestiert sich in der schicksalshaften Konstellation der biografischen Umstände und wird dann durch die Institutionen des Betriebs, an deren vorderster Stelle die Schreibschulen stehen, gebrochen, um sie kommensurabel und verkaufsfähig zu machen. Voraussetzung des Erfolgs ist also, ganz wie in McGurls Dreieck, dass die ›experience‹ durch die Institution der Schreibschule in Richtung ›creativity‹ und ›craft‹ geschliffen wird. Das Leben im Sinne der amtlichen Biografie, das heißt der harten soziobiografischen Fakten, kann dann (durch eine biografische Legende kanalisiert und gegebenenfalls verfremdet) als Authentizitätsmarker zur Erzeugung von symbolischem Kapital eingesetzt werden. Die Funktion der Schreibschulen läge dann darin, eine auktoriale Individualität auszubilden, die gerade in ihrer biografischen Nonkonformität wieder marktkonform wäre. Als Singularisierungsstrategie[57] auf dem Markt taugt eine ungewöhnliche Biografie jedenfalls allemal, wobei manche Formen der Alterität größeres Kapitel versprechen als andere.

Das Ganze legt einen durchaus zynischen Schluss nahe: Denn der Wunsch nach anderen Stimmen (die auch wiederum nicht zu anders sein dürfen, um ihre Anschlussfähigkeit zu bewahren) ist häufig genug ein verkappter Exotismus, der sich in der Rezeption zum Beispiel dann besonders aufdringlich zeigt, wenn von migrantischen Autorïnnen erwartet wird, dass sie ›uns‹ gefälligst Erfahrungsberichte aus ›ihrer Kultur‹ schreiben sollen. Damit werden sie auf die Produktion von Alteritätserfahrungen festgelegt und entkommen genausowenig der Biografiefalle wie diejenigen Autorïnnen, denen aufgrund von Erfahrungsarmut von vornherein jegliche Kompetenz der Weltbeschreibung abgesprochen wird.[58] Die Maxime ›write what you know‹ und ihr biografistischer Bias birgt also die Gefahr, das aus den Lebensumständen abgeleitete Image zu totalisieren und liefert monothematischen Autorschaften Vorschub – man darf dann nur noch über das eigene Milieu schreiben. Hier schlägt die affirmative Fokussierung auf eine bestimmte soziale Identität in ihr Gegenteil um und wirkt begrenzend.

Die Hegemonie solcher Lesarten führt auch zu einem jeweils verschiedenen Begründungsaufwand der Autorschaft: Während Autorïnnen mit großem biografischen Kapital (wie man es in Anlehnung an Bourdieus Kapitalsorten tentativ nennen könnte), wie Clemens Meyer vor der Aufgabe stehen, dieses Kapital in marktgängige Strukturen zu überführen, brauchen Autorïnnen wie Strauß unter den Bedingungen des Erfahrungsparadigmas den Flirt mit dem Anderen, Transgressiven, um dem gemachten Nest zu entkommen. Während der eine sozial schlechte Startbedingungen hat, dafür aber sein Leben als literarische Ressource in die Waageschale werfen kann, muss der andere existenzielle Not erst produzieren, um aus der Saturiertheit gesicherter und privilegierter Startbedingungen zu einer literarisch verwertbaren Lebensfiktion zu kommen. Ökonomische Verwertbarkeit wird also jeweils unterschiedlich hergestellt, allerdings verweisen beide Modi der biografischen Aneignung darauf, dass im gegenwärtigen Literaturbetrieb offenbar ein großes Interesse daran besteht, Produktion und Rezeption von Literatur über lebensweltlich und ideologisch verortbare Autorïnnenfiguren zu organisieren. Foucaults These, dass »›literarische‹ Diskurse [...] nur noch rezipiert werden, wenn sie mit der Funktion Autor versehen sind«,[59] kann also hinsichtlich der konkreten Ausgestaltung der Autorfunktion spezifiziert werden: Sie muss auf spezifische Weise auf das gelebte Leben verweisen.

V

In den USA führte das Problem der Lebensarmut von Bürgerkindern, die dennoch dem Imperativ des »write what you know« folgen wollten, dazu, dass sie über das schrieben, was sie als ihren Alltag im Institut erlebten: das Schreiben selbst.[60] Eine andere

57 Vgl. Andreas Reckwitz, *Die Erfindung der Kreativität. Zum Prozess gesellschaftlicher Ästhetisierung*, Berlin: Suhrkamp, 2012 sowie ders., *Die Gesellschaft der Singularitäten. Zum Strukturwandel der Moderne*, Berlin: Suhrkamp, 2017.

58 Vgl. hierzu folgendes aufschlussreiche Dossier fünf junger Autorïnnen über Alteritätserfahrungen im deutschen Literaturbetrieb: Max Czollek / Özlem Özgül Dündar / Sandra Gugi / Mehdi Moradpour / Ronya Othmann, »Es fängt hier nicht an, es hört hier nicht auf«, in: *Zeit online*, 8.8.2018, https://www.zeit.de/kultur/literatur/2018-08/rassismus-literaturbetrieb-metwo-diskriminierung-autoren-integration (geprüft am 19.10.2018).

59 Michel Foucault, »Was ist ein Autor?«, in: Fotis Jannidis / Gerhard Lauer / Matías Martìnez / Simone Winko (Hg.), *Texte zur Theorie der Autorschaft*, Stuttgart: Reclam 2000, S. 198–229, hier S. 213.

60 Es ließe sich die These wagen, dass die vielgescholtene selbstreferentielle Prosa der Postmoderne unter anderem eine Folge davon war – dies wäre freilich ein Thema für einen eigenen Aufsatz. Vgl. mit etwas anderem Einschlag: McGurl, *The Program Era*, S. 321–360.

Möglichkeit des Umgangs mit dem Erfahrungsparadigma wäre seine sanfte Ironisierung, auf die ich nun abschließend zu sprechen komme. Der Konstellation vom Leben in und neben der Institution geht nämlich auch einer der bekanntesten Texte aus Institutszusammenhängen nach, Leif Randts Roman *Schimmernder Dunst über CobyCounty*.[61] Es handelt sich um einen Text, der sowohl viele Merkmale enthält, die gerne der sogenannten ›Institutsprosa‹ zugeschrieben werden (aus der ersten Person und im Präsens in kurzen, alltagsnahen Sätzen erzählt) als auch zugleich ein satirischer Metaschreibschulroman ist, der eben diese Form erzählerisch reflektiert.[62] Der Protagonist und Erzähler des Romans Wim Endersson hat an der »CobyCounty School of Arts and Economics« (man beachte die konsequente Verbindung von Kunst und Ökonomie) »Neues Internationales Literaturmarketing«[(CC: S.15)] studiert und arbeitet nun als Literaturagent. In CobyCountys Literaturbetrieb befindet er sich gewissermaßen in der Blase der Blase, denn bereits der Ort selbst trägt alle Züge einer Insel der Seligen, auf der existenzielle Not fast unbekannt zu sein scheint. Als geografisch nicht genau zu verortende Stadt am Meer erscheint CobyCounty als Wohlfühloase – es scheint nahezu durchgehend die Sonne und fast alle Leute arbeiten in Kreativberufen. Niemand muss sich für irgendetwas wirklich anstrengen, die Lebensläufe sind vorgezeichnet, und selbst wenn sie mal nicht wie geplant verlaufen, gibt es umfassende soziale Sicherheitsnetze, die vor existenzieller Not schützen. Wim ist in CobyCounty geboren worden und damit ein archetypischer Elfenbeinturmbewohner, genau wie sein Autor übrigens: Zu den am häufigsten genannten biografischen Attributen Randts gehört neben der Schreibschulzugehörigkeit die Information, dass er der Sohn eines Managers ist. Auch seine Autor-Person wird gerne hinsichtlich seiner Textkompatibilität ausgedeutet, schließlich handele es sich bei seinen Büchern um »Texte, die so unnahbar und elegant wirken wie der Autor, der sie schreibt«.[63] Steht CobyCounty damit bereits als Ganzes für einen selbstgenügsamen, gleichsam verklärten Lebensstil, so gilt das für die dortige Literatur noch viel mehr. Gegen sie werden die gleichen Argumente ins Feld geführt wie gegen die ›Institutsprosa‹. »In der internationalen Presse kursiert seit Jahren die Ansicht, dass die Texte aus CobyCounty stilistisch zwar perfekt seien, dass ihnen jedoch der

Bezug zur existenziellen Not fehle.« (CC: S.30) Der Grund dafür ist klar: Man erlebt dort nichts. Entsprechend tiefenentspannt ist auch Wims Erzählstimme, die so wie auch Wims Gefühlshaushalt auf mittleres Niveau gedimmt ist; gelegentliche Wertungen und emotionale Ausbrüche in die eine oder andere Richtung werden stets relativierend zurückgenommen. Das Maximum an Intensität liegt im Erbrechen nach übermäßigem Alkoholgenuss, was aber auch nur sehr selten vorkommt. Literatur ist für Wim daher auch nicht mit Gefühlsüberschwang oder existentieller Bedeutung verbunden und erscheint ihm gerade deshalb für ihn so passend: »Literatur ist etwas, das ich gut verstehe und kontrollieren kann, deshalb mag ich sie, aber nicht weil ich sie besonders interessant finde.« (CC: S.40) In Wims Literaturagentur beginnt ein »guter« Tag deshalb natürlich auch nicht mit einer Schusswunde, sondern ganz gediegen »mit Kaffee und zwei Short Storys«, (CC: S.31) zum Beispiel von Mattis Klark, Wims ältestem Klienten. Die Betreuung von Klarks Debüt, einem »sentimentalen Adoleszenroman«, (CC: S.48) war gleichzeitig Wims Abschlussarbeit an der School of Arts and Economics, Note: 1,2. (vgl. CC: S.76) Klark ist ein typischer Verteter der CobyCounty-Literatur. Es »passiert in ihnen [seinen Texten; KK] nichts Besonderes, sie halten lediglich ihr Niveau, aber dieses Niveau ist sehr in Ordnung«. (CC: S.45) Auch wenn Wim die Texte seines Klienten also nicht besonders aufregend findet, ist er mit ihnen als Agent aus genau diesem Grund keineswegs unzufrieden: »Ich finde fast keine Fehler und kann Mattis am Telefon für seine äußerst solide Orthografie loben.« (CC: S.31) Neben der Fehlerlosigkeit eines guten Handwerks teilen Klarks Texte noch ein weiteres häufig genanntes Merkmal mit der ›Institutsprosa‹: ihre Ich-bezogenheit. Das Sujet von Klarks neuestem Roman »[hat] eigentlich nichts mit der Realität, aber sehr viel mit seinen persönlichen Wünschen zu tun, so viel, dass es fast ein bisschen peinlich ist«. (CC: S.74) Genau wie der Vorwurf des Egozentrismus in der Kritik vor allem dann auftaucht, wenn er die Abwesenheit von Welthaltigkeit, und das heißt auch: eines aufregenden Lebens belegen soll, so wird auch die Prosa des fiktiven Mattis Klark als solipsistische Unternehmung gezeichnet. Mehr noch: In CobyCounty verweisen die Zeichen

61 Leif Randt, *Schimmernder Dunst über Coby County. Roman*, Berlin: Berlin Verlag, 2011. Wird im Folgenden unter Angabe der Sigle CC direkt im Text zitiert.
62 Vgl. dazu auch den Beitrag von Wolfgang Hottner in diesem Band.
63 Morten Freidel, »Ziemlich erwachsen geworden«, in: *FAZ*, 25.3.2015, zitiert nach: http://www.faz.net/aktuell/rhein-main/autor-leif-randt-ziemlich-erwachsen-geworden-13504451.html (geprüft am 19.10.2018).

generell vor allem auf sich selbst, die Referenz ist ihnen abhanden gekommen oder bleibt zumindest, wie es an einer Stelle heißt, »ganz subtil«.[CC: S.23] Die einzige Erfahrung, die als von außen kommend interpretiert wird, ist ironischerweise die Wirkung des eigenen Körpers, die in ihrer Unverfügbarkeit allerdings auch wieder Anlass für unsichere Selbstbespiegelung ist. In der Beschreibung von Klarks Texten spiegelt sich so auf ironische Weise der Diskurs um die ›Institutsprosa‹ und ihre vermeintlichen Verfehlungen.

Auch typische Schreibschulseminarthemen werden im Roman en passant verarbeitet. So konstatiert Wim, dass es unter den »Jungautoren« besonders in Mode sei, »sich mit simplen Texten in seine Kindheit hineinzuforschen«[CC: S.91] – die literarische Verarbeitung der Kindheit ist ein regelmäßiges Seminarthema in Hildesheim und Leipzig. Vor dem Hintergrund des Erfahrungsparadigmas bringt das Ganze aber natürlich nichts, wenn auch die Kindheit keine Traumata oder anderweitig literarisch verwertbaren Erlebnisse bietet. Wims Urteil zu Klarks neues Texten lautet daher: »relativ unsinnig« und »künstlich«, aber »sprachlich einwandfrei gearbeitet und es finden sich sogar Verlage, die einen soliden Vorschuss dafür bezahlen«.[CC: S.92] Als geradezu paradigmatischer Vertreter eines Literaturbetriebs, der auf diese Weise Lebensarmut verwaltet, sieht Wim seine Aufgabe darin, den jungen Autorïnnen seiner Agentur die »Lügen« der Presse über den Stand der Literatur auszureden:

> Zum Beispiel wurde auf der Website von Le Monde zuletzt behauptet, der Markt vertrage keine aufwendig gestalteten Bücher über Strandpartys mehr. In Wahrheit wollen die Menschen aber noch viel mehr über gute Zeiten in CobyCounty erfahren, das zeigen nicht nur die Verkaufszahlen, das erklärt sich von ganz allein: Wer nicht hier lebt, will sich ein Leben hier vorstellen, und alle anderen wollen ihre eigenen CobyCounty–Erfahrungen mit den Erfahrungen in den Texten abgleichen.[CC: S.30/31]

Die typische Begründungsfigur ›Erfahrungsarmut führt zu schlechter Literatur‹ wird hier umgekehrt: Die vermeintliche Armut der Erfahrungen, die man in CobyCounty machen kann, scheint dann kein Problem mehr zu sein, wenn ihre Wohltemperiertheit dem eigenen Bedürfnis entgegenkommt oder bereits entspricht. Die Literatur kann sich unter diesen Umständen darauf beschränken, diese Welt möglichst akkurat zu spiegeln. Die Selbstreflexivität ist auf ein Maximum gesteigert. Durch den Filter von Wims Wahrnehmung wird so eine Sicht der Dinge vermittelt, die mit der abgeklärten Nüchternheit ihren Frieden gemacht zu haben scheint.

Und doch lässt sich die Außenwelt nicht völlig fernhalten. Die Gefahr, und damit das ›intensive Leben‹, bricht in CobyCounty zunächst in Form eines Hochbahnunglücks ein, dann brennt es auch noch in einem Villenviertel (beides immerhin ohne Todesfolgen), zwischendurch wird durch die Wahl eines neuen Bürgermeisters auch die politische Zukunft zumindest für einen Moment unabsehbar, bevor am Ende des Romans ein Sturm, der auf die Stadt zurückt, den Ausnahmezustand auslöst. CobyCounty wird evakuiert. Das Wetter, als nicht zu beherrschende Naturkraft, hätte das Potential, das Leben der Bewohner von CobyCounty gleichermaßen zu zerstören wie anzureichern. Wim und einige wenige andere harren in einer Mischung aus unverbrüchlicher Ruhe und der diffusen Hoffnung auf ein lebenserschütterndes Erlebnis in der Stadt aus und erwarten das Unwetter. Aber wie sich herausstellt, ist der Sturm auch nur ein lauer Wind; der einzige Schaden ist eine unachtsam abgestellte Glasflasche. In einer Parodie finaler Motivierung bleibt der kathartische Höhepunkt von Roman und Leben aus. Und doch schreibt sich der Roman von diesem Ende her: Der Roman kann nur erzählt werden, weil die Störung von außen zumindest für einen Moment im Bereich des Möglichen scheint. Damit führt *Schimmernder Dunst über CobyCounty* aber auch vor, wie man aus vermeintlichen Nichtigkeiten einen packenden Text macht, nämlich indem Gefahr latent gehalten wird. Wie der titelgebende Dokumentarfilm über die Stadt bleibt auch der Roman ›ganz subtil‹ in seinen Anspielungen auf ein Außen und spricht dadurch paradoxerweise nur umso lauter von dem, was unerzählt bleibt. In seiner letztlichen Folgenlosigkeit handelt es sich bei alldem zwar wirklich um einen Sturm im Wasserglas des Betriebs. Wie Wim und die anderen Stadtbewohnerïnnen mit der psychologischen Kränkung umgehen werden, bleibt allerdings offen. Genauso offen bleibt, was wir daraus zu machen haben, denn der Roman bleibt gleichsam ungreifbar wie sein Protagonist. *Schimmernder Dunst über CobyCounty* liefert als Metaschreibschulroman eine Betriebsanalyse, ohne schon Lösungen aufscheinen zu lassen. In seiner Mimikry beschränkter Erfahrungen kann der Roman daher nicht zuletzt auch als ironischer Kommentar zur alten Schreibschulmaxime »write what you know« verstanden werden.

Auch wenn es vielleicht stimmt, »dass Herkunft bei Kunst nichts erklärt, nichts verbürgt und nichts beweist, sondern den vielen Brillen, durch die man sie betrachten kann, nur eine weitere hinzufügt, nicht besser und nicht schlechter als andere«,[64] gehört diese Brille, das sollte deutlich geworden sein, zu den modischen Trends nicht nur dieser literarischen Saison. Dass sich die Anhängerïnnen eines solchen Basis-Überbau-Chics auf Literaturinstitute, an denen man literarisches Schreiben studieren kann, eingeschossen haben, verweist weniger auf die Potentiale der Schreibschulen, sondern findet in ihnen vor allem den Brennpunkt einer ästhetisch-sozialen Problemstellung. Die Schreibschulen fungieren als Katalysator einer Grundsatzdebatte um die Ästhetisierung des (vermeintlich) Faktischen, die literarischen Lizenzen der Wirklichkeitsaneignung und den Status des (Auto-)biografischen für die Literatur.

Literaturverzeichnis

Assmann, David-Christopher: *Poetologien des Literaturbetriebs. Szenen bei Kirchhoff, Maier, Gstrein und Händler*, Berlin / Boston: De Gruyter, 2014.

Bartels, Gerrit: »Die Sprache der Nacht«, in: *Zeit online*, 15.2.2010, https://www.zeit.de/kultur/literatur/2010-02/literatur-clubkultur/komplettansicht (geprüft am 19.10.2018).

Batuman, Elif: »Get a Real Degree«, in: *London Review of Books*, 32, 18 (23.9.2010), S. 3–8, zitiert nach: https://www.lrb.co.uk/v32/n18/elif-batuman/get-a-real-degree (geprüft am 19.10.2018).

Bourdieu, Pierre: *Die Regeln der Kunst. Genese und Struktur des literarischen Feldes*, übersetzt aus dem Französischen von Bernd Schwibs und Achim Russer, Frankfurt am Main: Suhrkamp, 1999.

Czollek, Max / Dündar, Özlem Özgül / Gugić, Sandra / Moradpour, Mehdi / Othmann, Ronya: »Es fängt hier nicht an, es hört hier nicht auf«, in: *Zeit online*, 8.8.2018, https://www.zeit.de/kultur/literatur/2018-08/rassismus-literaturbetrieb-metwo-diskriminierung-autoren-integration (geprüft am 19.10.2018).

Dath, Dietmar: »Vieldeutige Geschichten«, in: *FAZ*, 7.8.2018, zitiert nach: http://www.faz.net/aktuell/feuilleton/buecher/rezensionen/traumwelten-die-david-lynch-biographie-von-kristine-mckenna-15706360.html?GEPC=s3 (geprüft am 19.10.2018).

Dilthey, Wilhelm: *Das Erlebnis und die Dichtung. Lessing, Novalis, Goethe, Hölderlin*, 3.erw. Aufl., Leipzig: Teubner, 1910.

64 Dietmar Dath, »Vieldeutige Geschichten«, in: *FAZ*, 7.8.2018, zitiert nach: http://www.faz.net/aktuell/feuilleton/buecher/rezensionen/traumwelten-die-david-lynch-biographie-von-kristine-mckenna-15706360.html?GEPC=s3 (geprüft am 19.10.2018).

Falcke, Eberhard: »Auf hartem Boden«, in: *Die Zeit*, 9.3.2006, zitiert nach: https://www.zeit.de/2006/11/L-Meyer/komplettansicht (geprüft am 19.10.2018).

Foucault, Michel: »Was ist ein Autor?«, in: Fotis Jannidis / Gerhard Lauer / Matías Martínez / Simone Winko (Hg.), *Texte zur Theorie der Autorschaft*, Stuttgart: Reclam 2000, S. 198–229.

Franzen, Johannes: *Indiskrete Fiktionen. Theorie und Praxis des Schlüsselromans 1960-2015*, Göttingen: Wallstein, 2018.

Freidel, Morten: »Ziemlich erwachsen geworden«, in: *FAZ*, 25.3.2015, zitiert nach: http://www.faz.net/aktuell/rhein-main/autor-leif-randt-ziemlich-erwachsengeworden-13504451.html (geprüft am 19.10.2018).

Funck, Gisa: »Diplomierte Perfektion«, in: *taz*, 19.4.2004, http://www.taz.de/!761986/ (geprüft am 19.10.2018).

Gadamer, Hans-Georg: *Hermeneutik I: Wahrheit und Methode. Grundzüge einer philosophischen Hermeneutik*, 5. durchges. und erw. Aufl., Tübingen: J.C.B. Mohr 1986.

Garcia, Tristan: *Das intensive Leben. Eine moderne Obsession*, Berlin: Suhrkamp, 2017.

Genette, Gérard: *Paratexte. Das Buch vom Beiwerk des Buches*, Frankfurt am Main / New York: Campus, 1989.

Haslinger, Josef / Treichel, Hans-Ulrich: »Vorwort«, in: dies. (Hg.), *Wie werde ich ein verdammt guter Schriftsteller? Berichte aus der Werkstatt*, Frankfurt am Main: Suhrkamp, 2005, S. 7–10.

Hensel, Jana: »20jährige können gut schreiben, aber worüber«, in: *Die WELT*, 7.11.2006, https://www.welt.de/print-welt/article92782/20-Jaehrige-koennen-gut-schreiben-Aber-worueber.html (geprüft am 19.10.2018).

Hinck, Walter: »Schreibschule, Lebensschule, Literaturförderung«. in: Seminar für Allgemeine Rhetorik, Tübingen, unter Federführung von Joachim Knape / Olaf Kramer / Peter Weit (Hg.), *»Und es trieb die Rede mich an ...« Festschrift zum 65. Geburtstag von Gert Ueding*, Tübingen: Niemeyer, 2008, S. 23–28.

Jürgensen, Christoph / Kaiser, Gerhard (Hg.): *Schriftstellerische Inszenierungspraktiken. Typologie und Geschichte*, Heidelberg: Winter, 2011.

Kessler, Florian: »Lassen sie mich durch, ich bin Arztsohn!«, in: *ZEIT online*, 16.1.2014, zitiert nach: http://www.zeit.de/2014/04/deutsche-gegenwartsliteratur-brav-konformistisch/komplettansicht (geprüft am 19.10.2018).

Krumrey, Brigitta / Vogler, Ingo / Derlin, Katharina (Hg.), *Realitätseffekte in der deutschsprachigen Gegenwartsliteratur. Schreibweisen nach der Postmoderne?*, Heidelberg: Winter, 2014.

Laferl, Christopher F. / Tippner, Anja: »Vorwort«, in: dies. (Hg.), *Leben als Kunstwerk. Künstlerbiographien im 20. Jahrhundert. Von Alma Mahler und Jean Cocteau zu Thomas Bernhard und Madonna*, Bielefeld: Transcript, 2011, S. 7–25.

Leucht, Robert / Wieland, Magnus (Hg): *Dichterdarsteller. Fallstudien zur biographischen Legende des Autors im 20. und 21. Jahrhundert*, Göttingen: Wallstein, 2016.

Leucht, Robert / Wieland, Magnus: »Dichterdarsteller. Prolegomena zum Konzept der biographischen Legende«, in: dies (Hg.), *Dichterdarsteller*, S. 7–33.

McGurl, Mark: The *Program Era. Postwar Fiction and the Rise of Creative Writing*, Cambridge, Mass. / London: Harvard University Press, 2009.

Nietzsche, Friedrich: »Unzeitgemäße Betrachtungen. Zweites Stück: Vom Nutzen und Nachtheil der Historie für das Leben«, in: ders., *Sämtliche Werke. Kritische Studienausgabe in 15 Bänden*, hrsg. von Giorgio Colli und Mazzino Montinari. Bd. 1: *Die Geburt der Tragödie. Unzeitgemäße Betrachtungen I-IV, Nachgelassene Schriften 1870-1873*, 2. durchges. Aufl., Berlin / New York: De Gruyter, 1988, S. 243–334.

Otte, Joachim: »Hiesige Abenteuer«, in: *Frankfurter Rundschau*, 18.7.2005, http://www.fr.de/kultur/literatur/hiesige-abenteuer-a-1198732 (geprüft am 19.10.2018).

Pottbeckers, Jörg: *Der Autor als Held. Autofiktionale Inszenierungsstrategien in der deutschsprachigen Gegenwartsliteratur*, Würzburg: Königshausen & Neumann, 2017.

Randt, Leif: *Schimmernder Dunst über Coby County. Roman*, Berlin: Berlin Verlag, 2011.

Reckwitz, Andreas: *Die Erfindung der Kreativität. Zum Prozess gesellschaftlicher Ästhetisierung*, Berlin: Suhrkamp, 2012.

Reckwitz, Andreas: *Die Gesellschaft der Singularitäten. Zum Strukturwandel der Moderne*, Berlin: Suhrkamp, 2017.

Scafidi, Susan: *Who Owns Culture? Appropriation and Authenticity in American Law*, New Brunswick: Rutgers University Press, 2005.

Shields, David: *Reality Hunger. A Manifesto*, New York: Knopf, 2010.

Shriver, Lionel: »I hope the concept of cultural appropriation is a passing fad«, in: *The Guardian*, 13.9.2016, https://www.theguardian.com/commentisfree/2016/sep/13/lionel-shrivers-full-speech-i-hope-the-concept-of-cultural-appropriation-is-a-passing-fad (geprüft am 19.10.2018)

Strauß, Simon: *Sieben Nächte*, Berlin: Blumenbar, 2017.

Tomaševskij, Boris: »Literatur und Biografie«, in: Fotis Jannidis / Gerhard Lauer / Matías Martínez / Simone Winko (Hg.), *Texte zur Theorie der Autorschaft*, Stuttgart: Reclam 2000, S. 49–61.

Ueding, Gert / Steinbrink, Bernd: *Grundriß der Rhetorik. Geschichte - Technik - Methode*, 5., aktualisierte Aufl., Stuttgart / Weimar: Metzler 2011.

Urbich, Jan: *Literarische Ästhetik*, Köln / Weimar / Wien: Böhlau, 2011.

Vogt, Claudia: »Auf Linie«, in: *Kulturspiegel* 3 / 2006, S. 12-14.

Wegmann, Nikolaus: »Engagierte Literatur? Zur Poetik des Klartexts«, in: Jürgen Fohrmann / Harro Müller (Hg.), *Systemtheorie der Literatur*, München: Fink, 1996, S. 345–365.

Weiser, Julia / Ott, Christine: »Autofiktion und Medienrealität. Einleitung«, in: dies. (Hg.), *Autofiktion und Medienrealität. Kulturelle Formungen des postmodernen Subjekts*, Heidelberg: Winter, 2013, S. 7–16.

Young, James O.: *Cultural Appropriation and the Arts*, Malden, Mass.: Blackwell Publishing, 2008.

Akademie oder Blockbuster? Die literatursoziologische Wende in der US-amerikanischen Schreibschuldebatte

Johannes Franzen

I. Extremly depressing. Das Kälteproblem der Literatursoziologie

Es gehört zu den eher seltenen Erscheinungen des literarischen Lebens, dass ein Kommentar zum Status des Literaturbetriebs eine Welle der Melancholie, wenn nicht sogar einen kollektiven Depressionsschub auslöst. Eine solche Leistung gelang dem Schriftsteller Chad Harbach im Herbst 2010, als er in der von ihm mitherausgegebenen Literaturzeitschrift *n+1* einen Essay mit dem zunächst kryptisch anmutenden Titel »MFA vs NYC« veröffentlichte. In diesem Essay konstatierte er die Existenz zweier konkurrierender literarischer Kulturen in den USA: eine, die sich im Umkreis der zahlreichen universitären Creative Writing-Programme entwickelt habe (dort eben, wo man einen Master of Fine Arts, einen MFA, erwerben könne) und eine, die sich auf den Literaturmarkt von New York City (NYC) konzentriere. Beide Kulturen – MFA und NYC – werden von Harbach als ökonomische Modelle dargestellt, die mit unterschiedlichen Formen von Zwängen und Chancen einhergehen. Das Irritationspotential dieser Analyse entfaltet sich vor allem dort, wo Harbach unterschiedliche Arten des Schreibens aus diesen ökonomischen Modellen ableitet:

> Each culture has its own canonical works and heroic figures; each has its own logic of social and professional advancement. Each affords its members certain aesthetic and personal freedoms while restricting others; each exerts its own subtle powerful pressures on the work being produced.[1]

Ausgangspunkt dieser Überlegungen ist der enorme Einfluss, den eine Institution – die Universität – in den letzten 50 Jahren auf die Literatur der USA ausgeübt hat. Die von Harbach diagnostizierte Herausbildung zweier literarischer Kulturen wäre ohne diese institutionelle Grundierung kaum möglich. Damit ist Harbachs Essay auch (und vielleicht sogar vornehmlich) ein Kommentar über die Rolle, die Schreibschulen – so nenne ich im Folgenden Orte, an denen literarisches Schreiben in einem akademischen Rahmen unterrichtet wird – im literarischen Feld der USA spielen. Ausgehend von Harbachs Essay und der Debatte, die dieser Essay ausgelöst hat, möchte ich in diesem Aufsatz den diskursiven und institutionellen Status von Schreibschulen in den USA in den Blick nehmen. Da die USA sicherlich als einflussreichstes Land des universitären Literaturunterrichts gelten können, ist dieser Blick auch für die deutsche Diskussion fruchtbar. So eröffnet sich etwa eine Perspektive für die (mögliche) Zukunft der Schreibschulen auch in einer literarischen Kultur, in der sich Idee und Institution des akademischen Schreibunterrichts erst langsam etablieren.[2] Vor allem aber macht der Vergleich die Unterschiede in den kulturellen Voraussetzungen augenfällig, die zu den spezifischen Wertungen der Möglichkeit eines universitären Literaturunterrichts geführt haben.

Bevor ich allerdings auf die Situation in den USA eingehen werde, möchte ich einen Schritt zurücktreten und – im Sinne einer kritischen methodologischen Reflexion – nach den Gründen für die negativen Reaktionen auf Harbachs Diagnose fragen. 2014 erschien, auch unter dem Titel *MFA vs NYC*, eine Sammlung von Texten zu Problemen des zeitgenössischen literarischen Feldes in den USA. Neben Harbachs eigenem Essay finden sich darin alte und neue Wortmeldungen von Autorïnnen wie George Saunders, David Foster Wallace oder Elif Batuman. Ausgangspunkt des Projekts, schreibt Harbach im Vorwort, seien die teilweise heftigen und emotionalen Reaktionen auf seinen Essay von 2010 gewesen. »Many of my correspondents professed to have found the essay extremely depressing.«[3] Zwei Freunde aus dem Ausland hätten ihm mitgeteilt, der Essay habe ihnen die Lust genommen, in die USA zurückzukehren; und von einer jungen Frau aus Korea habe er mehrere längere angsterfüllte Briefe erhalten, in denen sie über ein starkes Gefühl der Einsamkeit nach der Lektüre des Textes berichtet habe.

Diese von Harbach zu Beginn seiner Einleitung wirksam inszenierten Reaktionen verweisen auf das schmutzige (und ziemlich offene) Geheimnis, das seiner literatursoziologischen Perspektive zugrunde liegt, die Tatsache nämlich, dass auch Autor:innen von etwas leben müssen. Harbach selbst unterstreicht das deprimierende Potential seiner ›soziologischen‹ Perspektive:

> to consider the fiction writer less as an utterly free artistic being, with responsibilities only to posterity and eternal truth (or whatever), and more as a person constrained by circumstance – a person who needs money, and whose milieu influences the way she lives, reads, thinks and writes.[4]

Der literatursoziologische Ansatz erscheint hier als wirkungsvolle narzisstische Kränkung der Literatur; man findet sich unversehens in Bourdieus Albtraum wieder, in dem der/die Künstler:in als unermüdlicher *homo oeconomicus* damit beschäftigt ist, kulturelles und soziales Kapital zu akkumulieren.[5] In dieser Welt ist die Kunst

1 Chad Harbach, »MFA vs NYC«, in: ders. (Hg.), *MFA vs NYC. The Two Cultures of American Fiction*, New York: n+1/Farrar, Straus and Giroux, 2014, S. 9–28, hier S. 13.

2 Gemeint sind etwa das Deutsche Literaturinstitut Leipzig (seit 1995), der Studiengang ›Kreatives Schreiben und Kulturjournalismus‹ an der Universität Hildesheim (seit 1999), das Schweizerische Literaturinstitut in Biel (seit 2006) und der Studiengang ›Sprachkunst‹ an der Universität für angewandte Kunst Wien (2009). Einen Sonderfall stellt das Institut für Literatur ›Johannes R. Becher‹ dar, das in der DDR bereits 1955 gegründet und 1990 aufgelöst wurde. Zum interessanten Fall einer staatlich gelenkten Schreibschule vgl. Isabelle Lehn / Sascha Macht / Katja Stopka, *Schreiben lernen im Sozialismus. Das Institut für Literatur »Johannes R. Becher«*, Göttingen: Wallstein, 2018 sowie den Beitrag von Katja Stopka in diesem Band.

3 Chad Harbach, »Introduction«, in: ders. (Hg.), *MFA vs NYC. The Two Cultures of American Fiction*, New York: n+1/Farrar, Straus and Giroux, 2014, S. 3–8, hier S. 3.

4 Ebd., S. 4.

5 Einen guten Eindruck von den Praktiken der durch Bourdieu informierten Literatursoziologie liefern Markus Joch, York-Gothart Mix und Norbert Christian Wolf in ihrem Sammelband *Mediale Erregungen? Autonomie und Aufmerksamkeit im Literatur- und Kulturbetrieb der Gegenwart*, Tübingen: Niemeyer, 2009. Feldtheoretische Studien finden sich vor allem im Umfeld von Untersuchungen zur Autorinszenierung. Vgl. dazu Christoph Jürgensen / Gerhard Kaiser, »Schriftstellerische Inszenierungspraktiken – Heuristische Typologie und Genese«, in: dies. (Hg.), *Schriftstellerische Inszenierungspraktiken. Typologie und Geschichte*. Heidelberg: Winter 2011, S. 9–32. Zu den Problemen dieser Perspektive: Johannes Franzen, »Autorinszenierung. Leistungsfähigkeit und Probleme autorzentrierter Studien am Beispiel der Studie ›Posierende Poeten‹ von Alexander M. Fischer«, in: *PhiN* 80 (2017), S. 87–100.

selbst zum einen Resultat der vorhandenen Kapitalien, zum anderen ein Instrument, um neues Kapital heranzuschaffen. Ob man im Sinne Harbachs bei »publishing parties« in New York oder bei »departmental parties« an einer Universität sein Sektglas hält, bestimmt dann den Charakter der Literatur, die man schreibt.[6] Diese Perspektive analysiert Literatur ausgehend von den Heteronomien, denen die Autor̈innen unterworfen sind: Zeig mir die ökonomischen und kulturellen Zwänge, mit denen du lebst und ich zeige dir die Literatur, die du hervorbringst.

Der Exkurs zu den negativen Reaktionen auf Harbachs Essays soll an dieser Stelle auf ein grundsätzliches Problem der literaturwissenschaftlichen Institutionenforschung aufmerksam machen – nämlich auf die Gefahr eines entlarvenden Reduktionismus, der jeden Aspekt von Literatur durch feldtheoretische Kontextfaktoren erklärt. Da es sich bei Schreibschulen, so könnte man sagen, um den Inbegriff der umstrittenen Institution im literarischen Feld handelt (hier werden Autor̈innen im wahrsten Sinne des Wortes ›sozialisiert‹), wird die entsprechende wissenschaftliche Diskussion zum Testfall einer kapitalanalytischen Literatursoziologie; und das umso mehr, da die Diskursereignisse – poetologische und feuilletonistische Debatten wie etwa um Harbachs Essay – bereits explizit und implizit mit den entsprechenden Kategorien ausgestattet sind.

Ein Beispiel für die Chancen und Probleme einer solchen Perspektive bietet die feldtheoretische Studie *Der lange Weg in die Gegenwartsliteratur* von Heribert Tommek. Dort heißt es etwa über den Unterschied zwischen dem Literaturinstituten Leipzig und dem Studiengang ›Kreatives Schreiben und Kulturjournalismus‹ in Hildesheim:

> So ist das Leipziger Literaturinstitut eher am Pol des kulturellen Kapitals ausgerichtet, es repräsentiert also den kulturellen oder ästhetischen Flügel des Mittelbereichs, während der Hildesheimer Studiengang für ›Kreatives Schreiben und Kulturjournalismus‹ auf die marktkompatible Ausbildung und Professionalisierung der kulturellen ›Symbolanalytiker‹ zielt und daher für den Wirtschaftsflügel steht.[7]

Abgesehen davon, dass diese Analyse starke wertende Implikationen enthält (Leipziger Schöngeister vs. Hildesheimer Karrieristen), reduziert sie die existierenden Unterschiede zwischen den Instituten auf den Bereich der Kapitalakkumulation – eine Reduktion, die zwar einerseits einschlägige Erkenntnisse über die tendenzielle Ausrichtung der beiden Schreibschulen bereithält, andererseits aber wenig geeignet erscheint, den ästhetischen Eigenarten der literarischen Einzelstimmen, die aus diesen institutionellen Kontexten hervorgegangen sind, gerecht zu werden.

Eine Analyse der Debatte in den USA und ein Vergleich mit der Situation im deutschsprachigen Raum muss diese Probleme beachten – etwa indem sie diskursive Mechanismen reflektiert, die die oftmals impliziten Wertungen von scheinbar objektiver Institutionsgeschichte und ihren scheinbar neutralen feldtheoretischen Schlüssen offenlegt. So kann eine Untersuchung der polemischen Hitze, die unter Harbachs vorgeblich deskriptiver Kälte brodelt, auch als Ansatz einer methodologischen Reflexion der wissenschaftlichen Literatursoziologie verstanden werden.[8]

Vor diesem Hintergrund werde ich im Folgenden der These nachgehen, dass sich in den Beiträgen des Bandes *MFA vs NYC* eine historische Verschiebung des Konfliktpotentials im amerikanischen Schreibschuldiskurs zeigen lässt. Es handelt sich um Beiträge zu einer Schreibschuldebatte, die sich maßgeblich von den entsprechenden Konflikten im deutschsprachigen Kulturraum unterscheidet. Denn während dort die Kontroversen vor allem auf der Ebene der Poetologie geführt werden, also in Bezug auf grundlegende ästhetische und pädagogische Fragen (›Can it be taught?‹), gelten Schreibschulen in den USA inzwischen vornehmlich als literatursoziologischer Faktor. Während im deutschsprachigen Raum noch darüber diskutiert wird, ob man

6 Harbach, »MFA vs NYC«, S. 13.

7 Heribert Tommek, *Der lange Weg in die Gegenwartsliteratur. Studien zur Geschichte des literarischen Feldes in Deutschland von 1960 bis 2000*, Berlin / Boston: De Gruyter, 2015, S. 221.

8 Ein weiteres Beispiel aus der Wissenschaft wäre Mark McGurls Studie *The Program Era*, auf die ich im Folgenden ausführlich eingehen werde. Über diese Studie schreibt Louis Menand im *New Yorker*: »McGurl is not interested in the effects of individual teachers and editors, though; he's interested in the effects of systems«, vgl. Louis Menand, »Show or Tell. Should Creative Writing be Taught?«, in: *The New Yorker*, 8.6.2009, https://www.newyorker.com/magazine/2009/06/08/show-or-tell (geprüft am 19.10.2018). McGurls institutionstheoretischer Ansatz führe zuweilen dazu, dass die Welt der Schreibschulen wie eine ›Ameisenfarm‹ (»ant farm«) erscheine: »in which the writer-ants go about busily executing the tasks they have been programmed for.« Es handelt sich um einen Ansatz, den Menand ausdrücklich lobt, insofern McGurl das Interessante an den Einzelstimmen nicht aus dem Blick verliere; trotzdem verweist das Bild der Ameisenfarm auf eine gewisse spöttische Skepsis gegenüber dem institutionellen Determinismus der literatursoziologischen Perspektive.

literarisches Schreiben überhaupt unterrichten kann und ob Schreibschulen nicht eine große Gefahr für die Literatur bedeuten, wird in den USA eher darüber debattiert, welche Rolle die Omnipräsenz von MFA-Programmen – auch als sozioökonomische Versorgungsinfrastruktur – für das zeitgenössische literarische Feld spielt. Allerdings lässt sich eine Annäherung der beiden Diskurse beobachten, und zwar unter dem Vorzeichen einer identitätspolitischen Gerechtigkeitsdebatte, die von der Frage ausgeht, ob die Institutionalisierung der künstlerischen Sozialisation zu einer schädlichen Exklusion marginalisierter Stimmen führen könne.

II. All MFAs now. Die Schreibschule in den USA als literaturgeschichtliches Faktum

Harbach führt seinen ›soziologischen Ansatz‹ als deskriptive Perspektive ein, die durch den Abschluss einer anderen, normativen Diskussion erst möglich gemacht wurde. Dabei bezieht er sich vor allem auf Mark McGurls einflussreiche Studie *The Program Era*, die 2009, ein Jahr vor Harbachs Essay, erschienen war. Eine der positiven Auswirkungen von McGurls Studie sei es, schreibt Harbach, dass man das ›ständige Händeringen‹ (»the perpetual handwringing«) über die Frage, was MFA-Programme für die Schriftstellerïnnen und die Literatur im Allgemeinen bedeuten, endlich beenden könne.[9] Der Einfluss der Universitäten auf die amerikanische Literatur der zweiten Jahrhunderthälfte sei dermaßen ausgeprägt, dass man kaum eine Autorïn finde, die nicht in irgendeiner Form von diesem System geprägt worden sei. Harbachs Befund: »We are all MFAs now.«[10]

Der Bezug auf McGurls *The Program Era* erscheint naheliegend. Kaum ein anderer Beitrag hat die Debatte um Schreibschulen in den USA so stark beeinflusst. Man muss davon ausgehen, dass Harbachs Essay in dieser Form ohne McGurls Studie kaum existieren würde. Loren Glass verweist im Vorwort seines Sammelbandes *After the Program Era* mit Nachdruck auf die Bedeutung des Buches (»groundbreaking«), welches ein Umdenken in der literaturhistorischen Perspektive auf die amerikanische Literaturgeschichte des 20. Jahrhunderts bewirkt habe – ein Umdenken, das vor allem den Einfluss der Universitäten auf die Literatur seit den 1950er Jahren miteinbezieht.[11] Dabei geht es McGurl besonders auch darum, die Diskussion von einer evaluativen auf eine deskriptive Ebene zu verschieben.

Die Debatte sei, schreibt er, bisher zu stark von der Frage nach dem Für und Wider von Schreibschulen geprägt gewesen: »the question of whether the rise of the writing program has been *good* or *bad* for American writing.«[12] Seine implizite Polemik richtet sich gegen den bekannten, von der Genieästhetik in ihren verschiedenen Schattierungen geprägten Skeptizismus gegen Schreibschulen, den die amerikanische Literaturgeschichte, so eine These der Studie, längst hinter sich gelassen habe. Dieser Befund wird gleich zu Beginn des Buches selbstbewusst verkündet: »This book argues that the rise of the creative writing program stands as the most important event in postwar American literary history.«[13] Statt weiterhin intellektuelle Energie in die Spiegelfechterei einer poetologischen Scheindebatte – »Can it be taught?« – zu investieren,[14] solle man sich eher mit den tatsächlichen Folgen des unaufhaltsamen Siegeszugs der MFA-Programme auf die amerikanische Nachkriegsliteratur beschäftigen: »What is needed now [...] are studies that take the rise and spread of the creative writing program not as an occasion for praise or lamentation but as an established fact in need of historical interpretation.«[15]

Es ist zunächst eine interessante Beobachtung, dass die poetologische Kontroverse und die wissenschaftliche Auseinandersetzung hier in eine gewisse Konkurrenz zueinander gestellt werden. Für die Frage nach dem Sinn oder Unsinn von Schreibschulen ist demzufolge vornehmlich der Literaturjournalismus zuständig. Erst eine rhetorische Entschärfung der Debatte – erzeugt durch historische oder intellektuelle Distanz – macht das Thema

9 Harbach, »MFA vs NYC«, S. 10.
10 Ebd., S. 11.
11 Vgl. Loren Glass, »From the Pound Era to the Program Era, and Beyond«, in: ders. (Hg.), *After the Program Era. The Past, Present, and Future of Creative Writing in the University*, Iowa City: The University of Iowa Press, 2016, S. 1–10, hier S. 1: »Even though almost every English department in the United States housed some version of a creative writing program by the time of its publication, it had somehow not occurred to anyone that this institutional phenomenon was historically significant.«
12 Mark McGurl, *The Program Era. Postwar Fiction and the Rise of Creative Writing*, Cambridge, Mass./London: Harvard University Press, 2009, S. 24.
13 Ebd., S. ix.
14 Ebd., S. 36.
15 Ebd., S. 27.

überhaupt wissenschaftstauglich. Ich erwähne diesen Aspekt der amerikanischen Debatte vor allem auch deshalb, um methodologische Probleme einer Auseinandersetzung mit der deutschsprachigen Kontroverse anzudeuten. Es stellt sich die Frage, wie viel Distanz man zu einer nach wie vor heftig geführten Debatte benötigt, um die Wissenschaftlichkeit der eigenen Perspektive zu gewährleisten. Wie lässt sich diese Distanz herstellen? Oder handelt es sich bei dieser Forderung vielleicht eher um den Auswuchs eines puristischen Wunschdenkens, das die Literaturwissenschaft dazu zwingen möchte, die neutrale Schweiz in allen gegenwärtigen literarischen Kämpfen zu sein?

Ich werde im Folgenden keine Antworten auf diese Fragen versuchen, sondern möchte nur darauf hinweisen, dass die wissenschaftliche Auseinandersetzung mit Schreibschulen als besondere Herausforderung der Gegenwartsliteraturforschung gelten kann, die ja an sich schon ein offensichtliches Distanzproblem besitzt – eine besondere Herausforderung deshalb, weil die Verknüpfung von Universität und literarischem Leben, eine Verquickung auf der Ebene bedeutender Institutionen, in diesem Fall eine besondere Intensität erreicht.[16] Nicht umsonst spricht Elif Batuman in ihrer Rezension zu *The Program Era*, die in *MFA vs NYC* als Debattenbeitrag abgedruckt wurde, von einer »study of Planet MFA conducted from Planet PhD«.[17] Demnach sind beide Systeme voneinander so weit entfernt wie unterschiedliche Himmelskörper, allerdings nah genug beieinander, um sich darüber streiten zu können, wer die Erde ist und wer der Mond.

McGurls Studie jedenfalls erzählt die Geschichte des Verhältnisses von Literatur und Universität als Geschichte einer unbehaglichen, aber funktionstüchtigen Zweckehe. Die poetologischen Bedenken gegen die akademische Institutionalisierung der Ausbildung zur Schriftstellerïn wurden demnach in den USA erfolgreich in die Programmatik dieser Ausbildung integriert. McGurl findet dafür die glückliche Formulierung einer »institutionalization of anti-institutionality«.[18] Dieser fruchtbare Widerspuch lässt sich etwa an einem Satz ablesen, der auf der Internetseite des berühmten Iowa Writers' Workshops veröffentlicht wurde: »We continue to look for the most promising talent in the country, in our conviction that writing cannot be taught but that writers can be encouraged.«[19] Gleichzeitig verortet sich die auf Vagheit ausgerichtete didaktische Programmatik der amerikanischen Schreibschulen in einem Netz aus widerstreitenden Werten: ›creativity‹, ›experience‹ und ›craft‹, die ich hier als ›Talent‹, ›Erfahrung‹ und ›Handwerk‹ übersetzen möchte. Jedem dieser Werte ist ein pädagogischer Leitsatz beigestellt: Im Fall von creativity »Find your voice«, im Fall von experience »Write what you know« und im Fall von craft »Show don't tell«.[20]

Dieses Netz aus mantraartig vorgetragenen Zielvorstellungen erzeugte, folgt man McGurl, einerseits eine kulturelle Reibungsenergie, die unterschiedliche Arten von Literatur hervorgebracht hat, andererseits domestizierte diese Triade auch das grundsätzliche poetologische Konfliktpotential und schuf so die Voraussetzungen für den Aufstieg der Schreibschule als bestimmender Faktor der amerikanischen Literatur in der Nachkriegszeit. Die Frage, ob man literarisches Schreiben überhaupt unterrichten könne, wurde zwar nicht beantwortet, aber als pädagogische Herausforderung in die Legitimationsstrategien der universitären Schreibschulen eingemeindet. Allerdings ist in dieser pädagogischen Vagheit bereits die Voraussetzung für die kalte soziologische Analyse Harbachs angelegt. Wenn es vor allem darum geht, bereits talentierten jungen Schriftstellerinnen die Infrastruktur zur Verfügung zu stellen, die ihnen das Entfalten dieses Talentes ermöglicht, und wenn man dieses Versorgungssystem mit einem aggressiven pädagogischen Agnostizismus verbindet, also bewusst keine stabile Idee davon präsentiert, was gutes Schreiben ausmacht, dann erscheint es plausibel, den Wert der Institution auf infrastrukturelle Aspekte zu beschränken. »MFA programs«, schreibt Harbach, »are so lax and laissez-faire as to have a shockingly small impact on students' work.«[21]

So wird dann auch der historische Befund in den Vordergrund gerückt, dass der Aufstieg der Schreibschulen nicht nur (und vielleicht noch nicht einmal in erster Linie) poetologische Umbauten

16 Zu den Distanzproblemen der Gegenwartsliteraturforschung vgl. Carlos Spoerhase, »Literaturwissenschaft und Gegenwartsliteratur«, in: *Merkur*, 68,1 (2014), S. 15–24, und Julika Griem, »Standards für Gegenwartsliteraturforschung«, in: *Germanisch-Romanische Monatsschrift*, 65,1 (2015), S. 97–114.

17 Elif Batuman, »The Invisible Vocation«, in: Chad Harbach (Hg.), *MFA vs NYC. The Two Cultures of American Fiction*, New York: n+1 / Farrar, Straus and Giroux, 2014, S. 241–262, hier S. 241.

18 McGurl, *Program Era*, S. 221.

19 O.A., »Philosophy«, in: *Website der University of Iowa*, https://writersworkshop.uiowa.edu/about/about-workshop/philosophy (geprüft am 19.10.2018).

20 McGurl, *Program Era*, S. 23.

21 Harbach, »MFA vs NYC«, S. 11.

und eine neue Art von Literatur zur Folge hatte – ästhetische Folgen also, um die es McGurl in seiner Untersuchung der Geschichte literarischer Prosa in den USA in der zweiten Jahrhunderthälfte vor allem geht; die schnelle und weitläufige Verbreitung von Studiengängen für Creative Writing schuf auch literatursoziologische Fakten, die die Universität als effektives Versorgungssystem für Schriftstellerïnnen etablierte. Eine solche Institutionengeschichte findet sich etwa in D.G. Meyers *The Elephants Teach. Creative Writing since 1880*. Der Titel der Studie bezieht sich auf die Anekdote, in der Roman Jakobson 1957 erfolgreich dafür sorgte, dass Vladimir Nabokov nicht als Dozent nach Harvard eingeladen wurde, unter anderem mit dem Ausspruch: »Gentlemen, even if one allows that he is an important writer, are we next to invite an elephant to be Professor of Zoology?«[22]

Das Zitat bringt die starke Skepsis zum Ausdruck, die zunächst der Idee, Schriftstellerïnnen an die Universität zu holen, entgegenstand. Diese Skepsis war allerdings nicht einseitig. »At one time«, schreibt Meyers, »college teaching did not seem the obvious career for a serious writer.«[23] Ein Bedürfnis nach finanzieller, aber eben auch institutioneller Unabhängigkeit bestimmte das Selbstbild moderner Schriftstellerïnnen. Dieses Bedürfnis kommt etwa in dem frustrierten Ausruf Nabokovs zum Ausdruck, den McGurl zu Beginn seiner Studie aus einem Brief an Edmund Wilson zitiert: »I am sick of teaching, I am sick of teaching, I am sick of teaching.«[24] Meyers und McGurl geht es darum zu zeigen, wie sich das Unbehagen an der Universität, das in Nabkovs crie de coeur zum Ausdruck kommt, im Verlauf des 20. Jahrhunderts auflöste und die Literatur in das Reich der akademischen Institutionen (»the unbeautiful realm of social needs«[25]) integriert wurde. »Since the Second World War«, heißt es bei Meyers, »perhaps the majority of American writers have shaded their poetic dreams by teaching in universities and colleges.«[26]

Meyers geht es dabei zum einen um die Frühphase dieser Entwicklung, die vor allem mit dem Kampf um eine auf »self-expression« ausgerichtete progressive Pädagogik einherging,[27] zum anderen um die spannungsreiche Verquickung des Creative Writing mit der Wissenschaftsgeschichte der Literaturwissenschaft. McGurl, der sich auf Meyers bezieht, ist vor allem an den form- und themengeschichtlichen Folgen dieser institutionellen Entwicklung interessiert. Die Ergebnisse beider Studien können hier nicht in ihrer Komplexität nachvollzogen werden – stattdessen sollen sie vor allem als Kronzeugen für den Befund dienen, dass Schreibschulen im Verlauf des Jahrhunderts zu einem bestimmenden programmatischen und soziologischen Faktor der Literaturgeschichte in den USA geworden sind, insbesondere, wie Meyers schreibt, als »national system for the employment of fiction writers and poets to teach the subjects.«[28]

III. Wissenschaft vs. Hollywood. Chad Harbachs polemische Inversion von Freiheit und Heteronomie

Ausgehend von diesem Befund legitimiert Harbach in »MFA vs NYC« seinen Perspektivwechsel auf die Rolle von MFA-Programmen. Dazu gehört auch, dass die poetologischen Einwände einerseits konkretisiert, andererseits als reine Ressentiments verabschiedet werden. Verabschiedet werden könne etwa der Albtraum einer Generation von »cringing, cautious, post-Carverite automatons«,[29] die durch die Schreibschulen zu uniformiert langweiligen, allein auf Klischeevermeidung geeichten Minimalistinnen erzogen würden. Die Vorstellung, die Studierenden würden allesamt dazu gezwungen, die angeblich rein auf ›craft‹ (Handwerk) spezialisierte Prosa Raymond Carvers zu imitieren, existiert auch in den anderen Texten des Bandes, den Harbachs Essay zur Folge hatte, vor allem als überholter Topos.[30] So schreibt etwa Alexander Chee in seinem autobiografischen Beitrag, dass er – bevor er selbst Student des Iowa Writers' Workshop wurde –

22 Brian Boyd, Vladimir Nabokov. *The American Years*, Princeton: Princeton University Press, 1991, S. 303.
23 D.G. Meyers, *The Elephants Teach. Creative Writing since 1880*, Chicago: The University of Chicago Press, 2006, S. xi. Hier zitiert nach der zweiten Auflage. Das Buch erschien zuerst 1996.
24 McGurl, *Program Era*, S. 1.
25 Ebd., S. 3.
26 Meyers, *Elephants*, S. 1.
27 Speziell zur pädagogischen Revolution um 1920 vgl. ebd., S. 101–121.
28 Ebd., S. XI.
29 Harbach, »MFA vs NYC«, S. 10.
30 Zur Bedeutung Carvers für den Aufstieg der Schreibschulen in den USA vgl. McGurl, *Program Era*, S. 273–320.
31 Alexander Chee, »My Parade«, in: Chad Harbach (Hg.), *MFA vs NYC. The Two Cultures of American Fiction*, New York: n+1/Farrar, Straus and Giroux, 2014, S. 83–106, hier S. 88.

oft scharfe Kritik an dieser Institution geäußert habe: »I made a point of saying, whenever possible, that I refused to spend two years being made to imitate Raymond Carver.«[31] Mit diesem Bonmot habe er allerdings nur ein Klischee der Kritik an Schreibschulen reproduziert:

> If it sounds familiar, that's because the formular of making fun of MFA programs [...] hasn't changed much in the past twenty years. The fantasy is of a machine that strips away all originality, of people who enter looking like themselves and emerge like the writerly versions of Barbie dolls, plastic and smooth and saleable, an army of American minimalists.[32]

Dieser und andere Kommentare aus dem Band zeigen, dass diese Art der Abwertung einerseits als erledigt gilt, andererseits aber nach wie vor als wirksamer Topos durch den amerikanischen Schreibschuldiskurs geistert. Daran erinnert auch ein in *MFA vs NYC* abgedruckter Ausschnitt aus dem Essay »Fictional Futures and the Conspicuously Young« von David Foster Wallace, der 1988 zum ersten Mal veröffentlicht wurde, und in dem Wallace mit dem System MFA hart ins Gericht geht. Dort ist unter anderem die Rede von »nice, cautious, boring Workshop Stories.«[33] Wallace geht in seiner Verdammung allerdings noch einen Schritt weiter und bezeichnet diese Stories als »rouged corpses«, als ›geschminkte Leichen‹: »Workshops like corpses. They have to. Because any class, even one in ›creativity‹, is going to place supreme value on not making mistakes. And corpses, whatever their other faults, never ever screw up.«[34] Auch wenn dieser knapp 25 Jahre alten Kritik vor allem historischer Wert zukommt, zeigt die Tatsache, dass sie als Beitrag zu einer Schreibschuldebatte im Jahr 2014 wiederveröffentlicht wurde, ein gewisses Fortleben der poetologischen Kontroverse, die vielleicht entschärft, allerdings nicht vollständig zum Verstummen gebracht wurde.

Wallaces Biograph D.T. Max schreibt, dass zum Zeitpunkt, als Wallace sein Creative Writing-Studium an der University of Arizona begann, Studierende in ganz Amerika den »minimalist style« als ästhetische Doktrin verinnerlicht hatten: »It was the world according to Raymond Carver, as interpreted by his thousands of descendants.«[35] Max erzählt Wallaces Verhältnis zur Schreibschule als Geschichte eines Abwehrkampfes gegen die ›Orthodoxie‹ der »well-made realist short story«.[36] Dieser habe seine postmoderne Sensibilität und seine stilistische Experimentierfreude immerzu gegen die Anfechtungen des herrschenden literarischen Realismus verteidigen müssen. Diese Erfahrungen unterscheiden sich doch deutlich von dem in Harbachs Essay spöttisch vermerkten pädagogischen Laissez-faire an amerikanischen Schreibschulen – eine Diskrepanz, die durch den unterschiedlichen historischen Moment der Bestandsaufnahmen erklärt werden kann. Ein Vierteljahrhundert nachdem Wallace schlechte Erfahrungen in einem Creative Writing-Programm gemacht hatte, haben sich Schreibschulen weiter verbreitet und diversifiziert. Zudem liegt der Verdacht nahe, dass Wallace bereits damals den Mythos des Genies, das sich das institutionelle Zaumzeug nicht angelegen lassen will, aktiv inszenierte – ein Mythos, der von seinem Biografen retrospektiv reproduziert wurde.[37] Aus der biografischen Erzählung geht jedenfalls nicht deutlich hervor, dass Wallace mit großem Nachdruck dazu genötigt wurde, seine ästhetischen Präferenzen aufzugeben.

Während der Essay von Wallace und das Narrativ seiner universitären Erfahrungen noch die poetologische Debatte über die Frage ›Can it be taught?‹ aufrufen, gehen die meisten Texte in *MFA vs NYC*, allen voran der Titelessay Harbachs, davon aus, dass sich der Schwerpunkt der Diskussion verschoben hat. Harbach markiert diese Verschiebung deutlich, wenn er schreibt:

> It's time to do away with this distinction between MFAs and non-MFAs, the unfree and the free, the caged and the wild. Once we do, perhaps we can venture a new, less normative distinction, based not on the writer's educational background but on the system within which she earns […] her living: MFA or NYC.[38]

32 Ebd.

33 David Foster Wallace, »The Fictional Future«, in: Chad Harbach (Hg.), *MFA vs NYC. The Two Cultures of American Fiction*, New York: n+1/Farrar, Straus and Giroux, 2014, S. 73–82, hier S. 78.

34 Ebd.

35 D.T. Max, *Every Love Story is a Ghost Story. A Life of David Foster Wallace*, London: Granta, 2012, S. 60.

36 Ebd., S. 61.

37 Wallace hat diese Legendenbildung auch in seinem Werk betrieben. Max liest die Geschichte »Westward the Course of Empire Takes its Way« als kritische Auseinandersetzung mit den Erfahrungen in Arizona, vgl. Max, *Love Story*, S. 89–94.

38 Harbach, »MFA vs NYC«, S. 11.

Der Wechsel zu einer angeblich neutralen Perspektive zeigt sich vor allem darin, dass nicht mehr nur nach dem Schicksal der Studierenden gefragt wird, sondern nach dem Einfluss des Systems MFA auf die Lehrenden. Mit der explosionsartigen Vermehrung der Creative Writing-Programme sei eine riesige Einkommensquelle für Schriftstellerïnnen geschaffen worden, die ihren Lebensunterhalt als Dozierende verdienen können. Damit habe sich die ökonomische Struktur des literarischen Feldes maßgeblich verändert. Die MFA-Programme versorgten möglicherweise heute sogar mehr Autorïnnen als die in New York ansässige Verlagswelt:

> This situation – of two complementary economic systems of roughly matched strength – is a new one for American fiction. As the mass readership of literary fiction has peaked and subsided, and the march of technology sends the New York publishing world into spasms of perpetual anxiety, if not its much-advertised death throes, the MFA program has picked up the financial slack and then some, offering steady payment to morc fiction writers than, perhaps, have ever been paid before.[39]

Schreibschulen erscheinen vor diesem Hintergrund vornehmlich als Versorgungsinfrastruktur, die die Autorïnnen zwar einerseits von den Zwängen des Marktes befreien, sie andererseits aber auch mit neuen Formen der Heteronomie konfrontieren.[40] Dazu gehört vor allem ein Mechanismus, den ich im Anschluss an Harbachs Beobachtungen als ›Akademisierung der Schriftstellerïnnenkarriere‹ bezeichnen möchte. Autorïnnen schreiben demnach nicht mehr, um Geld zu verdienen, sondern, um sich im Sinne des »publish-or-perish bargain« akademische Aufmerksamkeit zu verschaffen.[41] Damit verbunden ist, laut Harbach, ein tendenzieller Druck, so früh wie möglich zu veröffentlichen, denn das Debüt ist die Voraussetzung einer Laufbahn als Dozierende in Creative Writing-Programmen: »This«, schreibt Harbach, »can encourage the publication of slight and sometimes premature books.«[42] Vor diesem Hintergrund gleicht sich die Karriere von Autorïnnen immer mehr der Karriere von Wissenschaftlerinnen an: Das literarische Debüt wird (in Analogie zur Dissertation) zu einer Qualifikationsschrift, die weniger für ein breites Publikum geschrieben ist, als vielmehr für die Menschen, die später in den Kommissionen sitzen, die Arbeitsplätze an Universitäten vergeben.

Es ist auffällig, dass – wie in den meisten Schreibschuldebatten – auch Harbachs Essay seltsam vage bleibt, wenn es darum geht, die konkreten ästhetischen Implikationen seines Zwei-Welten-Modells zu beschreiben. Man fragt sich eben doch, was seine Diagnose auf der Ebene der Sätze, die geschrieben werden, auf der Ebene der entworfenen Geschichten oder der Ebene der erfundenen Figuren bedeutet. Harbach beschränkt sich darauf, eine Gattungspräferenz für die ›short story‹ als Folge einer MFA-Karriere zu diagnostizieren. Das liegt offenkundig an der besseren Unterrichtbarkeit von kurzen Texten: »The short story, like the ten-page college paper, or the twenty-five-page graduate paper, has become a primary pedagogical genre form.«[43] Das liegt auch daran, dass die Dozierenden ihre Publikationslisten durch Veröffentlichungen in kleinen, meist an Universitäten angesiedelten Literaturmagazinen auffüllen, in denen vor allem Kurzgeschichten veröffentlicht werden und die vor allem von anderen MFA-Mitgliedern gelesen werden. Auch hier zeigen sich also die deutlichen Analogien zur wissenschaftlichen Praxis: Die Kurzgeschichten fungieren in diesen Fällen als Äquivalent zur Seminarhausarbeit und zum wissenschaftlichen Aufsatz.

Zudem bringt das MFA-System effektive Mechanismen der Kanonisierung hervor, die wiederum die ›short story‹ begünstigen. Die Lehrpläne und die dafür zusammengestellten Anthologien werden Generationen von Studierenden vorgelegt und erlangen so eine Form stabiler Konsekration, die der kurzlebigen Bestsellerproduktion des New Yorker Betriebs sogar überlegen zu sein scheinen. Folgt man Harbach, so ist die Universität eine Institution langlebiger Kanonisierung, die aus einem systemischen Bedürfnis nach didaktisch nutzbarem Material den literaturhistorischen Siegeszug einer bestimmten Textsorte unterstützt.

39 Ebd.
40 Dazu wiederum die Erfahrungen von David Foster Wallace, über den D.T. Max schreibt: »and the only job a writer could do was to teach, and to teach you needed an MFA«, vgl. Max, *Love Story*, S. 50.
41 Harbach, »MFA vs NYC«, S. 16.
42 Ebd., S. 17.
43 Ebd., S. 17.

Auch hier deutet sich eine Analogie zur Kanonmacht des klassischen Literaturunterrichts an, der literarischen Werken dadurch, dass er sie zur Schul- oder Seminarlektüren macht, viel eher zu einem bleibenden Status verhelfen kann als der unmittelbare Publikumserfolg.[44]

Man könnte meinen, Harbach würde vor den Folgen warnen, die die Akademisierung der Schriftstellerïnnenkarriere durch die Explosion der MFA-Programme bedeutet. Allerdings ist seine Analyse der Heteronomien, die die Schriftstellerïnnen im System NYC erwarten, bei weitem negativer eingefärbt. Während sich MFA-Schriftstellerïnnen dem Modell ›Wissenschaft‹ annäherten, müssten sich die Bewohnerïnnen der NYC-Welt nämlich dem Modell ›Hollywood‹ verschreiben. Damit verbunden ist dann vor allem ein Zwang zum Blockbuster. Nur die Hoffnung auf einen Besteller könne die Vorschüsse einbringen, die es Autorïnnen überhaupt möglich machen, in New York zu leben. Daraus folgt vor allem zweierlei: ein Druck, die bestsellertaugliche Gattung des Romans zu bevorzugen, und ein Zwang zu einer auf Lesbarkeit ausgerichteten Schreibweise: »[...] to be an NYC writer means to submit to an unconscious yet powerful pressure toward readablilty.«[45]

Die Medienkonkurrenz und der Niedergang der Leserschaft von ›literary fiction‹ seien der literaturhistorische Kontext, aus dem diese Zwänge erwachsen: »The best young NYC novelists go to great lengths to write comprehensible prose and tie their plots neat as a bow.« Diese angebliche Simplizität der narrativen Struktur wird als ästhetische Verarmung wahrgenommen: »How one longs, in a way, for endings like that of DeLillo's first novel, Americana, where everyone just pees on everyone else for no reason!«[46] Im Gegensatz zur milde spöttischen Hommage an das universitäre System MFA zeigt sich in Harbachs Beschreibung des Systems NYC offene Verachtung. Die Romane aus dieser Welt erscheinen aus einer panischen Angst vor dem mangelnden Interesse des Publikums allein dem kleinsten gemeinsamen Nenner verpflichtet zu sein; sie kaprizierten sich auf ein Publikum, das sich den technischen Ablenkungen des Spätkapitalismus vollständig anheimgegeben hat. Zudem werde den Künstlerïnnen in diesem System eine ›schamlose Industrieexpertise‹ anerzogen.

An diese Stelle zeigt sich vor allem eines, nämlich, dass die Verschiebung weg von einer poetologischen hin zu einer literatursoziologischen Perspektive in der amerikanischen Schreibschuldebatte keineswegs mit einer Entschärfung der normativen Komponente verbunden ist, sondern selbst wiederum nur eine Verschiebung des Konfliktpotentials bedeutet. Die auch bei McGurl schon zweifelhafte objektive Beobachterposition wird von Harbach deutlich re-ideologisiert. Harbachs Dichotomie von MFA und NYC korrespondiert im weitesten Sinne mit der von Bourdieu postulierten Unterscheidung zwischen dem »Subfeld der eingeschränkten Produktion« und dem »Subfeld der Massenproduktion«.[47] Auf der Wertebene entsprechen diesen Subfeldern zwei Hierarchisierungsprinzipien: Zum einen das »Prinzip der externen Hierarchisierung«, das dem Kriterium des »weltlichen« (das heißt vor allem kommerziellen) Erfolgs unterworfen ist; zum anderen das »Prinzip der inneren Hierarchisierung«, das Künstler begünstigt, die »bei ihren Kollegen und nur bei ihnen bekannt und anerkannt sind, wobei sie ihr Ansehen zumindest negativ der Tatsache verdanken, daß sie der Nachfrage des ›breiten Publikums‹ keinerlei Konzession machen.«[48] Die deutlichen normativen Implikationen dieser Unterscheidung werden bei Harbach gespiegelt, wenn er das System MFA als eine Art Schutzraum für zumindest annähernd autonome Literatur stark macht – eine mehr oder weniger monastische Gegenwelt zu der allumfassenden Heteronomie des Marktes. Nicht die Schreibschulen führen demnach zu Uniformiertheit, Professionalisierung und Bravheit der Literatur, sondern das auf den Massenmarkt ausgerichtete System NYC.

Die bestürzten Reaktionen auf Harbachs Essay lassen sich wohl vor allem mit der Kälte des von Bourdieu geborgten Gestus der kulturökonomischen Entlarvung erklären. Der Sammelband, den der Essay zur Folge hatte, relativiert dann aber die reduktionistische Diagnose und die damit verbundene negative Einschätzung in gewisser Weise wieder. Es handelt sich bei dem Band nicht um die kohärente Abbildung einer Debatte, sondern um eine

44 Zu den Instanzen der Wertung von Literatur vgl. das von Gabriele Rippl und Simone Winko herausgegebene Handbuch *Kanon und Wertung: Theorien, Instanzen, Geschichte*, Stuttgart / Weimar, Metzler, 2013.
45 Harbach, »MFA vs NYC«, S. 23.
46 Ebd., S. 24.
47 Pierre Bourdieu, *Die Regeln der Kunst. Genese und Struktur des literarischen Feldes*, übersetzt aus dem Französischen von Bernd Schwibs und Achim Russer, Frankfurt am Main: Suhrkamp, 1999, S. 344.
48 Ebd., S. 345.

Sammlung von Stimmen aus den unterschiedlichen Bereichen der von Harbach festgestellten zwei Kulturen. Vertreten sind neben Studierenden und Lehrenden an Schreibschulen auch eine Literaturagentin, eine Verlagsmitarbeiterin und der Herausgeber einer Zeitschrift. Genuine Debattenbeiträge sind diese Essays größtenteils nicht. Neben George Saunders' Manifest zur Verteidigung von Schreibschulen und David Foster Wallaces Polemik gegen MFAs finden sich noch zwei Rezensionen zu Mark McGurls *The Program Era*.
Die anderen Beiträge sind ›personal essays‹, autobiografische Berichte, die auf der Ebene individueller Erzählungen vor allem die Grundthese Harbachs bestätigen, dass Schreibschulen eine bestimmende, auf der poetologischen Ebene kaum noch hinterfragte Tatsache des literarischen Lebens in den USA darstellen. Die normativen Tendenzen in Harbachs Essay werden aber nur teilweise bestätigt; etwa, wenn Maria Adelmann berichtet, wie sie nach zwei Jahren der scheinbaren Freiheit in New York an das Creative Writing-Programm der University of Virginia wechselte, wo sie erst die Freiheit zu schreiben in Form von tatsächlicher freier Zeit genießen konnte. Auch sie und ihre Kommilitonïnnen habe zunächst die Angst umgetrieben, zu notorischen MFA-Schriftstellerïnnen zu werden: »robots churning out technically perfect but emotionally dead stories« – eine Befürchtung, die sich allerdings nicht bestätigt habe.[49]

Harbachs Essay und der darauf folgende Band, so lässt sich resümieren, markieren den Übergang von einer poetologischen (›Can it be taught?‹) zu einer soziologischen Debatte. Im Vordergrund steht nicht mehr die Frage, ob das System MFA im Sinne einer uniformierten ästhetischen Programmatik gleichförmige Literatur hervorbringt, sondern, welche Art von Literatur durch seinen Status als Versorgungssystem hervorgebracht wird. Im Mittelpunkt stehen deshalb auch nicht mehr die Studierenden, sondern die Dozierenden, deren Karriere als akademische Schriftstellerïnnen durch die universitäre Infrastruktur möglich gemacht wird. Studierende sind in dieser Perspektive dann entweder dadurch eingebunden, dass sie – durch Stipendien ausgestattet – an ähnlichen Voraussetzungen partizipieren, oder sie werden als MFA-Dozierende in spe in die soziologische Perspektive eingemeindet.

Gleichzeitig geht mit dieser Verschiebung auch eine evaluative Inversion einher. Während bei David Foster Wallace, dessen MFA-Narrativ noch ganz von der poetologischen Debatte geprägt war, die Schreibschule als Ort der Heteronomie erscheint, als Pflanzschule eines uniformierten Minimalismus à la Carver, erscheint sie bei Harbach geradezu als Refugium vor der drohenden Heteronomie des Marktes. Während Wallace seine idiosynkratische Stimme in Arizona durch eine realistische Doktrin bedroht sah, sind Schreibschulen bei Harbach der letzte Ort, an dem eigenwillige, experimentelle Literatur entstehen kann, die sich dem Bestsellerkalkül eines sauberen Realismus' im System NYC entzieht. In Harbachs Essay wird die Freiheit der Kunst also nicht mehr durch die Freiheit von einer Regelpoetik begründet, sondern durch die Freiheit von sozioökonomischen Zwängen – ein Befund, der einerseits einsichtig erscheint, wenn man den institutionellen Siegeszug der Schreibschule als literaturgeschichtliches Faktum anerkennt, der andererseits aber eben auch einen Kälteschauer erzeugt, da er die sozioökonomischen Zwänge zum Ausgangspunkt jeglicher Analyse macht.

IV. Brav statt bravourös. Die Dominanz der poetologischen Diskussion im deutschsprachigen Raum

Auch in den USA ist das Konzept der universitären Schreibschule nach wie vor umstritten, wie etwa die spöttische Bemerkung Louis Menands zu Beginn seiner Besprechung von *The Program Era* zeigt: »Creative-writing programs are designed on the theory that students who have never published a poem can teach other students who have never published a poem how to write a publishable poem.«[50] Diese Bemerkung richtet sich weniger gegen die Idee, literarisches Schreiben könne man unterrichten oder die Vorstellung, aus Schreibschulen käme nur langweilige Literatur, sondern eher gegen eine angebliche Esoterik und Resonanzlosigkeit, die gerade aus der von Harbach beschworenen Stabilität der

49 Maria Adelmann, »Basket Weaving 101«, in: Chad Harbach (Hg.), *MFA vs NYC. The Two Cultures of American Fiction*, New York: n+1/Farrar, Straus and Giroux, 2014, S. 41–50, hier S. 45.
50 Menand, »Show or Tell«.

Versorgungsinfrastruktur herrührt. Allerdings kann auch Menand nicht verhehlen, dass es sich bei Schreibschulen um ein historisches Faktum handelt, das die Literatur in den USA stark geprägt hat; mehr noch: das als typisch amerikanisches Phänomen seit neuestem einen weltweiten Siegeszug angetreten hat: »The creative writing program is an American invention, and it has recently become an American export.«[51]

Im deutschsprachigen Raum hat sich dieser Export seit Beginn der 1990er Jahre immer mehr etabliert, allerdings in einem sehr viel geringeren Umfang. Auch wenn Schreibschulen in Deutschland mit Zentren wie Hildesheim und Leipzig immer mehr an Einfluss gewinnen, existieren quantitativ im Vergleich zu den USA nur sehr wenige dieser Institute. Allein aus diesem literatursoziologischen brutum factum lassen sich deutliche Unterschiede in der Diskussion über den Wert oder Unwert von Creative Writing-Programmen ableiten: Diese Debatten sind weiterhin stark im Bereich des Poetologischen befangen. Gestritten wird also darüber, ob man literarisches Schreiben überhaupt unterrichten kann – eine grundsätzliche Skepsis, die auf der ästhetischen Ebene noch durch die Angst substituiert wird, die Literatur von Absolventïnnen der entsprechenden Institutionen könne gleichförmig und leblos sein.[52] Schreibschulen stehen, wie sich zeigt, nach wie vor »im Kreuzfeuer genieästhetischer Vorbehalte«.[53] Als Beispiel lässt sich ein Artikel aus der *Süddeutschen Zeitung* aus dem Jahr 2013 nennen, in dem es heißt, »Institutsprosa« sei zu »einem Synonym geworden für Texte, die brav sind statt bravourös.«[54]

Als Versorgungsystem für Schriftstellerïnnen fällt das System Schreibschule im deutschsprachigen Raum jedenfalls aus. Entsprechend ließe sich eine Zwei-Kulturen-Analyse im Sinne Harbachs schon aus rein quantitativen Gründen nicht vornehmen. So erscheint die Debatte im deutschsprachigen Raum zunächst als Frühphase eines historischen Prozesses (quasi als ›Frühindustrialisierung‹ der akademischen Schriftstellerïnnenausbildung), die in einem anderen Kulturkreis schon stattgefunden hat. Die Frage, wie sich diese Diskussion und vor allem die infrastrukturelle Situation entwickeln werden, muss im Spekulativen verbleiben. Eine soziologische Erweiterung hat die Debatte allerdings trotzdem erfahren – nicht in Bezug auf Schreibschulen als Versorgungssystem, sondern – im Rahmen der sogenannten ›Kessler-Debatte‹ – bezüglich Schreibschulen als Sozialisationssystem.

Auch dieses Diskursereignis besitzt ein US-amerikanisches Äquivalent in den identitätspolitischen Kämpfen um Inklusion und Exklusion im Literaturbetrieb. So veröffentlichte etwa Junot Díaz 2014 im *New Yorker* eine Polemik gegen das etablierte Schreibschulsystem. Sein Essay trägt den Titel »MFA vs. POC« (also MFA vs. Person of Color) und nimmt damit deutlich Bezug auf Harbachs Wortmeldung. Díaz richtet seine Kritik an den MFA-Programmen vor allem gegen ein diagnostiziertes Repräsentationsproblem der amerikanischen Universitäten. Dabei geht er von seiner eigenen negativen Erfahrung im Creative Writing-Programm der Cornell University aus. Diese wird mit folgender Diagnose zusammengefasst: »That shit was *too white*.«[55] Damit gemeint ist der Mangel an POCs unter den Studierenden und Lehrenden sowie die als gewalttätig empfundene Exklusion der Erfahrung ethnischer Minderheiten als literaturfähiges Thema. Die systemische Exklusion von Menschen gehe demnach mit der Exklusion von Themen einher und sorge dafür, dass die MFA-Programme als wichtige Quellen von symbolischem Kapital im literarischen Feld die Literatur auf zerstörerische Art und Weise beeinflussen.

Mit dem Hinweis auf die Polemik von Junot Díaz möchte ich einen abschließenden Seitenblick auf die deutschsprachige Diskussion einleiten. Denn auch in der sogenannten ›Kessler-Debatte‹ im selben Jahr ging es um einen Mangel an literaturfähigen Erfahrungen, der die meisten Studierenden an Schreibschulen angeblich charakterisiert. Die Einförmigkeit der Klassenzugehörigkeit habe demnach eine ästhetische Gleichförmigkeit zur Folge. Diese Kritik betrifft einen Aspekt der poetologischen Debatte, die im deutschsprachigen Raum nach wie vor geführt

51 Ebd.

52 Zur deutschen Schreibschuldebatte im Feuilleton vgl. den Beitrag von Claudia Dürr in diesem Band.

53 Lena Vöcklinghaus, »Schreibschultagebuch, transatlantisch«, in: *Merkur-Blog*, https://www.merkur-zeitschrift.de/2017/07/06/schreibschultagebuch-transatlantisch/ (geprüft am 19.10.2018). Dieser Text ist auch eine der wenigen Wortmeldungen, die die soziologische Perspektive im deutschsprachigen Raum mit den identitätspolitischen Aspekten der Schreibschuldebatte in den USA in Verbindung setzt, und zwar vor allem unter den Vorzeichen einer Sexismusdebatte, die dann ab 2017 ausführlich im Blog des Merkur geführt wurde: https://www.merkur-zeitschrift.de/2017/07/06/sexismus-an-schreibschulen-hildesheim / (geprüft am 19.10.2018).

54 Cornelia Fiedler, »Himmelsstürmer im Formationsflug«, in: *Süddeutsche Zeitung*, 14.3.2013.

55 Junot Díaz, »MFA vs. POC«, in: *The New Yorker*, 30.4.2014, https://www.newyorker.com/books/page-turner/mfa-vs-poc (geprüft am 19.10.2018).

wird. Im Wesentlichen geht es um den Aspekt der ›experience‹, die von McGurl als Teil der Trias widerstreitender Werte in der Programmatik der Schreibschulen konstatiert wurde. Zum einen führe die Institutionalisierung der Ausbildung demnach zur Reproduktion von gesellschaftlich an sich schon vorhandenen defekten Selektionsmechanismen, die eine bestimmte Form der Erfahrung (Mittelschicht/Bildungsbürgertum/weiß) privilegieren; zum anderen hält die monastische Lebensform die Studierenden von literaturfähigen Erfahrungen auch zusätzlich noch fern.[56] Kesslers Perspektive ist dabei stark soziologisch eingefärbt. Das verrät schon der Titel des Artikels »Lassen Sie mich durch, ich bin Arztsohn!«, der sich auf den sozio-kulturellen Hintergrund des hoffnungsvollen Nachwuchsschriftstellers bezieht.[57] Kessler berichtet aus seiner eigenen Erfahrung als Student in Hildesheim, wo Zugehörigkeit über kulturelles Kapital wie eine Kenntnis der Werke (oder des Namens) Roland Barthes' verteilt und legitimiert werde.[58] Über den Habitus hinaus sei der eigentlich bestimmende Faktor aber die Herkunft: »Kreatives Schreiben studiert habe ich meiner Erinnerung nach mit Lehrerkindern und Ärztekindern und noch mehr Lehrerkindern und noch mehr Ärztekindern.«[59] Dieser Umstand führe zu einer bildungsbürgerlichen Reproduktion im Literaturbetrieb: »Mehr als die Hälfte aller bis in die Feuilletons vordringenden Romandebütanten« habe entweder in Leipzig oder Hildesheim studiert, ein Umstand, der dazu führe, dass die junge deutsche Literatur so brav und professionell daherkomme.

In Kesslers Wortmeldung verbindet sich die soziologische Skepsis einer Institutionskritik mit einer ästhetischen Kritik: Einseitige Selektionsmechanismen bringen einseitige Literatur hervor. Dazu kommt eine gerechtigkeitspolitische Polemik, die bei Kessler noch implizit, bei Junot Díaz explizit zum Vorschein kommt. Damit wird die Kritik an Schreibschulen in die etablierte deutsche Kritik an einem Literaturbetrieb integriert, der im Sinne David-Christopher Assmanns als gegenwärtiges ›Verderben der Literatur‹ profiliert wird.[60] Diese Perspektive vermittelt zwar die Kälte des soziologischen Blicks, die in Harbachs Essay zu einem kollektiven Frösteln geführt hatte; sie besitzt allerdings nicht die Konkretion und Schärfe des Zwei-Kulturen-Modells – zum einen, was die literatursoziologischen Faktoren angeht, zum anderen, wie sich die fehlgeleitete soziale Selektion im Falle der deutschen Schreibschulen auf die formale Faktur der Texte auswirkt. Kessler nennt jedoch keine Werke als Beispiele für die brave, professionelle Literatur und was sie so schlecht macht.

Einen Eindruck, was damit gemeint sein könnte, bekommt man, wenn man sich die Rezeption von Fabian Hischmanns Debütroman *Am Ende schmeißen wir mit Gold* näher ansieht.[61] Hischmann, Schreibschulabsolvent aus Hildesheim, hatte das Pech, dass sein Roman in unmittelbarer zeitlicher Nähe zur ›Kessler-Debatte‹ veröffentlicht wurde und so zum Schauplatz einer Stellvertreterhinrichtung eines typischen Beispiels von ›Institutsprosa‹ herhalten musste. In den Rezensionen fungierte sein Buch wahlweise als »Bürgerkinder-Literatur«[62] oder »selbstbezügliche Wohlstandssorgen-Literatur«.[63] Gemeint war die angebliche thematische und ästhetische Armut einer Prosa, die nicht durch interessante Erfahrungen beeinflusst wurde. Gleichzeitig – und auch das ist repräsentativ für die deutschsprachige Debatte – wird der Aspekt des Handwerks ›craft‹ als negativer Einfluss auf den Text gedeutet. In einer Rezension heißt es etwa: »Leider liest sich das ganze Buch wie eine Übung in ›kreativem Schreiben‹: ›Über uns kleben die Sterne, unter uns eingetretene Kaugummis.‹ Hischmann beschreibt Dinge, die sehr langweilig sind, sehr gründlich.«[64]

Damit allerdings sind wiederum die Argumente der poetologischen Debatte aufgerufen: Schreibschulen erzeugten eine einförmige, leblose Literatur, die nur aus einem angelernten Handwerk heraus entstanden sei. Diese Einschätzungen sind allerdings kaum noch informiert von der soziologischen Wertungsperspektive Kesslers. Die Herkunft Hischmanns wird, wenn überhaupt, nur implizit thematisiert. Stattdessen stehen die Institution selbst und die poetologische Frage, für die sie steht – ›Can it be taught?‹ – wieder im Mittelpunkt der Diskussion. So zeigt das Diskursereignis um Hischmanns Roman vor allem die Beharrungskräfte der

56 Vgl. zu Biografie und Ressource den Beitrag von Kevin Kempke in diesem Band.
57 Florian Kessler, »Lassen sie mich durch, ich bin Arztsohn!«, in: *ZEIT online*, 16.1.2014, zitiert nach: http://www.zeit.de/2014/04/deutsche-gegenwartsliteratur-brav-konformistisch/komplettansicht (geprüft am 19.10.2018).
58 Ebd.
59 Ebd.
60 David-Christopher Assmann, *Poetologien des Literaturbetriebs. Szenen bei Kirchhoff, Maier, Gstrein und Händler*. Berlin / Boston: De Gruyter, 2014.
61 Fabian Hischmann, *Am Ende schmeißen wir mit Gold*. Berlin: Berlin Verlag, 2014.
62 Marie Schmidt, »Kampfschauplatz Männlichkeit«, in: *Die Zeit*, 13.3.2014.
63 Verena Auffermann, »Brutale Gewalt als Neubeginn«, in: *Deutschlandfunk Kultur*, 4.3.2014, https://www.deutschlandfunkkultur.de/roman-brutale-gewalt-als-neubeginn.950.de.html?dram:article_id=278997 (geprüft am 19.10.2018).
64 Margarete Stokowski, »Ab und an macht es Peng«, in: *taz.die tageszeitung*, 10.3.2014.

poetologischen Diskussion im deutschsprachigen Raum. Diese Diskussion wird auch in naher Zukunft wohl eher kein Ende finden. Allerdings zeigt der Blick auf die institutionelle ›Hochindustrialisierung‹ der Schreibschulinfrastruktur in den USA, in welche Richtung sich sowohl das System als auch die Debatte entwickeln könnten.

Literaturverzeichnis

O.A.: »Philosophy«, in: *Website der University of Iowa*, https://writersworkshop.uiowa.edu/about/about-workshop/philosophy (geprüft am 19.10.2018).

Adelmann, Maria: »Basket Weaving 101«, in: Harbach (Hg.), *MFA vs NYC*, S. 41–50.

Assmann, David-Christopher. *Poetologien des Literaturbetriebs. Szenen bei Kirchhoff, Maier, Gstrein und Händler*. Berlin/Boston: De Gruyter, 2014.

Auffermann, Verena: »Brutale Gewalt als Neubeginn«, in: *Deutschlandfunk Kultur*, 4.3.2014, https://www.deutschlandfunkkultur.de/roman-brutale-gewalt-als-neubeginn.950.de.html?dram:article_id=278997 (geprüft am 19.10.2018).

Batuman, Elif: »The Invisible Vocation«, in: Harbach (Hg.), *MFA vs NYC*, S. 241–262.

Bourdieu, Pierre: *Die Regeln der Kunst. Genese und Struktur des literarischen Feldes*, übersetzt aus dem Französischen von Bernd Schwibs und Achim Russer, Frankfurt am Main: Suhrkamp, 1999.

Boyd, Brian. *Vladimir Nabokov. The American Years*, Princeton: Princeton University Press, 1991.

Chee, Alexander: »My Parade«, in: Harbach (Hg.), *MFA vs NYC*, S. 83–106.

Díaz, Junot: »MFA vs. POC«, in: *The New Yorker*, 30.4.2014, https://www.newyorker.com/books/page-turner/mfa-vs-poc (geprüft am 19.10.2018).

Fiedler, Cornelia: »Himmelsstürmer im Formationsflug«, in: *Süddeutsche Zeitung*, 14.3.2013.

Franzen, Johannes: »Autorinszenierung. Leistungsfähigkeit und Probleme autorzentrierter Studien am Beispiel der Studie ›Posierende Poeten‹ von Alexander M. Fischer«, in: *PhiN* 80 (2017), S. 87–100.

Glass, Loren: »From the Pound Era to the Program Era, and Beyond«, in: ders. (Hg.), *After the Program Era. The Past, Present, and Future of Creative Writing in the University*, Iowa City: The University of Iowa Press, 2016, S. 1–10.

Griem, Julika: »Standards für Gegenwartsliteraturforschung«, in: *Germanisch-Romanische Monatsschrift*, 65, 1 (2015), S. 97–114.

Harbach, Chad (Hg.): *MFA vs NYC. The Two Cultures of American Fiction*, New York: n+1/Farrar, Straus and Giroux, 2014.

Harbach, Chad: »Introduction«, in: ders. (Hg.), *MFA vs NYC*, S. 3–8.

Harbach, Chad: »MFA vs NYC«, in: ders. (Hg.), *MFA vs NYC*, S. 9–30.

Hischmann, Fabian: *Am Ende schmeißen wir mit Gold*, Berlin: Berlin Verlag, 2014.

Joch, Markus / Mix, York-Gothart / Wolf, Norbert Christian (Hg.): *Mediale Erregungen? Autonomie und Aufmerksamkeit im Literatur- und Kulturbetrieb der Gegenwart*, Tübingen: Niemeyer, 2009.

Jürgensen, Christoph / Kaiser, Gerhard: »Schriftstellerische Inszenierungspraktiken – Heuristische Typologie und Genese«, in: dies (Hg.), *Schriftstellerische Inszenierungspraktiken. Typologie und Geschichte*, Heidelberg: Winter 2011, S. 9–32.

Kessler, Florian: »Lassen sie mich durch, ich bin Arztsohn!«, in: *ZEIT online*, 16.1.2014, zitiert nach: http://www.zeit.de/2014/04/deutsche-gegenwartsliteratur-brav-konformistisch/komplettansicht (geprüft am 19.10.2018).

Lehn, Isabelle / Macht, Sascha / Stopka, Katja: *Schreiben lernen im Sozialismus. Das Institut für Literatur »Johannes R. Becher«*, Göttingen: Wallstein, 2018.

Max, D.T.: *Every Love Story is a Ghost Story. A Life of David Foster Wallace*, London: Granta, 2012.

McGurl, Mark: *The Program Era. Postwar Fiction and the Rise of Creative Writing*, Cambridge, Mass. / London: Harvard University Press, 2009.

Menand, Louis: »Show or Tell. Should Creative Writing be Taught?«, in: *The New Yorker*, 8.6.2009, https://www.newyorker.com/magazine/2009/06/08/show-or-tell (geprüft am 19.10.2018).

Meyers, D.G.: *The Elephants Teach. Creative Writing since 1880*, Chicago: The University of Chicago Press, 2006.

Rippl Gabriele / Winko, Simone (Hg.): *Handbuch Kanon und Wertung. Theorien, Instanzen, Geschichte*, Stuttgart / Weimar: Metzler, 2013.

Schmidt, Marie: »Kampfschauplatz Männlichkeit«, in: *Die Zeit*, 13.3.2014.

Spoerhase, Carlos: »Literaturwissenschaft und Gegenwartsliteratur«, in: *Merkur*, 68, 1 (2014), S. 15–24.

Stokowski, Margarete: »Ab und an macht es Peng«, in: *taz. die tageszeitung*, 10.3.2014.

Tommek, Heribert: *Der lange Weg in die Gegenwartsliteratur. Studien zur Geschichte des literarischen Feldes in Deutschland von 1960 bis 2000*, Berlin / Boston: De Gruyter, 2015.

Vöcklinghaus, Lena: »Schreibschultagebuch, transatlantisch«, in: *Merkur Blog*, https://www.merkur-zeitschrift.de/2017/07/06/schreibschultagebuch-transatlantisch/ (geprüft am 19.10.2018).

Wallace, David Foster: »The Fictional Future«, in: Harbach (Hg.), *MFA vs NYC*, S. 73–82.

›Recovery‹ als Kritik am Iowa Writers' Workshop in Leslie Jamisons *The Recovering – Intoxication and Its Aftermath*

Sara Heristchi

»He was sick of the sickness in his mouth, where the words came from«[1]

Einleitung

Leslie Jamisons Memoir[2] *The Recovering – Intoxication and Its Aftermath*[3] handelt von der Alkoholsucht, die die Autorin als junge Studentin während ihrer Schriftstellerïnnenausbildung entwickelt, und thematisiert ihre Genesung mithilfe des Programms der Anonymen Alkoholiker (Alcoholics Anonymous, im Folgenden abgekürzt als AA). Doch außer ihrer eigenen Geschichte erzählt Jamison auch von den Mythen der berauschten Schriftstellerïnnen, deren Legenden trunkener Genialität sie an dem Ort heimsuchen, an dem sie ihr Studium des Kreativen Schreibens beginnt: dem Iowa Writers' Workshop (im Folgenden abgekürzt als IWW), einem der weltweit einflussreichsten und elitärsten Programme seiner Art.[4]

Bereits der Memoirtitel *The Recovering* zeigt, dass die Autorin mit dem Programm der AA vertraut ist. Denn für die AA bezeichnet

1 Leslie Jamison, *The Recovering. Intoxication and Its Aftermath*, New York: Little, Brown & Company, 2018, S. 136.

2 In Anlehnung an den englischen Begriff ›memoir‹, der die zeitgenössische Form der Gattung im anglophonen Raum bezeichnet, benutze ich den Begriff ›Memoir‹ anstelle des im deutschen Raum geläufigeren Begriffs ›Memoiren‹. Vgl. dazu G. Thomas Couser, *Memoir. An Introduction*, Oxford: Oxford University Press, 2012.

3 Erschienen in deutscher Übertragung als Leslie Jamison, *Die Klarheit. Alkohol, Rausch und die Geschichten der Genesung*, übersetzt von Kirsten Riesselmann, Berlin: Hanser Berlin, 2018.

4 Zum Prestigestatus vgl. John Warner, »On Elite Rejection: The Iowa Writers' Workshop Story«, in: *Inside Higher* Ed, 4.8.2017, zitiert nach: https://www.insidehighered.com/blogs/just-visiting/elite-rejection-iowa-writers-workshop-story (geprüft am 26.10.2018). Von 2013-2017 wurden nur etwa 2,7% der Bewerberïnnen angenommen. Vgl. auch Mark McGurl, *The Program Era. Postwar Fiction and the Rise of Creative Writing*, Cambridge, Mass./London: Harvard University Press, 2009, zum Beispiel S. 177.

die Vorstellung von ›recovery‹ einen nicht endenden Prozess, der sowohl von der regelmäßigen Teilnahme an Treffen als auch vom Maß der Hingabe abhängt, die die Teilnehmenden dem Programm entgegenbringen. Im ersten Schritt des 12-stufigen Programms der Organisation heißt es zusammenfassend: »We admitted we were powerless over alcohol – that our lives had become unmanageable.«[5] Das Programm basiert auf der Vorstellung, Alkoholsucht sei eine nicht kontrollierbare Krankheit und nur die Hingabe (›surrender‹) an eine spirituelle Macht ermögliche eine Heilung.

Die Programme der AA und des Iowa Writers' Workshop eröffnen Jamison als Autorin zwei zunächst widersprüchlich erscheinende Formen der Narration. Während sie in Iowa Originalität als zentralen Wert Kreativen Schreibens kennenlernt, der sich in programmatischen Prämissen wie ›show, don't tell‹ und ›write what you know‹ entfaltet, erlebt sie bei den AA eine Form des Erzählens, in der die eigene Geschichte der ›recovery‹ derjenigen anderer AA-Mitglieder zum Verwechseln ähnelt. Die strukturelle Gleichartigkeit der ›recovery narratives‹ zeigt sich in Jamisons Memoir an den Punkten, an denen sie ihre Genesungsgeschichte mit Analysen anderer autobiografischer Texte von Autorïnnen verbindet, die ebenfalls mithilfe der AA versuchten, ihre Alkoholsucht zu bekämpfen. Ihnen ist gemeinsam, dass sie die Faszination am Zustand des Rauschs als Grundlage von Kreativität thematisieren und sich fragen, ob ein nüchternes Leben auch nüchterne und somit langweilige Literatur hervorbringe.

Iowa City wird in *The Recovering* zu einem magischen Ort, der bei der jungen Studentin Jamison die Erwartung weckt, dort außergewöhnliche Lebenserfahrungen zu sammeln, die sich in einzigartige Prosa verwandeln lassen. Doch dieses Begehren, vorangetrieben durch die Lektüre der bekanntesten Absolventïnnen und Lehrerïnnen Iowas, führt dazu, dass sie ihr eigenes Leben zunehmend als fiktionale Handlung wahrnimmt. Zu diesen Legenden zählt beispielsweise Raymond Carver, der in den 1960ern in Iowa studierte und später dort lehrte. Er ist für seine technisch perfekten und minimalistischen Kurzgeschichten bekannt, die heute vielerorts als Grundlagentexte in College-Anthologien enthalten sind. Bevor Carver 1977 mithilfe der AA nüchtern wurde, war er in Iowa für seine Alkoholexzesse berüchtigt: »While teaching at the Iowa Writers' Workshop, he and John Cheever became drinking buddies. ›He and I did nothing but drink‹, Carver said of the fall semester of 1973. ›I don't think either of us ever took the covers off our typewriters.‹«[6] Jamison romantisiert das Leben Carvers entsprechend: »Whatever psychic ledges his long drunks had taken him to, whatever voids he had glimpsed from those perches, I pictured him deftly smuggling that desperation into the quiet betrayals and pregnant pauses of his fiction.«[7]

In Anlehnung an Jack Londons autobiografische Erzählung *John Barleycorn* verwendet Jamison den Begriff ›white logic‹ für diese Faszination am Rausch des Alkohols. Bei London beschreibt die ›white logic‹ eine Form von Klarheit, die sich im Rausch entfaltet und sich in der Zirkularität des Suchtverhaltens immer wieder auflöst. Für London ist der Betrunkene eine traurige und pessimistische Figur »to whom the ›white light of alcohol‹ had granted access to bleak truths«.[8] Jamison weist diesbezüglich auf die Absurdität der Sucht hin: Es sei nicht das Leiden, das Autor-innen zum Trinken führe, vielmehr erzeuge die Sucht selbst das Leiden, das wiederum zur Quelle von Kreativität werde:

> Booze helped you see, and then it helped you survive the sight. The appeal wasn't just about intoxication – as a portal, or a bandage – but about the alluring relationship between creativity and addiction itself: its state of thrall, its signature extremity. The person who found himself in that state of thrall was someone who felt things more acutely than ordinary men, [...] and eventually the drama of enthrallment became – itself – something worth writing about.[9]

5 Alcoholics Anonymous Great Britain, »The Twelve Steps of Alcoholics Anonymous«, in: *Website der Alcoholics Anonymous Great Britain*, https://www.alcoholics-anonymous.org.uk/about-aa/the-12-steps-of-aa (geprüft am 26.10.2018).
6 Stephen King, »Raymond Carver's Life and Stories«, in: *New York Times*, 19.11.2009, zitiert nach: https://www.nytimes.com/2009/11/22/books/review/King-t.html (geprüft am 26.10.2018).
7 Jamison, *The Recovering*, S. 20.
8 Ebd., S. 18.
9 Ebd., S. 30.

Bevor sich die Vorstellung von ›recovery‹ etablierte, waren es insbesondere Modernistinnen wie Ernest Hemingway, für die – als Repräsentantinnen des ›drunk narratives‹ – Schreiben und Trinken unweigerlich miteinander verbunden waren.[10] Laut John W. Crowley war dieses Narrativ dadurch gekennzeichnet, dass das Leiden der Sucht nicht vorausging, sondern erst durch die Sucht verursacht wurde.[11] Das ›alcoholism movement‹, das in den 1940ern begann, befreite Alkoholismus von der Vorstellung moralischen Versagens und das ›modernist drunk narrative‹ wandelte sich unter dem Einfluss der pragmatischen Rhetorik der AA zu einem ›recovery narrative.‹[12]

Das Skript der ›recovery‹, welches die Selbsthilfeorganisation vorgibt und in Mitgliedertreffen vielfach mündlich reproduziert wird, folgt einem einfachen Muster: Man beschreibt, wie man alkoholabhängig wurde und wie man es schließlich mithilfe des Programms und der Gemeinschaft der AA schaffte, nüchtern zu bleiben.[13] Während Jamison sich zunächst gegen diese narrative Konventionalität sträubt, erfährt sie bei den AA den Wert dieser strengen Vorgaben des Erzählens: Die Vorhersehbarkeit setzt den Nutzen der Geschichte nicht herab; im Gegenteil bietet es den Mitgliedern eine gemeinsame narrative Struktur, die beliebig oft erneuert werden kann. Diese Ritualität bietet Halt und Trost und ermöglicht eine Identifikation mit all denjenigen, die eine ähnliche Leidensgeschichte erfahren haben. Jamisons durch die AA geläutertes autobiografisches Ich zweifelt schließlich an der literarischen Ästhetisierung von persönlichem Leid: »That was my default sense of all possible darkness, back then: Carver, Thomas, London, Cheever, these white scribes and their epic troubles.«[14]

Wie erzählt man eine Geschichte der Genesung? Kann diese Geschichte schön und nützlich zugleich sein? Ich werde mich in diesem Beitrag nicht nur mit diesen von Jamisons autobiografischem Ich gestellten Fragen beschäftigen, sondern auch damit, wie sich dieser Prozess der Heilung als Abkehr von und kritische Auseinandersetzung mit der Programmatik ihrer Ausbildung im IWW gestaltet. Als Mitglied der AA scheitert Jamison an den Prämissen ›guten‹ Schreibens, die sie unhinterfragt als Programm ihrer Schreibsausbildung akzeptiert hatte. Denn ein technisch raffiniertes Narrativ zu konstruieren, führt nicht automatisch dazu, dass andere von dieser Geschichte profitieren können.

> In recovery, I found a community that resisted what I'd always been told about stories – that they had to be unique – suggesting instead that a story was most useful when it wasn't unique at all, when it understood itself as something that had been lived before and would be lived again. Our stories were valuable because of this redundancy, not despite it. Originality wasn't the ideal, and beauty wasn't the point.[15]

›Recovery‹ fungiert somit als Rahmen, in dem die Techniken Kreativen Schreibens wie beispielsweise der Imperativ ›show, don't tell‹, der die einzigartige Wahrnehmung von Autorïnnen demonstrieren soll, nicht nur nutzlos sind, sondern von der Gemeinschaft der AA als unehrlich verstanden werden. Das modernistische Mantra ›make it new‹ verliert als Lebensanleitung seine Bedeutung. Der Prozess der ›recovery‹ bezieht sich somit nicht nur auf die Genesung von der Alkoholsucht, sondern kann auch als Metapher für die Emanzipation von den Imperativen der kreativen Ausbildung verstanden werden. Die Emanzipation von den Idealen der Schreibwerkstatt gestaltet sich ganz im Sinne des konventionellen ›recovery narratives‹ nicht als linearer Prozess, sondern als eine stete Auseinandersetzung mit den Widersprüchen, die das Programm bei Jamison auslöst. Am Beispiel von *The Recovering* untersuche ich also, inwiefern die Kulturen und Poetiken der Programme der AA und des IWW als eine Auseinandersetzung mit dem kreativen Schreibprozess verstanden werden können. Zunächst frage ich allerdings, wie die Gattung des Memoirs einen Beitrag zum besseren Verständnis dieser Programme leisten kann.

10 John W. Crowley, *The White Logic. Gender and Alcoholism in American Modernist Fiction*, Amherst, Mass.: University of Massachusetts Press, 1994, S. 42

11 Crowley weist auf die Beziehung zwischen Fiktion und dem Leiden unter Alkoholismus hin: »the agony of the alcoholic ›Twentieth Century Writer‹ – agony that was largely self-inflicted through drinking and that served in turn to justify drinking – was ›merely literary‹ more often than these writers wished to recognize« (Ebd., S. 157).

12 Ebd., S. 155.

13 Vgl. Robyn R. Warhol / Helena Michie, »Twelve-Step Teleology: Narratives of Recovery/ Recovery as Narrative«, in: Sidonie Smith / Julia Watson (Hg.), *Getting A Life. Everyday Uses of Autobiography*, Minneapolis / London: University of Minnesota Press, 1996, S. 327–350.

14 Jamison, *The Recovering*, S. 20.

15 Ebd., S. 9.

Das Memoir und das ›recovery narrative‹

Populäre, zeitgenössische Memoirs beschäftigen sich gerne mit Themen wie Sucht, Krankheit und Trauma. Die einseitige Fokussierung auf persönliches Leid brachte ihnen die verächtliche Bezeichnung »misery memoirs« ein.[16] Was diese kennzeichne, sei ein narzisstischer Blick auf das eigene Leid, welcher gesellschaftskritische Auseinandersetzungen systematisch vermeide. James Atlas sagte 1996 in seinem Artikel »The Age of the Literary Memoir is Now« die andauernde Konjunktur dieser Art von Memoirs voraus, die er an zwei Entwicklungen ablas: Zum einen beinhalteten Kurskataloge der Universitäten nun Seminare zum Thema Memoir, zum anderen rekrutierten Literaturagent:innen Absolvent:innen direkt aus Schreibprogrammen und boten ihnen hochdotierte Verträge für ihre Memoirs an.[17]

> Why this pull toward the anatomy of self? In part, it reflects a phenomenon pervasive in our culture – people confessing in public to an audience of voyeurs. In an era when ›Oprah‹ reigns supreme and 12-step programs have been adopted as the new mantra, it's perhaps only natural for literary confession to join the parade.[18]

Diese Bekenntniskultur spiegelt die Ausweitung der therapeutischen Kultur wider, die auch immer neue Formen des autobiografischen Erzählens autorisiert. Für Timothy Aubry und Trysh Travis findet therapeutische Kultur als dezidiert US-amerikanisches Phänomen seinen Ausdruck in der Vorstellung des ›pursuit of happiness‹. Benjamin Franklin popularisierte mit seiner Autobiografie die Idee der Selbstverbesserung ebenso wie heutzutage Oprah Winfrey, deren Talkshow als Beweis für die Erfolgsgeschichte der Selbstverwirklichung gelten kann.[19]

Nach Eva Illouz lässt sich der Erfolg dieser Kultur mithilfe des Modells des therapeutischen Narrativs des modernen Selbst erklären. Auch wenn dieses auf dem Wunsch nach mentaler Gesundheit, Glück und Erfolg basiert, so beruht es auch auf einer Logik, die Leiderfahrungen retrospektiv konstruiert. Nur wenn die eigene Vergangenheit pathologisiert wird, lässt sich erklären, wieso gegenwärtige Ziele nicht realisiert werden konnten. Das therapeutische Narrativ bietet somit nicht nur eine Erklärung für Erfolg oder Versagen an, sondern macht diese Erfahrungen bedeutsam: »the therapeutic narrative consists precisely in adorning with maximum meaning any and all forms of suffering, both real and invented.«[20] Dies erklärt laut Illouz auch die Beliebtheit der Gattung des ›misery memoirs‹. Besonders im Personenkreis der privilegierten Mittelschicht kann durch die Erzählung des persönlichen Kampfes und Triumphes über das Leid das eigene symbolische Kapital erhöht werden.[21] Die Beliebtheit des therapeutischen Narrativs erklärt auch, wieso Skandale wie zum Beispiel um James Freys gefälschtes Suchtmemoir *A Million Little Pieces* der Popularität der Gattung keinen Abbruch tun, sondern laut Leigh Gilmore zu einem neokonfessionellen Erzählmodus führen, in dem die Erfahrung des Skandals und die darauffolgende öffentliche Läuterung wiederum autobiografisch erzählt werden können.[22]

Auch ›recovery narratives‹ sind Teil dieser therapeutischen Kultur. Dennoch verhalten sich diese widersprüchlich zum therapeutischen Narrativ des leidenden Selbst. Als Teil der Programmkultur der AA ist das Skript der ›recovery story‹ Ausdruck einer Gesellschaft, die sich auf durchaus kritische Weise mit den Implikationen einer therapeutischen Kultur auseinandersetzt.[23] Die Vorstellung von Genesung beruht lediglich auf der gegenseitigen Hilfe unter den Mitgliedern, die in einer nichthierarchischen Gruppe und durch das gemeinsame Ziel der ›sobriety‹ miteinander

16 Vgl. dazu Benjamin Kunkel, »Misery Loves a Memoir«, in: *New York Times*, 16.7.2006, zitiert nach: https://www.nytimes.com/2006/07/16/books/review/16kunkel.html (geprüft am 26.10.2018).

17 James Atlas, »Confessing for Voyeurs; The Age of the Literary Memoir is Now«, in: *New York Times Magazine*, 12.5.1996, zitiert nach: https://www.nytimes.com/1996/05/12/magazine/confessing-for-voyeurs-the-age-of-the-literary-memoir-is-now.html (geprüft am 26.10.2018).

18 Ebd.

19 Timothy Aubry / Trysh Travis, »What is ›therapeutic culture‹, and why do we need to ›rethink‹ it?«, in: dies. (Hg.), *Rethinking Therapeutic Culture*, Chicago / London: Chicago University Press, 2015, S. 1–23, hier S. 2. Vgl. auch Eva Illouz, *Oprah Winfrey and the Glamour of Misery. An Essay on Popular Culture*, New York: Columbia University Press, 2003.

20 Eva Illouz, *Saving the Modern Soul. Therapy, Emotions and the Culture of Self-Help*, Berkeley / Los Angeles / London: University of California Press, 2008, S. 183.

21 Ebd.

22 Leigh Gilmore, »American Neoconfessional: Memoir, Self-Help and Redemption on Oprah's Couch«, in: *Biography*, 33,4 (2010), S. 657–679, hier S. 657.

23 Trysh Travis weist darauf hin, dass es fast unmöglich sei, AA von anderen ›recovery‹-Bewegungen zu isolieren. Anhand einer Diskussion der AA-Printkultur lassen sich laut Travis die Widersprüche zwischen Vorstellungen von AA als spiritueller oder therapeutischer Bewegung und damit die Widersprüche des ›recovery‹-Diskurses nachvollziehen. Vgl. Trysh Travis, *The Language of the Heart. A Cultural History of the Recovery Movement from Alcoholics Anonymous to Oprah Winfrey*, Chapel Hill: University of North Carolina Press, 2013, S. 11.

verbunden sind. Laut Trysh Travis grenzt AA sich von einer breiteren ›recovery‹-Bewegung ab, da die Organisation seit ihrer Gründung in den 1930ern ihre Unabhängigkeit von professionellen Therapien auf der einen und kommerziellen und ökonomischen Interessen auf der anderen Seite aufrechterhält.[24] Es ist diese Form des ›alcoholic equalitarianism‹, die ein demokratisches Miteinander ermöglicht, in dem die eigene Geschichte im Dialog und niemals als reine Selbstinszenierung erzählt werden soll. Wird der Therapiekultur Individualismus und Narzissmus vorgeworfen, der die Gesellschaft und die öffentlich Sphäre zerstöre, so kann die antipsychologische Haltung der Gruppe der AA als Versuch verstanden werden, dieser Angst ein alternatives therapeutisches Konzept entgegenzustellen.[25]

Ein Mitglied von AA zu sein, bedeutet, sich gegen eine Vorstellung von Singularität zu stellen. Im Gegensatz zum Programm für Kreatives Schreiben verfolgt das Programm der AA ein klares Ziel: so vielen Menschen wie möglich zu helfen, nüchtern zu werden und zu bleiben. Laut Trysh Travis ist es der informelle Rahmen des typischen AA-Treffens, der die Bedeutung von Mündlichkeit für das Selbstverständnis der Gemeinschaft verdeutlicht:

> »the community is instantiated by the ritual speech act of ›Hi, my name is so-and-so and I'm an alcoholic‹, consecrated by the incantatory murmur of ›thanks for sharing‹, and finally adjourned with the shared recitation of a prayer. The sacraments of coffee and cigarettes – and sometimes doughnuts or cake – confirm the mouth's centrality in AA culture.«[26]

Das Grundlagenwerk der Organisation, das 1939 veröffentlichte *Big Book*, enthält ›recovery narratives‹ sowie die Traditionen und Prinzipien der AA und versteht sich als pragmatische, antiintellektuelle Anleitung zur Heilung durch ›recovery narratives‹. Die erste dieser Geschichten ist die des AA-Gründungsmitglieds Bill Wilson: »No words can tell of the loneliness and despair I found in that bitter morass of self-pity. Quicksand stretched around me in all directions. I had met my match. I had been overwhelmed. Alcohol was my master.«[27] Wilson, der sich nur mit seinem

Vornamen »Bill« zu erkennen gibt, beschreibt, wie er ohne ärztliche Hilfe, nur durch den Dialog mit anderen Alkoholabhängigen, dauerhaft von seiner Sucht geheilt wurde, aus der er sich mit eigener Kraft nicht hätte befreien können. Sowohl im *Big Book* als auch in der programmatischen Ausrichtung der Organisation wird die Vorstellung individueller Autorschaft negiert. Jedes Mitglied ist ausdrücklich dazu aufgefordert, Anonymität zu wahren, wenn es im Namen der Organisation auftritt. Gemeinsame Schriften werden stets in der 3. Person Plural verfasst.

Das *Big Book* steht für die enge Verbindung von mündlichen und schriftlichen ›recovery narratives‹. Die Mündlichkeit während der persönlichen Treffen ist der wichtigste ästhetische Faktor dieses Narrativs. Mithilfe des *Big Books* sollten die verschriftlichten ›recovery narratives‹ dann auch einem breiten Publikum zugänglich gemacht werden. Der Prozess der Veröffentlichung wurde begleitet von Kontroversen, da professionelle Lektorïnnen mit dem Redigieren der ›recovery stories‹ betraut wurden. Dadurch wurde das antikommerzielle Ethos von AA bedroht. Einer dieser Lektorïnnen sprach sich beispielsweise dafür aus, sich an Elementen der für ein Massenpublikum produzierten ›pulp fiction‹ zu orientieren – das verdeutlicht, dass es bereits in der Frühphase der Organisation um die Frage ging, wie Geschichten erzählt werden können, mit denen sich andere Alkoholikerïnnen identifizieren können und die sie so zur Teilnahme an AA inspirieren.[28] Sowohl die mündlichen als auch die schriftlichen ›recovery narratives‹ sind also bei aller Betonung von Ehrlichkeit und Spontanität durchaus als überarbeitete Texte zu verstehen.[29]

Jamison versucht in ihrem Memoir sowohl der Vielstimmigkeit von AA als auch dem Ideal der Gleichheit gerecht zu werden, indem sie auch die Geschichten anderer AA-Mitglieder, die sie zu diesem Zweck interviewt hat, erzählt. Dieser ›chorus‹ soll die Struktur eines AA-Treffens imitieren. Sowohl die Gattung des Memoirs als

24 Ebd., S. 6.

25 Zur klassischen Kritik an der therapeutischen Kultur vgl. zum Beispiel Christopher Lasch, *The Culture of Narcissism. American Life in an Age of Diminishing Expectations*, New York: Norton, 1978 oder Philip Rieff, *Triumph of the Therapeutic. Uses of Faith After Freud*, New York: Harper & Row, 1966. Laut Aubry und Travis führen diese Kritiken auch dazu, dass akteurzentrierte Perspektiven auf therapeutische Kultur vernachlässigt werden, vgl. Aubry / Travis, *Rethinking Therapeutic Culture*.

26 Travis, *The Language of the Heart*, S. 107.

27 Bill Wilson, »Bill's Story«, in: Alcoholics Anonymous (Hg.), *The Story of How Many Thousands of Men and Women have recovered from Alcoholism*, 4th Edition, New York City: Alcoholics Anonymous World Services, 2001, S. 1–16, hier S. 8.

28 Travis, *The Language of the Heart*, S. 132.

29 Zur Bedeutung von Textinterpretation und zum liebevollen Umgang der Mitglieder mit dem ›Big Book‹, vgl. ebd., S. 108.

auch das ›recovery narrative‹ weisen auf ein zentrales Dilemma der Kritik an therapeutischer Kultur hin: In der Kritik an ›misery memoirs‹ und an der therapeutischen Kultur zeigt sich das Misstrauen gegenüber einer zunehmend fragmentierten, individualistischen Kultur, in der die Geschichte Einzelner wichtiger als die Gemeinschaft zu sein scheint. Doch Jamisons Memoir ist ein Beispiel für die Einseitigkeit dieser Kritik. Ihr Memoir bringt eine ungewöhnliche Gemeinschaft von Gleichgesinnten zusammen, für die sich ›recovery‹ und Kreatives Schreiben nicht ausschließen. Auch wenn im Zentrum von *The Recovering* Jamisons eigene Lebensgeschichte steht, so schafft die thematische Fokussierung auf ›recovery‹ einen Rahmen, in der Selbsthilfe und Memoir nebeneinander existieren und damit eine virtuelle Gemeinschaft ähnlich eines AA-Treffens bilden. Das deckt sich mit dem Befund von Aubry und Travis, dass das Paradox der therapeutischen Kultur gerade darin liegt, einen individualistischen Diskurs zu verbreiten, der gleichzeitig eine Form der Gemeinschaft erzeugt.[30]

Auch die Schreibwerkstatt des IWW kann im Kontext dieser Diskussion als ein Raum verstanden werden, in dem Individualismus, Gemeinschaft und deren Wirkung auf den Schreibprozess von Jamison neu verhandelt werden müssen. Die kreativ-kollaborative Form des Werkstattseminars, in dem sich angehende Autorïnnen begegnen, verdeutlicht, dass Kreativität nicht länger das Privileg einsamer, genialer Schriftstellerïnnen ist. Das ›Kreativitätsdispositiv‹ ist auch seit der Verbreitung von Programmen für Kreatives Schreiben zum Mainstream geworden und Singularität vor diesem Hintergrund immer schwieriger zu erreichen.[31] Das Misstrauen an der therapeutischen Kultur zeigt sich auch in der Art und Weise, wie Literaturkritikerïnnen die Schreibwerkstatt kritisieren. Es geht nicht nur um den Vorwurf einer Einheitsprosa, sondern auch darum, dass einer Gruppe, in der sich die Teilnehmerïnnen reflexiv mit Kreativität befassen, generell Misstrauen entgegengebracht wird. In der negativ besetzten Metapher der Gruppentherapie zeigt sich eine Kritik, die den Wert der Schreibwerkstatt als Ort von kreativer Produktion anzweifelt.

Ein Blick auf die Gattung des Memoirs hilft dabei, die Dichotomie zwischen Therapiekultur und Schreibwerkstatt sowie die Kritik, der beide Phänomene ausgesetzt sind, zu problematisieren.

Jamisons Memoir ist ein Gegenbeispiel zum Vorwurf, das zeitgenössische Memoir sei lediglich Ausdruck einer narzisstischen und voyeuristischen Öffentlichkeit, die nach immer extremeren Darstellungen von Leid hungere. Es ist wie viele rezente Beispiele durchsetzt von literarischen Referenzen und Jamisons Interpretation dieser Quellen. Die Ich-Erzählerin nimmt immer wieder Abstand von ihrer eigenen ›recovery story‹, wenn essayistische Passagen über die Drogenpolitik in den USA sich mit Auseinandersetzungen mit Lebensgeschichten anderer Autorïnnen abwechseln. Am Ende von Jamisons *The Recovering* befinden sich Notizen, eine Bibliographie und ein selbst für wissenschaftliche Werke ungewöhnlich ausführlicher Index. Somit bietet ihr Memoir zahlreiche Referenzen zum Thema Sucht an, die interessierte Leserïnnen nachverfolgen können.[32] Es nimmt damit eine hybride Stellung zwischen Literatur, Wissenschaft, Journalismus und Selbsthilfeliteratur ein.

Sowohl Jamisons Memoir als auch das ›recovery narrative‹ haben ein gemeinsames Ziel: Sie wollen anderen Hoffnung schenken.[33] Das ›recovery narrative‹ erzeugt eine Form narrativer Kohärenz, die der Bedrohung der Sucht als zerstörerische Kraft entgegentritt und das Leben als musterhaft erzählbar macht.[34] Jamisons Memoir entspricht damit auf den ersten Blick auch einem klassischen Erlösungsnarrativ (›redemption narrative‹), in dem eine geläuterte Ich-Erzählerin berichtet, wie sie von ihrer Sucht geheilt wurde.[35] *The Recovering* unterscheidet sich allerdings auch von diesem ›redemption narrative‹, da die Ich-Erzählerin nicht nur ihre eigene Sucht beichtet, sondern auch die Widerstände

30 Aubry / Travis, *Rethinking Therapeutic Culture*, S. 3.

31 Vgl. Andreas Reckwitz, *Die Erfindung der Kreativität. Zum Prozess gesellschaftlicher Ästhetisierung*, Berlin: Suhrkamp, 2012.

32 Vgl. etwa Yiyun Li, *Dear Friend, From My Life I write to You in Yours*, New York: Random House, 2017 oder Elif Batuman, *The Possessed. Adventures with Russian Books and the People Who Read Them*, New York: Farrar, Straus and Giroux, 2010.

33 Ähnlich der ›recovery story‹ versteht G. Thomas Couser das »misery memoir« als Zeugenbericht von Überlebenden: »Most misery memoirs are not steeped in the language or concepts of psychotherapy. Rather, they are endeavors to expose private hells to the cleansing daylight of publication. They are not byproducts or versions of therapy so much as personal testimony of torment. [...] They belong to the genre of survivor testimony. (Couser, *Memoir*, S. 148).

34 Warhol / Michie, »Twelve-Step Teleology«, S. 327.

35 Während dieser seinen Ursprung in Augustinus *Confessiones* und Rousseaus *Confessions* hat, und auch in puritanischen Konversionsnarrativen eine Nähe zu spiritueller und religiöser Erlösung nahelegt, so versteht beispielsweise Rita Felski das feministische Bekenntnis als eine Form der Selbstpräsentation, die der Autorität von Erfahrung Bedeutung für die Konstitution einer feministischen Gemeinschaft beimisst. Vgl. dazu Sidonie Smith / Julia Watson, *Reading Autobiography. A Guide for Interpreting Life Narratives*, Minneapolis: Minnesota University Press, 2. ed, 2010, S. 365 und Lisa Levy, »The New Sameness of Leslie Jamison's Addiction Memoir«, in: *Jstor Daily*, 28.3.2018, https://daily.jstor.org/new-sameness-leslie-jamisons-addiction-memoir / (geprüft am 31.10.2018).

gegen die Vorstellung einer Erlösung durch die Gruppe der AA thematisiert. Das Bekenntnis bezieht sich also auch auf ihr Bewusstsein darüber, ein konventionelles Suchtnarrativ zu erzählen: »I was wary of trotting out the tired tropes of the addictive spiral, and wary of the tedious architecture of tawdry self-congratulation of a redemption story: It hurt. It got worse. It got better.«[36] Diese Selbstreferentialität zeigt sich auch, wenn die Ich-Erzählerin behauptet, die Gattung des ›recovery narratives‹ neu erfinden zu wollen und somit das Skript der Suchtnarrative infrage zu stellen, dessen Fokus das Leiden unter der Sucht und nicht die Genesung ist. Die Intentionalität, die dem Wunsch unterliegt, an die eigene ›recovery‹ zu glauben, ähnelt der Intentionalität, mit der Jamison ihr Memoir als Redeskription des Suchtnarrativs einleitet. Sie weiß nicht, ob sie an ›recovery‹ glauben kann. »Doing something without knowing if you believed it – that was proof of sincerity, rather than its absence.«[37] ›Recovery‹ bedeutet für sie die Abkehr von der Vorstellung, Authentizität sei gleichzusetzen mit der ›white logic‹ oder der Scheinwahrheit der Sucht.

Jamison hat Angst davor, dass die Übersättigung an Suchtnarrativen auch dazu führe, ihre eigene Suchtgeschichte könne als langweilig kritisiert werden:

> When I told people I was writing a book about addiction, I often saw their eyes glaze. Oh that book, they seemed to say, I've already read that book.
> I wanted to tell them that I was writing a book about that glazed look in their eyes, about the way an addiction story can make you think, I've heard that story before, before you've even heard it. I wanted to tell them I was trying to write a book about the ways addiction is a hard story to tell, because addiction is always a story that has already been told, because it inevitably repeats itself, because it grinds down – ultimately, for everyone – to the same demolished and reductive and recycled core: Desire. Use. Repeat.[38]

Die Struktur des Suchtnarrativs scheint einem Werbeslogan zu ähneln. Doch vor allem legt Jamison ihrer Leserschaft die sich wiederholenden Muster des Suchtnarrativs offen. Sie verspricht somit auch eine Anleitung, mit der man literarische Darstellungen von Sucht und ›recovery‹ besser verstehen wird. Für die Ich-Erzählerin ist eine Geschichte der Sucht repetitiv und konventionell und gerade deshalb erzählenswert. Sie führt Leserinnen also vor Augen, dass diese Konventionalität in der Literatur oft als negativ bewertet werde und lädt sie dazu ein, sich mit dieser Wertung auseinanderzusetzen. In *The Recovering* eröffnen die Konventionalität des Memoirs und des ›recovery narratives‹ damit eine analytische Dimension, die das Programm für Kreatives Schreiben als Teil einer therapeutischen Kultur verständlich macht. Ist die Schreibwerkstatt therapeutisch im Sinne eines gemeinschaftlichen Raums, der das persönliche Leiden als Voraussetzung für Kreatives Schreiben versteht, so bedeutet Genesung von der Schreibausbildung für Jamison auch das Infragestellen dieses Raumes. Denn das ›recovery narrative‹ ist zukunftsgerichtet und verneint die Vorstellung, das individuelle Leid müsse auf originelle Weise erzählt werden. Es ist das therapeutische Narrativ des leidenden Selbst, das in der Konventionalität des ›recovery-Skriptes‹ seine Legitimation verliert.

Das Memoir und die Schreibwerkstatt

Die Institutionalisierung von Kreativem Schreiben und die zunehmende Akzeptanz von ›creative nonfiction‹ als vierte Gattung neben Drama, Lyrik und Prosa als Bestandteil der Creative Writing-Programme legen nahe, diese nicht nur auf ihre ›program fiction‹ hin zu untersuchen, sondern auch denjenigen Memoirs Aufmerksamkeit zu schenken, die sich zunehmend mit diesen Programmen auseinandersetzen. Elif Batuman beschreibt treffend, dass es gerade die nicht-fiktionalen Gattungen sind, die sich auch literaturhistorisch mit der Verbindung von Faktizität und persönlichen Narrativen beschäftigen: »The juxtaposition of personal narrative with the facts of the world and the facts of literature – the real work of the novel – is taking place today largely in memoirs and essays.«[39] Dagegen erscheint ›program fiction‹ von der

36 Jamison, *The Recovering*, S. 9
37 Ebd., S. 303
38 Jamison, *The Recovering*, S. 9
39 Elif Batuman, »Get a Real Degree«, in: *London Review of Books*, 32, 18 (23.9.2010), S. 3–8, zitiert nach: https://www.lrb.co.uk/v32/n18/elif-batuman/get-a-real-degree (geprüft am 19.10.2018).

Tradition des New Criticism geprägt, ahistorisch und weltfern. Was sowohl McGurl als auch Batuman in ihren Diskussionen um ›program fiction‹ nur unzureichend untersuchen können, sind die zahlreichen und komplexen Verbindungen zwischen ›program memoirs‹ wie *The Recovering* und ›program fiction‹.

Die Gattung des Memoirs ermöglicht eine Innenperspektive auf die Schreibwerkstatt, die nicht nur die literarischen Produkte und die implizite Poetik des Programms untersucht, sondern auch deren informelle und orale Kultur. Historisch betrachtet fand eine solch kritische Auseinandersetzung mit Programmen für Kreatives Schreiben eher in satirischen Texten wie zum Beispiel David Foster Wallaces »Westward the Course of Empire Takes its Way« statt.[40] Auch der Universitätsroman (campus novel) thematisiert auf oft ironische Weise und aus der Perspektive der Professorenschaft das Leben am Literaturinstitut.

Es ist gerade der oben bereits angesprochene Vorwurf, die Schreibwerkstatt ähnele einer Gruppentherapie, der es nahelegt, die Berichte von Absolventïnnen daraufhin zu lesen, wie sie sich mit der Praxis der Ausbildung befassen. Louis Menand beispielsweise bezeichnet in seinem *New Yorker*-Artikel »Show or Tell« die Schreibwerkstatt als einen performativen Raum, in dem junge Studentïnnen einer Mischung aus »ritual scarring und 12-step group therapy« ausgesetzt seien[41] – ganz wie bei AA also. Diese ironische Beschreibung verweist allerdings auf ein Paradox der Schreibwerkstatt. Wie soll Gruppentherapie in einem Raum vernichtender Kritik stattfinden? Eine Antwort auf diese widersprüchliche Wahrnehmung bietet Mark McGurl, indem er auf die Ursprünge der Programme für Kreatives Schreiben verweist. Progressive Bildungsideale ermöglichten es, künstlerische Studiengänge wie Kreatives Schreiben als Universitätsfächer zu etablieren. Jedoch betonten gerade Programme wie Iowa in ihrer Anfangsphase, dass ›self-expression‹ durch das Programm erst geformt und diszipliniert werden müsse. Die Idee von Handwerk (craft) und Technik, die sich im Mantra ›show, don't tell‹ ausdrückt, war untrennbar mit der Vorstellung eines selbstdisziplinierten Schreibprozesses verbunden.

Als erste moderne Schreibwerkstatt der Welt nimmt der 1936 gegründete Iowa Writers' Workshop eine Sonderstellung unter

Programmen für Kreatives Schreiben ein. Er bringt nicht nur bekannte Autor*innen hervor, sondern fungiert auch als Ursprungsmythos. Viele Absolvent*innen gründeten weitere einflussreiche Programme; Iowa leitete damit die Ära ihrer virulenten Ausbreitung ein. Laut McGurl bezieht sich die Sonderstellung des IWW vor allem auf das einzigartige Netzwerk, das die Universität mit den Akteuren des Literaturbetriebs verbindet.[42] Charakteristisch ist außerdem die Verknüpfung von Vergemeinschaftung und Individualismus: »the singular eminence of Iowa is such that it counts, in a field dedicated even now to the image of the writer as heroic loner, as a kind of collective individuality.«[43] Diese kollektive Individualität zeigt sich besonders innerhalb der Schreibwerkstatt, in der die Textkritik durch Seminargruppe und Dozent*innen zu einem der wichtigsten Momente der Sozialisation angehender Autor*innen wird. Die Bestrafung für ›schlechte‹ Geschichten wird in der Schreibwerkstatt zu einem Disziplinierungsmechanismus, den auch Jamison als prägend erlebt:

> »Whenever it was you week to get critiqued, copies of your story were stacked on a wooden shelf. […] Either way, you'd sit at around table for an hour and listen to twelve other people dissect the virtues and failures of what you'd written. Then you were expected to go out afterward, with those same people and drink.«[44]

Auch McGurl beschreibt, dass schriftstellerischer Selbstausdruck nicht nur eine befreiende Kraft ist, sondern innerhalb der Kritikkultur der Schreibwerkstatt immer auch die Angst vor Strafe und Scham beinhaltet: »Thus the ›screaming‹ narcissist, internalizing the punitive authority of the peer group, becomes a ›moving‹ masochist whose pain becomes an occasion for refined aesthetic pleasure.«[45] Die Vorstellung einer Erziehung zu ästhetischem Empfinden macht diese Disziplinierung auch zu einer potentiell schöpferischen Kraft: »while ›power‹ should be understood to be

40 Vgl. Chad Harbach, »MFA vs NYC«, in: ders. (Hg.), *MFA vs NYC. The Two Cultures of American Fiction*, New York: Farrar, Strauss & Giroux, 2014, S. 9–28, hier S. 9
41 Louis Menand, »Show or Tell. Should Creative Writing be Taught?«, in: *The New Yorker*, 8.6.2009, https://www.newyorker.com/magazine/2009/06/08/show-or-tell (geprüft am 19.10.2018); vgl. auch McGurl, *The Program Era*, S. 16f.
42 Vgl. auch McGurl, *The Program Era*, S. 178.
43 Ebd., S. 177 f.
44 Jamison, *The Recovering*, S. 11.
45 McGurl, *The Program Era*, S. 131.

in force even in such things as the ›freeing‹ progressive educational regime of ›self-expression‹ – which could, after all, be redescribed as subtly coerced testimony – so must the apparent negativity of discipline be understood as productive.«[46]

Paul Engle, der den IWW von 1941-1965 leitete und maßgeblich für seinen Prestigestatus verantwortlich war, schreibt in einem Textbuch für Kreatives Schreiben, die Aufgabe von Autorïnnen sei die virtuose Kontrolle der Sprache: »the simple and often grunt-like puffs of air which we call words must be used by the writer with such skill that they can bring to a reader, who cannot even hear whatever tone of voice the writer would give them, a form and sense which will move him.«[47] In seiner Anleitung zu Kreativem Schreiben betont er, dass das gesamte Leben zur Grundlage des Schreibens werden müsse und dass Intuition und kreativer Selbstausdruck einen unzureichenden Teil des kreativen Prozesses darstellen.[48] Die Schreibwerkstatt, in der die Texte der angehenden Autorïnnen besprochen und seziert werden, ist somit ein Raum, in dem sich Studentïnnen mit den Widersprüchen von Selbstdisziplin als Grundlage des eigenen Schreibprozesses und der Gemeinschaft der Werkstatt auseinandersetzen müssen.

Für Jamison gleicht die Kritikkultur der Schreibwerkstatt der informellen Kultur des gesamten IWW. Auch im gemeinsamen Alltag auf dem Campus können sich die Studentïnnen nicht von der Vorstellung lösen, eine ›gute‹ Geschichte erzählen und damit die Anerkennung der Gruppe verdienen zu müssen.

> One night I showed up at a potluck – brick building, basement unit, carpeted floors – and found everyone sitting in a circle. It was a game: You had to tell your best story, your absolute *best*. I can't remember anyone else's. I'm not sure I even listened to anyone else, I was so afraid no one would like what I said.
> [...] The structure of the basement game was nearly identical to the structure of the program itself: Every Thursday we gathered in workshops to critique each other's stories.[49]

Auch wenn es die liberale Ausrichtung des Programms ermöglicht, sich abseits von ökonomischen Zwängen nur dem Schreiben zu widmen, so empfindet Jamison die Schreibwerkstatt trotzdem als Ort der potentiellen Ablehnung und des Versagens: »Sometimes I got high and worried about sounding stupid, even though the whole point of getting high was that you weren't supposed to worry if you sounded stupid. Sometimes I went home at the end of the night and cut myself.«[50] Sucht und Selbstverletzung helfen Jamison dabei, sowohl das Programm als auch den Wunsch nach Singularität und Kreativität zu ertragen.
Dabei führt Jamisons Memoir die Kritik an der Schreibwerkstatt immer wieder auf die persönlichen Erfahrungen der Autorin zurück und vermeidet es so, die gesellschaftliche Relevanz des Drucks, kreativ sein zu müssen, zu kommentieren. Jamison begründet ihr scheinbares Scheitern in der Schreibwerkstatt in einer durch ihre Alkoholsucht verursachten Verklärung. Besonders ihre intimen Beziehungen trüben ihre Wahrnehmung dafür, dass der IWW ein gewöhnlicher Ort ist. Erst durch AA wird die vermeintlich magische ›white logic‹ durch eine neue Form von Klarheit ersetzt, die ihren Blick für eine entmythologisierte Realität schärft. So sind auch ihre Beziehungen Metaphern für den Wunsch nach rauschhaften Erfahrungen, die sich als Illusion erweisen:

> »Drinking with Daniel wasn't just about delivering myself into the wild hands of his recklessness, it was about surviving his uncertainty. I read his uncertainty as a physical conundrum, […] when, in fact, it was just honesty. It was the honesty of a twenty-six-year-old poet living above a falafel shop.«[51]

Die nüchterne Ich-Erzählerin erfährt durch ›recovery‹ eine Form der Klarheit, die einen neuen Anspruch verfolgt: ehrlich zu leben und zu schreiben.

46 Ebd., S. 136.
47 Paul Engle, »The Writer On Writing«, in: ders. (Hg.), *On Creative Writing*, New York: E. P. Dutton & Co, 1964, S. 3–17, hier S. 16.
48 Ebd., S. 7.
49 Jamison, *The Recovering*, S. 11.
50 Ebd., S. 12.
51 Ebd., S. 25.

Die Mythen Iowas

»Das Rauschgift ist das Mittel absolute Gesundheit zu erlangen, doch bezahlt man sie mit Versklavung« [52]

Offiziell bietet ein Programm für Kreatives Schreiben Studierenden lediglich die Möglichkeit, einen akademischen Abschluss zu erwerben, der zur Lehre und Forschung qualifiziert. Doch an den IWW sind laut Jamison noch ganz andere Erwartungshaltungen geknüpft, die einer unrealistischen »contract logic« folgend zwangsläufig enttäuscht werden müssen. »Contract logic justifies all kinds of labor, and makes all kinds of promises – If I do x, I'll get y – but anyone who lives by contract logic long enough is eventually betrayed by it. [...] The sober writer doesn't always write a sober epic. The sober writer doesn't even always stay sober.«[53] Zwar thematisiert diese Passage Jamisons Enttäuschung darüber, für ihre Nüchternheit nicht belohnt zu werden. Doch verdeutlicht sie auch, dass die Logik, bewegende Literatur sei Ergebnis eines bewegten Lebens, genauso illusorisch sein muss wie die Vorstellung, eine nüchterne Autorin müsse ein Werk verfassen, das andere zur ›recovery‹ inspiriere.

Die Vertragslogik weist darauf hin, dass es Programme für Kreatives Schreiben vermeiden, ein systematisches Programm, ähnlich des 12-stufigen Programms der AA, zu formulieren. Der Mythos der einsamen, genialen Schriftstellerin scheint auch im Rahmen eines institutionalisierten Programms für Kreatives Schreiben damit aufrechterhalten zu werden. Das Beharren auf der Informalität der Ausbildung, die bereits in dem Spitznamen des Instituts, Iowa Writer's Workshop angelegt ist, verweist immer wieder auf die Fiktion, es handele sich bei einem Programm um eine Ausbildung, die unabhängig von der Institution der Universität stattfinde. Der IWW scheut sich davor, den Einfluss der Institution auf den kreativen Prozess zu betonen: »We continue to look for the most promising talent in the country, in our conviction that writing cannot be taught but that writers can be encouraged.«[54]

Für Mark McGurl und Chad Harbach ist die Geschichte der Institutionalisierung Kreativen Schreibens auch die Geschichte ihrer bedeutenden Lehrerïnnen und Schülerïnnen, deren persönliche und professionelle Biografien untrennbar mit den Programmen verbunden sind. Die Faszination an solchen Biografien wird besonders anhand eines so elitären Programms wie dem IWW deutlich.[55] Für Eric Bennett sind es »literary individualism, its celebration of self-expression, its cornfields«,[56] die diese Anziehungskraft definieren. In seinem Essay »The Pyramid Scheme« schreibt er über seine Erfahrung im IWW:

> The Workshop was like a muffin tin you poured the batter of your dreams into. You entered with something undefined and tantalizingly protean and left with muffins. You really believe this. But you can see yourself clearly enough: unpublished, ambitious, obscure, ponderous. In short, the kind of person who writes a dissertation.[57]

Bennetts Traum eines buchstäblich greifbaren Ergebnisses seiner kreativen Ausbildung, also ein publizierter Autor zu sein, entpuppt sich als Illusion und bringt ihn dazu, eine klassische akademische Laufbahn einzuschlagen. Ein erfolgreicher Abschluss eines Programms für Kreatives Schreiben bedeutet nur selten eine berufliche Zukunft als Autorin. Harbach stellt sich die typische Absolventin ähnlich vor:

> »Her voyage is a long one, and she has her frailties: her concentration is fragile, she wakes up too late and checks her email too often, she drinks too much coffee in the morning and too much wine at night. But she is always working, working, working, trying both to pay her rent and to put the way the world feels into words«.[58]

52 Alain Ehrenberg, *Das erschöpfte Selbst. Depression und Gesellschaft in der Gegenwart*, aus dem Französischen von Manuela Lenzen und Martin Klaus, 2. erw. Aufl., Frankfurt am Main / New York: Campus, 2015, S. 52.
53 Jamison, *The Recovering*, S. 382.
54 O.A., »Philosophy«, in: *Website des Writers' Workshop der University of Iowa*, https://writersworkshop.uiowa.edu/about/about-workshop/philosophy (geprüft am 19.10.2018).
55 McGurl, *The Program Era*, S. 35.
56 Eric Bennett, »The Pyramid Scheme«, in: Chad Harbach (Hg.), *MFA vs NYC. The Two Cultures of American Fiction*, New York: n+1/Farrar, Straus and Giroux, 2014, S. 51–72, hier S. 53.
57 Ebd., S. 55.
58 Chad Harbach, »Introduction«, in: ders. (Hg.), *MFA vs NYC. The Two Cultures of American Fiction*, New York: Farrar, Strauss & Giroux, 2014, S. 3–8, hier S. 5.

Harbach verbindet hier drei Aspekte eines Werdegangs, die auch in Jamisons Memoir miteineinander verschwimmen: Der kreative Schreibprozess, die nicht-schriftstellerische Lohnarbeit sowie die Freizeitgestaltung verbinden sich zur Metapher der ›voyage‹. Die erfolgreiche Autorin ist überarbeitet, trinkt zu viel und ihre Wege kreuzen immer wieder die der Universität.

Jamison skizziert in der biografischen Selbstbeschreibung auf ihrer Webseite dagegen folgendes Bild: »I‘ve worked as a baker, an office temp, an innkeeper, a tutor, and a medical actor. Every one of these was a world; they‘re still in me.«[59] Versucht sie mit dieser Darstellung einfacher Tätigkeiten zu verschleiern, dass sie einen Traum verwirklichen konnte, der vielen Abolventinnen verwehrt bleibt, eine erfolgreiche Autorin zu sein? Als Autorin des Romans *Gin Closet* (2010) und der Essaykollektion *Empathy Exams* (2014) verkörpert Jamison eine idealtypische Absolventin, die außer am Iowa Writer's Workshop auch an den Eliteuniversitäten Harvard und Yale ausgebildet wurde.

Das Hervorheben ihrer Identität als arbeitende Frau erinnert allerdings an eine für den IWW charakteristische ästhetische Formation: literarischen Realismus, den McGurl als ›lower middle class modernism‹ zusammenfasst. Sein bekanntester Vertreter ist Raymond Carver. Er repräsentiert einen typischen Iowa-Schreibstil, den McGurl als einen »corporate« or de-individualized ›Iowa style‹« bezeichnet.[60] Carvers minimalistische Kurzgeschichten stehen beispielhaft für das exzessive Lektorieren und Überarbeiten von Texten. McGurl vertritt die These, dass dieser Minimalismus eigentlich eine ästhetische Übersetzung von Scham über die eigene Herkunft aus der Arbeiterklasse sei.[61]

Jamisons Memoir kann in Analogie zu dieser ästhetischen Formation des ›lower middle class modernism‹ verstanden werden. Ihr Memoir erzählt auf 500 Seiten verschiedenste ›recovery narratives‹ und scheint damit ihre eigene Geschichte der Sucht legitimieren zu wollen. An vielen Stellen thematisiert sie ihre Scham darüber, ihr eigenes Leid sei im Vergleich zu den Leidensgeschichten anderer vernachlässigbar. Die ›maximalistische‹ Form ihres Memoirs ist ein Versuch, mit der Scham über die eigene Herkunft, aber auch mit der Scham darüber, sich den Mythen der trinkenden Legenden Iowas nicht entziehen zu können, umzugehen.

Versteht sich ein Programm für Kreatives Schreiben als antiakademisch und Ausdruck eines liberalen Ethos, in dem Studierende die Möglichkeit erhalten, abseits ökonomischen Drucks kreativ zu arbeiten, so entpuppt sich diese Vorstellung im Kontext der Mythologisierung des Künstlerïnnen-Werdegangs als konflikthaft oder illusorisch. Als 21-jährige Studentin verfällt Jamison dem Mythos, der die Workshopkultur zu durchsetzen scheint: Alkohol ermögliche intensive und interessante Erfahrungen, die in ihren kreativen Schreibprozess einfließen können. Ihre Sozialisation in der Schreibwerkstatt wird begleitet von einer Ästhetisierung des Leidens an ihrer Sucht: »My ability to find drunken dysfunction appealing – to fetishize its relationship to genius – was a privilege of having never really suffered.«[62] Sie sieht in dieser Faszination dieselbe Metaphorisierung von Leid, die auch Susan Sontag in *Illness as Metaphor* beschrieben hat. Diese führe zu einem romantisierten Verständnis von Krankheit als »interior décor of the body«.[63]

Doch auch die Texte, die als Teil eines Programms zirkulieren, tragen zur Mythologisierung Iowas bei. McGurl identifiziert insbesondere die Kurzgeschichten-Anthologie als emblematische Gattung der Schreibwerkstatt. Die Anthologie als »ästhetische Institution« hat eine Vorbildfunktion, der sich auch Jamison nicht entziehen kann.[64] Sie beschreibt die Kurzgeschichten von Denis Johnson, »Jesus' Son«, als »Bible of beauty and damage«[65] und eines der bedeutendsten Werke, das aus dem IWW hervorgegangen sei – »and drugs and booze had helped him do it.«[66]

Der Text steht exemplarisch für die zahlreichen Legenden, die den Alkoholrausch und Kreativität zum Thema machen. Die Protagonistin Jamison ist sich bewusst, dass sie an einem Ort studiert, an dem Schrifststellerïnnen ihre eigenen Mythen erschaffen, und fragt sich, ob Schmerz die Bedingung dafür sei, Geschichten zu schreiben, die sich ehrlich anfühlen: »There was something beautiful and necessary about the role of pain in Johnson's stories. Truth lurked past the edges of destruction and sorrow. Something

59 Leslie Jamison, »Leslie«, in: *Website von Leslie Jamison*, http://www.lesliejamison.com/author/ (geprüft am 5.11.2018).
60 McGurl, *The Program Era*, S. 177.
61 Zur Relation von Scham und »program fiction« vgl. McGurl, *The Program Era*, S. 286.
62 Jamison, *The Recovering*, S. 29.
63 Der erkrankten Person werde durch die Erfahrung eine besondere Komplexität und Sensibilität unterstellt, ebd.
64 McGurl, *The Program Era*, S. 132f.
65 Jamison, *The Recovering*, S. 22.
66 Ebd., S. 23.

got made, like a jewel or a hatched bird, when people hurt.«[67] Im Vergleich zu diesem ehrlichen Schmerz empfindet sie ihren eigenen Schmerz als Grundlage ihres Schreibprozesses als unehrlich. Bei ihrer Suche nach Material für ihre Geschichten scheint das Maß ihres eigenen Leidens keine verlässliche Quelle der Kreativität zu sein. Der Imperativ ›write what you know‹ wird von ihr in sein Gegenteil, etwa ›live what you write‹ umgekehrt. Die Trinkkultur, die die Schreibwerkstatt begleitet, bedeutet für Jamison daher auch die Verschmelzung ihrer persönlichen Erfahrung mit den Mythen Iowas. Doch die Schwierigkeit dabei liegt nicht in ihrer naiven Haltung zu diesen Mythen, sondern in dem Bewusstsein darüber, dass sie trotz aller Selbstreflexivität die Sehnsucht danach verspürt, dem ›siren call‹ des Rausches zu folgen, der ihr nicht nur ein spannendes Leben, sondern auch Inspiration für ihren eigenen Schreibprozess verspricht. Die gefürchteten Kritiksitzungen versteht Jamison daher als Aufforderung, über das eigene Leiden zu schreiben. Zumal die Dramatisierung persönlicher Leiderfahrung im Kontext der Schreibwerkstatt belohnt wird:

> My main character smashed a glass of wine against her fridge, and then licked all the red trails of Shiraz running down its beige door. I'd only ever drunk wine from water glasses and plastic cups, but the shattered glass and licked trails of crimson seemed like more artful articulations of ache than my own redundant glugging. The day of my workshop, our instructor said: ›The only thing wrong with this story is that it doesn't have any page numbers‹. It was the only thing I wrote at Iowa that anyone really liked, and it confirmed my hunch: Things got dark, and you wrote from that darkness. Heartbreak could become the beginning of a career.[68]

Diese Passage hebt auf humorvolle Weise die Klischees dieser Dramatisierung hervor, obwohl die Kehrseite dieser ›self-expression‹ unverkennbar ihre Alkoholsucht ist. In *The Recovering* führt die Romantisierung von Sucht auch dazu, dass Jamison die politische Dimension dieser naiven Mythologisierung nicht wahrnimmt:

> When I thought of addiction, I certainly wasn't thinking about Billie Holiday incarcerated for a year in West Viriginia, or handcuffed to her deathbed at a midtown Manhattan hospital. I wasn't thinking of the elderly white drunks gathering every morning at the nonwriters' bars at the edges of our cornfields, veterans and farmers – the ones for whom intoxication wasn't mythic fuel but daily, numbing relief.[69]

Des Weiteren gibt sie zu, dass ihre eigene Sucht immer auch eine bedeutende Rolle innerhalb ihrer romantischen Beziehungen spielte: »In Iowa, I spent my days reading dead drunk poets and my nights trying to sleep with live ones. I love-groped my way through the future canon.«[70] Insofern werden auch ihre Beziehungen zu einer Form der Sucht und zur Quelle des Leidens. Während Jamison ihre Sucht nicht als Ergebnis einer schweren Kindheit versteht, so interpretiert sie ihre fehlgeschlagenen Beziehungen retrospektiv immer wieder im Sinne des therapeutischen Narrativs als pathologisch. Für Jamison bedeutet ›recovery‹ die Abkehr von der Ästhetik des Leidens hin zu einem realistischen Verständnis von Sucht. Durch ihre Teilnahme an Treffen der AA kann sie sich von der verklärenden Vorstellung, dass Alkohol gleichzusetzen sei mit der Klarheit tiefer Inspiration, trennen und diesen Irrglauben auf ihre jugendliche Naivität und ihr weißes Privileg zurückführen. Mithilfe der ›recovery story‹ entlarvt sie die Ästhetisierung des Leidens als einen tyrannischen Impuls, der seinen Ursprung in der Vorstellung hat, sie müsse die Autorin ihres eigenen Lebens sein. Sie kann die Vorstellung von Originalität und Singularität nur aufgeben, indem sie sich dem Ethos der Wahrheit verschreibt, den sie in den Treffen der AA erlebt: »What's a meeting? It's just one life after another: an anthology held together by earnestness.«[71] In dem Programm von AA lernt die Ich-Erzählerin, die Prämissen ihrer Ausbildung im Programm für Kreatives Schreiben aus einer ernüchterten Perspektive zu betrachten.

67 Ebd., S. 24.
68 Ebd., S. 57.
69 Ebd., S. 20.
70 Ebd., S. 29.
71 Ebd., S. 330.

Die Anonymen Alkoholiker und die Poetik des Klischees

> *»It was impossible to imagine what it was to be, as a person or a story, without thinking in terms of difference«*[72]

Die typische AA-Story, die in den sogenannten ›speaker meetings‹ aufgeführt wird, besteht aus drei Teilen, die Jamison zu Beginn ihrer eigenen Genesung als Tyrannei einer dreiteiligen, narrativen Struktur erlebt: »what it was like (your drinking) / what happened (why you stopped) /what it is like now (sobriety).«[73] Für Jamison verkörpert diese Struktur eine Klischeehaftigkeit, der sie sich widersetzen muss.

> »Clichés were one of the hardest parts of my early days in recovery. [...] At meetings I hated when other people abandoned narrative particularity in their stories – *I accidentally crushed my daughter's pet turtle after too much absinthe* – for the bland pudding of abstraction – *I was sick and tired of being sick and tired.*«[74]

Doch ist es das Erleben des klischeehaften AA-Treffens das Jamison ein Gemeinschaftsgefühl vermittelt, das ihr hilft, die Vorstellung der individuellen Autorschaft ihrer Lebensgeschichte aufzugeben. Sie kommt in Kontakt mit einer archaischen Form des Erzählens, in der nur ihre Ähnlichkeit die verschiedenen Lebensgeschichten wirkungsvoll macht. Die Konventionalität der Erzählung bedingt den Wert der ›recovery story‹:

> »But the accusation of sameness, just another addiction memoir, gets turned on its head by recovery – where a story's sameness is precisely why it should be told. Your story is only useful because others have lived it and will live it again.«[75]

Das ›recovery narrative‹ der AA verlangt von Jamison nicht nur die Aufgabe des Ideals von Individualität und die damit verbundene Vorstellung einer einzigartigen Lebensgeschichte, es dient Jamison auch dazu, die Trinkkultur des IWW infrage zu stellen. Folgendes Beispiel zeigt, wie sie das Skript und die Ästhetik des Programms der Anonymen Alkoholiker nutzt, um ihre ›recovery‹ als Genesung vom Programm der Schreibwerkstatt zu erzählen:

> We weren't the first people who'd gotten drunk in Iowa. We knew that. The myths of Iowa City drinking ran like subterranean rivers beneath the drinking we were doing. They surged with dreamlike tales of dysfunction: Raymond Carver and John Cheever tire-squealing through early-morning grocery-store parking lots to restock their liquor stash; [...] Denis Johnson getting drunk at the vine and writing short stories about getting drunk at the Vine. We got drunk at the Vine too, though it was in a different building now, on a different block. We knew this too: how imprecisely we squatted in the old tales, how we only got glimpses and imperfect replicas [...] I often thought of Iowa with that we: We drank here. We drank there. We drank somehow with those who would drink after us, just as we drank with those who had come before.[76]

Im Sinne des ›alcoholic equalitarianism‹ löst Jamison jegliche Unterschiede zwischen den Erfahrungen der bekannten Autor-ïnnen mit Alkohol und denjenigen der Studierenden auf. Dennoch ist sich Jamison auch dem Vorwurf, ihre Suchtgeschichte könne uninteressant sein, bewusst. Die klischeehaften Erzählungen ihrer Zeit im IWW werden durchbrochen von den poetischen Bildern, mit denen sie die Angst beschreibt, ihre Geschichte der ›recovery‹ könne uninteressant sein:

72 Ebd., S. 222.
73 Dieses Skript wurde 1957 von der administrativen Zentrale von AA,dem General Services Headquarter als Richtlinie für mediale Auftritte veröffentlicht, vgl. Jamison, *The Recovering*, S. 221.
74 Ebd., S. 222.
75 Ebd., S. 310.
76 Ebd., S. 17.

> If addiction stories run on the fuel of darkness – the hypnotic spiral of an ongoing, deepening crisis – then recovery is often seen as the narrative slack, the dull terrain of wellness, a tedious addendum to the riveting blaze. [...] But I wanted to know if stories about getting better could ever be as compelling as stories about falling apart. I needed to believe they could.[77]

Um eine Antwort auf die Frage zu finden, wie ›nüchterne Literatur‹ aussehen könne, befasst sie sich mit Autorïnnen, die auch während ihrer ›recovery‹ nach einer Form des Schreibens suchten, die Jamison als nüchterne Kreativität beschreibt.[78] Das Paradox einer solchen nüchternen Kreativität zeigt sich in Jamisons Memoir in dem Oszillieren zwischen Passagen, die das ›recovery narrative‹ imitieren und Passagen, in denen ›recovery‹ und die Klischees der Nüchternheit feinsinnig dargestellt werden. Ihre Suche nach einer Ästhetik der Nüchternheit führt sie wiederum zu den klassischen Regeln Kreativen Schreibens zurück:

> That first winter, sobriety was the smell of oranges and wood smoke. It was the rabid, dangerous glare of sunlight on snow, and the warmth of car vents [...] I'll always associate sobriety with a quality of light that I've only seen in the broad winter horizons of Iowa: hard, expansive, exposing. It came from huge and frozen skies, their dwarfing blue, and glinted off snow mounds the size of bedrooms. I was nothing but naked in it – a brightness so clean and uncluttered it hurt.[79]

Die Memoir-Autorin Mary Karr erklärt in ihrer Schreibanleitung *The Art of Memoir* die Bedeutung von sinnlicher Wahrnehmung für die Illustration von Erinnerungen. Die Bevorzugung physischer Details gegenüber abstrakten Ideen fasst sie im Konzept der ›carnality‹ oder Sinnlichkeit zusammen: »Every memoir should brim over with the physical experiences that once streamed in – the smell of garlicky gumbo, your hand in an animal's fur, the ocean's phosphor lighting up bodies underwater all acid green.«[80]

Auch für Jamison ist diese ›carnality‹ eine Möglichkeit, ihre Angst vor nüchterner Prosa zu entkräften. Bereits die Beschreibung des nüchternen Zustands als »plotless abstraction, a string of empty evenings, a life lit by the sallow fluorescence of church-basement bromides rather than the glow of dive-bar neon signs« zeigt, dass sie um eine poetische Erzählung ihrer ›recovery‹ bemüht ist.[81] Gleichzeitig entfremdet sie die Erfahrung der ›recovery‹ von dem anfänglichen Zauber der Schreibwerkstatt:

> But I was growing tired of home-pickled vegetables and drunken poetry recitations [...] These poets had their seminars by the river, and their bar nights after class – and I had early shifts at the bakery [...] At the workshop, everyone was basically between the ages of twenty-two and thirty-five, stylish and sharp, but the people in my world at the bakery wore less black and smiled more.[82]

Jamison versucht ihren LeserInnen die Angst vor Klischees zu nehmen, indem sie sowohl das Klischee als auch die Konventionalität der ›recovery‹ aufwertet. Nirgends wird der Wunsch nach einer Ästhetisierung des Klischees deutlicher als in ihrer Beschreibung des Wortes ›Klischee‹: »The word itself – ›cliché‹ – derives from the sound that printing plates made when they were cast from movable type. Some phrases were used often enough that is made sense to cast the whole phrase in metal, rather than having to create an arrangement of individual letters.«[83] Das Paradox der nüchternen Kreativität lässt auch Kreativität und Konventionalität als Bestandteil der Programme des IWW und der AA in ein produktives Spannungsverhältnis treten. Den Prämissen der Schreibwerkstatt wie ›show, don't tell‹ und ›write what you know‹, die als inoffizielle Regeln Kreativen Schreibens gelten, erwecken gerade aufgrund ihrer Klischeehaftigkeit Misstrauen. Doch Jamisons Auseinandersetzung mit der Konventionalität des ›recovery narratives‹ und der

77 Ebd., S. 10.
78 Vgl. ebd., S. 297 für eine Diskussion von Charles Jacksons *What happened*. Jackson konnte nicht an den Erfolg seines ›drunk narratives‹ *The Lost Weekend* anknüpfen. Jamisons Befürchtung ›recovery‹ könne einen negativen Einfluss auf den Schreibprozess haben, bestätigt sich anhand dieses Beispiels.
79 Ebd., S. 193
80 Mary Karr, *The Art of Memoir*, New York: Harper Collins, 2015, S. 71.
81 Jamison, *The Recovering*, S. 298.
82 Ebd., S. 162.
83 Ebd., S. 316.

Schreibwerkstatt wirft die Frage auf, wieso Klischees als negativ bewertet müssen. Wäre nicht ein 12-stufiges Programm der Schreibwerkstatt denkbar, das auf unironische Weise formuliere, was die Schreibwerkstatt implizit postuliert: Kreatives Schreiben kann erlernt werden? Ein solches Programm würde die eigene ›Programmhaftigkeit‹ nicht verschleiern, sondern als Teil der eigenen historischen Entwicklung reflektieren. Ähnlich einer antipsychologischen, doch therapeutischen Organisation wie AA würde das Programm bestätigen, was Absolventinnen wie Jamison in ihren ›program memoirs‹ längst versuchen: Die kritische Haltung gegenüber Programmen für Kreatives Schreiben und den autopoetischen Prozess zu versöhnen. Dies würde auch bedeuten, dass Kreativität und Programmatik nicht länger zugunsten des überholten Mythos genialer Autorschaft forciert werden müssten.

›Recovery‹ als Metapher der Emanzipation von den Postulaten der Schreibschulausbildung bedeutet somit in erster Linie eine kritische Haltung gegenüber dem eigenen Schreibprozess einzunehmen. Während Jamison die Sprache der ›recovery‹ gezielt einsetzt, um zu zeigen, wie sich ihr autobiografisches Ich von der Vorstellung von Singularität löst, so versucht sie ihren Prozess der ›recovery‹ wiederum zu ästhetisieren. All das zeigt, dass die Gattung des Memoirs neue Zugangsweisen zum Verständnis der Poetiken und Kulturen der Programme für Kreatives Schreiben eröffnen kann und dabei die Chance bietet, die Diskussion zum Thema ›can writing be taught?‹ zu verlassen, um stattdessen zu fragen: ›how is writing taught?‹.

Literaturverzeichnis

O.A., »Philosophy«, in: *Website des Writer's Workshop der University of Iowa*, https://writersworkshop.uiowa.edu/about/about-workshop/philosophy (geprüft am 19.10.2018).

Alcoholics Anonymous Great Britain, »The Twelve Steps of Alcoholics Anonymous«, zitiert nach: *Website der Alcoholics Anonymous Great Britain*, https://www.alcoholics-anonymous.org.uk/about-aa/the-12-steps-of-aa (geprüft am 26.10.2018).

Atlas, James: »Confessing for Voyeurs; The Age of the Literary Memoir is Now«, in: *New York Times Magazine*, 12.5.1996, zitiert nach: https://www.nytimes.com/1996/05/12/magazine/confessing-for-voyeurs-the-age-of-the-literary-memoir-is-now.html (geprüft am 26.10.2018).

Aubry, Timothy / Travis, Trysh: »What is ›therapeutic culture‹, and why do we need to ›rethink‹ it?«, in: dies. (Hg.), *Rethinking Therapeutic Culture*, Chicago / London: Chicago University Press, 2015, S. 1–23.

Batuman, Elif: *The Possessed. Adventures with Russian Books and the People Who Read Them*, New York: Farrar, Straus and Giroux, 2010.

Batuman, Elif: »Get a Real Degree«, in: *London Review of Books*, 32, 18 (23.9.2010), S. 3–8, zitiert nach: https://www.lrb.co.uk/v32/n18/elif-batuman/get-a-real-degree (geprüft am 19.10.2018).

Bennett, Eric: »The Pyramid Scheme«, in: Chad Harbach (Hg.), MFA vs NYC. The Two Cultures of American Fiction, New York: n+1 / Farrar, Straus and Giroux, 2014, S.51–72.

Couser, G. Thomas: *Memoir. An Introduction*, Oxford: Oxford University Press, 2012

Crowley, John W.: *The White Logic. Gender and Alcoholism in American Modernist Fiction*, Amherst, Mass.: University of Massachusetts Press, 1994.

Ehrenberg, Alain: *Das Erschöpfte Selbst. Depression und Gesellschaft in der Gegenwart*, aus dem Französischen von Manuela Lenzen und Martin Klaus, 2. erw. Aufl., Frankfurt am Main/New York: Campus, 2015.

Engle, Paul: »The Writer On Writing«, in: ders. (Hg.), *On Creative Writing*, E. P. Dutton & Co: New York, 1964, S. 3–17..

Gilmore, Leigh: »American Neoconfessional: Memoir, Self-Help and Redemption on Oprah's Couch«, in: *Biography*, 33, 4 (2010), S. 657–679.

Harbach, Chad: »Introduction«, in: ders. (Hg.), *MFA vs NYC. The Two Cultures of American Fiction*, New York: Farrar, Strauss & Giroux, 2014, S. 3–8.

Illouz, Eva: *Oprah Winfrey and the Glamour of Misery. An Essay on Popular Culture*, New York: Columbia University Press, 2003.

Illouz, Eva: *Saving the Modern Soul. Therapy, Emotions and the Culture of Self-Help*, Berkeley / Los Angeles / London: University of California Press, 2008.

Jamison, Leslie: *The Recovering: Intoxication and Its Aftermath*, New York: Little, Brown & Company, 2018.

Jamsion, Leslie: *Die Klarheit. Alkohol, Rausch und die Geschichten der Genesung*, übersetzt von Kirsten Riesselmann, Berlin: Hanser Berlin, 2018.

Jamison, Leslie: »Leslie«, in: *Website von Leslie Jamison*, http://www.lesliejamison.com/author/ (geprüft am 5.11.2018).

Karr, Mary: *The Art of Memoir*, New York: Harper Collins, 2015.

King, Stephen: »Raymond Carver's Life and Stories«, in: *New York Times*, 19.11.2009, zitiert nach: https://www.nytimes.com/2009/11/22/books/review/King-t.html (geprüft am 26.10.2018).

Kunkel, Benjamin: »Misery Loves a Memoir«, in: *New York Times*, 16.7.2006, zitiert nach: https://www.nytimes.com/2006/07/16/books/review/16kunkel.html (geprüft am 26.10.2018).

Lasch, Christopher: *The Culture of Narcissism. American Life in an Age of Diminishing Expectations*, New York: Norton, 1978.

Levy, Lisa: »The New Sameness of Leslie Jamison's Addiction Memoir«, in: *Jstor Daily*, 28.3.2018, https://daily.jstor.org/new-sameness-leslie-jamisons-addiction-memoir/ (geprüft am 31.10.2018).

Li, Yiyun: *Dear Friend, From My Life I write to You in Yours*, New York: Random House, 2017.

McGurl, Mark: *The Program Era. Postwar Fiction and the Rise of Creative Writing*, Cambridge, Mass. / London: Harvard University Press, 2009.

Menand, Louis: »Show or Tell. Should Creative Writing be Taught?«, in: *The New Yorker*, 8.6.2009, https://www.newyorker.com/magazine/2009/06/08/show-or-tell (geprüft am 19.10.2018).

Reckwitz, Andreas: *Die Erfindung der Kreativität. Zum Prozess gesellschaftlicher Ästhetisierung*, Berlin: Suhrkamp, 2012.

Rieff, Philip: *Triumph of the Therapeutic. Uses of Faith After Freud*, New York: Harper & Row, 1966.

Smith, Sidonie / Watson, Julia: *Reading Autobiography. A Guide for Interpreting Life Narratives*, Minneapolis: Minnesota University Press, 2. ed, 2010.

Travis, Trysh: *The Language of the Heart. A Cultural History of the Recovery Movement from Alcoholics Anonymous to Oprah Winfrey*, Chapel Hill: University of North Carolina Press, 2013.

Warhol, Robyn R. / Michie, Helena: »Twelve-Step Teleology: Narratives of Recovery/Recovery as Narrative«, in: Sidonie Smith / Julia Watson (Hg.), *Getting A Life. Everyday Uses of Autobiography*, Minneapolis / London: University of Minnesota Press, 1996, S. 327–350.

Warner, John: »On Elite Rejection: The Iowa Writers' Workshop Story«, in: *Inside Higher Ed*, 4.8.2017, zitiert nach: https://www.insidehighered.com/blogs/just-visiting/elite-rejection-iowa-writers-workshop-story (geprüft am 26.10.2018).

Wilson, Bill: »Bill's Story«, in: Alcoholics Anonymous (Hg.), *The Story of How Many Thousands of Men and Women have recovered from Alcoholism*, 4th Edition, New York City: Alcoholics Anonymous World Services, 2001, S. 1–16.

Das Institut für Literatur ›Johannes R. Becher‹ zwischen Staatsauftrag und ästhetischem Eigensinn. Zur Geschichte einer DDR-Schreibakademie

Katja Stopka

Eine sozialistische Schreibakademie

Die Idee, Mitte des 20. Jahrhunderts ein akademisches Institut für literarisches Schreiben in Leipzig einzurichten, basierte auf der Überlegung, ›Schriftstellerei‹ könne man lernen. Diese These von der Lehrbarkeit und Lernbarkeit literarischen Schreibens war zu dieser Zeit im deutschen Sprachraum äußerst gewagt. Besaß doch die seit dem 18. Jahrhundert in Europa etablierte Vorstellung von einem angeborenen Talent zum Künstlertum noch großen Einfluss.[1] Ein Genie wurde geboren und nicht etwa erzogen – was wiederum nichts Anderes hieß, als dass cin Literat das Schreiben nicht lernte bzw. nicht lernen konnte, sondern über eine ursprüngliche schöpferische Kraft zur Schriftstellerei verfügen musste, die als Ausgangspunkt allen literarischen Schaffens galt. Über dieses Genie verfügte ein Literat, sonst wäre er keiner.

Nun war aber in einem Teil Deutschlands nach 1945 mit dem Sozialismus ein neuer Geist eingezogen. Um einem Weltbild Platz zu machen, das mit dem Ziel einer klassenlosen Gesellschaft verbunden war, sollte mit den vermeintlich bürgerlichen Vorstellungen von Genialität, Individualität und Elitarismus gründlich aufgeräumt werden. Mit der Deutschen

1 Vgl. etwa Jochen Schmidt, *Die Geschichte des Genie-Gedankens in der deutschen Literatur, Philosophie und Politik 1750-1945*, Darmstadt: Wissenschaftliche Buchgesellschaft, 1985; Herwig Gottwald, *Spuren des Mythos in moderner deutschsprachiger Literatur. Theoretische Modelle und Fallstudien*, Würzburg: Königshausen & Neumann, 2007, S. 28 f.

Demokratischen Republik hatte die Staatsführung vor, einen sozialistischen Staat der Arbeiter und Bauern aufzubauen. An diesem kollektiven Gesellschaftsentwurf wollte man auch die Künste des Landes beteiligen, insbesondere die Literatur, insofern diese »als eines der subtilsten und als eines der wirkungsvollsten Mittel der Bewußtseins- und Gefühlsbildung des Volkes« betrachtet wurde, wie dies der sozialistische Schriftsteller und langjährige Direktor des Becher-Instituts, Max Walter Schulz, einmal formulierte.[2] Entsprechend machte sich das Leipziger Literaturinstitut zur Aufgabe, Schriftstellerïnnen das Schreiben für und über den Sozialismus beizubringen. Eine Alimentierung durch großzügige Stipendien erhöhte den Anreiz zur Studienaufnahme und gewährte den angehenden Autorïnnen eine ökonomisch unabhängige Ausbildungszeit.[3]

War das Becher-Institut also eine Kaderschmiede, die Auftragsschriftstellerïnnen im Namen der Ideologie konfektionierte? Spielten literarisches Talent sowie ästhetische Kriterien in dieser Ausbildung überhaupt keine Rolle? DDR-Schriftstellerïnnen mit hohen literarischen Ansprüchen, die am Becher-Institut studiert haben und auch heute noch einer großen Lescrschaft bekannt sind, wie etwa Sarah Kirsch, Helga M. Novak, Katja Lange-Müller, Angela Krauß, Walter Bräunig, Adolf Endler, Kurt Drawert, Andreas Reimann oder Erich Loest allerdings lassen eine solche Annahme nicht unbedingt zu. Andererseits sind gerade einige dieser Autorïnnen aufgrund ihrer künstlerischen Ansprüche negativ ins Visier der Kulturdoktrin beziehungsweise in Konflikt mit der Institutsleitung geraten und schließlich zwangsexmatrikuliert worden. Gleichwohl lässt sich über all die Jahre am Literaturinstitut auch ein federführendes Lehrkonzept des literarischen Schreibens finden, das sich gegen eine Konfektionierung zu richten schien, insofern von den Studierenden nicht nur Linientreue, sondern auch literarische Qualität gefordert wurde.[4] Was literarische Qualität hieß, war durchaus variabel, wie sich den Protokollen der Leitungssitzungen über die Jahrzehnte hinweg entnehmen lässt. Nicht zuletzt wurden Qualitätskriterien wiederholt neu diskutiert, etwa wenn wieder einmal Kritik aus dem Literaturbetrieb an der wiederum vermeintlich schlechten Qualität der studentischen Literaturproduktion laut geworden war. Darüber hinaus hingen die Qualitätsansprüche auch von den einzelnen Lehrpersönlichkeiten ab. So konnte etwa für die Dozenten Wieland Herzfelde, Georg Maurer, Gert Rothbauer und Max Walter Schulz literarische Qualität nur auf Grundlage einer breiten ästhetischen Bildung gelingen. Zudem wurden die Studierenden von Dozenten auch nicht selten dazu ermuntert, literarisch Neues zu erproben und sich sowohl in thematischer wie formaler Hinsicht um ein hohes reflektorisches und ästhetisches Niveau zu bemühen.[5] Die künstlerische Begabung wurde in diesem Zusammenhang auch immer wieder ins Spiel gebracht. Ihr Gewicht und ihren Anteil ließ man allerdings im Ungefähren. Eine präzise Einordnung, was die Begabung genau sein sollte, blieb bei allem wissenschaftlichem Anspruch auch im Sozialismus verborgen: »wir erleben sie [die Begabung] bald wie eine Krankheit, bald wie eine fast übermenschliche Gesundheit«,[6] raunte etwa Gründungsdirektor Alfred Kurella in seiner Rede zur Eröffnung des Instituts. Zur Lehrbarkeit literarischen Schreibens fiel Kurella dagegen gleich präziseres ein: Autorinnen sollten durch zentralistische Fördermaßnahmen zu Sprachrohren des Staates ausgebildet und mit einem volkspädagogischen Auftrag ausgestattet werden. Das Literaturinstitut sollte als »technische Hochschul[e]«[7] verstanden werden, die auf den Aspekt des Handwerklichen Wert zu legen hatte und damit nicht zuletzt auf das vielzitierte Stalinwort von den Schriftstellerinnen als den »Ingenieuren der menschlichen Seele«[8] verwies. O-Ton Kurella: »Die Kunst ist auf die Wirklichkeit gerichtet, sie will und soll [...] bildend und ändernd in die

2 Max Walter Schulz, »Nochmals über die Lehrbarkeit der literarischen Meisterschaft« (Aus der Rede zum 10. Jahrestag der Gründung des Instituts für Literatur »Johannes R. Becher«, 30. September 1965), in: Institut für Literatur »Johannes R. Becher« (Hg.), *Zwischenbericht. Notate und Bibliographie vom Institut für Literatur »Johannes R. Becher«*, Leipzig: VEB Bibliographisches Institut Leipzig, 1980, S. 25–33, hier S. 26.

3 Vgl. Alexander Abusch, »Sinn und Zweck eines Instituts für Literatur. Rede zur Eröffnung des Instituts für Literatur am 30.9.1955 in Leipzig«, in: Institut für Literatur »Johannes R. Becher« (Hg.), *Ruf in den Tag. Jahrbuch des Instituts für Literatur »Johannes R. Becher«*, Bd.2, Leipzig: List Verlag, 1962, S. 11–16.

4 »Das Institut muß dazu beitragen, daß die in der DDR entstehende Literatur des sozialistischen Realismus beispielgebend für die Entwicklung der Literatur in ganz Deutschland wirkt. Deshalb sollen am Institut für Literatur Schriftsteller erzogen werden, die Werke von hoher ideologischer und künstlerischer Qualität mit eindeutig sozialistischer Perspektive schaffen.« Vgl. »Hochschulprogramm«, in: *Sächsisches Staatsarchiv Leipzig* (SStAL), Institut für Literatur, Nr.646, Bl.13.

5 Vgl. Isabelle Lehn / Sascha Macht / Katja Stopka, *Schreiben lernen im Sozialismus. Das Institut für Literatur »Johannes R. Becher«*, Göttingen: Wallstein, 2018, passim.

6 Alfred Kurella, »Von der Lehrbarkeit der literarischen Meisterschaft. Vortrag zur Eröffnung des Instituts für Literatur in Leipzig«, in: Institut für Literatur »Johannes R. Becher« (Hg.), *Ruf in den Tag. Jahrbuch des Instituts für Literatur »Johannes R. Becher«*, Bd.1, Leipzig: List Verlag, 1960, S. 17–36, hier S. 22.

7 Ebd., S. 18.

8 Andrej Schdanow, »Die Sowjetliteratur, die ideenreichste und fortschrittlichste der Welt«, in: Hans-Jürgen Schmitt / Godehard Schramm (Hg.), *Sozialistische Realismuskonzeptionen. Dokumente zum 1. Allunionskongreß der Sowjetschriftsteller*, Frankfurt am Main: Suhrkamp, 1974, S. 35–70, hier S. 47.

Wirklichkeit des Menschenlebens eingreifen.«[9] Diese Ansinnen wurden den Studierenden als eine Pflicht vermittelt, in die sich freilich nicht alle nehmen lassen wollten. Es sei darum gegangen, erinnerte sich mit einigem Schaudern einer der ersten Institutsabsolventen, der regimekritische Schriftsteller Erich Loest »aus Studenten Parteidichter zu machen«.[10] Schon früh zeigten sich indes auch die unterschiedlichen Ansprüche von Lehrenden und Studierenden, aus denen sich bis zur Abwicklung des Becher-Instituts in der Nachwendezeit immer wieder Konfliktlagen ergaben, mit denen die Institutsleitung umzugehen hatte.

Es stellt sich also die Frage, wie sich die Institutspolitik im Spannungsfeld von gefordertem Staatsauftrag und dem ästhetischen wie politischen Eigensinn der Studierenden in der beinah vierzigjährigen Geschichte des Instituts entwickelte und ob beziehungsweise wie es den Studierenden gelingen konnte, zwischen offiziellen und individuellen Ansprüchen ihr literarisches Selbstverständnis zu konturieren. Um dies erörtern zu können, erfolgen zunächst einige Informationen und Erläuterungen zum organisatorischen Aufbau und zur Ausbildungsstruktur des Instituts für Literatur. Im Anschluss daran wird an zwei Vorfällen, in deren Mittelpunkt jeweils ein Text eines literarisch talentierten Studenten steht, gezeigt, wie die Institutsleitung auf vermeintlich provozierende Literatur reagierte und wie ihr Umgang mit den studentischen Urhebern ausfiel beziehungsweise sich verändern sollte.

Aufbau des Instituts und Organisation des Studiums

Seinen Studienbetrieb nahm das Institut für Literatur ›Johannes R. Becher‹ im Oktober 1955 auf. 1958 erhielt das Institut den Status einer Kunsthochschule und war damit die erste und lange Zeit auch einzige akademische Einrichtung für literarisches Schreiben im deutschsprachigen Raum. 1993 wurde es im vereinigten Deutschland mit dem Argument, Teil des erziehungsdiktatorischen Systems der DDR gewesen zu sein, schließlich abgewickelt.

38 Jahre nach der Gründung und beinah drei Jahre nach der Wiedervereinigung der beiden deutschen Staaten war nun Schluss mit Schreiben lernen am Becher-Institut – trotz aller Proteste und Widerstände gegen die Abwicklung.[11] Die Unwiderruflichkeit dieser Entscheidung zeigte sich nicht zuletzt darin, wie eilig das Schriftgut der DDR-Hochschule bereits zwei Wochen später, am 2. August 1993, dem Sächsischen Staatsarchiv Leipzig (SStAL) übergeben wurde. Damit war das Institut für Literatur ›Johannes R. Becher‹ mit seinen rund 15 Metern Akten offiziell zur Vergangenheit erklärt worden und für die Geschichtsschreibung freigegeben. Stattdessen erfolgte die Gründung einer neuen, den demokratischen Ansprüchen der neuen Bundesrepublik angemessenen Schreibakademie – das Deutsche Literaturinstitut Leipzig (DLL) eröffnete 1995 seine Tore. An ebendiesem neugegründeten Institut, das sich freilich nicht als direkte Nachfolgeinstitution verstand – galten doch die Vorgaben des Sozialismus nicht mehr – wurde 20 Jahre später (2013-2017) die Geschichte des Becher-Instituts in einem Forschungsprojekt untersucht. Neben dem am Sächsischen Staatsarchiv nachgelassenen Archiv diente ein Korpus von studentischen Abschlussarbeiten als wichtigste Materialgrundlage, das wiederum am DLL untergebracht ist. Des Weiteren wurden im Rahmen dieses Forschungsprojekts Akten der Behörde des Bundesbeauftragten für die Stasi-Unterlagen (BStU) sowie die zeitgenössische Presse der DDR ausgewertet und nicht zuletzt auch Zeitzeug*inneninterviews mit ehemaligen Studierenden und Lehrenden durchgeführt. Die vollständigen Ergebnisse dieser Untersuchung lassen sich in der Monografie *Schreiben lernen im Sozialismus. Das Institut für Literatur Johannes R. Becher* von Isabelle Lehn, Sascha Macht und Katja Stopka nachlesen, die 2018 im Göttinger Wallstein Verlag erschienen ist.[12]

9 Alfred Kurella, »Von der Lehrbarkeit der literarischen Meisterschaft«, S. 19.

10 Erich Loest, zit. n. Linda Rotta, »Die Schulbank der roten Dichter. Das Leipziger Literaturinstitut«, *Deutschlandfunk*, 22.2.2005.

11 Vgl. Lehn / Macht / Stopka, *Schreiben lernen im Sozialismus*, Kapitel XI.

12 Darüber hinaus sind im Forschungszusammenhang weitere Beiträge erschienen, von denen hier nur eine Auswahl genannt wird. Isabelle Lehn / Sascha Macht / Katja Stopka, »Das Institut für Literatur ›Johannes R. Becher‹. Eine Institution im Wandel von vier Dekaden DDR-Literaturgeschichte. Vorwort«, in: *Zeitschrift für Germanistik*, XXVI,3 (2016), S. 485–501; Katja Stopka, »›leipzig ist die glücklichste zeit‹ Ronald M. Schernikau am Institut für Literatur ›Johannes R. Becher‹ (1986–1989)«, in: Helmut Peitsch / Helen Thein (Hg.), *Lieben, was es nicht gibt. Literatur, Pop und Politik bei Ronald M. Schernikau*, Berlin: Verbrecher, 2017, S. 245–272; Katja Stopka, »Eine Insel der Seligen? Das Institut für Literatur ›Johannes R. Becher‹ im Archipel der DDR-Literaturszene der 1980er Jahre«, in: Michael Ostheimer / Sabine Zubarik (Hg.), *Inseln und Insularitäten: Ästhetisierungen von Heterochronie und Chronotopie seit 1960*, Hannover: Wehrhahn, 2016, S. 211–229.

Im Verlauf der Institutsgeschichte des Becher-Instituts konnten sich 990 Studierende für einen Abschluss qualifizieren. 98 zugelassene Studierende haben ihre Ausbildung nicht beendet, wobei die meisten Exmatrikulationen auf freiwilliger Basis erfolgten, allerdings sind 28 Studierende im Laufe der Institutsgeschichte zwangsexmatrikuliert worden.[13] Der im Verhältnis eher kleinen Zahl an heute oder damals namhaften Literatïnnen steht eine weitaus größere an wenig bekannten Autorïnnen und ›Gebrauchsdichterïnnen‹ gegenüber, deren literarische Produktion und Produkte sich als eher dürftig herausstellten, insofern sie beispielsweise in ihrer Anlage zu schematisch ausfielen, inhaltlich uninteressant waren und sehr kolportagehaft daherkamen oder sprachlich ungelenk klangen. Entsprechend wurde letzteren weder in der DDR noch in der neuen Bundesrepublik Aufmerksamkeit zuteil.

Die Steuerung und Kontrolle des Literaturinstituts erfolgte durch das Zentralkomitee der SED und das Ministerium für Kultur, durch den Deutschen Schriftstellerverband und dessen Unterorganisationen, etwa der Arbeitsgemeinschaften Junger Autoren sowie der FDJ-Jugendorganisationen. Aus letzteren wurde wiederum ein Großteil der Studierenden rekrutiert. Vertreter dieser Organisationen hatten Mitbestimmungsrecht in allen das Institut betreffenden Gremien, wie etwa bei Auswahl-, Immatrikulations- und Prüfungsverfahren. Neben den kulturpolitischen Kontrollinstanzen spielten die DDR-Buch- und Zeitschriften-Verlage eine für das Institut wesentliche Rolle. Denn durch sie konnten erst die Arbeitsergebnisse des Instituts, respektive die im Haus entstandenen Kollektivwerke sowie die literarischen Erzeugnisse der einzelnen Studierenden der Öffentlichkeit präsentiert werden. Nicht zuletzt auch am Erfolg dieser Publikationen, ihren Auflagenzahlen und der Resonanz von Leserïnnenschaft und Literaturkritik sollte sich schließlich die Rentabilität der Literaturhochschule bemessen, um die es trotz des offiziellen Staatsauftrags Zeit ihres Bestehens gleichfalls auch immer zu gehen hatte. Denn sowohl Popularität und Massentauglichkeit wie auch Wirtschaftlichkeit waren ein Gradmesser für den Erfolg des Sozialismus. So kamen neben Literatïnnen und Philologïnnen auch etliche Dozentïnnen mit Erfahrungen aus dem Verlagsbereich und den

Zeitschriftenredaktionen an das Institut. Durch deren Beziehungen konnten wiederum Arbeitsplätze für Institutsabsolventen in den Verlagen vermittelt werden. Umgekehrt schickten die Verlage und Redaktionen ihre Mitarbeiterïnnen und Autorïnnen zu Fortbildungen in die Schreibschule.[14]

Vor dem Hintergrund dieser kulturellen Verflechtungen steht außer Frage, dass das Literaturinstitut nicht nur als ein ausführendes Staatsorgan fungierte, sondern ebenso in den Kulturbetrieb der DDR eingebettet war. Damit war es sowohl ökonomisch wie auch symbolisch in ein Wertesystem integriert, das über seinen politischen Auftrag hinausging. Viele Absolventïnnen – namhafte wie unbekannt gebliebene Autorïnnen – arbeiteten nach ihrem Studium in diesem Bereich, beispielsweise als Bühnen- und Drehbuchautorïnnen oder Betriebsliteratïnnen und Parteidichterïnnen, aber auch als Verlegerïnnen, Lektorïnnen oder Redakteurïnnen, als Leiterïnnen von Kultureinrichtungen oder von literarischen Zirkeln schreibender ›Arbeiter und Bauern‹. War man als Autorïn anerkannt und erst einmal etabliert in diesem Netzwerk, wozu ein Studium am Becher-Institut durchaus beitrug, konnte man weitgehend gut von der Schriftstellerei leben. Und dies betraf nicht immer nur linientreue Autorïnnen, sondern durchaus auch solche, die mit der Kulturdoktrin immer wieder in Konflikt gerieten, und dennoch von der Film-, Fernseh-, Theater- und Literaturbranche weitere Aufträge erhielten, sofern sie den künstlerischen Ansprüchen der jeweiligen Redakteurïnnen, Regisseurïnnen und Lektorïnnen entsprachen, welche immerhin auch nicht ausschließlich den Doktrinen der Kulturadministration gehorchten. Vielmehr folgten auch sie eigenständigen künstlerischen Qualitätsmaßstäben abseits von ideologischer Konfektion, wie sich am Erfolg von DDR-Belletristik, aber auch von DDR-Film-, Fernseh- und Theaterproduktionen über die Grenzen der DDR hinaus zeigte. Prominente Beispiele dafür sind etwa Rainer Kirsch, Walter Bräunig und Andreas Reimann, alle drei ehemalige Studenten des Literaturinstituts, die als Drehbuch- Bühnen-, aber auch Kinderbuch- und Sachbuchautoren tätig waren und von ihrer künstlerischen Produktion ihren Lebensunterhalt bestreiten konnten, obgleich sie wiederholt in Konflikte mit der Staatsdoktrin gerieten.

13 Vgl. »Listen der Studierenden«, in: *Archiv des Deutschen Literaturinstituts Leipzig* (o. J.).

14 Vgl. dazu die Studie von Simone Barck / Martina Langermann / Siegfried Lokatis, *»Jedes Buch ein Abenteuer«: Zensur-System und literarische Öffentlichkeiten in der DDR bis Ende der sechziger Jahre*, Berlin: Akademie Verlag, 1997, S. 154f.

Es gab drei Studienrichtungen am Institut: Ein dreijähriges Direktstudium, zu dem vorwiegend vielversprechende Talente zugelassen wurden und für das man ein Diplom erhielt, und einen dreijährigen Fernstudiengang, welcher als Weiterbildungsangebot für im Literatur- und Kulturbetrieb Arbeitende mit eigenen Schreibambitionen galt und für das ein Teildiplom zu erwerben war. Zudem gab es einen einjährigen Sonderstudiengang ohne Zertifizierung für etablierte Autorïnnen, der vor allem dafür gedacht war, das Renommee des Hauses nach außen hin zu stärken.

Um zum Kernstudiengang, dem Direktstudium zugelassen zu werden, galten strenge Kriterien. Nicht nur die von einer Zulassungskommission attestierte schriftstellerische Begabung war ausschlaggebend, auch eine Berufsbildung (Studium, Lehre) wurde vorausgesetzt, ebenso wie erste Veröffentlichungen. Dass die Studierenden des Becher-Instituts in der Regel älter waren als Studienanfängerïnnen an anderen Hochschulen, hing nicht zuletzt mit den Anforderungen an ihren Ausbildungs- und ›Reife‹grad zusammen. Die Lehre setzte sich aus den sogenannten schöpferischen Seminaren für Prosa, Lyrik und Dramatik zusammen, in denen am ›eigenen Schreiben‹ gearbeitet wurde, außerdem aus wissenschaftlichen Seminaren und Vorlesungen zu den Gesellschaftswissenschaften (vor allem zum Marxismus-Leninismus), zur Literaturgeschichte und zu allgemeiner Geschichte sowie zur Ästhetik, zu deutscher und russischer Sprache und zur Weltliteratur. Hinzu kamen regelmäßige Arbeitsphasen, die der literarischen Produktion gewidmet werden sollten. Neben Seminarbesuch und den Schreibphasen waren darüber hinaus mehrwöchige Praktika, vor allem in der ökonomischen Produktion, Bestandteil des Studiums, um Einblicke in die Wirklichkeit des Arbeiter- und Bauernstaats zu erlangen und den Erfahrungstausch mit den Menschen zu ermöglichen, für die es zu schreiben galt. Um das sogenannte ›Diplom für Literarisches Schreiben‹ zu erwerben, mussten neben mündlichen und schriftlichen Prüfungen literarische sowie wissenschaftliche oder essayistische Arbeitsproben vorgelegt werden.

Institutspolitik als Balanceakt

Das Vorhaben, Literatur an einer sozialistischen Lehranstalt ›planmäßig‹ zu erzeugen, stieß von Anbeginn an auf Widerspruch unter nicht wenigen Studierenden, die stärker an einem künstlerischen Anspruch interessiert waren als an Auftragserfüllung. Bereits im ersten Jahrgang waren es Autorïnnen wie Erich Loest, Fred Wander, Ralph Giordano und Adolf Endler, die sich mitnichten in der Rolle als Staatsdichter sehen wollten.[15] Die Instrumentalisierung von Literatur stellte nicht nur deren autonomieästhetisches Dichterbild in Frage, sondern damit auch den modernen Literaturbegriff selbst, mit dem die nachwachsende Schriftstellerïnnengeneration der DDR sich durchaus auseinandersetzen wollte. Dies zeigte sich bereits im ersten Prosaseminar 1955, das von dem Exilverleger und Schriftsteller Wieland Herzfelde geleitet wurde. Hier kam nicht nur Kritik von Loest & Co., sondern dort forderten sogar staatsgläubige Studierende, die ein Parteibuch der SED besaßen und an sich selbst den Anspruch stellten, für den Sozialismus zu schreiben, die in der DDR verfemte Literatur wenigstens lesen zu dürfen, um zu verstehen, warum sie des Formalismus und der Dekadenz bezichtigt wurde. Auch mit den künstlerischen Vorgaben des sozialistischen Realismus erklärten sich nicht alle angehenden Schriftstellerïnnen einverstanden, wollte man doch mit Formen und Inhalten experimentieren.[16] Indes wundert es auch nicht, dass der unter den Studierenden beliebteste Dozent am Institut der Dichter Georg Maurer war. Dessen gelehrte, aber durch und durch unideologischen Vermittlungskonzepte in seinen Poesieseminaren schlossen eben auch solche Literatur mit ein, die man in der DDR eigentlich nicht lesen sollte. Der durch seine Literaturbegeisterung und Belesenheit beliebte Lyrikprofessor zog so auch vor allem in den 1960er Jahren jene Dichterïnnen an, die zu den besten der DDR gehören sollten, wie etwa Sarah Kirsch, Rainer Kirsch, Heinz Czechowski oder auch Helga M. Novak und Andreas Reimann. Sie alle bewunderten seine Fähigkeiten als Literaturvermittler, und hatten nach eigener Aussage für ihr eigenes Schreiben von ihm profitiert.[17] Und auch in den 1970er und 1980er Jahren erfreuten sich Dozentïnnen wie etwa der

15 Vgl. die Biografien der genannte Autorïnnen sowie Lehn / Macht / Stopka, Schreiben lernen im Sozialismus, Kapitel IV.

16 Vgl. ebd.

17 Vgl. ebd., Kapitel VII.

Literaturwissenschaftler Gert Rothbauer, der Lyriker Helmut Richter oder der Lektor Hubert Witt besonderer Beliebtheit bei vielen ambitionierten Studierenden, weil sie ihre Seminare undogmatisch gestalteten und weder mit der Literatur des »Klassenfeindes« noch mit den staatskritischen Texten ihrer Studierenden Berührungsängste hatten.[18]

Aufgrund dessen und auch wegen seiner mitunter als wenig stringent beurteilten Ausbildungspolitik geriet das Institut immer wieder in die Kritik und musste sich entweder den Vorwurf gefallen lassen, nur talentlose mittelmäßige Autorïnnen auszubilden oder aber eine Bildungsstätte für Renitente und Eigenbrötlerïnnen zu sein. Dass letztere häufig weniger mittelmäßig, dafür aber literarisch äußerst überzeugend waren, wurde von der Kulturpolitik indes weitgehend ignoriert.

Dieses Dilemma versuchte Max Walter Schulz, der von 1964 bis 1983 Direktor des Becher-Instituts war, gegen Ende seiner Amtszeit auszuhebeln, nachdem er zwei Exmatrikulationswellen am Haus mit zu verantworten hatte. Im Zuge des Kahlschlagplenums Ende 1965 sowie während der politischen Krise im Zusammenhang des Prager Frühlings 1968 wurden am Literaturinstitut kritische Stimmen unter den Studierenden ebenso wenig geduldet wie eigensinnige literarische Konzepte, die nicht den Kategorien des sozialistischen Realismus entsprachen. Zu den Exmatrikulierten gehörten so auch die vielversprechendsten Studentïnnen, deren Verlust sich in den folgenden Studienjahren durchaus schmerzlich bemerkbar machte, klagten doch sozialistische Literaturexpertïnnen nun über fehlende Ausstrahlungskraft der Institutsabsolventïnnen und mangelhafte literarische Qualität.[19]

Max Walter Schulz – nun in der Bredouille, literarisch aussichtsreiche und doch staatsaffine Studierende ausbilden zu müssen – versuchte den Spagat zu meistern, indem er das Talent zur unabänderlichen Voraussetzung des Studiums aufwertete und erklärte, das »Aufbegehren« der Studierenden und ihr vermeintlich oppositionelles Verhalten gehöre zum genuinen Ausdruck der erforderlichen Begabung.[20] Nichts anderes hatte Schulz' Stellvertreter Horst Nalewski bereits während der Zeit der Zwangsexmatrikulationen im Jahr 1966 konstatiert. Dabei zog er ebenfalls den begrifflich unbestimmten Topos des Talents heran, um den Vorwurf einer zu liberalen Immatrikulationspolitik zurückzuweisen: Im Fall der exmatrikulierten und später sogar ausgebürgerten Studentin Helga M. Novak habe das Institut nicht anders entscheiden können, als »ihr bedeutendes Talent«[21] zu würdigen und sie 1965 zum Studium zuzulassen. Damit hatte man bereits mitten in der damaligen Krise institutspolitisch die Entscheidung getroffen, dem literarischen Talent den Vorzug vor politischer Linientreue zu geben – allerdings damals eher als Entschuldigung für die mangelnde Parteidisziplin der Studierenden.

Mithin wundert es auch nicht, dass das Institut noch zum Ende der 1970er Jahre, als die DDR sich bereits mit der am Sozialismus zweifelnden, desillusionierten Autorïnnengeneration der in das DDR-System ›Hineingeborenen‹[22] konfrontiert sah, an den offiziell verlautbarten Prinzipien festhielt, Schriftstellerïnnen für den Sozialismus auszubilden. So heißt es in einem mit Strukturüberlegungen überschriebenen Papier der Institutsleitung aus dieser Zeit, dass bei der Zulassung zum Studium »ihrer Partei und unserem Staat fest verbundene[n] junge[n] Autoren bei angemessenem literarischem Talent der Vorrang« zu geben sei.[23] Die Wirklichkeit allerdings sah längst ganz anders aus, wurden doch bereits ab Mitte der 1960er Jahre und stark zunehmend bis zum Ende der 1980er Jahre viele talentierte Studierende zugelassen, die dem Idealbild des sozialistischen Staatsbürgers beziehungsweise Schriftstellers kaum noch entsprachen, darunter Katholikïnnen wie etwa der später als Krimiautor bekannt gewordene Steffen Mohr oder die zuvor bereits an anderen Hochschulen politisch auffällig gewordenen und mithin vom Studium relegierten Autorïnnen Rainer Kirsch, Dieter Mucke und Helga M. Novak, ferner auch FDJ-Verweigernde und Bausoldatïnnen wie Rainer Klis oder die Biermann-Petitionistin Katja Lange-Müller.

Aus den Widersprüchen zwischen der starren offiziellen Ideologie und dem am Becher-Institut im zunehmenden Maße liberaler

18 Vgl. ebd., Kapitel IX, X.

19 Vgl. ebd., Kapitel VI.

20 Vgl. Max Walter Schulz, »Pinocchio und kein Ende. Prosa-Seminar über einen begabten Hampelmann«, in: ders, *Pinocchio und kein Ende. Notizen zur Literatur*, 2. erw. Aufl., Halle (Saale): Mitteldeutscher Verlag, 1980, S. 180–201, hier S. 185.

21 »Bericht über den ideologisch-erzieherischen Zustand am Institut für Literatur ›J. R. Becher‹ und die eingeleiteten bzw. geplanten Maßnahmen«, 16.12.1965, in: Sächsisches Staatsarchiv Leipzig (SStAL), Institut für Literatur, Nr.41, Bl.1-4, hier Bl.1.

22 Der Topos von den Hineingeborenen meint die in den 50er und 60er Jahren Geborenen und geht zurück auf das Gedicht »Hineingeboren« von Uwe Kolbe, das in seinem ersten Gedichtband gleichen Namens enthalten ist. Vgl. Uwe Kolbe, *Hineingeboren*, Berlin/Weimar: Aufbau, 1980, S. 48.

23 »Strukturüberlegungen für die Arbeit des Instituts für Literatur ›Johannes R. Becher‹«, Oktober 1979, in: SStAL, Institut für Literatur, Nr.851, Bl.30.

werdenden Literaturverständnis agglomerierten sich im Laufe der Institutsgeschichte die Konflikte: Das Ziel, Literatur von Weltrang zu schaffen und entsprechend talentierte Studierende zu gewinnen, konnte die Institutsleitung, die aus gestandenen Schriftstellerïnnen und Literaturwissenschaftlerïnnen zusammengesetzt war, trotz zahlreicher Anpassungen an die literaturpädagogische Verpflichtung einer ihrem Grundverständnis nach sozialistisch ausgerichteten Kunsthochschule nie gänzlich aufgeben. So stand das Institut immer wieder vor einem Dilemma: Seine Ansprüche, eine literarisch hochwertige Ausbildung zu gewährleisten, wollte man nicht aufgeben, sah sich aber zugleich genötigt, den strikten kulturpolitischen Zielvorgaben zu folgen. Anders gesagt: Die Institutsleitung stand wiederkehrend vor der unlösbaren Aufgabe, zwischen den Erwartungen der Nomenklatur und den Anforderungen der Praxis zu vermitteln.

Wie sich das Konfliktmanagement im Laufe der Jahrzehnte verändert hat, lässt sich aus einer vergleichenden Perspektive zweier studentischer Arbeiten erschließen. Beide Texte wurden in einem Institutsseminar präsentiert und diskutiert; der erste kurz vor dem 11. Plenum des ZK der SED im Jahr 1965, der zweite rund 20 Jahre später, zu einer Zeit, als die tatsächliche Ausdifferenzierung eines literarisch autonomen Feldes in der DDR bereits unübersehbar war.[24]

Der Fall Mucke und der ›Nicht-Fall‹ Jackisch

Am 24. November 1965 verlas der Student Dieter Mucke, der aus der Hallenser Arbeitsgemeinschaft junger Autoren nach Empfehlung von Rainer Kirsch und Erik Neutsch ans Literaturinstitut gekommen war, in dem von dem Schriftsteller Werner Bräunig geleiteten Prosaseminar seine literarische Arbeitsprobe mit dem Titel *Ankunft und Abschied in einem Café*. Der von dem Autor offenkundig autobiografisch angelegte Kurztext ist eine im expressionistischen Stil gestaltete satirische Abrechnung mit der Parteibürokratie. Ein junger Mann sitzt in einem Café, beobachtet das Treiben und wirft einen Blick in die gerade erhaltene Exmatrikulationsbescheinigung, die ihm von der Deutschen Hochschule für Filmkunst aufgrund parteifeindlichen Verhaltens ausgestellt worden war.

> T. sah sich das Relegationsschreiben noch einmal an. Bürokratendeutsch. Ein Satz, der über seine eigenen Verrenkungen stolperte, zehn Schreibmaschinenzeilen lang. ›Parteifeindlich‹ ohne r geschrieben, im Eifer des Gefechts. Da mußte er plötzlich lächeln und dachte, schade, wo man doch gerade mit dem r so schön schnurren kann: Die Parrrrrtei, die Parrrrtei, hat immerrrrrr rrrrrrrrrrrrrrecht. ›Mit sozialistischem Gruß, Heil Hitler!‹[25]

Und später wendet sich der frisch Exmatrikulierte mit folgenden Worten an einen Aperitif trinkenden Funktionär aus dem Filmgeschäft, der sich »ästhetisch schockiert« über ein Kunstwerk zeigte, auf dem ein Rosenstrauß in einem Schmalzfleischglas stand – »Pfui Teufel – nicht vorzustellen«:

> Da sagte T.: ›Ja das menschliche Vorstellungsvermögen ist begrenzt. Eine Schüssel Himbeerpudding mit Vanillesoße zum Beispiel kann sich jeder vorstellen. Aber stellen Sie sich einmal vor: Ein Futtereimer voll aufgequollener, wabbliger, krebsroter gar gekochter Parteiabzeichen! Die Nadeln dürfen beim Fressen wie die Spelzen unter den Tisch gespuckt werden. Pfui Teufel! Nicht vorzustellen.‹[26]

Seminarleiter Bräunig reagierte auf diesen äußerst provozierenden Vortrag nicht etwa mit einem strengen Verweis, sondern lediglich mit handwerklicher Kritik: Der Text lasse Missverständnisse zu, da der Angriff gegen spießerhafte Verhaltensweisen nicht klar genug herausgearbeitet sei. Im größeren Rahmen eines Romans ließe sich eine solche Überspitzung einordnen, in der Kürze der Form sei sie jedoch nicht vertretbar.[27] Nach ein paar allgemeinen Anmerkungen zur Satire, ging Bräunig zur Tagesordnung über. Die SED-Bezirksleitung erfuhr – vermutlich durch den im Seminar anwesenden Geheimen Informator (GI) ›Julia‹ – noch am selben Tag von dem

24 Vgl. Heribert Tommek, *Der lange Weg in die Gegenwartsliteratur. Studien zur Geschichte des literarischen Feldes in Deutschland von 1960 bis 2000*, Berlin: De Gruyter, 2015, S. 142

25 Vgl. »Abschrift der Etüde ›Ankunft und Abschied in einem Café‹«, In: BStU, MfS, BV Hle., AOP Nr. 3486/84, Bl.8.

26 Ebd., Bl.9.

27 So fasst Dieter Mucke nach seiner Festnahme durch das MfS am 21.7.1966 Bräunigs Reaktion auf seine Etüde im Prosaseminar zusammen. Vgl. »Vernehmungsprotokoll des Beschuldigten Mucke«, Dieter (21.7.66), in: BStU, MfS, BV Lpz., AU, Nr.1762/66, Bl.79.

Vorfall und leitete am darauffolgenden Tag eine Untersuchung am Literaturinstitut ein. Die Institutsleitung reagierte prompt und warf Muckes Text »unzweideutig staatsfeindliche, ja sogar faschistische Argumente«[28] vor. Dass es sich bei dem Text um ein satirisch gekonntes Stück Literatur eines talentierten Studenten handelte, spielte hingegen keine Rolle. Gegen Dieter Mucke wurde ein Disziplinarverfahren eröffnet, das mit seiner Zwangsentlassung zum 2.12.1965 – also eine Woche später – endete. Im Zuge dieses Vorfalls wurden auch die Studentin Helga M. Novak und der Student Andreas Reimann exmatrikuliert, die beide aufgrund ihrer hohen literarischen Begabung zum Studium zugelassen waren. Sie sollen Dieter Mucke zu diesem Text ermuntert haben, wie es hieß. Auch für den Dozenten Werner Bräunig hatte der Vorfall ein Nachspiel, wenn dieses auch im Vergleich glimpflich ausging. Weil er seine Berichtspflicht vernachlässigt hatte, brachte ihm der Fall Mucke ein Disziplinarverfahren und einen strengen Verweis ein.

Knapp 20 Jahre später stellte ein anderer Student erneut einen prekären Text in einem Prosa-Seminar vor, das diesmal von dem Schriftsteller Helmut Richter geleitet wurde, dessen Gedicht *Über sieben Brücken musst Du gehen* durch die Vertonung von Karat beziehungsweise Peter Maffay große Bekanntheit erreichte. Die dreiseitige Erzählung mit dem Titel *Turmgesellschaft* des Studenten Holger Jackisch stammt aus dem Jahre 1987 und wurde zwei Jahre später noch vor dem Mauerfall in der Samisdat-Zeitschrift *Sno'boy* veröffentlicht.[29] In dieser Erzählung berichtet ein Ich-Erzähler, wie er sich am späten Nachmittag vor dem Tor der Zentrale des Ministeriums für Staatssicherheit in Leipzig postiert hat, um Mitarbeiter zu beobachten, die ihren Arbeitsplatz zum Feierabend verlassen. Das abgeschirmte und von einem bewaffneten Soldaten bewachte Hochhaus, aus dem die Angehörigen des MfS am Ende ihres Arbeitstages strömen, hat acht Stockwerke. Ebenso viele sollen in die Tiefe gehen. Durch seine separierte Lage erweist sich der Turm mithin als ein abgeschotteter Raum. Was beobachtet nun der Beobachter, der sich gleichfalls auf seinem Beobachterposten in einer isolierten Lage befindet? Er beobachtet Angehörige des DDR-Überwachungsapparates und Geheimdienstes im Moment eines Übergangs; er verfolgt, wie am Feierabend die Überwacherïnnen von DDR-Bürgerïnnen sich ihrerseits als DDR-Bürgerïnnen am Ende eines Arbeitstages zu erkennen geben. Er schaut dabei zu, wie die personifizierte Bedrohung sich unverhohlenen zu erkennen gibt, und er ist erstaunt darüber, wie durchschnittlich diese Personen wirken und sich in nichts von anderen Werktätigen unterscheiden. »Ich sah, was ich vor jedem anderen Werkstor auch hätte sehen können.«[30] Das Wiedererkennen eines Bekannten unter den Angehörigen der ›Turmgesellschaft‹ ruft im Ich-Erzähler plötzlich eine Erinnerung wach. Sechs Jahre zuvor wurde er gemeinsam mit diesem Bekannten in einer Wohnung wegen politisch verdächtiger Zusammenkunft von vier Männern des MfS verhört. Der mittlerweile zum Kollegen dieser vier Männer Gewordene war damals derart wütend und beschimpfte die Ermittler aufs deutlichste, woraufhin er vor der Tür der Wohnung schließlich von ihnen zusammengeschlagen wurde. »Und ich sah sein Gesicht, als er wieder hereinkam – blaß vor Stolz. Ja, er war befriedigt, stolz auf sich«,[31] erinnert sich der Ich-Erzähler, während er zusieht, wie dieser Bekannte nun auf seine Frau und das gemeinsame Kind zusteuert, die vor dem Tor auf ihn warten. In der Erzählung wird die Bezeichnung Staatssicherheit nicht verwendet. Der Hinweis auf das MfS liegt in seiner Verortung beziehungsweise Benennung.

> [E]ine kleine langweilige Straße [...], ohne besondere Kennzeichen und wie dazu geschaffen, übersehen zu werden. [...] Und doch soll sich gerade hier das eigentliche Zentrum der großen Stadt befinden, die ›Zentrale‹? [...] Mich hat ein Freund darauf aufmerksam gemacht: ›Schau es Dir an, das große Bürogebäude in der Fleischergasse‹.[32]

Es stellt sich eine merkwürdige Beklemmung und Resignation ein, als sei man Zeuge eines gespenstischen Vorgangs, wenn man den Beobachtungen des Ich-Erzählers folgt. Dieser Eindruck wird nicht zuletzt durch die literarische Inszenierung einer Schwellensituation erzeugt. Literarische Schwellentexte handeln von Erfahrungen eines Übergangs bzw. einer Grenzüberschreitung, die

28 SStAL, Institut für Literatur, Nr.41, Bl.2.
29 Vgl. Holger Jackisch, »Turmgesellschaft«, hier zit. n. der Ausgabe in: *Sno'Boy*, 2 (1989), S. 45–49. Digital abrufbar unter: http://www.deutschefotothek.de/documents/obj/85036784/df_kz_1340024 (geprüft am 20.7.2018).
30 Jackisch, »Turmgesellschaft«, S. 2. (Der digitalisierte Text stimmt nicht mit den Angaben der gedruckten Version von *Sno'Boy* überein. Deshalb wird hier auf die Seitenzahlen 1–3 der Digitalversion verwiesen.)
31 Ebd. S. 3.
32 Ebd. S. 1.

häufig an die Erwartung eines Umbruchs oder einer Verwandlung geknüpft sind.[33] Jackisch hingegen unterminiert in seinem Text genau diese Erwartungen. Denn im Moment des Übertritts der Schwelle geschieht nichts: keine Verwandlung, kein Umbruch, keine Veränderung.

> Man sieht junge Männer, die sich bunte Sturzhelme aufsetzen und ihre Maschinen starten; Frauen mit Erdbeerkörbchen, die zur Straßenbahn hasten. [...]; man sieht Männer, die sich schwankend auf den Weg in die Kneipen machen, und Frauen, die in die Neubaugebiete fahren, wo man im ›Kreis der Familie‹ trinkt; andere schauen sich vielleicht Kriminalfilme im Fernsehen an, Detektivserien mit aufregenden Typen, die in der ganzen Welt dabei sind und von denen man erst bei der letzten Einstellung – wenn sie mit großer Geste sterben – erfährt, für wen sie wirklich arbeiten.[34]

Alles bleibt wie es ist, alles scheint normal und gewohnt – das Klischee von Spionïnnen und Geheimdiensträgerïnnen, seien es Heldïnnen oder Schurkïnnen hat nichts mit dem eigenen Leben zu, es findet auf der fernen Mattscheibe statt. Das Privatleben der ›echten‹ Geheimnisträgerïnnen erweist sich hingegen als komplett ereignislos. Jeden Tag aufs Neue verlassen die MfS-Mitarbeiterïnnen, die Teil eines Systems aus Denunziation, Verrat und Zerstörung sind, ihren Arbeitsplatz: Jeden Tag wiederholt sich die ›Normalität des Bösen‹.

Das beschriebene Handlungsgeschehen erscheint auf den ersten Blick auch höchst unspektakulär. Aber aus dieser vermeintlichen Harmlosigkeit gewinnt der Text schließlich seine List. So bezieht er seine Ironie daraus, dass der Ich-Erzähler den Ort seiner Inspektion selbst als einen unauffälligen Platz beschreibt. Dies wiederum verweist auf nichts weniger, als dass die für die Spionage des Alltagslebens in der DDR allseits bekannten Geheimdienstmitarbeiterïnnen nun ihrerseits aus einem heimlichen Blickwinkel in ihren Alltagsverrichtungen beobachtet werden, zumal von einem Erzähler, der sich als eine schon längst von der Staatssicherheit ins

Visier genommene Person entpuppt: Eine Verkehrung der Verhältnisse, die Jackisch in seiner *Turmgesellschaft* gewitzt inszeniert. Dabei bleibt der Ton sachlich und distanziert, ohne emotionale Anteilnahme und Anklage oder Zorn und ohne, wie bereits erwähnt, die Behörde für Staatssicherheit zu benennen. In dieser nüchternen Veralltäglichung und Verharmlosung des mächtigen Kontrollapparats ist indes zweierlei aufgehoben: Einerseits erschließt sich der subjektiven Erfahrung sein Monströses, zugleich wird ihr aber auch die Möglichkeit seiner Entdämonisierung eröffnet.

Den Erinnerungen des Dozenten und weiterer Kommiliton*innen zufolge, wurde dieser heikle Text im Anschluss der Lesung sachlich diskutiert und erhielt viel Lob. Ein ›Fall‹ wurde nicht daraus, obwohl davon auszugehen war, dass auch zu dieser Zeit die Seminare im Visier von Inoffiziellen Mitarbeitern standen. Holger Jackisch galt unter den Dozent*innen zudem als einer der begabtesten Studierenden seines Jahrgangs, was seine literarische Abschlussarbeit bestätigt. Gleichwohl sind die Texte des 2001 Frühverstorbenen bis heute weitgehend unbekannt geblieben.

Diese Beispiele lassen die unterschiedlichen Strategien sichtbar werden, mit denen das Becher-Institut die Widersprüche parierte. Diese spannten sich zwischen ideologischem Auftrag und einem Autonomieverständnis auf, das literarische Qualität und künstlerischen Eigensinn vor die Ansprüche der Kulturpolitik stellte. Stand man in den 60er Jahren noch unter einem größeren Druck, den Maßgaben der Doktrin zu folgen und statuierte ein entsprechendes Exempel, so wusste man Mitte der 80er Jahren dagegen schon sehr wohl um den zunehmenden Verlust der staatlichen Autorität und musste Sanktionen nicht mehr fürchten, sofern man solche Vorfälle im Mikrokosmos des Literaturinstituts für sich behielt. Dass die Direktion und auch der größte Teil des Lehrkörpers – trotz zahlreicher Anpassungen an den literaturpädagogischen Aufbau einer ihrem Grundverständnis nach sozialistisch ausgerichteten Kunsthochschule – das ambitionierte Ziel, qualitativ anspruchsvolle Literatur zu fördern, letztlich nicht gänzlich aufzugeben bereit waren, zeigt der ›Nicht-Fall‹ Jackisch indes auch anschaulich.

33 Zu Poetiken der Schwelle, vgl. Rüdiger Görner, *Grenzen, Schwellen, Übergänge. Zur Poetik des Transitorischen*, Göttingen: Vandenhoeck & Ruprecht, 2001; Nicholas Saul / Daniel Steuer / Frank Möbus / Birgit Illner (Hg.), *Schwellen. Germanistische Erkundungen einer Metapher*, Würzburg: Königshausen & Neumann, 1999; Michail M. Bachtin, *Chronotopos*, aus dem Russischen von Michael Dewey, Frankfurt am Main: Suhrkamp, 2008, S. 186.

34 Jackisch, »Turmgesellschaft«, S. 3.

Jenseits ideologischer Verpflichtung

Gleichwohl lässt sich nicht verhehlen, dass das Institut auch in den 80er Jahren immer noch vor demselben Dilemma stand: Man wollte zwar unbedingt Kunst hervorbringen, musste sich aber dennoch an Vorgaben halten, die Kunst letztlich unmöglich machten. Insofern war es auch weniger der Institutspolitik selbst zu verdanken, sondern der zunehmenden Desorientiertheit in den Reihen der DDR-Kulturpolitik nach der Biermann-Ausbürgerung geschuldet, dass es gelang, dieses Dilemma langsam aufzuhebeln. Auf diese Weise konnte die Leitungsebene des Instituts zumindest in den 80er Jahren eine interne Strategie verfolgen, die Nachwuchsautorïnnen als noch unfertige und zu formende Geschöpfe begriff und ihnen dadurch einen gewissen Eigensinn zusprechen konnte. Mit dieser Leitlinie legte man am Haus im Fortgang seines Bestehens die Grundlage für ein autonomes Selbst- und Kunstbewusstsein, vor dessen Hintergrund eine Übereinstimmung zwischen Kunst und sozialistischer Politik nicht mehr unbedingt erstes Ziel sein konnte. Das Institut gehörte in der letzten Dekade seines Bestehens schließlich zu den Orten in der DDR, an denen »das Loyalitätsverhältnis von Schriftstellern und Politik in Bewegung geriet«[35] – ganz im Gegensatz zur Gründungsintention, die darauf aus war, parteitreue Staatsdichterïnnen am Institut zu erziehen.

Die Frage, ob das Institut für Literatur in seiner Funktion nun als parteiliche Kaderschmiede oder ambitionierte Dichterïnnenschule zu bewerten sei, lässt sich vor diesem Hintergrund in einem vereinfachenden Entweder-oder kaum beantworten. Als wesentlich vielschichtiger und in vielerlei Hinsicht auch doppelgesichtiger als eindeutige Polarisierungen es zuließen, erwiesen sich nicht nur die kulturpolitischen Aushandlungsprozesse, sondern auch die Ausbildungsformen und -strategien am Institut. Gerade die praktische Umsetzbarkeit der Letzteren war freilich ein kaum kalkulier- und kontrollierbares Unternehmen. Denn die Heterogenität der Interessen, der Ambitionen und der Ansprüche von ›lernenden‹ Schriftstellerïnnen in ihren zeitgenössischen Kontexten ließ sich, wie die Geschichte des Instituts schlussendlich zeigt, weder mit ›planwirtschaftlich‹ festgeschriebenen Curricula noch mit kulturpolitischen Indienstnahmen in den Griff bekommen.

Bemerkenswert erscheint vor diesem Hintergrund nicht zuletzt ein weiterer relevanter Tatbestand – nämlich, dass am Becher-Institut jenseits seiner normativen und ideologischen Verpflichtungen trotzdem Lehrverfahren und künstlerische Ausbildungsziele entwickelt wurden, die der heutigen Ausbildungspraxis durchaus vergleichbar sind. Ähnliches gilt für die zentralen Bildungserfahrungen und Lernprozesse der Studierenden, die den Erwerb und die praktische Einübung von handwerklichem Wissen betreffen, das Sammeln von Lektüreerfahrungen umfassen und in der Auseinandersetzung mit den sozialen Aspekten ihrer Rollen als Schriftstellerïnnen begründet sind. Auch in dieser Hinsicht unterscheidet sich die Autorïnnen-Genese im akademischen Ausbildungskontext der DDR nicht unbedingt von den gegenwärtigen literarischen Aneignungsverfahren und Erfahrungshorizonten angehender Autorïnnen im Rahmen eines künstlerischen Hochschulstudiums. So sehr sich die politischen Rahmenbedingungen des Becher-Instituts von heutigen Bildungseinrichtungen wie dem Deutschen Literaturinstitut Leipzig auch unterscheiden: Es sind zahlreiche Parallelen zwischen den Erfahrungen der damaligen Schreibschülerïnnen in der DDR und denen der heute in einem demokratisch-liberalen Gesellschaftssystem akademisch ausgebildeten Nachwuchsautorïnnen zu erkennen. Damit werden Muster und Strukturen einer akademischen Schreibausbildung sichtbar, die sich vermutlich weitgehend unabhängig vom historischen und politischen Kontext entwickeln. Wenn auch historische und institutionelle Parallelen hier lediglich angedeutet werden konnten,[36] können sie als konstruktive Basis für neue Untersuchungsfelder und vergleichende Anschlussstudien herangezogen werden, die etwa die Situation aktueller Ausbildungsangebote oder die Entwicklung internationaler Studiengänge für literarisches Schreiben ins Auge fassen.

35 Vgl. Tommek, *Der lange Weg*, S. 162.
36 Vgl. dazu auch Lehn / Macht / Stopka, *Schreiben lernen*, Kapitel XI.

Literaturverzeichnis

Abusch, Alexander: »Sinn und Zweck eines Instituts für Literatur. Rede zur Eröffnung des Instituts für Literatur am 30.9.1955 in Leipzig«, in: Institut für Literatur »Johannes R. Becher« (Hg.), *Ruf in den Tag. Jahrbuch des Instituts für Literatur »Johannes R. Becher«*, Bd.2, Leipzig: List Verlag, 1962, S. 11–16.

Bachtin, Michail M.: *Chronotopos*, aus dem Russischen von Michael Dewey, Frankfurt am Main: Suhrkamp, 2008.

Barck, Simone / Langermann, Martina / Lokatis, Siegfried: *»Jedes Buch ein Abenteuer«: Zensur-System und literarische Öffentlichkeiten in der DDR bis Ende der sechziger Jahre*, Berlin: Akademie Verlag, 1997.

Görner, Rüdiger: *Grenzen, Schwellen, Übergänge. Zur Poetik des Transitorischen*, Göttingen: Vandenhoeck & Ruprecht, 2001.

Gottwald, Herwig: *Spuren des Mythos in moderner deutschsprachiger Literatur. Theoretische Modelle und Fallstudien*, Würzburg: Königshausen & Neumann, 2007.

Jackisch, Holger: »Turmgesellschaft« in: *Sno'Boy*, 2 (1989), S. 45–49. Digitalversion unter: http://www.deutschefotothek.de/documents/obj/85036784/df_kz_1340024 (geprüft am 20.7.2018).

Kolbe, Uwe: *Hineingeboren*, Berlin / Weimar: Aufbau, 1980.

Kurella, Alfred: »Von der Lehrbarkeit der literarischen Meisterschaft. Vortrag zur Eröffnung des Instituts für Literatur in Leipzig«, in: Institut für Literatur »Johannes R. Becher« (Hg.), *Ruf in den Tag. Jahrbuch des Instituts für Literatur »Johannes R. Becher«*, Bd.1, Leipzig: List Verlag, 1960, S. 17–36.

Lehn, Isabelle / Macht, Sascha / Stopka, Katja: »Das Institut für Literatur ›Johannes R. Becher‹. Eine Institution im Wandel von vier Dekaden DDR-Literaturgeschichte. Vorwort«, in: *Zeitschrift für Germanistik*, XXVI, 3 (2016), S. 485–501.

Lehn, Isabelle / Macht, Sascha / Stopka, Katja: *Schreiben lernen im Sozialismus. Das Institut für Literatur »Johannes R. Becher«*, Göttingen: Wallstein, 2018.

Rotta, Linda: »Die Schulbank der roten Dichter. Das Leipziger Literaturinstitut«, in: *Deutschlandfunk*, 22.2.2005.

Saul, Nicholas / Steuer, Daniel / Möbus, Frank / Illner, Birgit (Hg.), *Schwellen. Germanistische Erkundungen einer Metapher*, Würzburg: Königshausen & Neumann, 1999.

Schdanow, Andrej: »Die Sowjetliteratur, die ideenreichste und fortschrittlichste der Welt«, in: Hans-Jürgen Schmitt / Godehard Schramm (Hg.), *Sozialistische Realismuskonzeptionen. Dokumente zum 1. Allunionskongreß der Sowjetschriftsteller*, Frankfurt am Main: Suhrkamp, 1974, S. 35–70.

Schmidt, Jochen: *Die Geschichte des Genie-Gedankens in der deutschen Literatur, Philosophie und Politik 1750-1945*, Darmstadt: Wissenschaftliche Buchgesellschaft, 1985.

Schulz, Max Walter: »Pinocchio und kein Ende. Prosa-Seminar über einen begabten Hampelmann«, in: ders, *Pinocchio und kein Ende. Notizen zur Literatur*, Halle (Saale): Mitteldeutscher Verlag, 1980, 2. erw. Auflage, S. 180–201.

Schulz, Max Walter: »Nochmals über die Lehrbarkeit der literarischen Meisterschaft«, in: Institut für Literatur »Johannes R. Becher« (Hg.), *Zwischenbericht. Notate und Bibliographie vom Institut für Literatur »Johannes R. Becher«*, Leipzig: VEB Bibliographisches Institut Leipzig, 1980, S. 25–33.

Stopka, Katja: »Eine Insel der Seligen? Das Institut für Literatur ›Johannes R. Becher‹ im Archipel der DDR-Literaturszene der 1980er Jahre«, in: Michael Ostheimer / Sabine Zubarik (Hg.), *Inseln und Insularitäten: Ästhetisierungen von Heterochronie und Chronotopie seit 1960*, Hannover: Wehrhahn, 2016, S. 211–229.

Stopka, Katja: »›leipzig ist die glücklichste zeit‹. Ronald M. Schernikau am Institut für Literatur ›Johannes R. Becher‹ (1986–1989)«, in: Helmut Peitsch / Helen Thein (Hg.), *Lieben, was es nicht gibt. Literatur, Pop und Politik bei Ronald M. Schernikau*, Berlin: Verbrecher, 2017, S. 245–272.

Tommek, Heribert: *Der lange Weg in die Gegenwartsliteratur. Studien zur Geschichte des literarischen Feldes in Deutschland von 1960 bis 2000*, Berlin: De Gruyter, 2015.

Sonstige Quellen

»Abschrift der Etüde ›Ankunft und Abschied in einem Café‹«, in: BStU, MfS, BV Hle., AOP Nr. 3486/84, Bl.8.

»Bericht über den ideologisch-erzieherischen Zustand am Institut für Literatur ›J. R. Becher‹ und die eingeleiteten bzw. geplanten Maßnahmen«, 16.12.1965, in: Sächsisches Staatsarchiv Leipzig (SStAL), Institut für Literatur, Nr. 41, Bl. 1-4.

»Hochschulprogramm«, in: Sächsisches Staatsarchiv Leipzig (SStAL), Institut für Literatur, Nr. 646, Bl. 13.

»Listen der Studierenden«, in: Archiv des Deutschen Literaturinstituts Leipzig (o. J.).

»Strukturüberlegungen für die Arbeit des Instituts für Literatur ›Johannes R. Becher‹«, Oktober 1970, in: SStAL, Institut für Literatur, Nr. 851, Bl. 30.

»Vernehmungsprotokoll des Beschuldigten Mucke«, Dieter (21.7.66), in: BStU, MfS, BV Lpz., AU, Nr. 1762/66, Bl. 79.

Betriebsromane

Wolfgang Hottner

1.) Den Betrieb erzählen

»Was wäre noch langweiliger als ein Betriebsroman?«, fragt Richard Kämmerlings in seiner Rezension von Thomas Glavinics *Das bin doch ich* (2007).[1] Die Frage ist berechtigt, denn in der Tat: Fader als der Bericht über den zähen Veröffentlichungsprozess eines Romans geht es kaum. Neben den prosaischen Leiden Glavinics handelt der Roman vor allem von den Akteuren und Multiplikatoren, den In- und Exklusionsmechanismen des Literaturbetriebs sowie vom Wunsch, auch dann noch an einem Roman zu schreiben, wenn eigentlich »kein neuer in Sicht« scheint.[2] *Das bin doch ich* arbeitet sich an denjenigen Fragen ab, die sich der Erzähler am Anfang so leitmotivisch wie rhetorisch stellt: »Finde ich einen guten Verlag? Wird mein Buch der Erfolg, den ich mir wünsche? Komme ich auf die Buchpreisliste?«[3] Auch Tex Rubinowitz' Roman *Lass mich nicht allein mit ihr* (2017)[4] hat vornehmlich einen Autor-Ich-Erzähler, dessen Lektor sowie die Vergabe von Preisen und Stipendien zum Thema. Der Ankündigungstext verspricht dennoch ›köstliche‹ Unterhaltung:

> [D]och der Erzähler fährt sich immer wieder selbst in die Parade, verliert sich

1 Vgl. Richard Kämmerlings, »Das Ich im Kreise seiner Teufel«, in: *FAZ*, 1.9.2007.
2 Thomas Glavinic, *Das bin doch ich*, München: Hanser, 2007, S. 17; vgl. Robert Walter-Jochum, *Autobiografietheorie in der Postmoderne. Subjektivität in Texten von Johann Wolfgang von Goethe, Thomas Bernhard, Josef Winkler, Thomas Glavinic und Paul Auster*, Bielefeld: Transcript, 2016, S. 191–240.
3 Glavinic, *Das bin doch ich*, S. 16.
4 Tex Rubinowitz, *Lass mich nicht allein mit ihr*, Reinbek bei Hamburg: Rowohlt, 2017.

> in intimen Bekenntnissen, Aufzählungen, Abschweifungen, reflektiert über Kunst und über Hochstapler in der Kunst; und immer wenn er es wirklich zu bunt treibt, schaltet sich ein ziemlich unsympathischer Lektor ein, um ihm den Marsch zu blasen und klarzustellen, was gerade geht auf dem Buchmarkt: Sogleich beginnt der Erzähler folgsam einen brutalen Thriller, um nach ein paar Absätzen doch wieder in eine völlig andere Richtung zu preschen, denn dieses phantastische Buch tut vieles – es verwirrt, reizt zum Lachen und zum Nachdenken, blendet durch Virtuosität, unterhält aufs Köstlichste –, aber brav eine Geschichte erzählen, das tut es nicht.[5]

Als Beispiel für diese zeitgenössische Form des metafiktionalen Erzählens vom (deutschsprachigen) Literaturbetrieb lässt sich neben *Das bin doch ich* und *Lass mich nicht allein mit ihr* auch Jan Brandts *Tod in Turin* (2015) nennen, der – im Stil von Benjamin von Stuckrad-Barres *Livealbum* – von Lesereisen und Agentïnnentreffen erzählt und in dem wiederholt die Phantasie eines noch zu schreibenden Romans auftaucht:

> Ich schreibe seit Jahren an einem Roman über deutsche Auswanderer, eine Familie, die nach dem Krieg Deutschland verlässt und in den Vereinigten Staaten das Glück sucht. Eine historische Geschichte, die bis in die Gegenwart reicht, ein monumentaler Roman, der niemals fertig wird.[6]

Die Forschung hat sich solcher meta- und autofiktionaler Elemente von Betriebsromanen in den letzten Jahren verstärkt angenommen sowie – gleichsam komplementär dazu – in praxeologischer Hinsicht Vermarktungsprozesse, Aufmerksamkeitsökonomien und Poetologien des Betriebs untersucht.[7]

Die folgenden Überlegungen schließen an diese Befunde an und haben anhand eines Beispiels aus der amerikanischen Literatur die Charakterisierung einer bestimmten Art auto- und metafiktionaler Texte zum Ziel, in denen zumeist von Schriftstellerïnnen erzählt wird, die einen Roman schreiben wollen oder wollten und dafür Stipendien, Zeit oder Vorschüsse bekommen. Dieser (eigentliche) Roman bleibt aber zumeist unverwirklicht, sodass man den Bericht über dessen Nicht-Zustandekommen liest.[8] Oft handelt es sich bei diesen Texten um zweite Romane, die den Erfolg oder Misserfolg des Debüts verarbeiten oder von Autorïnnen berichten, die zwischen der Veröffentlichung von zwei Romanen stehen. Die Romane lesen sich wie Projektanträge und Rechenschaftsberichte zugleich: Sie kündigen noch zu Schreibendes an und sind angelegt als nachträgliche Plausibilisierung eines Scheiterns, einer Schreibkrise und eines – meist ironisch überhöhten – Unvermögens. Indem sie Lebens- und Arbeitswelt von Autorïnnen in den Blick rücken, dienen sie auch der Inszenierung einer kritischen Autorïnnenpersona, die sich von der Betriebsamkeit zu distanzieren vermag, und werden so zugleich zum Ausweis eines reflektierten Umgangs mit dem Betrieb und seinen Publikations-, Lesereise- und Vermarktungszwängen.

Integraler Bestandteil der Rede über den und des Erzählens vom Betrieb ist die ästhetische und nahezu ideologisch aufgeladene Differenz zwischen sogenannter ›Institutsprosa‹ und ›echter‹ Welthaltigkeitsliteratur sowie die Frage, wie Schreibschulen den Literaturbetrieb, die Literatur und ihre Akteure prägen und verändern. Ich möchte mich diesem Themenkomplex, der für die hier versuchte Charakteristik des Betriebsromans entscheidend ist, im Folgenden über zwei sehr unterschiedliche Romane nähern. Anhand von Ben Lerners *10:04* (2014) soll eine Form der Autorinszenierung und des Erzählens genauer beschrieben werden, die sich in ihrer Authentizitätsfixiertheit vom vermeintlichen Konformismus der MFA-Programme abzugrenzen versucht.[9] Vor allem

5 O.A.: »Ankündigungstext«, in: *Website des Rowohlt-Verlags*, https://www.rowohlt.de/hardcover/tex-rubinowitz-lass-mich-nicht-allein-mit-ihr.html (geprüft am 19.10.2018).

6 Jan Brandt, *Tod in Turin. Eine italienische Reise ohne Wiederkehr*, Köln: Dumont, 2015, S. 270.

7 Vgl. Martina Wagner-Egelhaaf (Hg.), *Auto(r)fiktion. Literarische Verfahren der Selbstkonstruktion*, Bielefeld: Aisthesis, 2013; Stephan Porombka, »Literaturbetriebskunde. Zur ›genetischen Kritik‹ kollektiver Kreativität«, in: ders. / Wolfgang Schneider / Volker Wortmann (Hg.), *Kollektive Kreativität (Jahrbuch für Kulturwissenschaften und ästhetische Praxis 1)*, Tübingen: Francke, 2006, S. 72–87; vgl. Philipp Theisohn / Christine Weder (Hg.), *Literaturbetrieb. Zur Poetik einer Produktionsgemeinschaft*, München: Fink, 2013; vgl. Ekkehard Knörer, »Neuigkeiten aus dem Betrieb«, in: *Merkur* 69, 6 (2015), S. 61–68; Clayton Childress, *Under the Cover. The Creation, Production and Reception of a Novel*, Princeton: Princeton University Press, 2017.

8 Vgl. dazu Jörg Pottbeckers, *Der Autor als Held. Autofiktionale Inszenierungsstrategien in der deutschsprachigen Gegenwartsliteratur*, Würzburg: Königshausen & Neumann, 2017, S. 208–218; David-Christopher Assmann, »Das bin ich nicht. Thomas Glavinics Literaturbetriebs-Szene«, in: Thomas Wegmann / Nobert Christian Wolf (Hg.), *›High‹ and ›low‹. Zur Interferenz von Hoch- und Populärkultur in der Gegenwartsliteratur*, Berlin / Boston: De Gruyter, 2012, S. 121–140.

9 Vgl. Chad Harbach (Hg.), *MFA vs NYC. The Two Cultures of American Fiction*, New York: n+1 / Farrar, Straus and Giroux, 2014.

das Verhältnis des Romans zu den darin verhandelten sekundären Schreibweisen des ›proposals‹ und ›drafts‹ soll dabei in den Blick rücken. Jenseits eines solchen Literaturbetriebsrealismus geht es im zweiten Teil der Überlegungen anhand von Leif Randts *Planet Magnon* (2015) um die Beschreibung einer allegorischen Auseinandersetzung mit der deutschen Schreibschule und ihren Schreib- und Publikationsformen.

2.) Ben Lerner, *10:04*

Der Erzähler in Ben Lerners hochgelobtem Roman *10:04*[10] ist Schriftsteller und hat wie der Autor viel Lob für seinen ersten Roman *Leaving the Atocha Station* (2011) bekommen. Als »Post-Theory Theory Novel«[11] tituliert und von der Kritik in höchsten Tönen gefeiert, erzählt *10:04* vom Leben eines Schriftstellers Anfang dreißig in New York. In der Dichotomie MFA vs. NYC,[12] die den US-amerikanischen Literaturbetrieb maßgeblich strukturiert, ist Lerners Roman damit gerade nicht im Feld der ›Institutsprosa‹ zu verorten:

> As he [der Erzähler, W.H.] contemplates the anxieties of fatherhood, the imminence of the city's extinction and the challenge of making art in unsettled times, a brave new kind of novel emerges: a shimmering portrait of the multiple futures we might enhabit and the connections we have yet to form.(L, Klappentext)

Der Erzähler legt im Verlauf des Romans auch die poetologischen Prämissen seines Autors offen, dem es um »a nice crossing of reality and fiction«,(L, 57) ja sogar um das Unterlaufen der »distinction between fiction and nonfiction«(L, 170) bestellt sei. *10:04* erweist sich als ein Bericht über den Veröffentlichungsprozess einer Kurzgeschichte, die dem Erzähler einen beträchtlichen Vorschuss einbringt und wiederum ein schnell verfasstes Exposé zur Folge hat. Der Roman beginnt mit einem Treffen zwischen dem Erzähler und seiner Agentin, die ihm einen sechsstelligen Vorschuss verspricht, falls es ihm denn gelänge, die Kurzgeschichte, die in der Mitte des

Textes abgedruckt ist, in einen Roman zu verwandeln. Nachdem die Agentin dem Erzähler die Rahmenbedingungen des Deals vor Augen geführt hat, entwirft dieser ein ›proposal‹:

> I managed to draft an earnest if indefinite proposal
> and soon there was a competitive auction among major
> New York houses and we were eating cephalopods
> in what would become the opening scene. ›How exactly
> will you expand the story?‹, she had asked, far look
> in her eyes because she was calculating tip. ›I'll project
> myself into several futures simultaneously‹, I should
> have said, ›a minor tremor in my hand; I'll work my way
> from irony to sincerity in the sinking city, a would-be
> Whitman of the vulnerable grid.‹ (L, 4)

Auf diesem Weg zur Aufrichtigkeit begegnen den Lesenden in *10:04* Hurrikan Sandy, zeittheoretische Reflexionen über den Film *Back to the Future*, Walter Benjamins Überlegungen zu Paul Klees ›Engel der Geschichte‹, ein Stipendienaufenthalt in Marfa, die Kurzgeschichte *The Golden Vanity* selbst und einige bereits veröffentlichte Gedichte Lerners. Zudem werden Referenzen auf Theorie, die der Roman aufführt, in den ›Acknowledgements‹ gewissenhaft aufgelistet. Immer wieder berichtet der Erzähler über die Entstehung von Texten und noch zu verwirklichende Projekte. Am Ende des ersten Romanteils wird nach der Auseinandersetzung mit Christian Marclays Videoinstallation *The Clock* der Veröffentlichungsprozess der Kurzgeschichte (des Autors und Erzählers) im *New Yorker* dargelegt. Die Redakteur:innen der Zeitschrift sind zwar von der Kurzgeschichte angetan, die sich als »elegant meditation on art, time, mortality, and the strange nature of literary reception« (L, 56) herausstellt, verlangen aber, redigierend eingreifen zu dürfen. Der Erzähler lehnt dies zunächst mit Verweis auf seine Integrität ab, um am Ende und nach Rücksprache mit seiner Agentin doch einzulenken:

10 Im Folgenden wird unter Angabe von Seitenzahl und der Sigle L zitiert aus: Ben Lerner, *10:04*, New York: Granta, 2014.

11 Vgl. dazu Mitchum Huehls, »The Post-Theory Theory Novel«, in: *Contemporary Literature*, 56 (2015), S. 280–310.

12 Vgl. Chad Harbach, »MFA vs NYC«, in: ders. (Hg.), *MFA vs NYC, The Two Cultures of American Fiction*, New York: n+1 / Farrar, Straus and Giroux, 2014, S. 9–28.

> The story came quickly, almost alarmingly so – I had a draft finished within a month – and I sent it to my agent, who sent it to *The New Yorker*, which had expressed interest to her about my writing after the unexpected critical success of my first novel. To my surprise they wanted it, but they also wanted a major cut. [...] But I wasn't going to be one of those people, who let *The New Yorker* standardize his work; I wasn't going to make a cut whose primary motivation was, on some level, the story's marketability. Although I'd felt a small frisson when *The New Yorker* had accepted it – my parents would be exceedingly proud of me – and although I wanted the approximately eight thousand dollars, I also relished the opportunity to turn *The New Yorker* down, to be able to tell the story of my story as evidence of my vanguard credibility. (L, 56)

Die Textbeispiele machen deutlich: *10:04* berichtet vom Schreiben-Wollen und Geschrieben-Haben, ist Teil einer Strategie publikationstechnischer Leerlaufminimierung und dient insbesondere der Inszenierung subversiver Autorschaft, die nur zu gut um die Fallstricke des Marktes weiß. Die metareflexive und selbstkommentierende Verlaufs- und Erzählform des Romans, die Zukünftiges verspricht und Vergangenes plausibilisiert, nähert ihn denjenigen ›sekundären‹ Textformen (Projektantrag, Agenturexposé, Abschlussbericht) an, mit denen sich der Erzähler konfrontiert sieht und die – so die Agentin – für den Erfolg auf dem Buchmarkt entscheidender als das Buch selbst sind: »Keep in mind that your book proposal [...] might generate more excitement among the houses than the book itself« (L, 154). Schließlich geht es auch darum, den Verlagen einen »potential darling of the critics« (L, 154) zu verkaufen. Lerners Literaturbetriebsszenen[13] stellen die Abläufe und Strukturen des von Vorschüssen, ›proposals‹ und Agent*innen dominierten amerikanischen Literaturbetriebs mit ironischer Distanziertheit aus. Zugleich werden dessen Ansprüche (hohe Publikationsfrequenz, Realismus, Gegenwärtigkeit) mit eben der Veröffentlichung dieses zweiten Romans erfüllt. Die auto- und metafiktionale Verfasstheit des Romans soll diesen nicht nur in die Tradition des (post-)modernen Schreibens übers Schreiben einreihen, sondern wird in diesem Fall zur Möglichkeitsbedingung, um bereits Veröffentlichtes neu zu kuratieren und in relativ kurzer Zeit einen Text zu produzieren, der als Produkt den Vorschuss und den Fortgang der Karriere sichert sowie neue Projekte in Aussicht stellt: »My advice, having sold some other proposals, is not to wait too long«,[(L, 159)] rät die Agentin.

Als Betriebsroman erzählt *10:04* weder primär vom Verlauf eines Lebens (wie der Bildungsroman) noch von der institutionellen Formung von Subjekten (wie der Institutionenroman),[14] sondern hat in seiner metafiktionalen Verfasstheit die Formung seiner selbst zum Thema. Es geht in den oben zitierten Abschnitten aus *10:04* weniger um die Verhandlung romantheoretischer Probleme, vielmehr wird das Spiel mit Fiktionalitätsebenen zur Bühne, auf der der Autor Authentizität inszeniert und den Verlagen zu verkaufen versucht. Die genannten Passagen aus *10:04* dienen trotz ironischer Brechungen vor allem dazu, die »vanguard credibility«[(L, 56)] des Autors zu festigen: »I loved the idea: my virtual novel was worth more than my actual novel. But if they rejected it, I'd have to give the money back«.[(L, 155)] Ein solches Schreiben übers Schreiben, übers Schreiben-Wollen und Geschrieben-Haben, die ironische Distanzierung von der Logik des Buchmarktes dient mehr als alles andere dem Ausweis kritischer Autorschaft.[15] Es korrespondiert mit Praktiken des Making-ofs sowie der Inszenierung kreativer Arbeit, die Andreas Reckwitz unter dem Begriff der »Performativität künstlerischer Praxis«[16] beschrieben hat. Reckwitz' Befund, den er vor allem an Beispielen aus der bildenden Kunst ausführt, lässt sich auf literarische Zusammenhänge übertragen, denn auch in *10:04* findet

> eine Prozeduralisierung des ›Kunstmachens‹ statt, die sich nun aus profanen, normalisierten Arbeitsprozessen und Methoden zusammensetzt, die nicht verborgen, sondern offensiv gezeigt und weiterentwickelt werden.

13 David-Christopher Assmann, *Poetologien des Literaturbetriebs. Szenen bei Kirchhoff, Maier, Gstrein und Händler*, Berlin / Boston: De Gruyter, 2014.

14 Vgl. dazu Rüdiger Campe, »Kafkas Institutionenroman. ›Der Proceß‹, ›Das Schloß‹«, in: Rüdiger Campe / Michael Niehaus (Hg.), *Gesetz. Ironie. Festschrift für Manfred Schneider*, Heidelberg: Synchron, 2004, S. 197–208.

15 Vgl. Andreas Reckwitz, *Die Gesellschaft der Singularitäten. Zum Strukturwandel der Moderne*, Berlin: Suhrkamp, 2017, S. 208–212.

16 Andreas Reckwitz, *Die Erfindung der Kreativität. Zum Prozess gesellschaftlicher Ästhetisierung*, Berlin: Suhrkamp, 2012, S. 98.

> Der Künstler verliert damit seinen Sonderstatus als Exklusivfigur und entwickelt sein professionelles ›Kompetenzprofil‹.[17]

Die metafiktionalen Elemente des Romans bieten dabei auch die Möglichkeit, das eigene Schreiben zu kommentieren und zu kontextualisieren sowie, ausgestattet mit Verweisen auf Benjamin und Agamben, diejenigen Fährten zu legen, die eine theorieaffine Literaturkritik dankend aufgreift, um in Lerners Roman eine Möglichkeit zu erkennen, ›herkömmliche‹ Formen narrativer Geschlossenheit zu unterlaufen.[18]

Lerners *10:04* erzählt nicht nur von ›proposals‹, ›virtual novels‹ und ›drafts‹, der Roman selbst erscheint als ein eigenhändig verfasstes Empfehlungsschreiben des Autors, ein virtuelles Projektportfolio, in dem ›several futures simultaneously‹ versprochen werden und bereits Veröffentlichtes in seinem Hergang plausibilisiert wird. Die Wirklichkeit, von der in *10:04* die Rede ist, korrespondiert mit einem projektbasierten Weltverhältnis, und das nicht, weil Lerner von Agentïnnen und Projektemacherïnnen erzählt, sondern weil der Roman an vielen Stellen mit eben jenen darstellerischen Formen konvergiert, die für ein auf Potentialität und Anschlusslogiken ausgelegtes Wirklichkeitsverhältnis entscheidend sind.[19] Der Roman erzählt nicht nur von »multiple futures« und »connections yet to form«,[(L, Klappentext)] er ist von den darstellerischen Formen, die diese Zukünfte und Verbindungen versprechen, streckenweise nicht zu unterscheiden.[20]

10:04 hat Lerner auch tatsächlich zahlreiche Preise und Stipendien eingebracht, unter anderem im Jahr 2015 ein Stipendium der *MacArthur Foundation*, die in Lerners Transgression von »conventional distinctions of genre and style« eine »extended meditation on how to capture our contemproray moment« erkennen wollte.[21] Diese intrinsische Verschränkung des Romans mit Logiken und Darstellungsformen des Marktes wäre umso interessanter, würde Lerner nicht in Interviews erklären, dass es ihm gerade um »authenticity and literary value« gehe, in »a society that cares so much more about money«.[22] Die Gegenwärtigkeit von Lerners *10:04* mag zwar auch in seiner stilistischen Heterogenität zu finden sein, sie ist aber auch dort zu suchen, wo sich trotz der moralisierenden Gegenüberstellung von Literatur und Betrieb die Darstellungs- und Erzählformen beider durchdringen und gerade deshalb einen kommerziell hochgradig erfolgreichen ›darling of the critics‹ hervorgebracht haben.

3.) Leif Randt, *Planet Magnon*

Leif Randts Roman *Planet Magnon* (2015)[23] hat auf den ersten Blick mit literaturbetrieblichen Fragestellungen wenig zu tun. Doch die Akademien, Bewerbungsgespräche und Schreibübungen, die in diesem fernen Planentensystem dargestellt werden, weisen doch mit Schreibschulen, Jahresanthologien und dem Wunsch, institutionelle Zwänge zu überwinden, eine interessante Ähnlichkeit auf. Ich will im Folgenden *Planet Magnon* als allegorische Auseinandersetzung mit dem Literaturbetrieb, seinen Ausbildungsstätten und Publikationsformen lesen und damit zugleich aufzeigen, wie die Vermarktungsstrategien und Arbeitsbedingungen des Literaturbetriebes (Preise, Lesungen, Stipendien) in Texte eingeschrieben werden, auch wenn nicht explizit (und mit moralisierendem Pathos wie bei Lerner) von ihnen erzählt wird.

Randts Roman entwirft eine Welt, die von einem selbstlosen und alles inkludierenden Computersystem namens ›ActualSanity‹ regiert wird. Dieses hat die Geschichte des hiesigen Sonnensystems »maßgeblich beschleunigt«[(PM, 27)] und passt »Gesetzestexte auf Grundlage statistischer Auswertungen immer präziser und unmittelbarer an die sich stets erneuernden Verhältnisse an«.[(PM, 27)] ›ActualSanity‹ scheint der Gegenwart oft »sogar einige Schritte voraus«[(PM, 28)] und in der Lage zu sein, ihre etwaigen Fehler »rasch

17 Reckwitz, *Die Erfindung der Kreativität*, S. 97.

18 Vgl. Pieter Vermeulen, »How should a person be (Transpersonal)? Ben Lerner, Roberto Esposito, and the Biopolitics of the Future«, in: *Political Theory* 45 (2017), S. 659–681.

19 Vgl. Luc Boltanski / Ève Chiapello, *Der neue Geist des Kapitalismus*, aus dem Französischen von Michael Tillmann, Konstanz: UVK, 2003, S. 156: »Das Leben wird dabei als eine Abfolge von Projekten aufgefasst. [...] Wichtig ist vielmehr, Tätigkeiten zu entwickeln, d.h. niemals um ein Projekt oder eine Idee verlegen zu sein, unablässig Pläne zu schmieden, gemeinsam mit anderen an einem Projekt zu sitzen.«

20 Vgl. zu dieser der Logik des Termingeschäfts oder Windhandels nicht unähnlichen Zeitlichkeit Joseph Vogl, *Das Gespenst des Kapitals*, Zürich: Diaphanes, 2010, S. 77–82, 91–95.

21 Vgl. dazu o.A., »Ben Lerner«, in: *Website der MacArthur Foundation*, https://www.macfound.org/fellows/938 / (geprüft am 19.10.2018).

22 Vgl. ebd. Lerners eigene Beschreibung seines künstlerischen Anspruchs in dem Video, das die MacArthur Foundation auf ihrer Homepage zur Verfügung stellt,.

23 Im Folgenden wird unter Angabe von Seitenzahl und der Sigle PM zitiert aus: Leif Randt, *Planet Magnon*, Köln: Kiepenheuer & Witsch, 2015.

zu korrigieren«.(PM, 28) Im fast dreißigseitigen Glossar, das *Planet Magnon* nachgestellt ist, wird ›ActualSanity‹ folgendermaßen beschrieben:

> Das Computersystem umsorgt die Bewohner der sechs Planeten, indem es die Rahmenbedingungen ihres Lebens definiert. *ActualSanity* bezieht dabei sowohl physische Fakten (Verkaufszahlen, Krankheitsfälle) als auch psychologische Chiffren (Ängste, Wünsche, Zufriedenheitstendenzen) in ihre Entscheidungsfindung mit ein. Die Methoden der Berechnung dieser Chiffren werden durch AS ständig aktualisiert.(PM, 275)

Die Bewohner des von ›ActualSanity‹ verwalteten Planetensystems unterteilen sich in sogenannte »Kollektive der Gegenwart«.(PM, 5) Erzählt wird *Planet Magnon* aus der Ich-Perspektive eines Vertreters des Kollektivs Dolfin, das sich in Bezug auf die Frage der Lebensführung von allen Idealismen absetzt. Der Protagonist und Erzähler Marten Eliot ist Spitzenfellow dieses Kollektivs und verkörpert, als »frei schwebende[r], souverän tastendc[r] Postpragmatiker« auf vollkommene Weise den Typus des »neuen Dolfin[s]«.(PM, 41) Im Zentrum der Lehre der Dolfins steht die »Post-Pragmatic-Joy Theorie«,(PM, 13) die in Verbindung mit der Flüssigkeit Magnon auf einen Schwebezustand abzielt, »in dem Rauscherfahrung und Nüchternheit, Selbst- und Fremdbeobachtung, Pflichterfüllung und Zerstreuung ihre scheinbare Widersprüchlichkeit überwinden«.(PM, 291)

Martens Geschichte spielt sich im ersten Teil des Romans vornehmlich innerhalb einer »Akademie«(PM, 8) ab, die Züge einer Schreibschule trägt und in der die Jugendlichen des Kollektivs erzogen werden. Diese werden von einem Komitee ausgewählt und sollen am Ende ihrer Ausbildung zu »ästhetisch-kommunikativen« (PM, 35) Aspekten der Planetengemeinschaft beitragen. Die Akademie der Dolfins hat in den letzten Jahren weniger Bewerbungen erhalten, »dafür einen größeren Anteil auf einem immens hohen Niveau«.(PM, 34) Marten selbst unterrichtet einen »Kurs zum Almanach«,(PM, 36) dem zentralen Publikationsorgan der Dolfins. Eine Publikation der Auszubildenden in dieser Zeitschrift bildet den eigentlichen Abschluss des Studiums und hat zugleich das Ziel, »die Texte anderer Kollektive zu übertreffen«.(PM, 165) Im Zentrum einer jährlich stattfindenden Party steht die mit Spannung erwartete Veröffentlichung des neuen Printalmanachs. Die Dolfins selbst unterscheiden zwischen einer weniger angesehenen digitalen Version und der gedruckten Version des Almanachs:

> Die digitale Version, die sich ausschließlich über die Schreibtische der Akademie öffnen lässt, steht uns Dolfins jederzeit zur Verfügung, als gewaltiges Nachschlagewerk, in dem auch alle später vorgenommenen Änderungen nachverfolgbar sind. Im Printalmanach erscheinen dagegen absolute Klassiker, zeitlos unterhaltsame Schriften, sowie neue Beiträge, die vom *Best-Age-Komitee* als wegweisend empfunden werden, weil sie makellos zu Ende gedacht oder roh und kraftvoll sind. (PM, 102)

Es ist unschwer zu erkennen, dass in der Printalmanach-Episode auch diejenigen Publikationsformen verhandelt werden, die an deutschen Schreibschulen wie in Hildesheim und Leipzig veröffentlicht werden. Man denke beispielsweise an die seit 2001 erscheinende Zeitschrift *BELLA triste* (Hildesheim) sowie die seit 2003 erscheinende und mit einer Releaseparty im Deutschen Literaturinstitut verbundene Jahrgangsanthologie *Tippgemeinschaft* (Leipzig), die den Vorwurf, bloße ›Institutsliteratur‹ zu enthalten, mittlerweile schon im Vorwort mancher Ausgaben auszuräumen versuchen. Randt selbst hat in einer Sonderausgabe von *BELLA triste* zum Thema ›Bekenntnis‹ einen Text mit dem Titel »Post Pragmatic Joy (Theorie)« veröffentlicht, in dem *Planet Magnon* angekündigt, der für die Dolfins zentrale Begriff eingeführt und die Bezugnahme auf diese Publikationsform im Roman verdoppelt wird.[24]

24 Vgl. Leif Randt, »Post Pragmatic Joy (Theorie)«, in: *BELLA triste* 39 (2014), S. 7–15.

Wenn es ein Dolfin nicht in einen solchen Almanach geschafft hat, muss er oder sie davon ausgehen, dass der Text

> in der umfassenden Almanachdatei, in diesem riesigen Konvolut aus Nachrichten und Emotionen, letztlich verschwinden wird. Und es bleibt ihnen die vage Hoffnung, dass ihr Ansatz eines fernen Tages in irgendeinem Theorieseminar Beachtung finden wird und es dann vielleicht, ein halbes oder ein ganzes Jahr später, doch noch in die Printausgabe schafft, als heimlicher, lang übersehener Klassiker.(PM, 105)

Planet Magnon thematisiert aber nicht nur mit Schreibschulen assoziierte Publikationsformen, der Roman erzählt auch von dem Wunsch, einer Schreib- und Lebensform zu entkommen, die dem Vorwurf der Lebensferne, der bloßen Gut-Gemachtheit und der Stromlinienförmigkeit ausgesetzt ist.[25] Die Strukturen des Kollektivs und der Akademie prägen die Lebenswelt ihrer Mitglieder in umfassender Weise:

> Fast alles, was wir Junioren taten – die Seminare und Workshops, die Almanachlektüren, die Partys, die Experimente –, war von unserem Kollektiv erfunden oder zumindest dolfinspezifisch eingefärbt worden. Ein Zustand außerhalb des Kollektivs war kaum vorstellbar.(PM, 130)

Das Versprechen einer »Erneuerung der Verhältnisse«,(PM, 160) eines Lebens jenseits der Akademie, wird in *Planet Magnon* vom Kollektiv Hank verkörpert, das sich auf dem Müllplaneten Toadstool angesiedelt hat. Als Gegenbewegung zum postpragmatischen Lifestyle-Design aller Lebensbereiche durch die Dolfins bietet das selbsternannte Kollektiv der gebrochenen Herzen »Restchancen auf halbes Glück. Sympathie. Anerkennung. Diskurs. Erkenntnis. [...] Dieses halbe Glück tritt verlässlich ein, durch die Arbeit, die wir gemeinsam erledigen«.(PM, 160)

Die Hanks propagieren einen Ausweg aus den Zwängen der ›creative economy‹ samt ihrer ästhetisierten und auf Kreativität gepolten Lebensformen.[26] Diese Befreiung besteht in der Verweigerung der Anforderungen eines ›Kreativitätsdispositivs‹ (Reckwitz) und in der Verrichtung monotoner »Müllvernichtung«.(PM, 245) Entgegen der kreativen Arbeit an Almanachkapiteln geht es den Hanks um die Rückkehr zu standardisierter Arbeit, die kollektiv verrichtet wird:

> In der Halle sitzen achtköpfige Arbeitsgruppen an je einem Tisch. Die Tische stehen dicht nebeneinander, es ergeben sich schier endlose Bildschirmreihen. [...] Die Arbeit wird mithilfe von Texttafeln auf den Bildschirmen erklärt. Es dauert Stunden, bis es uns gelingt, den verschneiten Müll zu klassifizieren, und noch einige Stunden länger, bis wir in der Lage sind, ihn akkurat zusammenzuschieben, zu sinnvoll sortierten Portionen gleicher Größe. [...] Generell scheinen Gespräche nicht üblich zu sein während der Tätigkeit mit dem Controllstick.(PM, 253f.)

Wer den Hanks nicht von ›ActualSanity‹ per Los zugeteilt wird, hat zunächst einen Bewerbungsprozess zu absolvieren, der aus einer »Schreibaufgabe«(PM, 262) sowie einem anschließenden Auswahlgespräch mit der Anführerin namens MMDT besteht. Bevor Marten – der sich mittlerweile auf Toadstool befindet und sich von den Dolfins abzuwenden scheint – sich an seinen Text machen kann, wird ihm und den anderen Kandidatïnnen die Ästhetik der Hanks erläutert:

> Ihr habt nun hundertdreiundzwanzig Minuten Zeit, um schriftlich zu fixieren, wann euch zum ersten und wann zum letzten Mal das Herz gebrochen wurde. [...] Bitte nutzt eine Sprache, die allgemeinverständlich ist. Beide Ergebnisse sollen für den Leser greifbar werden. Sprecht die Dinge klar aus. Vermeidet Überhöhungen, seid ehrlich, macht euch nichts vor. (PM, 259)

25 Vgl. zu diesem mittlerweile topischen Vorwurf Ulf Stolterfoht, »Vorwort«, in: Thomas Amslinger / Diana Feuerbach / ders. (Hg.), *Tippgemeinschaft 2010: Jahresanthologie der Studierenden des Deutschen Literaturinstituts Leipzig*, Leipzig: Connewitzer Verlagsbuchhandlung, 2010, S. 9–12.

26 Vgl. dazu Reckwitz, *Die Gesellschaft der Singularitäten*, S. 111–181.

Die auf Authentizität, Buchstäblichkeit und Klarheit beruhende Ästhetik der Hanks zielt darauf ab, die Kontrolle über die eigene Lebensgeschichte wiederzugewinnen (vgl. PM, 156), mehr noch: ein deutliches »Bewusstsein für das eigene Unglück« (PM, 160) zu entwickeln. Sie steht dem Marketing, der Unaufrichtigkeit und der »Verlogenheit« (PM, 282) der Dolfins ebenso entgegen wie der Rhetorik des Mitches, jener »Praxis der entrückten, aber formschönen Aussage«, die sich bei den Dolfins großer Beliebtheit erfreut.[27] Marten produziert im Rahmen der Schreibübung einen Text, der dem Stilideal der Hanks entspricht und der auch schon in *CobyCounty*, der Wohlstandsoase in Randts erstem Roman, hätte vorkommen können.[28] Lässt sich doch dort unter den jungen Autor:innen ein »Trend zur Erinnerungsprosa, zu sinnlicher Nostalgie« feststellen sowie der Versuch, »in seine Kindheit hineinzuforschen«.[29] Marten beginnt seinen Text mit einer Kindheitserinnerung und dem Geständnis, seit seinem dritten Lebensjahr Waisenkind zu sein. Trauer habe er in seinem Leben aber nur einmal empfunden, als sein Kindheitsfreund Bruce das Sonnensystem verlassen habe. Der Text endet mit einem Bekenntnis, das versucht, der ästhetischen Ideologie der Hanks zu entsprechen:

> Ich muss mir eingestehen, dass ich häufig schwach gewesen bin in den vergangenen Wochen. Ich habe längst nachgeben wollen. Doch ich habe mich von den Ambitionen anderer leiten lassen, in eine Richtung, die mir nicht entspricht, so wie mich jetzt das hohe Schreibtempo der anderen beeinflusst. Meine Finger bewegen sich hektisch. Dabei wollte ich nie jemand sein, der hektisch tippt. Mit alldem wird es jetzt ein Ende haben. Von nun an spiele ich mein eigenes Spiel. (PM, 261)

Im anschließenden Gespräch mit der Anführerin der Hanks wird deutlich, dass der Wunsch nach einer ›conversio‹ – der Urszene autobiografischen Erzählens – unerfüllt bleibt, es ein »eigenes Spiel« nicht geben kann, die Dichotomie zwischen kollektivistischem Kalkül und radikalauthentischem Ausdruck selbst unsinnig ist. Nicht nur hat MMDT, während Marten seinen Text verfasst hat, diesen in Echtzeit mitgelesen, letztlich wird jede deviante

Schreib- und Lebensform von ›ActualSanity‹ registriert und in die sich verändernden und adaptiven Rahmenbedingungen inkorporiert. Es gibt in dieser Welt keine eigene Stimme, weder innerhalb der Akademie und ihrer Fixiertheit auf den Almanach noch außerhalb im Authentizitätsprogramm der Hanks: »Die AS bezieht alle mit ein«.(PM, 28)

Mehr noch als ein in Science-Fiction gekleideter Kommentar zur postpolitischen Gegenwart[30] und posthumanen Zeiten,[31] scheint *Planet Magnon* eine Beschreibung eines literarischen und literaturbetrieblichen Feldes samt der sich darin befindenden Institutionen, Mechanismen und Akteure zu enthalten, das sich anhand der Differenz zwischen vermeintlich seelenloser ›Institutsprosa‹ und genialischer Literaturliteratur über die Qualität von Texten junger Autorïnnen zu verständigen sucht. Die Diagnose, die der *Planet Magnon* stellt, scheint aber auch zu sein, dass die literarische Ästhetik der Gegenwart stärker von einem dynamischen, adaptiven und evolutionären Algorithmus wie ›ActualSanity‹ formiert wird, als vom Kreativitätsdispositiv der Schreibschule sowie dem Wunsch, sich von dieser zu emanzipieren.[32] Die Opposition zwischen der Schreibschul-Ästhetik der Dolfins und der authentischen Schreibweise der Hanks erweist sich (nicht nur) innerhalb des Romans als hinfällig, schwebt doch über allem die ›ActualSanity‹, welche neben den politischen auch die ästhetischen Rahmenbedingungen der Planentengemeinschaft definiert.

Tom McCarthy hat kürzlich in einem Essay die These vertreten, dass der große Roman der Gegenwart durch ständig mitlaufende Software ohnehin schon geschrieben wird und zugleich die schiere Masse an verfügbaren Daten und Informationen das Schreiben (von Romanen und ihren Interpretationen) grundlegender formatiert als eine Einführung in die Erzähltheorie.[33] Man braucht

27 »Man stellt Mitches in den Raum, um Möglichkeitsfelder zu öffnen. Der Inhalt der Aussagen ist dabei zumeist fragwürdig. Mitches können provozierend, lächerlich und sperrig sein, im Idealfall sind sie all das zugleich. Aber erst die Attitüde beim Sprechen macht den Mitch zum Mitch.« (PM, 290).

28 Vgl. dazu Klaus Birnstiel / Michael Multhammer, »Transzendierter Pop: Leif Randt, ›Schimmernder Dunst über Coby County‹«, in: Thomas Düllo / Holger Schulze / Florian Hadler (Hg.), *Was erzählt Pop?*, Berlin: LIT, 2018, S. 156–168.

29 Leif Randt, *Schimmernder Dunst über CobyCounty*, Berlin: Berlin Verlag, 2011, S. 91.

30 Vgl. dazu Immanuel Nover, »Postpolitische Stagnation. Leif Randts ›Planet Magnon‹«, in: *Wirkendes Wort*, 66,3 (2016), S. 447–459.

31 Philipp Theisohn, »Die literarische Droge. Leif Randts phantastischer Roman ›Planet Magnon‹ will uns das Sprechen lehren«, in: *NZZ*, 11.11.2015, S. 53.

32 Vgl. dazu Felix Stalder, *Kultur der Digitalität*, Berlin: Suhrkamp, 2016, S. 164–203.

33 Vgl. Tom McCarthy, »The Death of Writing. If James Joyce were alive today he'd be working for Google«, in: *The Guardian*, 7.3.2015, https://www.theguardian.com/books/2015/mar/07/tom-mccarthy-death-writing-james-joyce-working-google (geprüft am 19.10.2018).

sicherlich keine Science-Fiction mehr, um sich ein modulares Kontrollsystem vorzustellen, das in jedem Moment die Position von Akteuren und Elementen zu bestimmen weiß und ihnen je schon einen Schritt voraus ist.[34] Doch im Fall von *Planet Magnon* hilft sie dabei, sich daran zu erinnern, dass nicht nur künftig Betriebssysteme jeglicher Betriebsamkeit vorgeschaltet sind.

Literaturverzeichnis

O.A.: »Ankündigungstext«, in: *Website des Rowohlt-Verlags*, https://www.rowohlt.de/hardcover/tex-rubinowitz-lass-mich-nicht-allein-mit-ihr.html (geprüft am 19.10.2018).

O.A.: »Ben Lerner«, in: *Website der MacArthur Foundation*, https://www.macfound.org/fellows/938/ (geprüft am 19.10.2018).

Assmann, David-Christopher: »Das bin ich nicht. Thomas Glavinics Literaturbetriebs-Szene«, in: Thomas Wegmann / Nobert Christian Wolf (Hg.), *›High‹ and ›low‹. Zur Interferenz von Hoch- und Populärkultur in der Gegenwartsliteratur*, Berlin / Boston: De Gruyter, 2012, S. 121–140.

Assmann, David-Christopher: *Poetologien des Literaturbetriebs. Szenen bei Kirchhoff, Maier, Gstrein und Händler*, Berlin / Boston: De Gruyter, 2014.

Birnstiel, Klaus / Multhammer, Michael: »Transzendierter Pop: Leif Randt, ›Schimmernder Dunst über Coby County‹«, in: Thomas Düllo / Holger Schulze / Florian Hadler (Hg.), *Was erzählt Pop?*, Berlin: LIT, 2018, S. 156–168.

Boltanski, Luc / Chiapello, Ève: *Der neue Geist des Kapitalismus*, aus dem Französischen von Michael Tillmann, Konstanz: UVK, 2003.

Brandt, Jan: *Tod in Turin. Eine italienische Reise ohne Wiederkehr*, Köln: Dumont, 2015.

Campe, Rüdiger: »Kafkas Institutionenroman. Der Proceß, Das Schloß«, in: Rüdiger Campe / Michael Niehaus (Hg.), *Gesetz. Ironie. Festschrift für Manfred Schneider*, Heidelberg: Synchron, 2004, S. 197–208.

Deleuze, Gilles: »Postskriptum über die Kontrollgesellschaft«, in: ders., *Unterhandlungen. 1972–1990*, aus dem Französischen von Gustav Roßler, Frankfurt am Main: Suhrkamp, 1993, S. 254–262.

Childress, Clayton: *Under the Cover. The Creation, Production and Reception of a Novel*, Princeton: Princeton University Press, 2017.

Glavinic, Thomas: *Das bin doch ich*, München: Hanser, 2007.

Harbach, Chad (Hg.): *MFA vs NYC. The Two Cultures of American Fiction*, New York: n+1 / Farrar, Straus and Giroux, 2014.

Harbach, Chad: »MFA vs NYC«, in: ders. (Hg.), *MFA vs NYC*, S. 9–28.

Huehls, Mitchum: »The Post-Theory Theory Novel«, in: *Contemporary Literature*, 56 (2015), S. 280–310.

Kämmerlings, Richard: »Das Ich im Kreise seiner Teufel«, in: *FAZ*, 1.9.2007.

Knörer, Ekkehard: »Neuigkeiten aus dem Betrieb«, in: *Merkur*, 69, 6 (2015), S. 61–68.

Lerner, Ben: *10:04. A Novel*, New York: Granta, 2014.

McCarthy Tom: »The Death of Writing. If James Joyce were alive today he'd be working for Google«, in: *The Guardian*, 7.3.2015, https://www.theguardian.com/books/2015/mar/07/tom-mccarthy-death-writing-james-joyce-working-google (geprüft am 19.10.2018).

Nover, Immanuel: »Postpolitische Stagnation. Leif Randts ›Planet Magnon‹«, in: *Wirkendes Wort*, 66,3 (2016), S. 447–459.

Porombka, Stephan: »Literaturbetriebskunde. Zur ›genetischen Kritik‹ kollektiver Kreativität«, in: ders. (Hg.), *Kollektive Kreativität, in: Jahrbuch für Kulturwissenschaften und ästhetische Praxis*, Tübingen: Francke, 2006, S. 72–87.

Pottbeckers, Jörg: *Der Autor als Held. Autofiktionale Inszenierungsstrategien in der deutschsprachigen Gegenwartsliteratur*, Würzburg: Königshausen & Neumann, 2017.

Randt, Leif: *Schimmernder Dunst über CobyCounty*, Berlin: Berlin Verlag, 2011.

Randt, Leif: »Post Pragmatic Joy (Theorie)«, in: *BELLA triste* 39 (2014), S. 7–15.

Randt, Leif: *Planet Magnon*, Köln: Kiepenheuer & Witsch, 2015.

Reckwitz, Andreas: *Die Erfindung der Kreativität. Zum Prozess gesellschaftlicher Ästhetisierung*, Berlin: Suhrkamp, 2012.

Reckwitz, Andreas: *Die Gesellschaft der Singularitäten. Zum Strukturwandel der Moderne*, Berlin: Suhrkamp, 2017.

Rubinowitz, Tex: *Lass mich nicht allein mit ihr*, Reinbek bei Hamburg: Rowohlt, 2017.

Stalder, Felix: *Kultur der Digitalität*, Berlin: Suhrkamp, 2016.

Stolterfoht, Ulf: »Vorwort«, in: Thomas Amslinger / Diana Feuerbach / ders. (Hg.), *Tippgemeinschaft 2010: Jahresanthologie der Studierenden des Deutschen Literaturinstituts Leipzig*, Leipzig: Connewitzer Verlagsbuchhandlung, 2010, S. 9–12.

Theisohn, Philipp / Weder, Christine (Hg.): *Literaturbetrieb. Zur Poetik einer Produktionsgemeinschaft*, München: Fink, 2013.

Theisohn, Philipp: »Die literarische Droge. Leif Randts phantastischer Roman ›Planet Magnon‹ will uns das Sprechen lehren«, in: *NZZ*, 11.11.2015, S. 53.

Vogl, Joseph: *Das Gespenst des Kapitals*, Zürich: Diaphanes, 2010.

Wagner-Egelhaaf, Martina (Hg.): *Auto(r)fiktion. Literarische Verfahren der Selbstkonstruktion*, Bielefeld: Aisthesis, 2013.

Walter-Jochum, Robert: *Autobiografietheorie in der Postmoderne. Subjektivität in Texten von Johann Wolfgang von Goethe, Thomas Bernhard, Josef Winkler, Thomas Glavinic und Paul Auster*, Bielefeld: Transcript, 2016.

34 Vgl. Gilles Deleuze, »Postskriptum über die Kontrollgesellschaft«, in: ders., *Unterhandlungen. 1972–1990*, aus dem Französischen von Gustav Roßler, Frankfurt am Main: Suhrkamp, 1993, S. 254–262.

»Testgelände, Schaufenster, Labor« – Die Schreibschulanthologie

Sonja Lewandowski

1. Publikationskultur in und um Schreibschulen

Keine Schreibschule ohne eigene Schreibschulanthologie? Das Literaturinstitut in Leipzig hat seit 2003 die *Tippgemeinschaft*, sein Pendant in Hildesheim seit 2005 die *Landpartie*, das Institut für Sprachkunst in Wien veröffentlicht seit 2013 *Jenny. Denken, behaupten, Großtun* und im jüngst entstandenen Studienschwerpunkt ›Literarisches Schreiben‹ an der Kunsthochschule für Medien in Köln ist mit Ende des zweiten Semesters, im Sommer 2018, die Anthologie *Kurze* erschienen. Einen Überblick über aktuelle Schreibprojekte der Studierenden präsentiert das Schweizer Literaturinstitut in Biel wiederum in dem studentischen, deutsch-französischsprachigen Zeitungsprojekt *La Liesette Littéraire*, das ebenfalls als Jahresanthologie ausgezeichnet wird. Zudem gab das Institut zu seinem zehnjährigen Bestehen des Studiengangs 2017 den bilingualen Jubiläumsband *Fortschreiben / Ecrire encore* heraus, der neben einem literarischen Fortsetzungstext der Studierenden auch einen Essay, Forschungsbericht und Briefwechsel zwischen Lehrenden und Studierenden über die Arbeitsweisen am Institut enthält. Keine Schreibschule ohne »institutseigene Veröffentlichungsplattform«[1] also. Die Finanzierung der Anthologien wird in Hildesheim und Leipzig über Spenden und

1 Thomas Klupp, »Zitat zur Edition Paechterhaus«, in: *Website des Literaturinstituts Hildesheim*, https://literaturinstitut-hildesheim.de/ep/ (geprüft am 10.10.2018).

Fördergelder besorgt. So gab es in Hildesheim bis 2014 den Verein ›Zentrum für Kreatives Schreiben e.V.‹, über den die ›Edition Paechterhaus‹ als Publikationsplattform finanziert wurde und über den nicht nur Fördergelder bei der Uni, sondern auch bei regionalen Stiftungen und ähnlichen Organisationen beantragt werden konnten. Die *Landpartie* bildete dabei, so die Hildesheimer Absolventin Juliana Kálnay, zumeist »das Projekt mit dem größten finanziellen Aufwand«.[2]

Neben den verschiedenen Anthologien – dazu zählt auch eine Erstsemesteranthologie, denn in der Jahresanthologie darf erst ab dem dritten Semester veröffentlicht werden – haben sich die Studierenden in Leipzig und Hildesheim weitere Publikationsmöglichkeiten geschaffen, die in studentischer Eigenregie, zusätzlich zur Distribution der eigenen Texte, Verlags- und Redaktionserfahrungen ermöglichen. In Hildesheim wird seit 2001 dreimal jährlich die *BELLA triste. Zeitschrift für junge Literatur* durch den gleichnamigen gemeinnützigen Verein herausgegeben. Im Dunstkreis des Leipziger Literaturinstituts ist die Literaturzeitschrift *Edit. Papier für neue Texte* gegründet worden, die seit 1993 (also zwei Jahre vor Wiedereröffnung des Literaturinstituts) ebenfalls dreimal im Jahr erscheint. Dabei fungieren die beiden Vereine nicht nur als Herausgeberhäfen der Zeitschriften. Ursprünglich aus der Lesereihe ›Seitentriebe‹ erwachsen, zählt der Literaturverein ›Edit e.V.‹ auch die »Organisation von Lesungen zu seinen Hauptaufgaben«.[3] Der *BELLA triste*-Verein (der finanziell unabhängig vom Institut agiert) veranstaltet seit 2005 das alle drei Jahre stattfindende Literaturfestival ›PROSANOVA‹ (das wiederum durch Fördergelder der Universität unterstützt wird) und schreibt sich laut Satzung die »Förderung und Pflege des ›kreativen Umgang[s] mit Texten in Lesungen, Konferenzen und Veranstaltungen sowie in Publikationen‹« auf die Fahnen.[4] Bereits dieser (noch lückenhafte) Überblick verdeutlicht, dass die in und um Schreibschulen erwachsene Publikationskultur in ein zeit- und raumübergreifendes Praktikenensemble eingebettet ist. Auf die Lesung folgt die Zeitschrift, auf die Anthologie die Lesung. Aus der Unzufriedenheit über die Auswahlverfahren bei der letzten Anthologiezusammenstellung reagiert eine nächste studentische Herausgeberinnengruppe, verändert das Konzept oder gründet gar eine neue Publikationsplattform mit eigener Programmatik. So wurde etwa das jüngste Zeitschriftenprojekt *P.S. Anmerkungen zum Literaturbetrieb / Politisch Schreiben* (Auflage von 600 Exemplaren laut Website) in Leipzig ins Leben gerufen, um »Stimmen, die sich an den Rändern der Gesellschaft befinden, mit Stimmen, die schon Gehör finden, zu mischen«,[5] also eine Zusammenstellung der literarischen Texte nicht nur anhand ihrer Qualität, sondern auch an der Position der verfassenden Person in der Gesellschaft und im Literaturbetrieb zu bemessen.[6]

Erstsemester-, Jahres- oder thematische Anthologien, Jubiläumsbände, Zeitschriften und Zeitungsprojekte bilden aus praxeologischer Sicht zentrale Materialien des Handelns in und um Schreibschulen. Sie verdienen eine tiefergehende Untersuchung, fungieren sie in ihrer Materialität, die publizistische Tatsachen schafft, doch als Scharniere hin zu den Lektorïnnen, Verlagen, Preisen und Stipendien. Erstaunlicherweise bleibt die rege Publikationskultur, die in und um Schreibschulen herum gewachsen ist, bis dato ein unerforschtes Text- und Praktikenensemble.[7] Dabei birgt das hier anvisierte Korpus nicht zuletzt unzählige »kleine vermischte [...] Werkchen«,[8] Vorarbeiten, erste, zweite und

2 Juliana Kálnay in einer Email an die Verfasserin vom 26.10.2018. Weiter erörtert Kálnay, die im Zeitraum Oktober 2010 bis Oktober 2011 bei der Edition Paechterhaus tätig war, die Finanzierungszusammenhänge der Publikationsplattform in Hildesheim zwischen 2010 und 2012: »In der Regel gab es einen Druckkostenzuschuss vom Institut, der aber formell beantragt werden musste. Zusätzlich kamen dann diverse Stiftungen hinzu. Um bei den Förderanträgen einen gesicherten Eigenanteil angeben zu können, wurden die Beiträgerïnnen der *Landpartie* dazu angehalten, zwei Pflichtexemplare abzunehmen. Zusätzlich wurden auf Lesungen und über die Edition Pächterhaus weitere Exemplare verkauft. Das eingenommene Geld floss in die Projekte zurück.«

3 O.A, »Über Edit«, in: *Website der Edit. Papier für neue Texte*, http://www.editonline.de/ueber-edit/ (geprüft am 28.9.2018).

4 O.A., »Zitat aus der Vereinssatzung«, in: *Website der BELLA triste*, https://www.bellatriste.de/?page_id=710 (geprüft am 28.9.2018).

5 Juli Zucker, »›Ganz andere Arten des Denkens‹. Interview mit dem Herausgeberkollektiv der Zeitschrift PS: Politisch Schreiben«, in: *kreuzer online*, 18.7.2017, https://kreuzer-leipzig.de/2017/07/18/ganz-andere-arten-des-denkens/ (geprüft am 29.10.2018)

6 O.A., »Was bisher geschah«, in: Website von PS – *Politisch Schreiben. Anmerkungen zum Literaturbetrieb*, https://www.politischschreiben.net/was-bisher-geschah/ (geprüft am 28.9.2018).

7 Isabelle Lehn, Sascha Macht und Katja Stopka erläutern anhand von Archivmaterial des Johannes R. Becher-Instituts die Entstehungsgeschichte dieser ersten deutschen Schreibschule und werfen dabei erstmals einen Blick auf die ersten Institutsanthologien *Ruf in den Tag* (1960) sowie die Essay-Anthologie *Tauchnitzstraße – Twerskoi Boulevard* (1975). Erstere erscheint als »[l]iterarische[r] Querschnitt der Institutsjahre 1955 bis 1960« und zieht »zum fünfjährigen Bestehen des Instituts eine erste literarische Bilanz.« Vgl. Isabelle Lehn / Sascha Macht / Katja Stopka, *Schreiben lernen im Sozialismus. Das Institut für Literatur »Johannes R. Becher«*, Göttingen: Wallstein, 2018, S. 222.

8 Jean Paul, »Dr. Katzenbergers Badereise nebst einer Auswahl verbesserter Werkchen«, in: ders.: *Sämtliche Werke. Historisch-kritische Ausgabe in zwei Abteilungen*, Abt. I, Zu Lebzeiten des Dichters erschienene Werke, Bd. 6, hrsg. von Norbert Miller, Darmstadt / München: Wissenschaftliche Buchgesellschaft / Hanser, 1963, S. 77–363, hier S. 81: »Mit den Taschenkalendern und Zeitschriften müssen die kleinen vermischten Werkchen so zunehmen – weil die Schriftsteller jene mit den besten Beiträgen zu unterstützen haben –, daß man am Ende kaum ein großes mehr schreibt. Selber der Verfasser dieses Werks (obwohl noch manches großen) ist in acht Zeitschriften und fünf Kalendern ansässig mit kleinen Niederlassungen und liegenden Gründen.«

manchmal letzte Schreibversuche ehemaliger Studierender, von denen nicht wenige nun als arrivierte Autorïnnen, Literaturvermittlerïnnen oder Journalistïnnen den gegenwärtigen Literatur- und Kulturbetrieb beeinflussen.

Die in den Schreibschulen entstandene Menge an Publikationsplattformen ist weder überraschend – wohin auch mit all den Textbergen, die während des Studiums produziert werden? – noch ein ausschließlich deutschsprachiges Phänomen. Ein Seitenblick auf die englischen oder amerikanischen Creative Writing-Studiengänge zeigt, dass die geballte Schreibkraft, die sich in den Studiengängen konzentriert, zu einer nicht zu unterschätzenden Publikationsdynamik führt.In Norwich an der University of East Anglia, dem ersten und in Großbritannien etabliertesten Creative Writing-Programm, erschien 1990 die erste Anthologie *Unthank*, die zuerst nur Texte der damals zehn Masterstudierenden präsentierte. Mittlerweile wird die Anthologie in fünf »Volumes« herausgegeben, »representing the five strands of the MA – Biography and Creative Non-Fiction, Poetry, Prose Fiction, Crime Fiction and Scriptwriting«. Auf der Website heißt es zum Entstehungsprozess der Anthologie: »[T]he anthology is compiled, edited and designed by the students themselves and represents for many their first appearance in print.«[9] Seit 2007 werden zudem auch Texte von Undergraduates veröffentlicht.In dem international wohl renommiertesten und ältesten US-amerikanischen Creative Writing-Programm, dem ›University of Iowa Writers' Workshop‹, werden die Arbeiten der Studierenden seit Beginn des Studiengangs 1970 veröffentlicht, allerdings ist das zentrale Trägermedium dort eine Zeitschrift. *The Iowa Review* erscheint dreimal jährlich, ein Kollaborationsprojekt »edited by faculty, students, and staff from the renowned writing and literature programs at the University of Iowa«.[10]

Anhand dieser recht jungen Publikationskultur kann eben jene von Chad Harbach, David Foster Wallace und schließlich Mark McGurl thematisierte zunehmende Verflechtung akademischer Ausbildungsstrukturen und literarischer Schaffensprozesse beobachtet werden.[11] Die Universität übernimmt als »multi-functional literary institution«[12] mittlerweile auch im deutschsprachigen Raum Funktionen, die ursprünglich das Verlagswesen erfüllte.[13]

Ein Beispiel für die Integration ehemals außerhalb der Universität angesiedelter Produktionsbereiche ist die ›Edition Paechterhaus‹ in Hildesheim, ein studentisches Verlagsprojekt, in dem die Texte der Studierenden veröffentlicht werden. Wenn auf der Website des Verlags, die direkt an die des Literaturinstituts geknüpft ist, postuliert wird: »Die Veröffentlichungen der Edition Paechterhaus sind Gegenwartsliteratur im eigentliche Sinne«,[14] dann trifft das nicht nur auf die Texte zu, sondern vor allem auch auf die Praktiken der Hervorbringung von Gegenwartsliteratur und Autorschaft, die sich mittlerweile zu einem nicht geringen Anteil an Schreibinstituten vollziehen. Die angehenden Schriftstellerïnnen nutzen die Infrastruktur der Universität, um einen Einblick in das Verlagswesen zu erhalten, zugleich aber auch, um innerhalb dieses literaturbetrieblichen Modellversuchs literarische Texte zu publizieren.

Ein Blick in den Lehrplan des Schreibstudiengangs in Hildesheim zeigt die unmittelbare Nähe zwischen akademischem Betrieb und Veröffentlichung: So entsteht die Erstsemesteranthologie im Wintersemester innerhalb eines Seminars oder Kolloquiums. Dort, so heißt es in der Seminarbeschreibung, wird »die Herstellung der Erstsemesteranthologie von der Konzeption bis hin zur Veröffentlichung und Präsentation im Frühjahr«[15] begleitet. Während die Anthologie am Leipziger Literaturinstitut außerhalb der Lehrveranstaltungen von den Studierenden organisiert wird, wurde das Format in Hildesheim spätestens mit dem Vorwort-Debakel in Wintersemester 2017/18 vollends institutionalisiert. Ursprünglich sollte die Hildesheimer Absolventin Maren Kames ein Vorwort zu der Anthologie beitragen, allerdings war dieses der Studiengangsleitung zu provokativ – Kames schreibt u. a. »Ich habe in Hildesheim übers Schreiben nichts gelernt. Was in Hildesheim funktioniert,

9 O.A., »Annual Anthologies«, in: *Website der University of East Anglia, School of Literature, Drama and Creative Writing*, http://www.uea.ac.uk/literature/creative-writing/publishing-links/annual-anthologies (geprüft am 28.9.2018).

10 O.A., »About«, in: *Website von The Iowa Review*, https://iowareview.org/content/about (geprüft am 28.9.2018).

11 Vgl. Mark McGurl, *The Program Era. Postwar Fiction and the Rise of Creative Writing*, Cambridge, Mass. / London: Harvard University Press, 2009; David Foster Wallace, »The Fictional Future«, in: Chad Harbach (Hg.) *MFA vs NYC. The Two Cultures of American Fiction*, New York: n+1 / Farrar, Straus and Giroux, 2014, S. 73–80; Chad Harbach, »MFA vs. NYC«, in: ders. (Hg.), *MFA vs NYC*, S. 9–28.

12 Sam Martin, »Publish or Perish? Re-Imagining the University Press«, in: *M/C Journal. A Journal of Media and Culture* 13, 1 (2010), http://journal.media-culture.org.au/index.php/mcjournal/article/view/212 (geprüft am 28.9.2018).

13 Sam Martin beschreibt diese Verschiebung der Funktionsbereiche beispielhaft am australischen literarischen Feld, vgl. ebd.

14 O.A., »Über die Edition«, in: *Website der Edition Paechterhaus*, https://literaturinstitut-hildesheim.de/edition-paechterhaus/ (geprüft am 28.9.2018).

15 O.A., *Vorlesungsverzeichnis der Universität Hildesheim*, https://lsf.uni-hildesheim.de/qisserver/rds?state=verpublish&status=no&publishid=72456&moduleCall=webInfo&publishConfFile=webInfo&publishSubDir=veranstaltung (geprüft am 28.9.2018).

ist sich für einen überschaubaren, also erträglichen Zeitraum Zuständen auszusetzen, modellmäßig und auf Probe, die so ein zukünftiges Autorenleben fingieren, und eine Ahnung dazu zu entwickeln, ob man das aushält.« Die gemeinsame Arbeit am Text beschreibt sie als »Kollektivgehuddel fanatischer Textbeschäftigung«, die zur Ausbildung eines »shit detectors« führe, der »zu einem überdimensionierten Muskel hochtrainiert« werde. Der Studiengang sei »im besten Fall ein Antisouveränitätsbootcamp, eine Arschlochverhinderungsanstalt«.[16] Die Verhinderung des kameschen Vorworts verdeutlicht, wer die letzte Entscheidungsgewalt über die Anthologie hat. Diese liegt eben nicht bei den studentischen Herausgeberïnnen der Ausgabe, die das Vorwort gedruckt hätten,[17] sondern bei der Institution, an die die Anthologie angegliedert ist.

Die Idee zu einer Anthologie erwuchs in Hildesheim dann auch aus einer Schreibübung, die der dort gerade als Juniorprofessor für Literaturwissenschaft und Kulturjournalismus eingestellte Stephan Porombka zur Vorweihnachtszeit in seinem Grundkurs Kulturjournalismus stellte – so erinnert sich der ehemalige Hildesheimer Student Stefan Mesch. Die Übung bestand darin,

> einen billigen Gegenstand als a) großartiges, perfektes Geschenk und b) Symptom dafür, was mit der ganzen Welt nicht stimmt zu beschreiben. Also zwei Texte zum selben Gegenstand. Porombka wollte das gern als Buch/Textsammlung, und zwei Männer aus meinem Jahrgang gründeten einen Verlag, Glück & Schiller. Dort erschien dann im folgenden Frühling die erste Jahrgangsanthologie, *Stattflucht*, und weil das gut lief und alle Spaß hatten, gab es ein Jahr später die *Landpartie*, nach demselben Prinzip, aber für den gesamten Studiengang.[18]

Der durch die beiden Studierenden Kai Splittgerber und Stefan Stuckmann gegründete Verlag ›Glück & Schiller‹ wurde schließlich unter Aufsicht Hanns-Josef Ortheils durch das studentische Verlagsprojekt ›Edition Paechterhaus‹ abgelöst, das seit 2009 unter anderem die Anthologien des Hildesheimer Studiengangs veröffentlicht.

Im Folgenden soll der Fokus vor allem auf die beiden Jahresanthologien *Tippgemeinschaft* und *Landpartie* gelegt werden, mit einem Seitenblick auf den Entstehungsprozess der jüngsten Anthologie *Kurze* aus Köln. Denn trotz der einst von Gottfried Benn gestellten Frage »Wer kauft eigentlich Anthologien?«[19] scheint sich dieses buchförmige Medium äußerster Popularität innerhalb des Schreibschulkosmos zu erfreuen.

2. Schreibschulanthologien – »ein gemeinsames Bücher machen«

In den deutschen Jahresanthologien werden ausschließlich Texte von den zu diesem Zeitpunkt in dem jeweiligen Schreibstudiengang immatrikulierten Studierenden veröffentlicht. Auch die Anthologie des Studienschwerpunkts ›Literarisches Schreiben‹ an der Kunsthochschule für Medien in Köln, *Kurze*, ermöglichte in der ersten Ausgabe den dazugehörigen Studierenden eine schrankenlose Beteiligung, andere Mitglieder der Hochschule dagegen mussten sich mit ihren Texten für die Anthologie bewerben. Der Aufruf »Schickt uns eure Texte!« ging lediglich über den uniinternen Emailverteiler der Kunsthochschule, sodass letztlich von vierzehn Beiträgen nur sechs Texte über das Ausschreibungsverfahren in den Band gelangten. Die erste *Tippgemeinschaft* umfasste mit 33 Beiträgen noch 170 Seiten, die von 2016 mit 44 Beiträgen ganze 435 Seiten. Die *Landpartie* bot von Anfang an recht viele Anthologieplätze, an der zweiten Ausgabe beteiligten sich bereits 34 Autorinnen.[20] Dabei zeichnen sich die beiden deutschen Schreibschulanthologien durch ein uneinheitliches Reihenprinzip aus – in Vielfalt geeint, könnte man sagen –, bei dem stets ein hoher buchgestalterischer Aufwand getätigt wird.

16 Maren Kames, »Souveränität am Arsch«, in: *The Daily Frown. Das Magazin für Musik Literatur Alltag*, 11.4.2017, https://thedailyfrown.wordpress.com/tag/maren-kames/ (geprüft am 10.10.2018). Vgl. auch: Ekkehard Knörer, »Liebesbriefe und Shitstorms«, in: *taz. die tageszeitung*, 12.6.2017, http://www.taz.de/!5416324/ (geprüft am 10.10.2018).

17 Für diesen Hinweis danke ich Lena Vöcklinghaus.

18 Stefan Mesch in privater Nachricht an die Verfasserin vom 7.9.2018.

19 Gottfried Benn, »Wer kauft eigentlich Anthologien?« [1954], in: ders.: *Gesammelte Werke in 8 Bänden, Bd. 4, Autobiographische und vermischte Schriften*, hrsg. v. Dieter Wellershoff. Wiesbaden: Limes, 1961, S. 338–341.

20 Die erste *Landpartie* ist leider vergriffen; bis zum jetzigen Zeitpunkt war der Verfasserin keine Einsicht in diese Ausgabe möglich.

In Leipzig findet beispielsweise eine Zusammenarbeit mit Studierenden der Kunsthochschule für Grafik und Design statt, die die Ausgaben mitgestalten. Und auch die Hildesheimerïnnen spielen jedes erdenkliche Druckmedium durch und plädieren im Nachwort der *Landpartie 17* gemeinsam mit neun Gestaltungsstudierenden der Universität der Künste Berlin »[f]ür ein gemeinsames Bücher machen!«[21] Vertrieben werden die Anthologien zum einen über die Websites der Institute, zum anderen in ausgewählten Buchhandlungen größerer Städte sowie bei den Release-Partys und Leseausflügen. Zu Letzteren reisen einzelne Autorïnnen der Anthologie umher und präsentieren diese im Rahmen von Lesungen, beispielsweise an anderen Schreibschulen. Mit einer Auflage von 500 Exemplaren haben die Jahresanthologien eine Publikationsstärke, die eher mit der eines wissenschaftlichen Bandes zu vergleichen ist. Die Tausender-Zählungen sind weit entfernt, ebenso eine Entlohnung für Autorïnnen, Gestalterïnnen und Herausgeberïnnen des Bandes. Dennoch entwickeln die Schreibschulanthologien eine nicht zu unterschätzende Strahlkraft und haben (mindestens im Schreibschulkontext) das Verständnis dessen, was eine Anthologie ausmacht, maßgeblich verändert.[22]

Der erste Überblick über die verschiedenen Publikationsformen zeigt, dass die Bezeichnung ›Anthologie‹ sich im Schreibschulumfeld erstaunlicher Popularität erfreut. In seiner ubiquitären Verwendung wird der Anthologiebegriff jedoch immer unschärfer und ist im Grunde zu einem Sammelbegriff für buchförmige Veröffentlichungen im Schreibschulkontext geworden. Wie oben bereits erwähnt, wird auch das Bieler Zeitungsprojekt *La Liesette Littéraire* als Jahresanthologie des Studiengangs ausgezeichnet. Die Wiener *Jenny* sei sogar vertragsrechtlich an das Etikett Anthologie gebunden.[23]

Als kleinster gemeinsamer Nenner einer Anthologie lässt sich das Konzept der Sammlung von Texten oder Textauszügen in Buchform festmachen. Etymologisch ableitbar aus dem griechischen *anthologia*, Blütenlese, impliziert die für die Anthologie getroffene Auswahl eine Wertschätzung der ausgewählten Texte seitens der Herausgeberïnnen, die diese als bewahrenswert, als mustergültig werten. Die Praktik der Auswahl ist beziehungsweise war für das Buchmedium ›Anthologie‹ konstituierend. Die Verbindung des

Schriftmediums Anthologie mit Bildungseinrichtungen wie den Schreibinstituten ist eine naheliegende, bereits von ihren materiellen Bedingungen her: »Als kostengünstiges und meist kompaktes Druckprodukt machen Anthologien [...] Texte zugänglich, die dann innerhalb von Institutionen wie Schule oder Universität als Kanon legitimiert werden«.[24]

Allerdings wird die »Anthologie als jeweils zeitgemäße Bewahrung«[25] im Schreibschulkontext weniger als Kanonisierungs- denn als Dokumentationsmedium verstanden. Motivationaler Wert[26] der Veröffentlichung einer Anthologie im Schreibschulkontext, so kann in Anschluss an Renate von Heydebrand und Simone Winko gesagt werden, ist zum einen das Bedürfnis, die in den Seminaren verfassten Texte zu bewahren. Zum anderen besteht die Motivation der Herausgabe in der »Förderung junger Autor[ïnnen] [...] unter Vernachlässigung des ökonomischen Interesses«.[27] Denn wenn die angehenden Autorïnnen auch kein Geld für ihre Texte erhalten – im Gegenteil, sogar, wie in Hildesheim dazu angehalten werden, Pflichtexemplare abzunehmen, um die weitere Finanzierung der Anthologie zu gewährleisten –, haben sie mit einem Anthologieplatz zumindest eine Veröffentlichung sicher. Nicht zuletzt erlangen die Schreibschulen selbst über die regelmäßige Herausgabe der Anthologien eine gesteigerte Sichtbarkeit.

Die Herausgeberïnnen der Edition Paechterhaus (des Jahrgangs 2017/18) schrieben mir bezüglich der Auswahlverfahren für die Jahresanthologie: »Wie die Texte ausgewählt werden bleibt [...] gleich: ohne inhaltliche Kriterien. Das Recht, in der Landpartie zu veröffentlichen, hat man als Studentïn des BA- und des

21 Jenny Baese / Saskia Nitsche, »Nachwort. Für ein gemeinsames Bücher machen!«, in: *Landpartie 17. Jahresanthologie der Studiengänge Kreatives Schreiben und Kulturjournalismus und Literarisches Schreiben und Lektorieren der Stiftungsuniversität Hildesheim*, hrsg. v. Hannah del Mestre, Louisa Chandra Esser, Moritz Heuwinkel, Anna Katrien Liedmeier und Alexander Rudolfi, Hildesheim: Edition Paechterhaus, 2017, S. o.A.

22 Eine praxeologische Beforschung der Publikationskultur um die Schreibschulen gestaltet sich allerdings teilweise als aufwendig, da die Redaktionen der studentischen Anthologien naturgemäß jährlich wechseln. Denn eine Veränderung, die mit der Wanderung verlagsüblicher Aufgaben in universitäre Kreise einhergeht, ist die regelmäßige Neubesetzung der Verlagspositionen, die Verlagsarbeit wird zur zeitlich begrenzten Projektarbeit.

23 Ich danke Prof. Dr. Ferdinand Schmatz für diese Ergänzung im Rahmen meines Vortrags in Frankfurt.

24 Stefanie Lethbridge, »Anthologien«, in: Gabriele Rippl / Simone Winko (Hg.), *Handbuch Kanon und Wertung. Theorien, Instanzen, Geschichte*, Stuttgart / Weimar: Metzler, 2013, S. 179–185, hier S. 179.

25 Walter Höllerer, »Vorwort«, in: Joachim Bark / Dietger Pforte (Hg.), *Die deutschsprachige Anthologie. Bd. 1: Ein Beitrag zu ihrer Theorie und eine Auswahlbibliographie des Zeitraums 1800–1950*, Frankfurt am Main: Klostermann, 1970, S. VII–XI, hier S. LXII.

26 Vgl. Renate von Heydebrand / Simone Winko, *Einführung in die Wertung von Literatur. Systematik, Geschichte, Legitimation*, Paderborn: Schöningh, 1996, S. 48–59, S. 228.

27 Vgl. ebd., S. 228f.

MA-Studienganges automatisch.«[28] Die charakteristische Eigenschaft einer Anthologie, die Praktik der überlegten Auswahl von Texten, gehört damit nicht zu den zentralen Praktiken im Entstehungsprozess einer Schreibschulanthologie. Der Auswahlprozess hat bereits stattgefunden, könnte man sagen, durch die Aufnahme in den Studiengang oder durch die Teilnahme an einer Schreibübung, wodurch automatisch ein Platz in der Anthologie legitimiert ist. Auch über den Schreibschulkontext hinaus dienen Anthologien mittlerweile als buchförmiges Gefäß für schriftstellerische Kollaborationsprojekte oder Literaturevents. Ein Beispiel wäre die Open-Mike-Anthologie, in der mittlerweile nach dem Nachwuchswettbewerb die Texte des Finales zusammengetragen werden. Ähnlich einem Sammelband, der nach einer Tagung herausgebracht wird, mündet das Vorlesen bei einem Wettbewerb, wenn nicht in einen Preis, so doch zumindest in die Veröffentlichung in einer Anthologie. Anthologien werden so zunehmend zu einem Medium der Dokumentation vergangener Literaturveranstaltungen beziehungsweise -seminare. Eine weitere Form der Anthologie, die im Umfeld der deutschsprachigen Schreibschulen entstanden ist, ist der bei *mikrotext* erschienene Band *Irgendwas mit Schreiben. Diplomautoren im Beruf.*[29] Das peritextuell als Anthologie gekennzeichnete Buch versammelt (literarisierte) Erfahrungsberichte zur Ausbildung an Schreibschulen und der Zeit danach.

3. Im Feld – »Was ist denn eigentlich eine Anthologie?«

Welche Anziehungskraft die Anthologie als Medium der Literatur beziehungsweise das Etikett ›Anthologie‹ im Schreibschulkontext hat, möchte ich anhand einer Beobachtung verdeutlichen, die ich während meines Feldaufenthalts im neuen Studienschwerpunkt ›Literarisches Schreiben‹ an der Kunsthochschule für Medien in Köln gemacht habe. Auch hier mündet eine während des Seminars absolvierte Schreibübung letztlich in die Idee einer Anthologie. Nachdem in einem Seminar im ersten Semester (Wintersemester 2017/18) eine Schreibübung von den Studierenden durchgeführt und reihum vorgetragen wurde, fragt sich ein Student, ob man die vorgelesenen Texte irgendwie festhalten könne, weil er diese gerne erneut lesen würde. Zur Form des ›Festhaltens‹ stellt er in den Raum, ob man nicht einen »Dropboxordner macht, oder [...] zumindest ein pdf mit den Texten hat«.[30] In direkter Reaktion darauf schlägt eine Studentin vor, »ob wir nicht auch mal eine Anthalogie [sic] rausgeben können«. Ein weiterer Student stimmt sofort zu, verwendet dabei allerdings instantan (wenn auch mit kurzem Zögern bezüglich der Aussprache des Wortes Anthologie) die Bezeichnung »Erstsemesteranth- [minimales Zögern] ologie« und begründet diesen Vorschlag damit, dass es eine Anthologie bei den anderen ebenfalls gebe. Die Idee der Anthologie entspringt also zuvorderst dem Wunsch, ein Textarchiv der im Kolloquium vorgelesenen Texte zu erstellen: »ob man das irgendwie festhalten kann«; es handelt sich also um Werkstatt-Texte, die archiviert werden sollen. Die direkte Anknüpfung der Studentin inklusive der falschen Aussprache des Wortes Anthologie zeigt, dass der Begriff auch an dieser neuen Schreibschule bereits Karriere gemacht hat: Es herrscht kein Grundverständnis davon, was eine Anthologie der ursprünglichen Begriffsverwendung nach ist, der Begriff scheint die Studentin wie ein Echo erreicht zu haben. Der Wunsch nach einer Erstsemesteranthologie beweist wiederum die Kenntnis des Studenten über die Praxis der Herstellung einer Anthologie an anderen Schreibschulen.

28 Mail der Edition Paechterhaus an die Verfasserin vom 8.1.2018.
29 Jan Fischer / Nikola Richter (Hg.), *Irgendwas mit Schreiben. Diplomautoren im Beruf*, Berlin: Mikrotext, 2014 (2. erw. Auflage 2017).
30 Die direkten Zitate in diesem Abschnitt beziehen sich auf meine Feldnotizen.

Erwähnenswert ist in diesem Kontext, dass sich der Student, der die Erstsemesteranthologie ins Spiel gebracht hat, neben Köln ebenfalls in Hildesheim bewarb, über das Auswahlgespräch in Kontakt mit Studierenden in Hildesheim kam und auch das dortige Literaturfestival ›PROSANOVA‹ besuchte. Was genau eine Anthologie beinhaltet, ist allerdings auch ihm nicht klar: »Sollte man sich ein generelles Thema überlegen oder nimmt man Kurzgeschichten von allen und das bildet dann auch irgendwas ab?« Er hat eine schwammige Vorstellung davon, dass die Anthologie entweder aus einer thematischen Einheit oder einer einheitlichen Textgattung, der Kurzgeschichte, besteht. Selbstverständlich ist allerdings, dass alle angehenden Autor:innen des Studiengangs einen Text beitragen können und die Kurzgeschichte (zu diesem frühen Zeitpunkt in der Planung) die gewählte Gattung ist. Die Präferenz der kurzen Form manifestiert sich schließlich unmissverständlich im Namen der Anthologie, *Kurze*.

Die Frage, was genau eigentlich eine Anthologie sei, taucht im Zuge des Redaktionsprozesses immer wieder auf, ohne allerdings den Entstehungsprozess aufzuhalten, etwa bei einer ersten Besprechung des Publikationsformats mit dem Professor, in dessen Kolloquium die Idee einer Anthologie erstmals aufkam. Nach dem initialen Einfall trifft sich das Seminar in einem Café zur weiteren Besprechung der Publikationsform. Eine Auswahl der Hildesheimer *Landpartien* liegt vor den Studierenden auf dem Cafétisch. Während sie beginnen, in den verschiedenen Formaten herumzublättern und sich festzulesen, fragt eine Studentin in die Runde: »Was ist denn eigentlich eine Anthologie?« – »Ganz allgemein eine Sammlung von Kurzgeschichten«, antwortet ein Student. »Können aber auch Gedichte drin sein, eine Sammlung so allgemein«, beantwortet sich die Studentin schließlich ihre eigene Frage. Der Student, der mit Anthologien Kurzgeschichten verbindet, fragt noch, ob die dann ein bestimmtes Thema hätten. Niemand antwortet. Am anderen Ende des Tisches wird versucht, die Etymologie des Begriffs zu ergründen, ohne Ergebnis. Der dabeisitzende Professor ruft in die Überlegungen hinein, dass sich jetzt mal eine Redaktion bilden müsse und fragt: »Welche Texte kommen da rein und wie viele?« Als Auflage schlägt er »200 vielleicht« vor und fragt weiter: »Was wäre das Alleinstellungsmerkmal?« Die

Studierenden sind noch mit den mitgebrachten Anthologien beschäftigt. Ein Student entdeckt gerade das Vorwort von Clemens Setz in der *Landpartie 14* und findet: »Wir brauchen schon jemand Berühmten.« – »Wir fragen Navid Kermani.« Der Professor hält noch einmal dazu an: »Wollen Sie mal eine Redaktion gründen?« Es wird eine erste Redaktion gegründet: Alle sieben Studierenden des neuen Studienschwerpunkts bilden nun (vorerst) die Redaktion.

Diese etwas chaotischen ersten Überlegungen verdeutlichen, wie vage das Konzept ›Anthologie‹ in diesem Fall ist. Eben diese Vagheit ist aber Voraussetzung für eine gelingende »Kooperation ohne Konsens«[31] zwischen den Studierenden, Lehrenden und den Fachbereichsvertreterïnnen. Im Sinne Susan Leigh Stars fungiert die Schreibschulanthologie als Grenzobjekt, das in dem neuen Studienschwerpunkt ein erstes Mal nicht nur die Studierenden, sondern alle drei Akteurïnnengruppen zusammenholt und diese bei ganz unterschiedlichen »Aufgabenzuschnitt[en]«[32] zu einem gemeinsamen *modus operandi* auffordert; der Fachbereich ist für die Finanzierung zuständig, die Lehrenden werden als Ratgeberïnnen einbezogen, die Studierenden sind ausführende Kraft in der redaktionellen Arbeit. Obwohl niemand genau weiß, was die Bezeichnung Anthologie bedeutet und was genau eine Anthologie ausmacht, bleibt sie das zu wählende Etikett, über das kommuniziert wird, denn, so darf nicht vergessen werden: Wer sich auf ein Studium des literarischen Schreibens einlässt, entscheidet sich (mehr oder weniger bewusst) auch für eine Gemeinschaft, in der er oder sie mit (mehr oder weniger) Gleichgesinnten zusammenarbeiten muss. So unterschiedlich der je eigene Ansatz der angehenden Schriftstellerïnnen auch sein mag und so heterogen die Arbeitsweisen der Studierenden, drücken sie letztlich gemeinsam eine Studierbank, auf der es mitunter eng und ungemütlich werden kann. Im Medium der Anthologie kondensiert sich diese Gemeinschaft, wird angeordnet und findet peritextuell eine Darstellungsform. Als flexibel interpretatives Objekt bietet die zu gründende Anthologie kooperativen Handlungsspielraum bei gleichzeitiger Uneinigkeit. Dass niemand genau weiß, was eine Anthologie eigentlich ist, bildet den Ausgangspunkt für eine kreative und im

31 Vgl. Susan Leigh Star, »Kooperation ohne Konsens in der Forschung: Die Dynamik der Schließung in offenen Systemen«, in: Jörg Strübing / Ingo Schulz-Schaeffer / Martin Meister / Jochen Gläser (Hg.), *Kooperation im Niemandsland. Neue Perspektiven auf Zusammenarbeit in Wissenschaft und Technik*, Opladen: Leske + Budrich, 2004, S. 58–76.

32 Ebd., S. 67.

Endeffekt gelingende Zusammenarbeit. Die Anthologie ermöglicht zudem trotz Schreibschulgemeinschaft ein ›doing singularity‹ der einzelnen Autorïnnen und Herausgeberïnnen, sie dient als publizistische Infrastruktur des Besonderen,[33] indem »[d]ie Spannung zwischen der materiellen Einheit des Buches und der verbalen Polyphonie der Einzeltexte [...] Freiräume der persönlichen Aneignung, die homogenere Publikationsformen unterbinden [, eröffnet]«.[34]

Der Gegenvorschlag des Lehrenden, eine Literaturzeitschrift zu gründen, läuft ebenso ins Leere wie der einer öffentlichen Onlineplattform für die Texte. Um mit dem fiktionalisierten Vorwort Jo Lendles aus der *Landpartie 15* zu antworten: »Was soll ich mit einer Onlineveröffentlichung? Ich sehe mich schon meinen Eltern den Link schicken. Die denken doch, ich hätte das selbst hochgeladen.«[35] Die Veröffentlichungspläne erweitert der Lehrende an der KHM Köln sogleich um die der öffentlichen Präsentation während des kunsthochschultypischen Rundgangs zum Ende des Sommersemesters. Der ursprüngliche Wunsch, die Werkstatttexte festzuhalten, mündet innerhalb kürzester Zeit in die Idee einer Publikation und Aufführung der Texte. Die Anthologie ist auch hier, wie schon in der Seminarbeschreibung in Hildesheim und in den Paratexten der *Landpartie* und *Tippgemeinschaft*, eng mit der Präsentation der Texte verknüpft, und nach wenigen Momenten wird vom Vorschlag der Archivierung der Texte zum erneuten Nachlesen ausgehend ein ganzes Ensemble von Praktiken imaginiert. Zweck der Anthologie ist hier eine Form der Archivierung, einer Dokumentation des in den Seminaren Produzierten sowie gleichzeitig eine gesteigerte Sichtbarkeit durch das Präsentieren der Anthologie zu bewirken, die »irgendetwas darstellen soll«.

Zu dem sich jährlich wiederholenden Prozedere, das mit der Anthologieveröffentlichung an bereits eingespielten Schreibschulen einhergeht, gehört mindestens eine Release-Party mit Lesung. Die Leipziger *Tippgemeinschaft* etwa erscheint stets im März, um sogleich auf der Leipziger Buchmesse präsentiert werden zu können. Auch die zweite Auflage von *Irgendwas mit Schreiben*, so die Mitherausgeberin und Verlegerin Nikola Richter über das Erscheinungsdatum, sollte »zu Prosanova 2017 fertig sein, weil dort ja auch der richtige Kontext dafür war.«[36] Mittlerweile finden auch

Cross-Over-Lesungen verschiedener Schreibschulen statt, beispielweise wenn die aktuelle *Tippgemeinschaft* auf die neuste Wiener Anthologie *Jenny* trifft. Die Einbettung und Präsentation der Publikation wird schon während des Publikationsprozesses mitgedacht. So richtet sich auch der Kölner Zeitplan für die Veröffentlichung ganz nach dem nächsten Rundgang, bei dem die Anthologie präsentiert werden soll. Erst in der Woche des Rundgangs erscheint sie und wird druckfrisch auf den Büchertisch hinter das Publikum gelegt, das den Autorïnnen der Anthologie lauscht.

Schon im Klappentext der ersten *Tippgemeinschaft* wird als Rezeptionsvorgabe auf den Rundgang an einer Kunsthochschule verwiesen, in dem die Studierenden ihre aktuellen Arbeiten präsentieren: »Als solcher Rundgang ist auch die Anthologie Tippgemeinschaft gedacht«, schreiben die Studierenden. Ebenso versteht sich die *Landpartie* im Grunde als eine literarische Werkschau, etwa auf der dazugehörigen Facebook-Seite, die den Anthologiebegriff tilgt und stattdessen »Landpartie – Werkschau des Literaturinstituts Hildesheim« heißt. Die *Landpartie* als »Text-Gelände«, wie Hanns-Josef Ortheil im Vorwort der zweiten *Landpartie* schreibt und auffordert: »kommen Sie herein und schauen Sie sich um«.[37]

Obwohl der Begriff der Werkschau teilweise als begriffliche Ergänzung peritextuell verwendet wird,[38] wird weiterhin an dem Etikett ›Anthologie‹ festgehalten. Zum einen hat sich die Anthologie als Marke im Schreibschulkontext bereits etabliert, das verdeutlicht das mimetische Handeln der Studierenden des neuen Studienschwerpunkts in Köln. Zum anderen haftet dem Begriff der Anthologie, und sei es nur in seiner ersten Unverständlichkeit, ein hochkultureller Glanz an. Zudem wird der Anthologie ihrer Mediengeschichte nach eine Kanonisierungsdynamik zugesprochen, in dessen Kraftfeld man gerne auch die eigenen Texte

33 Vgl. Andreas Reckwitz, *Die Gesellschaft der Singularitäten*, Berlin: Suhrkamp 2017.
34 Lethbridge, »Anthologien«, S. 182.
35 Jo Lendle, »Meine erste Veröffentlichung«, in: *Landpartie 15 - Eine literarische Werkschau*, hrsg. v. Fiona Sironic, Helene Bukowski, Leander Fischer und Florian Stern, Hannover: zu Klampen Verlag, 2015, S. o.A.
36 Nikola Richter in einer Email an die Verfasserin vom 4. Dezember 2017.
37 Hanns-Josef Ortheil, »Zehn Vorwörter in Folge«, in: *Landpartie 06. Jahresanthologie*, Hildesheim: Glück & Schiller, 2006, S. 5–7, hier S. 5.
38 Am deutlichsten in der *Landpartie 15*, die das Anthologieetikett auf dem Cover tilgt und stattdessen »Eine literarische Werkschau« als Gattungsangabe hinzufügt, um dann im Impressum beide Betitelungen miteinander zu vereinen, wenn es heißt: »Eine literarische Werkschau und Anthologie der Studiengänge Kreatives Schreiben und Kulturjournalismus B.A. & Literarisches Schreiben M.A. der Universität Hildesheim«, in: *Landpartie 15 - Eine literarische Werkschau*, hg. v. Fiona Sironic, Helene Bukowski, Leander Fischer und Florian Stern, Springe: zu Klampen Verlag, 2015.

stellt.[39] Die Anthologie hat ihre Alterungsfähigkeit als Medium der Literatur bereits bewiesen und eben dieser Glanz des Alters wird nicht zuletzt buchgestalterisch aufgenommen.

4. Peritextuelle Patina

Obwohl die Anthologie ihrer ursprünglichen Funktion längst entkleidet wurde, dient die Bezeichnung hier als eine Art peritextuelle Patina, die sich auch in der Buchgestaltung (vor allem in den ersten Ausgaben) der *Tippgemeinschaft* und *Landpartie* offenbart. »Patina dient«, so Thomas Palzer, »heute einzig und allein dem Zweck, Dinge, die nicht mehr alterungsfähig sind, mit Alterungsfähigkeit zu verblenden. [...] Wenn Dinge heute mit Patina ausgestattet sind, ist diese immer gefälscht. Patina ist eine Verkaufsstrategie, die banale, bedeutungslose Dinge mit einem Heimweh versieht, das nur so aussieht, als wäre es eines.«[40] Ein Blick auf die Covergestaltung der *Tippgemeinschaft*[41] von 2004 zeigt eine Festtafel in einem mit Hirschgeweihen geschmückten Festsaal; sogar das (mit Patina überzogene?) Silbergeschirr ist erkennbar.[Abb. 1]

[1]

In der nächsten *Landpartie* findet sich auf dem Vorsatzblatt drei ein erstaunlich ähnliches Bild. Ein herrschaftlicher Kamin wird durch unzählige Geweihe gerahmt, sogar die neben dem leeren Kamin stehenden Stühle sind aus Geweihen gebaut. [Abb. 2]

[2]

Dass sich der knochige Stirnschmuck in den Anfangsstunden der Schreibschulanthologien solcher Popularität erfreut, ist wohl kein Zufall. Zum einen dient das aufgehängte Geweih der Patinastiftung, »auf der Suche nach authentischen Dingen – nach Kunstwerken, Antiquitäten, Unikaten«[42] erfüllt das Geweih, das stets einzigartig und einem Kunstwerk gleich an die Wand genagelt wird, diesem Wunsch besonders. Zugleich ist es eben jener Stirnschmuck, der das an einer Schreibschule in Gang gebrachte Tun edel versinnbildlicht. Ähnlich dem tierischen Geweih, jenem Imponier- aber auch Kampfgewächs, dient die Anthologie im Schreibschulkontext der Präsentation des dem Kopf Entwachsenen und kann gewissermaßen als Trophäe, zwar nicht an die Wand genagelt, aber doch an diese gestellt werden. Nicht zuletzt werden Geweihe, im

39 Vgl. zur »Bedeutung der Anthologien für die Kanonbildung« siehe von Heydebrand/Winko, *Einführung in die Wertung von Literatur*, S. 222–234 zur »Wertung und Kanonbildung durch Medien und Institutionen – am Beispiel der Autorin Annette von Droste-Hülshoff«, dort insbesondere S. 228 zur »Wirkung anthologischer Präsentation auf Wertung und Kanonisierung«.

40 Thomas Palzer, »Patina – Die Zukunft der Endlichkeit«, in: *Deutschlandfunk*, 5.7.2017, https://www.deutschlandfunk.de/konsumgesellschaft-patina-die-zukunft-der-endlichkeit.1184.de.html?dram:article_id=385374 (geprüft am 28.9.2018).

41 *Tippgemeinschaft. Jahresanthologie der Studierenden des Deutschen Literaturinstituts Leipzig 2003*, hg. von Claudius Nießen, Augsburg: Marodruck, 2004.

42 Ebd.

Gegensatz etwa zum Horn, jedes Jahr neu gebildet; eine weitere Eigenschaft, die auch auf die Jahresanthologien zutrifft.

Ein entscheidendes Detail, das in seiner paternalistischen Geste selbst eine gewisse Patina angesetzt hat, und von dem sich die Kölner Anthologistïnnen schließlich absetzen, ist das Vorwort seitens der Studiengangs-Professoren. Ist der erste Reflex noch, dass man ebenfalls eine arrivierte Autorïn als Türöffnerïn zu den Texten braucht – »Wir brauchen schon jemand Berühmten« –, entscheidet man sich im Laufe des Redaktionsprozesses gegen ein von außen gesprochenes Vorwort und setzt Auszüge der Anthologietexte in einen Dialog miteinander, die dann sogleich bei den ersten Rundganglesungen einleitend vorgetragen werden. Damit wird gleich im Vorwort die Polyphonie der Anthologie über die Collageform performativ eingeleitet. Auch die Leipziger und Hildesheimer haben sich recht schnell von der Vorwortgeste emanzipiert, sodass es mittlerweile Usus ist, Vorwörter ehemaliger Studierender voranzustellen oder auch einfach Autorïnnen, die keinen biografischen Bezug zu den Studiengängen haben, um ein Vorwort zu bitten. Wirft man einen detaillierteren Blick auf die Vorworte, werden bei ganz unterschiedlichem Impetus doch entscheidende Eigenschaften deutlich, die der Anthologie in Schreib-Studiengängen zugesprochen werden, wie im Folgenden anhand zweier Vorworte der *Tippgemeinschaft* und der *Landpartie* gezeigt werden soll.

5. Vorworte

»*Tippgemeinschaft*, welch ein schrecklicher Titel für eine Anthologie [...]. Umso mehr wunderte ich mich darüber, dass Studenten auf Anhieb davon überzeugt waren. Offenbar drückt er etwas vom Selbstverständnis der jungen Schriftsteller am Deutschen Literaturinstitut aus.« So eröffnet Josef Haslinger 2003 die erste Jahresanthologie der Studierenden des Deutschen Literaturinstituts Leipzig mit seinem Vorwort, das den Titel »Zum Geleit« trägt. Jene »von Studenten autonom gestaltete [ ] Anthologie« erhält also ein Geleit, eine »der Ehrung oder dem Schutz dienende Begleitung«,[43] und diese beginnt (natürlich aus rhetorischen Gründen, aber dennoch) mit einer klaren Abwertung des Titels der Reihe. Weiter unten fährt Haslinger fort und vergleicht den »Seelenzustand« des Autors, und er bleibt bei der männlichen Version, »mit dem eines Kindes« – ein im Grunde biografieloses Wesen, das sich durch eine absolute Erfahrungsarmut auszeichnet. Dieses Kind macht nun eine verstörende Erfahrung, indem es in der Schreibschule, die Konnotation Schreibgarten liegt wohl näher, »andere Kinder zum Benutzen des neuen Spielzeugs eingeladen hat und nun mit Entsetzen zusehen muss, wie die anderen das Spielzeug auseinander nehmen, ohne es wieder zusammensetzen zu können«.[44]

Auch eine Tippgemeinschaft ist im ursprünglichen Sinne eine Spielgemeinschaft und das Spiel ist, so erinnert Ulrich Bröckling in Anschluss an Hans Joas' Versuch der Typologisierung der Kreativitätsformen, »wohl die vertrauteste Kreativitätsmetapher«, denn das Spiel identifiziere, so Bröckling, »das schöpferische mit dem zweckfreien Handeln«: »Im Spiel«, so Heinrich Popitz, »ist der Mensch auf unproduktive Weise kreativ«.[45] Sowohl im Namen der Anthologie als auch im Beispiel des Spielzeugs, das auseinandergenommen wird, findet sich allerdings je eine bedeutende Brechung des Homo ludens-Kreativitätsverständnisses. Zum einen erhofft sich die Tippgemeinschaft durch den Zusammenschluss die größere Wahrscheinlichkeit eines (finanziellen) Gewinns und so ist dieses Spiel nicht wirklich zweckfrei. Zum anderen erfordert das funktionslose Spielzeug eine andere Form von Kreativität, nämlich die des »problemlösenden Denken[s]«, jener, so Bröckling, »Leitmetapher des zeitgenössischen Kreativitätsdiskurses«, die die übrigen Kreativitätsformen »in [ihren] Dienst stellt«.[46] Durch diesen Vergleich wird hier die Vorstellung einer Erziehungsanstalt lebendig, in der sich der Vorwortschreibende als väterliche Figur positioniert, die sich besorgt gibt um den nicht nur jungen, nein kindlichen Autor, dessen Schreiben ein Spiel war und dem nun, so Haslinger, »nützliche Hinweise und konstruktive Vorschläge« eine Reifung ermöglichen.

Der Peritext offenbart zudem einen weiteren Lebensumstand der Schreibschulexistenz: die bereits am Herstellungsprozess

43 O.A., »Geleit«, in: *Digitales Wörterbuch der Deutschen Sprache*, https://www.dwds.de/wb/Geleit (geprüft am 28.9.2018).
44 Josef Haslinger, »Zum Geleit«, in: *Tippgemeinschaft. Jahresanthologie der Studierenden des Deutschen Literaturinstituts Leipzig 2003*, Augsburg: Marodruck, 2004, S. 7f., hier S. 7.
45 Ulrich Bröckling, *Das unternehmerische Selbst. Soziologie einer Subjektivierungsform*, 6. Aufl., Frankfurt am Main: Suhrkamp, 2016, S. 158f.
46 Ebd., S. 159.

aufgezeigte Nähe zum universitären Betrieb, hier zum einen kenntlich gemacht über die im Peritext an die Universität Leipzig gerichtete Danksagung. Zum anderen in der im Klappentext geäußerten Rechtfertigung gegenüber den Vorbehalten, was es denn mit dem »Diplom-Schriftsteller[sein]« auf sich habe. Hier findet eine Distanzierung von der akademischen, abschlussorientierten Ausbildungsstruktur statt, wenn die Studierenden schreiben: »[...] wer am DLL studiert, der tut das in erster Linie, um intensiv und gemeinsam an seinen Texten zu arbeiten – und nicht um sich nachher Diplom-Autor zu nennen.«[47] Darüber hinaus formulieren nicht die Herausgeberïnnen selbst das Vorwort, sondern der Institutsprofessor Josef Haslinger. Dadurch entsteht eine nicht unproblematische und mitunter auch vergiftete Patronagegeste, die neben der anfänglichen Abwertung des Titels, eine Form von Abhängigkeit impliziert, wenn die kindlichen Autorïnnen ein Geleit für die Veröffentlichung benötigen.

Das Vorwort, jener »rhetorische Überredungsapparat«,[48] der zur Lektüre anregen soll, kann, wenn es denn gelesen wird, durch seine implizite oder explizite Rezeptionsvorgabe maßgeblich die Leserïnnen in eine Richtung lenken.[49] In den Schreibschulanthologien wird das Vorwort, die Vorrede oder das Nachwort nicht selten zu einer Plattform, um das Konzept Schreibschule zu verhandeln, etwa indem die Arbeitsweise in den Instituten erläutert wird. Häufig dienen die Vorwörter auch dazu, sich gegenüber der anhaltenden (Feuilleton-)Kritik von außen zu wehren. Ein prägnantes Beispiel für das Vorwort als Verteidigungsakt ist das des Hildesheimer Absolventen Stefan Mesch, der sich in der *Landpartie 12* »einen weniger pauschalen Blick« wünscht und sich gegen den »Schreibschul-Generalverdacht« wehrt.[50] Auch werden über die peritextuellen Wegweiser Konflikte dargelegt, die im Bildungsprozess zur Autorïn aufkommen, sowie die Macht- bis Ohnmachtsverhältnisse innerhalb der Institution thematisiert.

Allein die Auswahl der Vorwortverfasserïn, in den ersten Ausgaben sind es die Schirmherren der Studiengänge, verrät, wer den Anthologien und damit den Studierenden trotz deren eigenständiger Arbeit noch die Weihe gibt. Vorwortverfasserïnnen und Themen ändern sich im Laufe der Jahre und Ausgaben, und so bilden die Peritexte der Anthologien als fortgeführtes Gespräch aus literatursoziologischer Perspektive ein lebendiges Korpus. Bereits einfache Verteilungsfragen wie die Zuweisung der Vorwortstifterïnnen geben Aufschluss, etwa über die Privilegierung männlicher Vorwortschreibender. Während die *Tippgemeinschaft* ›schon‹ 2006, also in der vierten Jahresanthologie, eine Frau, hier Juli Zeh, das Vorwort schreiben lässt, ist es der Hildesheimer *Landpartie* erst in der jüngsten Ausgabe (2018) gelungen, das Vorwort an eine Frau zu übergeben (die Schriftstellerin und Hildesheimer Absolventin Sabrina Janesch).[51]

So zahlreich die Herausgeberïnnen und Beitragenden, so unterschiedlich das Verständnis dessen, welche Funktion die Jahresanthologie hat und wer hier überhaupt in welcher Rolle schreibt. Steht bei Haslinger der literaturpädagogische Impetus im Zentrum, fasst Stefan Mesch in seinem Vorwort zusammen: »Natürlich schreibt hier ›eine Stadt‹. Natürlich spricht hier (auch) ›ein Studiengang‹. Zuallererst jedoch betreten *einzelne Studentinnen und Studenten* – nur *einmal* jedes Jahr, ein paar von ihnen erst zum *ersten oder zweiten* Mal – die einzige Bühne, die sie gezielt für *ihre* Texte gezimmert und ausgeleuchtet haben.«[52] Die Auslegungen reichen damit vom Work-in-Progress-Verständnis, den eine literarische Spielwiese oder Werkschau mit sich bringt, bis hin zu dem Wunsch, dass die in den Anthologien vorhandenen Texte endlich als ›echte‹ Literatur wahrgenommen werden sollen. Neun Jahre nach Haslingers ›Schreibgarten‹ teilt Lew Weisz Stefan Mesch mit, was sie sich als Mitherausgeberin der *Landpartie 12* wünscht: »Es ist uns wichtig, klar zu zeigen, dass diese Anthologie ›erwachsen‹ geworden ist

47 O.A., »Klappentext«, in: *Tippgemeinschaft*, 2003.

48 Gérard Genette, *Paratexte. Das Buch zum Beiwerk des Buches*, Frankfurt am Main: Suhrkamp, 2001, S. 192.

49 Joachim Bark, »Anthologie«, in: Gert Ueding (Hg.), *Historisches Wörterbuch der Rhetorik*, Bd. 1: A–Bib. Tübingen: Niemeyer, 1992, Sp. 678–685, hier Sp. 679.

50 Stefan Mesch, »Schreibversuche. Schreibschulprosa. Stadtgeschichten«, in: *Landpartie 12. Jahresanthologie des Studienganges Kreatives Schreiben und Kulturjournalismus*, hrsg. v. Anna Fastabend, Juan S. Guse, Franziska Schurr und Lew Weisz, Hildesheim: Edition Paechterhaus, 2012, S. 6–11, hier S. 10.

51 Vorwort- / Vorredenverfasserïnnen der *Landpartie*: Hanns-Josef Ortheil (2005) Hanns-Josef Ortheil (2006), Paul Brodowsky (2007), Stephan Porombka (2008), Thomas Klupp (2009), Georg M. Oswald (2010), Leif Randt (2011), Stefan Mesch (2012), ohne Vorwort (2013), Clemens J. Setz (2014), Jo Lendle (2015), Maxim Biller (2016), ohne Vorwort / Nachwort von Jenny Baese und Saskia Nitsche (2017), Sabrina Janesch (2018).
Vorwort- / Vorredenverfasserïnnen der *Tippgemeinschaft*: Josef Haslinger (2003), Hans-Ulrich Treichel (2004), Nachwort der Hrsg. Lucy Fricke, Patrick Findeis und Claudius Nießen (2005), Juli Zeh (2006), Katja Lange-Müller (2007), Josef Haslinger und Tobias Hülswitt (2008), You-Il Kang (2009), Ulf Stolterfoht (2010), Jan Peter Bremer (Nachwort von Valeri Scherstjanoi) (2011), Claudius Nießen (2012), Clemens Meyer (2013), Ulrike Draesner (2014), Judith Keller und Hannes Becker (2015), Ina Hartwig (2016), Nadja Küchenmeister (2017). Dagegen sind die Beitragsverteilungen zumeist ausgeglichen, tendenziell finden sich ein bis zwei Beiträge mehr von Frauen in den Anthologien. Auch die Herausgeberschaften sind zumeist geschlechtlich ausgeglichen, wobei auch hier tendenziell mehr Frauen die Herausgeberschaft übernehmen.

52 Mesch, »Schreibversuche. Schreibschulprosa. Stadtgeschichten«, S. 9.

[…]. Die Texte sollten wahrgenommen werden als *zur Gegenwartsliteratur gehörend*. Es wäre schade, das Projekt herunter zu brechen auf: ›Hier kommt mal wieder eine Anthologie Studierender des Hildesheimer Literaturinstituts‹.«[53]

6. Schreibschulanthologie als Ritualobjekt

Ob allerdings die Anthologie in ihrer Nähe zur Institution Schreibschule aus ihrer Wahrnehmung als Übergangsmedium einer sich bildenden Autorschaft heraustreten kann, bleibt fragwürdig. Die These dieses Aufsatzes widerspricht dieser Wunscherfüllung: Die Anthologie fungiert innerhalb des Schreibschulkosmos vor allem als literarisches Ritualobjekt,[54] indem um ihren Entstehungs- und Distributionsprozess ein »besonders geregeltes, institutionalisiertes Zeremoniell«[55] entsteht, das mit jeder neuen Generation Schreibschulstudierender wiederholt wird und eine gemeinsinnstiftende Wirkung in der Institutsgemeinschaft hat. So schreibt dann auch Stefan Mesch in seinem Vorwort (das Anklänge an Ortheils zweites Vorwort enthält):

> Die ›Landpartie‹ ist der beste Grund, Rahmen, Vorwand und Anlass, den *besten* Text zu schreiben, den man *bis heute* zu schreiben imstande ist. Die ›Landpartie‹ ist Testgelände, Schaufenster, Labor. Und in der Summe, in ihren alljährlichen Fortsetzungen, wird sie zum Türrahmen, in den man seine Kerben ritzt, damit man selbst – und jeder, den es interessiert – ermessen kann, wie weit man als Autor im vergangenen Jahr gewachsen ist.[56]

Das Bild des Türrahmens verdeutlicht den Schwellenzustand, in dem sich die angehenden Autor̈innen befinden. Die Anthologie bildet die dafür stabilisierende Rahmung, die in ihrer Materialität jedes Jahr in ritueller Handlung literarische Wachstumsabdrucke (jene Kerbungen) ermöglicht. Sind Rituale »regulierte, sequenzialisierte, ästhetisch elaborierte, regelmäßig wiederholte und vorhersagbar vollzogene Handlungen zur Stiftung und Sicherung von gesellschaftlichem Zusammenhalt und sozialer Zugehörigkeit

(Verehrung, Bekräftigung, Schutz, Stabilisierung in Übergangssituationen)«,[57] wird die Anthologie zum literarischen *rite de passage*-Medium. Nicht zuletzt schlägt sich der Liminalitäts- und Ritualcharakter der Schreibschulanthologie in der Buchgestaltung selbst nieder. Die bereits erwähnte peritextuelle Patina ist nicht nur der Versuch, aus einem vermeintlich profanen Gebrauchsgegenstand ein sakrales Objekt zu machen, sondern ebenso Gelegenheit, ein den Produktionsumständen ewig junges Medium ›erwachsener‹ beziehungsweise alterungsfähiger zu machen, als es eigentlich ist.

Die Schreibschulanthologie verkörpert als Ritualobjekt auch über die sich ständig verändernde Buchgestaltung hinaus nach außen hin eben jenes für den Schwellenzustand typische »betwixt and between«:[58] Weder sind die Anthologien reine Simulation, »modellmäßig und auf Probe, die so ein zukünftiges Autorenleben fingieren«,[59] noch sind sie vollwertiges Druckprodukt im literarischen Feld.[60] Die Schreibschulanthologie ist ein Übungsmedien junger Autorschaft, das unter Welpenschutz bei gleichzeitigem Werbenutz unter interessierter Beobachtung seitens des Literaturbetriebs steht.

7. Bedeutungswandel eines Mediums der Literatur

Das Beispiel der Schreibschulanthologie zeigt, wie sich ein Medium der Literatur durch eine veränderte publizistische Praktik wandelt. Mithilfe der universitären Publishing-Power wurden Tatsachen geschaffen, die ein neues Verständnis des Mediums Anthologie im Schreibschulkontext zementiert haben. Denn auch wenn das

53 Lew Weisz zitiert durch Stefan Mesch, ebd.
54 Vgl. Wolfgang Braungart, »Ritualobjekt«, in: Susanne Scholz / Ulrike Vedder (Hg.): *Handbuch Literatur und materielle Kultur*, Berlin / Boston: De Gruyter, 2018, S. 437–439.
55 Ebd., S. 438.
56 Mesch, »Schreibversuche. Schreibschulprosa. Stadtgeschichten«, S. 9.
57 Braungart, »Ritualobjekt«, S. 437.
58 Victor W. Turner, »Betwixt and Between. The Liminal Period in Rites de Passage«, in: June Helm (Hg.), *Symposium on New Approaches to the Study of Religion. Proceedings of the 1964 Annual Spring Meeting of the American Ethnological Association*, Seattle: Washington Press 1964, S. 4–20.
59 Kames, »Souveränität am Arsch«.
60 In der Ausschreibung zur Textwerkstatt *Kölner Schmiede 2018* wird als Voraussetzung für eine Teilnahme geschrieben: »Bewerben können sich Autorinnen, die noch keine eigenständige Veröffentlichung vorzuweisen haben (ausgenommen Publikation in Zeitschriften oder Anthologien).« Anthologien sind in ihrem Veröffentlichungsstatus hier gleichwertig mit Beiträgen in Zeitschriften. Siehe: O.A., »Preise & Stipendien«, in: *Literaturport*, http://www.literaturport.de/preise-stipendien/preisdetails/koelner-schmiede-2018/ (geprüft am 10.10.2018).

Moment der Sammlung weiterhin mit der Anthologie korrespondiert, hat das Selbstverständnis als Werkschau die Anthologie um ein Kernkriterium kürzer gemacht: den Prozess der Auswahl und Entscheidungskraft über den Inhalt seitens der Herausgeberïnnen.

Inwiefern der Rückzug der »literarische[n] Infrastruktur [...] ins akademische Leben«[61] eine Annäherung an das Publikationswesen des Wissenschaftssystems bewirkt, ist sicherlich eine der spannendsten Fragen, die man in diesem Kontext stellen kann.[62] Chad Harbach und David Foster Wallace haben in ihren düster geführten Debattenbeiträgen um die Creative Writing-Programme in den USA bereits eine Antwort gefunden: Von einer »downright unshakable publish-or-perish mentality that equates appearance in print with talent or promise«,[63] spricht Foster Wallace. Harbach stellt fest: »For the MFA writer, then, publishing a book becomes neither a primary way to earn money nor even a direct attempt to do so. The book instead serves as a credential. Just as the critic publishes her dissertation in order to secure a job in an ever-tightening market.«[64]

Ob die Universität als ökonomisches Versorgungssystem nicht nur die angehenden Schriftstellerïnnen zu einem wissenschaftstypischem »publish or perish«-Verhalten zwingt, kann hier nicht beantwortet werden. Allerdings ist nicht zu übersehen, dass die Veröffentlichung in Schreibschulanthologien ein nicht unwichtiges Antriebsmittel im, mit Bourdieu gesprochen, »Kreislauf der Konsekration« bildet, der die Autorïnnen in (Aus-)Bildung »in immer ausgewähltere Gesellschaften und zu immer selteneren und gesuchteren Stätten führ[en]«[65] kann. Die Anthologien sind, so formuliert es eine Studierende im Hildesheimer *Kulturtagebuch. Leben und Schreiben in Hildesheim*, »eine gute Gelegenheit, um ein bisschen Druck nachzulegen«.[66] Die Buchveröffentlichung wird hier auf den Rohstoff reduziert, aus dem ein Buch gemacht wird und die Anthologie zum Durchlauferhitzer auf dem langen Weg in den Literaturbetrieb.

Die Anthologien sind ein gewichtiger Teil des Systems der zirkulierenden Patronage,[67] das den Schreibschulen zugrunde liegt, und illustrieren dieses zugleich durch die Peritexte, vor allem über die Vorworte. Ein Blick in die vielen bio-bibliografischen Angaben der Schreibschulautorïnnen genügt, um zu erkennen, dass die Publikationskarriere nicht selten mit ersten Veröffentlichungen in den hauseigenen Anthologien beginnt. Damit bilden diese ein zentrales Instrument der institutionellen Reproduktion von Autorschaft.

Als institutionalisiertes Patronage-Instrument stehen die Anthologien in der Hierarchie der Publikationen dann auch relativ weit unten, wie der Absolvent beider deutschen Schreibschulen, Jo Lendle, in seinem fiktionalisierten Vorwort mit dem Titel »Meine erste Veröffentlichung« zur *Landpartie 15* erkennen lässt. Die anfängliche Begeisterung über die Platzierung in einer Anthologie weicht schnell einer Ernüchterung über den Auswahlprozess, der eher einem Freundschaftsdienst zu entspringen scheint, als der tatsächlichen Qualität der ausgewählten Texte. Euphorisch beginnt das Vorwort: »Ich bin drin. Ich bin in der Landpartie. [...] Ich kann mich zur Ruhe setzen. Wobei: Was heißt hier Ruhe? Jetzt geht es erst richtig los. [...] Wie es sich wohl anfühlt, gedruckt zu sein. Es heißt, die Welt sei anders danach. [...] Und gleich die Landpartie!«[68]

Da aber die Auswahlprozesse auf Kontakten basieren, je intimer, desto besser, so wird durch die mehrfache Anspielung auf »die Konkubine der Herausgeberin«, Knut, angedeutet, erfährt die konsekrative Geste der Auswahl für die Anthologie eine Entweihung: »Knut selbst ist auch drin, wir wissen, warum. Ich habe seine Sachen gelesen. Er muss im Bett eine ziemliche Nummer sein, dass sie das ins Heft nehmen. Immerhin ist es die Landpartie.«[69] Lendles fiktionalisiertes Vorwort spielt das ambivalente Verhältnis zur Publikationsplattform Schreibschulanthologie durch, die zuletzt eben doch im Hildesheimer Dunstkreis entsteht und dem Schreibschulkontext nicht entkommen kann. Bei dem Studenten kommen schließlich Zweifel auf: »Gerade frage ich mich, ob die Landpartie wirklich der ideale Ort für eine erste Veröffentlichung ist. Was ist mit der Paris Review? Oder zumindest Sinn und Form? Und warum läuft bei der Landpartie eigentlich alles über Knut?«[70]

61 Steffen Richter, *Der Literaturbetrieb. Eine Einführung. Texte – Märkte – Medien*, Darmstadt: Wissenschaftliche Buchgesellschaft, 2011, S. 46.
62 Vgl. hierzu den Beitrag von Johannes Franzen in diesem Band.
63 Wallace, »The Fictional Future«, S. 75.
64 Chad Harbach, »MFA vs. NYC«, S. 15f.
65 Pierre Bourdieu, *Die Regeln der Kunst. Genese und Struktur des literarischen Feldes*, übersetzt aus dem Französischen von Bernd Schwibs und Achim Russer, Frankfurt am Main: Suhrkamp, 1999, S. 272.
66 Johannes Schneider, »Akt 2. Woche 4«, in: Stefan Mesch / Kai Splittgerber (Hg.), *Kulturtagebuch. Leben und Schreiben in Hildesheim*, Hildesheim: Edition Paechterhaus, 2007, S. 91–113, hier S. 112f.
67 Harbach, »MFA vs. NYC«, S. 15: »This system of circulating patronage may have some pedagogical value but exists chiefly to supplement the income of the writer-teacher and, perhaps more important, to impress on the students the more glamorous side of becoming – of aspiring to become – a writer-teacher.«
68 Jo Lendle, »Meine erste Veröffentlichung«, S. o.A.
69 Ebd.
70 Ebd.

Mein Dank gilt der Kunsthochschule für Medien in Köln, insbesondere Andreas Altenhoff, Dietrich Leder und Hans-Ulrich Reck, die mir den Feldzugang ermöglichten, sowie den Lehrenden des neuen Studienschwerpunkts, Navid Kermani, Ulrich Peltzer und Alina Herbing. Ganz besonders möchte ich den Studierenden des Literarischen Schreibens in Köln danken, die meine teilnehmende Beobachtung seit dem ersten Semester nicht nur dulden, sondern mir zudem großzügig Auskünfte über die Geschehnisse und ihre Gedanken im Feld geben. Darüber hinaus möchte ich mich bei der Edition Paechterhaus für die Bereitstellung der Hildesheimer Anthologien und die Informationen zur Redaktionsarbeit bedanken. Außerdem danke ich Juliana Kálnay, Stefan Mesch und Nikola Richter für ihre Auskünfte.

Literaturverzeichnis

O.A, »Über Edit«, in: *Website der Edit. Papier für neue Texte*, http://www.editonline.de/ueber-edit/ (geprüft am 28.9.2018).

O.A., »Zitat aus der Vereinssatzung«, in: *Website der BELLA triste*, https://www.bellatriste.de/?page_id=710 (geprüft am 28.9.2018).

O.A., »Was bisher geschah«, in: Website von PS - *Politisch Schreiben. Anmerkungen zum Literaturbetrieb*, https://www.politischschreiben.net/was-bisher-geschah/ (geprüft am 28.9.2018).

O.A., »Annual Anthologies«, in: *Website der University of East Anglia, School of Literature, Drama and Creative Writing*, http://www.uea.ac.uk/literature/creative-writing/publishing-links/annual-anthologies (geprüft am 28.9.2018).

O.A., »About«, in: *Website von The Iowa Review*, https://iowareview.org/content/about (geprüft am 28.9.2018).

O.A., »Über die Edition«, in: *Website der Edition Paechterhaus*, https://literaturinstitut-hildesheim.de/edition-paechterhaus/ (geprüft am 28.9.2018).

O.A., *Vorlesungsverzeichnis der Universität Hildesheim*, https://lsf.uni-hildesheim.de/qisserver/rds?state=verpublish&status=init&vmfile=no&publishid=72456&moduleCall=webInfo&publishConfFile=webInfo&publishSubDir=veranstaltung (geprüft am 28.9.2018).

O.A., »Geleit«, in: *Digitales Wörterbuch der Deutschen Sprache*, https://www.dwds.de/wb/Geleit (geprüft am 28.9.2018).

O.A., »Preise & Stipendien«, in: *Literaturport*, http://www.literaturport.de/preise-stipendien/preis-details/koelner-schmiede-2018/ (geprüft am 10.10.2018).

Baese, Jenny / Nitsche, Saskia: »Nachwort. Für ein gemeinsames Bücher machen!«, in: *Landpartie 17. Jahresanthologie der Studiengänge Kreatives Schreiben und Kulturjournalismus und Literarisches Schreiben und Lektorieren der Stiftungsuniversität Hildesheim*, hrsg. v. Hannah del Mestre, Louisa Chandra Esser, Moritz Heuwinkel, Anna Katrien Liedmeier und Alexander Rudolfi, Hildesheim: Edition Paechterhaus, 2017, S. o.A.

Bark, Joachim: »Anthologie«, in: Gert Ueding (Hg.), *Historisches Wörterbuch der Rhetorik*, Bd. 1: A–Bib. Tübingen: Niemeyer, 1992, Sp. 678–685.

Benn, Gottfried: »Wer kauft eigentlich Anthologien?« [1954], in: ders.: *Gesammelte Werke in 8 Bänden, Bd. 4, Autobiographische und vermischte Schriften*, hrsg. v. Dieter Wellershoff. Wiesbaden: Limes, 1961, S. 338–341.

Bourdieu, Pierre: *Die Regeln der Kunst. Genese und Struktur des literarischen Feldes*, übersetzt aus dem Französischen von Bernd Schwibs und Achim Russer, Frankfurt am Main: Suhrkamp, 1999.

Braungart, Wolfgang: »Ritualobjekt«, in: Susanne Scholz / Ulrike Vedder (Hg.): *Handbuch Literatur und materielle Kultur*, Berlin / Boston: De Gruyter, 2018, S. 437–439.

Bröckling, Ulrich: *Das unternehmerische Selbst. Soziologie einer Subjektivierungsform*, Frankfurt am Main: Suhrkamp, 6. Aufl. 2016.

Fischer, Jan / Richter, Nikola (Hg.): *Irgendwas mit Schreiben. Diplomautoren im Beruf*, Berlin: Mikrotext, 2014.

Genette, Gérard: Paratexte. *Das Buch zum Beiwerk des Buches*, Frankfurt am Main: Suhrkamp, 2001.

Harbach, Chad: »MFA vs NYC«, in: ders. (Hg.), *MFA vs NYC. The Two Cultures of American Fiction*, New York: n+1/Farrar, Straus and Giroux, 2014.

Haslinger, Josef: »Zum Geleit«, in: *Tippgemeinschaft. Jahresanthologie der Studierenden des Deutschen Literaturinstituts Leipzig 2003*, Augsburg: Marodruck, 2004, S. 7f.

Heydebrand, Renate von / Winko, Simone: *Einführung in die Wertung von Literatur. Systematik, Geschichte, Legitimation*, Paderborn: Schöningh, 1996.

Höllerer, Walter: »Vorwort«, in: Joachim Bark / Dietger Pforte (Hg.), *Die deutschsprachige Anthologie. Bd. 1: Ein Beitrag zu ihrer Theorie und eine Auswahlbibliographie des Zeitraums 1800–1950*, Frankfurt am Main: Klostermann, 1970, S. VII–XI.

Kames, Maren: »Souveränität am Arsch«, in: *The Daily Frown. Das Magazin für Musik Literatur Alltag*, 11.4.2017, https://thedailyfrown.wordpress.com/tag/maren-kames/ (geprüft am 10.10.2018).

Klupp, Thomas: »Zitat zur Edition Paechterhaus«, in: *Website des Literaturinstituts Hildesheim*, https://literaturinstitut-hildesheim.de/ep/ (geprüft am 10.10.2018).

Knörer, Ekkehard: »Liebesbriefe und Shitstorms«, in: taz. die tageszeitung, 12.6.2017, http://www.taz.de/!5416324/ (geprüft am 10.10.2018).

Lehn, Isabelle / Macht, Sascha / Stopka, Katja, *Schreiben lernen im Sozialismus. Das Institut für Literatur »Johannes R. Becher«*, Göttingen: Wallstein, 2018.

Lendle, Jo: »Meine erste Veröffentlichung«, in: *Landpartie 15 - Eine literarische Werkschau*, hrsg. v. Fiona Sironic, Helene Bukowski, Leander Fischer und Florian Stern, Hannover: zu Klampen Verlag, 2015, S. o.A.

Lethbridge, Stefanie: »Anthologien«, in: Gabriele Rippl / Simone Winko (Hg.), *Handbuch Kanon und Wertung. Theorien, Instanzen, Geschichte*, Stuttgart / Weimar: Metzler, 2013, S. 179–185.

Martin, Sam: »Publish or Perish? Re-Imagining the University Press«, in: *M/C Journal. A Journal of Media and Culture* 13,1 (2010), http://journal.media-culture.org.au/index.php/mcjournal/article/view/212 (geprüft am 28.9.2018).

McGurl, Mark: *The Program Era. Postwar Fiction and the Rise of Creative Writing*, Cambridge, Mass./London: Harvard University Press, 2009.

Mesch, Stefan: »Schreibversuche. Schreibschulprosa. Stadtgeschichten«, in: *Landpartie 12. Jahresanthologie des Studienganges Kreatives Schreiben und Kulturjournalismus*, hrsg. v. Anna Fastabend, Juan S. Guse, Franziska Schurr und Lew Weisz, Hildesheim: Edition Paechterhaus, 2012, S. 6–11.

Ortheil, Hanns-Josef: »Zehn Vorwörter in Folge«, in: *Landpartie 06. Jahresanthologie*, Hildesheim: Glück & Schiller, 2006, S. 5–7.

Paul, Jean: »Dr. Katzenbergers Badereise nebst einer Auswahl verbesserter Werkchen«, in: ders.: *Sämtliche Werke. Historisch-kritische Ausgabe in zwei Abteilungen,* Abt. I, Zu Lebzeiten des Dichters erschienene Werke, Bd. 6, hrsg. von Norbert Miller. Darmstadt / München: Wissenschaftliche Buchgesellschaft / Hanser, 1963, S. 77–363.

Palzer, Thomas: »Patina – Die Zukunft der Endlichkeit«, in: *Deutschlandfunk*, 5.7.2017, https://www.deutschlandfunk.de/konsumgesellschaft-patina-die-zukunft-der-endlichkeit.1184.de.html?dram:article_id=385374 (geprüft am 28.9.2018).

Reckwitz, Andreas: *Die Gesellschaft der Singularitäten*, Berlin: Suhrkamp 2017.

Richter, Steffen: *Der Literaturbetrieb. Eine Einführung. Texte - Märkte - Medien*, Darmstadt: Wissenschaftliche Buchgesellschaft, 2011.

Schneider, Johannes: »Akt 2. Woche 4«, in: Stefan Mesch / Kai Splittgerber(Hg.), *Kulturtagebuch. Leben und Schreiben in Hildesheim*, Hildesheim: Edition Paechterhaus, 2007, S. 91–113.

Star, Susan Leigh: »Kooperation ohne Konsens in der Forschung: Die Dynamik der Schließung in offenen Systemen«, in: Jörg Strübing / Ingo Schulz-Schaeffer / Martin Meister / Jochen Gläser (Hg.), *Kooperation im Niemandsland. Neue Perspektiven auf Zusammenarbeit in Wissenschaft und Technik*, Opladen: Leske + Budrich, 2004, S. 58–76.

Turner, Victor W: »Betwixt and Between. The Liminal Period in Rites de Passage«, in: June Helm (Hg.), *Symposium on New Approaches to the Study of Religion. Proceedings of the 1964 Annual Spring Meeting of the American Ethnological Association*, Seattle: Washington Press 1964, S. 4–20.

Wallace, David Foster: »The Fictional Future«, in: Chad Harbach (Hg.) *MFA vs NYC. The Two Cultures of American Fiction*, New York: n+1 / Farrar, Straus and Giroux, 2014, S. 73–80.

Zucker, Juli: »›Ganz andere Arten des Denkens‹. Interview mit dem Herausgeberkollektiv der Zeitschrift PS: Politisch Schreiben«, in: *kreuzer online*, 18.7.2017, https://kreuzer-leipzig.de/2017/07/18/ganz-andere-arten-des-denkens/ (geprüft am 28.9.2018).

Tippgemeinschaft. Jahresanthologie der Studierenden des Deutschen Literaturinstituts Leipzig 2003, hg. von Claudius Nießen, Augsburg: Marodruck, 2004.

»We will crack it!« Das literarische Mentorat als institutsspezifisches Schreibdispositiv

Johanne Mohs,
Marie Caffari

»We will crack it!« ist ein Zitat aus einem Mentorat des Studiengangs ›Creative Writing‹ an der University of East Anglia in Norwich. Das Zusammenspiel von Person, Sache und Aufforderung in dem Zitat ist exemplarisch für die Dynamik des literarischen Mentorats. Sie dreht sich um Fragen der Abgrenzung zwischen ›wir‹ und ›ich‹, um Perspektivwechsel zwischen zwei Personen in Bezug auf eine Sache, ein Manuskript, und auch darum, wer sich wann und wodurch aufgefordert fühlt, dieses Manuskript fortzuschreiben – also um Fragen der Motivation, Ermutigung, Aufmerksamkeit und der Autonomie; um Fragen der Autorïnnen und der Texte selbst.

Als Lehrformat in Creative Writing-Studiengängen sind Mentorate eine individuelle Begleitung von studentischen Schreibprojekten. Meist geben die Dozentïnnen regelmäßig ein schriftliches Feedback, indem sie direkt im Manuskript Kommentare notieren, manchmal formulieren sie ihr Feedback auch als Fließtext aus. Das Kernstück der Mentorate sind allerdings Arbeitsgespräche, in denen die Studierenden unter vier Augen mit ihren Mentorïnnen die jeweils eingereichten Textpassagen besprechen. Als Mentoratssituation – oder auch »Mentoratsszene«[1] – öffnen die Gespräche im Mentorat dialogische Momente

1 An anderer Stelle haben wir die Gesprächssituation im Mentorat mithilfe des Begriffs der »Schreibszene« aus der Schreibprozesstheorie als einen Moment der doppelten Öffnung beschrieben, vgl. Marie Caffari / Johanne Mohs, »La scène de mentorat – (Se) raconter la création littéraire en plein travail«, in: *Nouvelle Revue Synergies Canada 10* (2017), https://journal.lib.uoguelph.ca/index.php/nrsc/article/view/3708/3936 (geprüft am 19.10.2018).

eines Schreibprozesses. Mentoratsszene meint hier nicht ein bewusstes Zur-Schau-Stellen oder In-Szene-Setzen der Schreibpraktiken. Sie macht vielmehr einen Handlungszusammenhang überhaupt erst wahrnehmbar, der ansonsten kaum zugänglich wäre.

Der oder die Andere, ein Mentor beziehungsweise eine Mentorin mit eigener Schreibpraxis, erweitert dabei eine Dynamik, die sich zum überwiegenden Teil des Schreibprozesses auf zwei Akteure beschränkt: Der stumme Dialog, die »Feedbackschleife«[2] zwischen Autorïn und Text, bezieht dabei einen dritten Akteur mit ein – den Mentor oder die Mentorin. Wie anschließend gezeigt werden soll, kann der regelmäßige Austausch mit ihm oder ihr dazu beitragen, literarisches Schreiben als eine dialogische Tätigkeit zu verstehen. Entscheidend dafür ist, dass sich die beiden Gesprächspartnerïnnen als Teil eines »Praxiskollektivs« begegnen, so wie Claudia Dürr und Tasos Zembylas es beschreiben.[3] Die Mentorïnnen und die Studierenden verbindet, dass sie beide die gleiche Praxis ausüben. Sie schreiben und setzen sich über den Sinn und die Qualität des Geschriebenen auseinander. Selbst in den Gesprächsaufnahmen, die wir in Norwich gemacht haben, wo es mit den »Elements of Fiction«[4] eine Reihe von konventionalisierten Grundtechniken des Schreibens gibt, mit denen die Studierenden umgehen können sollen und die als Beurteilungs- und Diskussionskriterien der Texte herangezogen werden, treten die Mentorïnnen nicht als Lehrende auf, die ein bestimmtes Wissen oder spezifische Fertigkeiten vermitteln und überprüfen. Genauso wenig verhalten sie sich wie Repräsentanten ihres eigenen schriftstellerischen Werkes. Was sie selbst geschrieben haben, wird selten thematisiert. Allein, dass sie schreiben und Erfahrung im Schreiben von literarischen Texten haben, ist für die Mentorate zentral. Vor diesem Hintergrund lässt sich das Mentorat als ein Schreibdispositiv verstehen, mit dem sich die angehenden Autorïnnen »eine ›Welt‹ und eine ›Haltung-zur-Welt‹«[5] erarbeiten. Es entfaltet sich über ein Zusammenspiel der Institution Schreibschule, ihren Evaluierungsprozessen sowie zeitlichen und personellen Strukturen, den Mentorïnnen als Gesprächspartnerïnnen und konkreten Vertreterïnnen des Praxiskollektivs sowie den kontextunabhängigen Komponenten der »Schreibszene«.[6]

Obwohl das Schreibdispositiv ›Mentorat‹ institutionell sowie über die Mentorïnnen und ihre Veröffentlichungspraxis mit dem Literaturbetrieb zusammenhängt, wird in den Mentoratsgesprächen zunächst nicht thematisiet, wie die besprochenen Texte später öffentlich beurteilt werden und wie sie verkauft werden können. Weder die Dozierenden noch die Studierenden beziehen sich in den Arbeitsgesprächen auf den feuilletonistischen Urteilspruch ›Institutsprosa‹[7] oder einen vergleichbaren ›Stempel‹, der den Texten, an denen sie arbeiten, drohen könnte. Zwar ist Studierenden wie Mentorïnnen bewusst, dass ein Schreibschulabschluss im Literaturbetrieb ein bestimmtes Aufmerksamkeitspotenzial mit sich bringen kann oder dass sich die Frage, ob man als Autorïn wahrgenommen wird, nach einem solchen Studium noch einmal ganz anders stellt. Aber wie man damit umgeht, wird nur am Rand angesprochen. Am Ende eines von uns aufgezeichneten Gesprächs aus Biel[8] pariert der Student etwa scherzhaft die Aufforderung seines Mentors, noch verbleibende Anliegen zu formulieren, mit: »Wann werde ich ein Star, wollte ich Dich noch fragen?«, worauf

2 Carl Bereiter, »Entwicklung im Schreiben, Schreiben als kognitiver Prozess«, in: Sandro Zanetti (Hg.), *Schreiben als Kulturtechnik. Grundlagentexte*, Berlin: Suhrkamp, 2012, S. 397–412, hier S. 410.

3 Vgl. Claudia Dürr / Tasos Zembylas, *Wissen, Können und literarisches Schreiben. Eine Epistemologie der künstlerischen Praxis*, Wien: Passagen, 2009, S. 14f.

4 Vgl. die Beiträge von Giles Foden (»Well done overall: The discipliary Framework of Modes and Metaphers in Creative Writing Feedback«) und Jean McNeil (»Disclosure and the Ethics of Dialogue in Prose Fiction Workshop. Some Reflections from the University of East Anglia«) in folgendem Band: Marie Caffari / Johanne Mohs / Katrin Zimmermann (Hg.), *Schreiben im Zwiegespräch - Writing as Dialogue. Praktiken des Mentorats und des Lektorats in zeitgenössischer Literatur - Practices of the Editor and the Mentor in Contemporary Literature*, Bielefeld: Transcript, 2019, S. 103–117 und S. 51–65.

5 Claudia Dürr, »Wittgensteins Wink & Haslingers Hund – Unsagbares im Sprechen über Literatur, während sie entsteht«, in: Caffari / Mohs / Zimmermann (Hg.), *Schreiben im Zwiegespräch*, S. 65–79.

6 »Schreibszene« ist ein von Rüdiger Campe geprägter Begriff. Er wurde in einem vom Martin Stingelin geleiteten Forschungsprojekt zur »Genealogie des Schreibens« zu einem Konzept weiterentwickelt, mit dem literarische Schreibprozesse unter der Berücksichtigung von Sprache, Schreibwerkzeug und Körperlichkeit bzw. Geste des Schreibens untersucht werden (vgl. Rüdiger Campe, »Die Schreibszene, Schreiben«, in: Zanetti (Hg.), *Schreiben als Kulturtechnik*, S. 269–283; Davide Giuriato / Martin Stingelin / Sandro Zanetti (Hg.), *»Schreiben heißt: sich selber lesen«. Schreibszenen als Selbstlektüren*, München: Fink, 2008; Martin Stingelin (Hg.), *»Mir ekelt vor diesem tintenklecksenden Säkulum«. Schreibszenen im Zeitalter der Manuskripte*, München: Fink, 2004 oder Davide Giuriato / Martin Stingelin / Sandro Zanetti (Hg.), *»Schreibkugel ist ein Ding gleich mir: von Eisen«. Schreibszenen im Zeitalter der Typoskripte*, München: Fink, 2005).

7 Vgl. zur Debatte um ›Institutsprosa‹ den Artikel von Claudia Dürr in diesem Band.

8 Die im Laufe des Artikels zitierten Mentoratsgespräche stammen aus einer im Anschluss genauer erläuterten Studie. Sie werden jeweils mit dem Institutionskürzel (SLI für »Schweizerisches Literaturinstitut«, UP8 für »Université Paris 8«, UEA für »University of East Anglia«), einer Durchnummerierung der Mentoratsduos (abgekürzt Serie 1-3), dem Gesprächsdatum und dem Sprecher belegt. Alle Teilnehmer der Studie wurden anonymisiert, was durch die einheitliche Verwendung der maskulinen Form kenntlich gemacht wird, obwohl das Verhältnis von Mentorïnnen, Studentïnnen ausgewogen war: An der Erhebung haben sieben Frauen und sieben Männer teilgenommen, davon drei Mentorinnen und vier Studentinnen sowie vier Mentoren und drei Studenten. Für ihre Partizipation an unserer Studie möchten wir an dieser Stelle allen Teilnehmern und Teilnehmerinnen sehr herzlich danken. Ohne ihre Offenheit wäre das Projekt nicht realisierbar gewesen. Clara Gudehus danken wir außerdem für die Transkription aller Gespräche und die systematische Auswertung der Gespräche auf Französisch.

der Mentor mit einem »Geduld!«[9] reagiert, lacht und weiter ausführt: »Es kann schnell gehen, meistens geht es völlig schnell und übereilt dann oder gar nie, was auch nicht schlecht ist in manchen Fällen, oder irgendwo steckt man mitten drin fest als Halbstar.«[10] Immer noch im Spaß, aber auch nicht ganz unernst, malt sich der Student anschließend aus: »Das schlimmste wäre eigentlich, was der Lukas Bärfuss gesagt hat, dass man nach dieser Schule schreibt und keiner nimmt davon Notiz. Das ist ein Horrorszenarium, [...] dass man einfach nur zu Hause schreibt und nicht mehr wahrgenommen wird!« »Gut, das war jetzt ein schönes selbstironisches Schlusswort«, fasst daraufhin der Mentor zusammen.[11]

Der kurze Schlagabtausch zeigt, dass durchaus ein Zusammenhang zwischen öffentlicher Wahrnehmung als Schreibender und dem Absolvieren einer Schreibschule aufgemacht wird. Der Mentor reagiert auf den Scherz des Studenten, wann er denn mit allgemeiner Anerkennung rechnen dürfe, einerseits hurmorvoll, geht aber gleichzeitig auf dessen Frage ein. Indem er mögliche Wege aufzeigt, greift er auf seine Betriebskenntnisse und Erfahrungen als publizierender Autor zurück. Der Student überzeichnet die nicht unwahrscheinliche Möglichkeit, dass er nach dem Studium nicht (unmittelbar) veröffentlicht und (zunächst) für sich allein weiterschreibt als Schreckenszenario. Er spricht damit auch die während des Studiums außergewöhnlich hohe Aufmerksamkeit an, die dem literarischen Output der Studierenden insbesondere in einem Format wie dem Mentorat geschenkt wird. Dieser Umstand wird auch von einem Mentor aus Paris hervorgehoben, der seinen Studenten daran erinnert, dass er so schnell nicht wieder einen Leser wie ihn haben werde, »qui sera aussi intense que ça [»der so intensiv lesen wird«, Übersetzung hier und im Folgenden von den Autorinnen]«.[12]

In beiden Fällen wird indirekt thematisiert, was nach dem Studium auf die Studierenden zukommen könnte und in welchem Verhältnis die Rückmeldungen der Mentorïnnen zu denen einer allgemeinen literarischen Öffentlichkeit stehen. Auch wenn die Texte im Zentrum der Mentoratsgespräche stehen, ist der Literaturbetrieb im Hintergrund präsent. Das zeigen auch zwei weitere Beispiele aus Norwich und Paris, in denen es expliziter darum geht, wie man sich auf dem Markt positionieren will oder wie man sich am besten an einen Verlag wendet.[13] Dennoch spielt die Außenperspektive, die der Begriff ›Institutsprosa‹ mit sich bringt – ein Blick der Öffentlichkeit beziehungsweise der Medien auf die Veröffentlichungen der Abgänger von Schreibschulen – in den Mentoratsgesprächen keine entscheidende Rolle.

Wortwechsel führt zu Blickwechsel

Die in diesem Beitrag analysierten Mentoratsgespräche wurden im Rahmen des vom Schweizerischen Nationalfonds geförderten Forschungsprojekts »Schreiben im Zwiegespräch – das literarische Mentorat als Autorinstanz« in drei verschiedenen Creative Writing-Studiengängen erhoben: Im Master ›Création littéraire‹ an der Université Paris 8, wo die regelmäßigen Arbeitsgespräche zwischen Dozentïn und Studentïn ›suivi individuel‹ [›individuelle Projektbegleitung‹] genannt werden, im Bachelor ›Literarisches Schreiben‹ an der Hochschule der Künste Bern, wo sie ›Mentorat‹ heißen und im Master ›Creative Writing‹ an der University of East Anglia in Norwich, wo sie ›Supervisions‹ genannt werden. Der Einfachheit halber beschränken wir uns hier auf den Begriff ›Mentorat‹, auch wenn wir uns auf die beiden anderen Studiengänge beziehen.[14]

Die Mentorate unterscheiden sich in den Studiengängen in Umfang und Stellenwert für die jeweiligen Curricula. Das Mentorat im Berner beziehungsweise Bieler Bachelor – das Literaturinstitut der Hochschule der Künste Bern befindet sich in Biel – ist viel präsenter als in den beiden kürzeren Masterstudiengängen in Norwich und Paris. Die Studierenden besprechen ihre Texte über den gesamten Zeitraum ihres Bachelorstudiums, das heißt über insgesamt drei Jahre, alle zwei Wochen mit einem Dozenten oder

9 SLI, Serie 2, Gespräch 4, 23.4.2015, Dozent.
10 Ebd.
11 Ebd., Student und Dozent.
12 UP8, Serie 1, Gespräch 1, 11.3.2015, Dozent.
13 Vgl. UEA, Serie 3, Gespräch 1, 13.5.2015, Student und Dozent sowie UP8, Serie 1, Gespräch 2, 21.5.2015, Student und Dozent. Vgl. für die Frage des Publizierens im Kontext des Mentorats auch die Auswertung unseres Materials in folgendem Artikel: Marie Caffari / Johanne Mohs, »Le tiers (in)visible – Mentorat littéraire entre processus d'écriture et publication«, in: *Bibliodiversity. Journal of Publishing in Globalization*, 1 (2018).
14 Der Masterstudiengang in Norwich ist explizit auf ›Prose Fiction‹ ausgerichtet, es gibt dort aber auch die Möglichkeit ›Poetry‹ oder ›Biography and Non-Fiction‹ zu studieren. Die beiden anderen Studiengänge in Paris und Bern haben zwar keinen Gattungsschwerpunkt, narrative Projekte bilden hier jedoch die deutliche Mehrheit der Abschlussarbeiten. Dies erklärt, warum in den von uns aufgezeichneten Gesprächen ausschließlich Erzähltexte besprochen werden.

einer Dozentin. Dieser Mentor, diese Mentorin wird ihnen zu Beginn des Studiums zugeteilt, sie haben die Gelegenheit zu wechseln, können aber auch drei Jahre mit derselben Person arbeiten. In Norwich und Paris beschränken sich die individuellen Lehreinheiten auf die Abschlussarbeiten, das heißt auf einen Zeitraum von maximal einem Jahr. In dem einjährigen Master in Norwich finden alle vier ›Supervisions‹ sogar innerhalb von zwei Monaten statt. Auch hier bekommen die Studierenden ihre Mentorïnnen zugewiesen, kennen sie aber manchmal bereits aus den Schreibwerkstätten.

In den drei Studiengängen haben wir jeweils zwei bis vier Gespräche von insgesamt sieben Mentoratsduos aufgezeichnet – drei in Norwich, drei in Biel und eins in Paris –, sodass wir insgesamt 22 Mentoratsgespräche in die Auswertung mit einbeziehen konnten. Sie dauern in der Regel 45-60 Minuten, Variationen sind aber möglich.[15] Von den 22 Gesprächen wurden 5 auf Französisch, 9 auf Englisch und 8 Gespräche auf Deutsch geführt. Sie wurden alle im Zeitraum von September 2014 bis August 2015 aufgenommen und begleiten jeweils die Entstehung der Abschlussarbeiten der Studierenden.

Der Dialog entsteht im Mentorat über ein regelmäßig während des Schreibens geführtes Gespräch über den geschriebenen Text, über eine gemeinsame Hinwendung auf eine Sache oder ein Problem.[16] Diese gemeinsame Hinwendung zum Text hat häufig eine motivierende Wirkung. Der Tätigkeit der Studierenden wird Aufmerksamkeit geschenkt, es wird wahrgenommen, dass sie schreiben. Meistens wirkt sich die Gegenwart eine/r aufmerksamen Leserïn bereits produktiv auf den Schreibprozess aus, manchmal braucht es aber auch direktere Hinweise oder Ermutigungen wie die, die wir im Titel des Artikels zitieren.[17] Entscheidend dafür, dass die Studierenden den Schreibprozess als eine dialogische Tätigkeit auffassen, ist aber nicht die Stimulation des eigenen Tuns durch einen Anderen, sondern ein produktiver Umgang mit Perspektivwechseln. Als eine Art Spiegel wirft der Mentor oder die Mentorin dem Studierenden die Möglichkeiten und Grenzen seines Textes zurück, indem er selbst unterschiedliche Positionen einnimt. Die damit einhergenden Betrachtungsweisen werden im Gespräch durchgespielt – das mit Karlheinz Stierle wiederum als eine »Lautwerdung«[18] des Blicks der beiden Gesprächspartnerïnnen verstanden werden kann: »Das Verhältnis der Sprechenden ist [...] nicht nur ein sprachliches. Jedes Wort des Gesprächs ist eingetaucht in den Blick des anderen oder der anderen.«[19] Diese Einübung eines Außenblicks soll anschließend als Teil einer literarischen Praxis analysiert werden, die das Creative Writing-Studium vermittelt. Die Studierenden lernen schreibend in einen Dialog einzutreten, der im Mentorat (noch) unter vier Augen stattfindet. Der dabei vollzogene Blickwechsel bezieht sich auf zwei Personen, den Studierenden und den Mentor oder die Mentorin, wird aber jeweils von unterschiedlichen Standpunkten aus vorgenommen.

Drei Blickrichtungen, die von den Mentorïnnen häufig eingeschlagen werden, möchten wir im Folgenden genauer betrachten. Als Leserïnnen argumentieren sie, erstens, häufig im Namen des Textes: Wie funktioniert der Text? Was für eine Logik, Dynamik, Gesetzmäßigkeit hat er entwickelt? Was hat das für Konsequenzen für Autorïn und Schreibprozess? Zweitens nehmen sie immer wieder die Position der Autorïn ein und reflektieren, wie man mit dem Text umgehen, ihn verändern, fortsetzen oder motivieren kann. Und drittens versetzen sie sich in die Lage der Figuren, sprechen ihre potentiellen Gedanken und Bedürfnisse aus, finden Ideen für Entwicklungsmöglichkeiten und kommentieren das Verhältnis der Figuren zur Erzählinstanz oder zum/zur Autorïn. Wie diese Perspektivwechsel im Einzelnen genau praktiziert werden, veranschaulichen die folgenden drei Unterpunkte mit Beobachtungen zu den von uns aufgezeichneten Mentoratsgesprächen.

Texte müssen aufgehen

In dem von uns erhobenen Material findet sich immer wieder ein stillschweigendes Einverständnis darüber, dass Texte eine Eigendynamik entwickeln, die man als schreibende Person erkennen und zu verfolgen lernen müsse. Ziel sei es, einen in sich stimmigen Text

15 Das kürzeste von uns aufgenommene Gespräch hat 20 Minuten gedauert, das längste hingegen 90 Minuten.

16 Vgl. Karlheinz Stierle, »Gespräch und Diskurs – Ein Versuch im Blick auf Montaigne, Descartes und Pascal«, in: Karlheinz Stierle / Rainer Warning (Hg.), *Das Gespräch*, München: Fink, 1984, S. 297–335, hier S. 301.

17 Vgl. UEA, Serie 1, Gespräch 1, 13.5.2015, Dozent.

18 Stierle, »Gespräch und Diskurs«, S. 303.

19 Ebd.

zu schreiben, dessen innere Logik oder Gesetzmäßigkeit man paradoxerweise erst erkennt, nachdem bereits geschrieben wurde. Im Vordergrund der Gespräche steht nicht das Anliegen des Autors oder der Autorin, die Botschaft, Erfahrung oder das Gefühl, das der/die Schreibende mitteilen will, sondern das, was der Text konkret vermittelt. Geschrieben wird mit Wörtern, könnte man überspitzt formulieren, mit dem Text. Das bedeutet, dass die Dynamik des Schreibprozesses im Mentorat wesentlich auf einem Changieren zwischen *Er*schreiben und *Um*schreiben eines Textes basiert.[20] Da sich das Gespräch im Mentorat die meiste Zeit über das Manuskript vollzieht, muss schon geschrieben worden sein, bevor die eigentliche literarische Auseinandersetzung beginnen kann. Die Mentorïnnen fordern die Studierenden deshalb immer wieder auf ›erstmal loszuschreiben‹, erinnern aber auch daran, das erschriebene Material mit einem groben Fahrplan ihres Vorhabens abzugleichen und sich etwa zu fragen: »À quoi ça va ressembler? D'où ça va partir et jusqu'où ça va aller? [»Wie soll es aussehen? Wovon geht es aus und wohin soll es gehen?«]«[21] oder »What am I really writing here? What is the real story?«[22] Mit dem ›Rewriting‹ beginnt dann die eigentliche Arbeit am Text, was zum Beispiel bedeuten kann, das erschriebene Material umzustrukturieren. Meistens geht es aber darum, die Erzählperspektive zu verfeinern und sich den Blick auf seine Figuren und die Handlung bewusst zu machen.

Die im Anschluss genauer beschriebenen Perspektivwechsel im Mentorat – die Rede im Namen des Textes, des/der Autorïn und der Figuren – gehören zu diesen Umschreibeprozessen. Die erstgenannte Blickrichtung setzt am konkretesten voraus, dass bereits erschriebenes Material vorliegt. Nur wenn es bereits Text gibt, kann dessen Perspektive eingenommen und daraufhin herausgelesen werden, welche Regeln er mitbringt. In einem Gespräch aus Norwich fordert der Mentor seinen Studenten auf, etwas mehr von den Teilen einer Geschichte zu erzählen, die er noch nicht zu Papier gebracht hat und kommentiert im gleichen Satz »It is a danger talking about writing«.[23] Denn er befürchtet, dass Gespräche über eine erst in Gedanken vorhandene Geschichte auch dabei stören können, diese in Worte zu fassen. Sie könnten den Zugang zu einer noch vagen Vorstellung oder zu unbewußten

Bildern verstellen, die sich erst schreibend erschließen würden. Nur über Geschriebenes reden zu wollen, kann also auch aus der Überzeugung heraus geschehen, andernfalls den noch ungeschriebenen Text aufs Spiel zu setzen.

Wenn auch unter anderen Vorzeichen, äußert einer der Mentoren aus Biel in einem Interview, das wir mit ihm geführt haben, eine ähnliche Sorge. Hier geht es um *seine* Vision der fertigen Texte seiner Studierenden und nicht, wie in dem ersten Beispiel aus Norwich, um die Vision des Studenten selbst. Während es sich bei der Vision des Studenten auch um eine Ausgangsidee handeln kann, es also nicht zwangsläufig bereits ausformulierte Passagen geben muss, entwickelt der Mentor aus Biel seine Vorstellung des fertigen Textes aufgrund seiner Lektüreerfahrung. Er behauptet von sich, recht schnell zu erkennen, »was der Text noch braucht«,[24] hadert aber mit sich, dem jeweiligen Verfasser seine Ideen mitzuteilen. Seine Vision des Textes, fürchtet er, könne verhindern, dass der Student eigene Visionen entwickelt.

Trotz dieser Bedenken drehen sich die Mentoratsgespräche überwiegend um das Potenzial der Texte, also um ihre noch nicht ausformulierten Möglichkeiten. Selten gibt es auch Momente in Mentoraten, in denen das Gespräch über einen Text geführt wird, den der/die Mentorïn noch nicht kennt. Eine Ausnahme wäre ein Mentoratsgespräch eines weiteren Duos aus Norwich, in dem ein erst skizzenhafter Text im Gespräch weiter entwickelt wird. Der Mentor bemerkt, dass sein Student mit dem Text, den er abgegeben hat, eigentlich unzufrieden ist. Auf seine Nachfrage hin erwähnt der Student ein anderes noch sehr neues Projekt, worauf der Mentor unmittelbar eingeht: »Okay. So [...] can you describe the novel to me a bit more?«[25] Ab diesem Zeitpunkt beschränkt sich das Gespräch auf diese zweite Geschichte, die vom Studenten mündlich erzählt wird: Um seine Ex-Frau zu beeindrucken, überlegt sich der arbeitslose Antiheld mit seiner Hauskatze an Katzen-Schönheitswettbewerben teilzunehmen und bestenfalls auch zu gewinnen. Narrative Elemente dieser noch nicht ausgeschriebenen, bewusst komödiantischen Erzählung werden im Dialog mit dem Mentor

20 Vgl. zu dieser Dynamik auch: Caffari / Mohs: »Perlen aufziehen oder Pilze suchen. Schreibprozesse im literarischen Mentorat von Creative Writing-Studiengängen in Paris, Norwich und Biel«, in: Caffari / Mohs / Zimmermann (Hg.), *Schreiben im Zwiegespräch*, S. 79–103.
21 SLI, Serie 3, Gespräch 1, 5.12.2014, Dozent.
22 UEA, Serie 1, Gespräch 1, 13.5.2015, Dozent.
23 UEA, Serie 2, Gespräch 1, 12.5.2015, Dozent.
24 SLI, Serie 2, Abschlussgespräch mit dem Dozenten, geführt im Juli 2015.
25 UEA, Serie 3, Gespräch 1, 13.5.2015, Dozent.

weiter gedacht. Der Rivale des Protagonisten – der neue Freund der Ex-Frau – müsse an Bedeutung gewinnen, denkt der Mentor und schlägt vor:»And what if the love rival is the bodyguard of, like the kind of super successful cat show shower.« »That would be really funny«, wirft der Student lachend ein. Und wieder der Mentor: »And that the missing cat is the one that belongs to that super successful figure. The kind of mister big [...]. That might be one way of integrating them.«[26]

Der Student überlegt und nimmt die Idee, dem Rivalen mehr Raum zu geben, später im Gespräch wieder auf: »I think you are right, that his romantic rival should have something to do, there must be a meeting that has to happen between them, because that would up the stakes.«[27] Andere Vorschläge werden hingegen klar abgelehnt. Obwohl der Text im Grunde noch nicht existiert, hat er bereits eine starke Präsenz und kann nicht beliebig geändert werden. Auch der Mentor spricht von dem Text nicht als einer Skizze oder Ideensammlung, sondern als »the novel«. Vorsicht im Umgang mit dem potentiellen Text ist hier also kein Thema, er darf diskutiert und im Gespräch weiter entwickelt werden. Trotz seiner Unzufriedenheit mit dem ersten Text scheint der Student sicher und ist bereit, von seinem anderen Stoff zu erzählen und Vorschläge anzunehmen oder abzulehnen.

Die Aufgabe des Supervisors, so ein Mentor aus Norwich, sei es »to encourage students to explore the possibilities, which can emerge«[28] und dafür brauche es »a fine tuned emotional and intellectual judgement.«[29] Aus den Beobachtungen zu unseren Aufnahmen können wir hinzufügen, dass das Gleichgewicht zwischen geschriebenem und ungeschriebenem Text, zwischen den eigenen Visionen und denen des Gegenübers auch beim Einnehmen der Textperspektive gehalten wird. An den Möglichkeiten des Textes zu arbeiten, geschieht dann nicht im Interesse der Mentorïnnen oder der Studentïnnen, oder einer wie auch immer gearteten Leserïnnenschaft oder des Betriebs, sondern »for the benefit of the story«,[30] wie es ein Mentor aus Norwich ausdrückt. Das bedeutet allerdings nicht, dass Mentoratsgespräche »conversation on techniques«[31] seien. Die Frage sei vielmehr: »What is the optimal form of this text? What can the text be? How can the novel achieve its world, its corporality?«[32] Ein Mentor aus Biel argumentiert ähnlich, um seinen Studenten davon zu überzeugen, die selbstreferentiellen Passagen aus seinem Text herauszustreichen, also Abschnitte, die auf den Schreibprozess verweisen. Er sagt: »Nicht alles, was im Text gewesen ist, dient dem Text, es ist einfach so, oder? Es ist produktiver, wenn sich der [Schreib-, Anm. d. Verf.] Prozess im Text selber wiederspiegelt und nicht auf einer Metaebene, oder?«[33]

Ein weiteres Gespräch aus Norwich verdeutlicht ebenfalls, dass sich die Funktionsweise eines Textes oft erst im Nachhinein erkennen lässt. Es dreht sich darum, wie der Student aus seinem sehr umfangreichen Manuskript eine kürzere abgeschlossene Textversion machen kann, die er als Abschlussarbeit einreicht. Dafür denkt er über den Kern der Geschichte nach, die sich über zwei Generationen spannt und unterschiedliche Plots hat. Erst kommentiert er auf einer allgemeinen Ebene, was Geschichten brauchen und fragt sich: »how stories need to have a concept, then need to have a hook, then need to be about something in order for them to work«, bevor er ausführt, was er wesentlich an seiner Geschichte findet:

> I think, I've got to use rather than play down the fact that the heart of this story is a swap and a swap of identity about children, and, at the moment, my thinking of calling it *The evacuee*, which is also the idea of the child being evacuated, but also I'm hoping to write in the sense where [the protagonist, Anm. d. Verf.] is also seen as, if we like, sort of in an evacuation, as an escaping from her life.[34]

Der Tausch, von dem der Student hier als zentrales Motiv der Geschichte spricht und den er auch auf eine Evakuierung im Zweiten Weltkrieg bezieht, die er erzählt, stand nicht zu Beginn seines Schreibprojektes. Er hat ihn rückblickend, im Verlauf des dritten von vier vorgesehenen Arbeitsgesprächen mit seinem Mentor, als Grundprinzip erkannt, das seine Geschichte motiviert.

26 Ebd.
27 Ebd.
28 UEA, Serie 2, Abschlussgespräch mit dem Dozenten, geführt am 7.7.2015.
29 Ebd.
30 Ebd.
31 Ebd.
32 Ebd.
33 SLI, Serie 1, Gespräch 2, 10.10.2014, Dozent.
34 UEA, Serie 1, Gespräch 3, 4.6.2015, Student.

Ähnliches gilt auch für das bereits zitierte Schreibprojekt des Studenten aus Biel, der mit seinen Metaebenen ringt. In dem zweiten von uns aufgezeichneten Gespräch hebt der Mentor hervor, dass der Text, seitdem er weniger Metaebenen enthält, indirekter als zuvor die emotionale Entwicklung und den Erkenntnisprozess des Studenten im Schreibprozess wiederspiegele. Er kommentiert eine umgeschriebene Passage, die sich am Sterbebett der Großmutter, der Hauptfigur, abspielt. Die Szene war zwar von Anfang an ausschlaggebend für das Schreibprojekt, wird aber im Laufe der Mentoratsgespräche immer facettenreicher. Hier stellt der Mentor fest, dass die Sterbebettszene nicht nur das Erzählgeschehen in Gang setzt, sondern in der neuen Version auch anfängt, eine Fragestellung für den ganzen Text abzubilden. Und diese Fragestellung, so der Mentor, entwickelt der Student »im Nachgang zu dem Geschehen«,[35] also nachdem die Szene bereits Teil der erzählten Handlung geworden ist.

Auch in diesem Beispiel entfaltet sich die erzählte Geschichte also erst, nachdem es bereits viel Text gibt. Andersherum bedeutet das auch, dass die Studierenden lange Zeit schreiben können, ohne überhaupt zu wissen, wovon sie schreiben. Die Thematik beziehungsweise Fragestellung des Textes muss nicht schon zu Beginn des Schreibprozesses feststehen, sie kann sich auch erst nach und nach herausstellen. Dafür muss dem Text eine eigene Dynamik zugestanden werden, auf die dann wiederum schreibend reagiert werden kann. In einer Aufnahme aus Biel – immer noch das gleiche Mentoratsduo, allerdingt bei einem früheren Treffen – analysiert der Mentor das Verhältnis einer Szene aus der Kindheit der Großmutter zum restlichen Erzählgeschehen. Er rät dem Studenten:

> Also ich würde das im Moment auf jeden Fall so lassen. Wichtiger [als die Szene umzuschreiben, Anm. d. Verf.] ist ja, dass du es auch als etwas wahrnimmst, das jetzt ein gewisses Gewicht hat, und einen gewissen Raum einnimmt und dass du dann einfach irgendwann überprüfst, was es eigentlich noch hergibt.[36]

Er plädiert dafür, den Text möglichst lange als ein vorläufiges Gefüge zu verstehen und zu beobachten, wie es sich (auch ohne jemandes Zutun) verschiebt und verändert. Die Rede des Mentors im Namen des Textes zielt in den genannten Beispielen darauf ab, dem Text zuzugestehen, dass er für sich stehen kann. Dass der Student miterzählt, wie er »zu seinem Stoff«[37] kommt, empfindet der Mentor als Störfaktor. Zwar versteht er, dass man sich wohler fühlt, wenn man auch die Entstehungsgeschichte des Textes offenlegt, bemerkt aber gleichzeitig, »dass es dem Text etwas nimmt«.[38] Als »reine Behauptung«,[39] fasst er zusammen, würde das, was den Autor beschäftigt, nicht tragen und ergänzt: »Du musst natürlich innerlich zu dieser Haltung kommen, das ist völlig klar.«[40]

Auch wenn die Frage danach, worüber man schreibt und woher man es nimmt, nicht stets so explizit behandelt wird wie in dem Schreibprojekt dieses Bieler Studenten, scheint es immer wieder einen Punkt zu geben, an dem der Text selbst diese Frage beantwortet. Unterschieden werden Momente, in denen sich Material erschrieben wird und Momente, in denen das erschriebene Material beginnt, zu wirken, aufzugehen und sich zu öffnen. Letzteres sind Momente, in denen der/die Schreibende zurücktritt, den Text abgibt und zulässt, dass er sich mit Ideen und Auslegungen eines externen Lesenden anreichert. Ein Mentor aus Norwich kommentiert seine Aufgabe dabei wie folgt: »I'm just trying to work out, what material you've got. What can be used and how we can structure it to make it work.«[41] Das Zusammenspiel der Pronomen verdeutlicht hier sehr schön, wie dieser Moment im Mentorat aussehen kann: Der Mentor – »I« – versucht herauszufinden, was das Material des Studenten – »you« – hergibt, wie beide gemeinsam – »we« – es im Dialog umstrukturieren können, damit der Text – »it« – anfangen kann zu arbeiten. Auch wenn die Schreibarbeit des Studenten längst nicht beendet ist, wird dem erschriebenen Material hier eine Eigendynamik zugesprochen, indem aus der Perspektive des Textes nachvollzogen wird, was er in seinem momentanen Zustand hergibt und was sich daraus entwickeln kann.

35 SLI, Serie 1, Gespräch 2, 10.10.2014, Dozent.
36 SLI, Serie 1, Gespräch 1, 30.9.2014, Dozent.
37 Ebd.
38 Ebd.
39 Ebd.
40 Ebd.
41 UEA, Serie 1, Gespräch 2, 21.5.2015, Dozent.

Die Rede im Namen des Textes geht mit einer Distanznahme einher, sie dreht sich um das Verhältnis des *be*stehenden Textes zu dem möglicherweise *ent*stehenden Text. Der Schreibprozess wird aus dieser Perspektive passiv fortgesetzt, Autorïn und Mentorïn betrachten das Material und versuchen zu eruieren, was es für Eigenheiten aufweist und wie diese das Weiterschreiben bedingen. Die Rede aus der Perspektive des/der Autorïn hängt dagegen mit gezielten Entscheidungen oder Maßnahmen zusammen. Sie wird häufig ergriffen, wenn es darum geht, die Geschichte aktiv voranzubringen.

Ein Mentoratsduo aus Biel befindet sich an einem ähnlichen Punkt wie das zuletzt zitierte Duo aus Norwich. Es gibt bereits erschriebenes Material und nun geht es darum, eine Handlung in Gang zu setzen. Am Ende des zweiten von uns aufgenommenen Gesprächs fasst der Mentor zusammen: »Tu as toutes les choses, et puis après, comment faire une histoire avec ça [»Du hast alles zusammen und jetzt ist die Frage, wie du eine Geschichte daraus machst«].«[42] Anders als bei dem Norwicher Beispiel, scheint es in diesem Fall nichts Konkretes zu geben, was weiterverarbeitet werden kann. Der Mentor findet die einzelnen Passagen »riches«[43] und »foisonnants«[44] [»reichhaltig, üppig«] – und lobt auch den Stil – »tu as ton style à toi [»du hast deinen eigenen Stil«]«.[45] Das Problem ist also nicht, dass der Text insgesamt unbrauchbar, schlecht geschrieben oder langweilig wäre. Der Mentor kritisiert vielmehr, dass nichts heraussticht. Zu Beginn des gleichen Gesprächs bringt er seinen Gesamteindruck wie folgt auf den Punkt: »Il y a beaucoup de choses, [...] mais il n'y a rien qui ressort [»Es gibt sehr viele Dinge, aber nichts hebt sich ab«]«.[46]

Das bis zu diesem Zeitpunkt erschriebene Material dreht sich um eine Gruppe von Freunden, alle Schauspieler und / oder Transvestiten, und ihr Zusammenleben in einer Art Cabaret-Bar. Im Verlauf des Arbeitsgesprächs begründet der Mentor seinen kritischen Leseeindruck. Er versetzt sich in die Lage des Studenten und versucht Ideen zu entwickeln, wie er weiterarbeiten könnte. Dafür nimmt er Fragen auf, die sich der Student selbst stellt, zum Beispiel die Menge der Figuren betreffend:

> L'histoire avec les personnages – tu poses aussi cette question, c'est vrai qu'il y en a beaucoup. Bon, il y en a certains qui ressortent, mais peut-être, faire plus de hiérarchie ou trouver un qui est plus important ou alors des scènes avec certains comme celle qui est plus centrée sur Azzura, chez le médecin [Die Sache mit den Figuren, Du hast die Frage selbst gestellt, es gibt tatsächlich sehr viele... Manche heben sich schon mehr ab, aber vielleicht könntest Du stärker hierarchisieren oder eine Figur finden, die wichtiger ist oder Szenen mit bestimmten Figuren, wie die beim Arzt, die stärker auf Azzura fokussiert ist].[47]

Abgesehen davon, dass manche Figuren oder Szenen stärker fokussiert werden könnten, besteht das Grundproblem des Textes für die beiden Gesprächspartner darin, dass die einzelnen Passagen zu wenig zusammenhängen und sich kein wirklicher Handlungsverlauf abzeichnet. Der Student spricht dieses Problem in der Mitte des Gesprächs explizit aus – »Le problème c'est ça, c'est que j'ai bossé par petits bouts et que après en fait j'essaie de les recoudre les uns avec les autres et c'est difficile [»Das Problem ist eigentlich, dass ich stückchenweise gearbeitet habe und die Stückchen später zusammenzuflicken ist schwierig.«].«[48] – und auch der Mentor kommt immer wieder darauf zurück. Für ihn ist nicht nur der Übergang zwischen den einzelnen »petits bouts« unklar, auch auf der Ebene des Erzählgeschenes fehlen ihm die Bezüge, etwa zwischen den Figuren und dem Ort, an dem sie sich aufhalten.

Entscheidend ist auch die Frage, wie die Geschichte anfangen soll und worauf sie hinauslaufen könnte. In dem ersten von uns aufgezeichneten Gespräch kritisiert der Mentor, dass im Grunde jeder der bisher geschriebenen Textbausteine der Anfang des Textes sein könnte. Und auch in einem zweieinhalb Monate später geführten Gespräch beklagt sich der Student wiederum: »J'ai vraiment l'impression aussi que le début s'éternise [»Ich habe auch wirklich das Gefühl, dass sich der Anfang ewig hinzieht.«].«[49]

42 SLI, Serie 3, Gespräch 2, 20.2.2015.
43 SLI, Serie 3, Gespräch 1, 5.12.2014.
44 SLI, Serie 3, Gespräch 2, 20.2.2015.
45 SLI, Serie 3, Gespräch 1, 5.12.2014.
46 SLI, Serie 3, Gespräch 2, 20.2.2015.
47 Ebd.
48 Ebd.
49 Ebd.

Auf diese Aussage hin solidarisiert sich der Mentor mit dem Studenten über ein unpersönliches ›wir‹, im Sinne von ›wir Schriftsteller‹, und spricht davon, dass es ganz normal sei, auch eine Art Selbstschutz, sich zunächst mit nebensächlichen Dingen aufzuhalten und dann »tout à coup de se jeter à l'eau [»plötzlich ins kalte Wasser zu springen«]«.[50] Worauf sich der Sprung ins kalte Wasser hier genau bezieht, ist zweideutig: Einserseits meint der Mentor den Schreibprozess, also einen Moment, in dem man sich an die Passagen des Textes traut, die man bis dahin umgangen hat. Der Sprung ins kalte Wasser verweist hier aber auch auf die ›histoire‹, da auch auf der Ebene der Handlung eine Situation bevorsteht, in der ein Handlungsumschwung die Figuren in einer veränderte Lage mit ungewissem Ausgang bringen könnte. Dazu sagt der Mentor kurz darauf im Gespräch: »Là on est justement à ce moment de bascule, [...] avec ces personnages, enfin voilà, qu'est-ce qu'ils vont vivre ensemble [»Jetzt sind wir genau an diesem Kippmoment [...] mit diesen Figuren, also genau, was werden sie gemeinsam erleben.«].«[51]

Auch den Mentorïnnen aus Norwich ist eine unerwartete Richtung des Erzählverlaufs wichtig. In einem Gespräch eines weiteren Duos versucht der Mentor seinen Studenten etwa davon zu überzeugen, dass sich die junge und orientierungslose Protagonistin noch stärker entwickeln solle. Sie lebt in einer großen Stadt und hat ihr Studium abgebrochen. Andere Passagen drehen sich um ihre Kindheit mit den Eltern auf dem Land, aber beide Erzählstränge bleiben sehr offen. Das eigentliche Problem der Geschichte ist noch nicht erkennbar. Entscheidend sei nun ein Wechsel, eine veränderte Situation, die nicht »huge and climatic«[52] sein müsse, im Sinne von »now everything has changed«.[53] Aber, das führt der Mentor weiter aus: »there does need to be that kind of sense of a turning point.«[54] Und auch im Verlauf des Gesprächs beharrt er noch einmal: »But it does, there does need to be a turning point or something as I said, something will have to change.«[55] Ähnlich lautet auch die Kritik des Mentors eines anderen Norwicher Duos in Bezug auf die Hauptfiguren seines Studenten. Er schlägt vor, sie mit einigen Hindernissen zu konfrontieren, »some obstacles that they may or may not overcome or problems that they may or may not solve.«[56] Der Vorschlag, den Figuren Steine in den Weg zu legen, kommt hier – genau wie bei dem Mentor aus Biel, der seinem Studenten einen Sprung ins kalte Wasser empfiehlt – im Zuge eines Hinweises, dass dem Text noch der Zusammenhang fehle: »So I think, you need to come to think hard about that, to try and get some sort of cohesion.«[57] Paradoxerweise geben also gerade die Hürden, die Einschnitte im Erzählgeschehen den Geschichten ihren Zusammenhalt.

Die bereits zitierte Überlegung des Studierenden aus Norwich, dass Geschichten einen Haken brauchen[58] spiegelt sich hier deutlich wider. In den angeführten Beispielen lässt sich dieser Haken einerseits als eine Kurve verstehen, wenn von »turning points« die Rede ist. Den Haken sollen dann jeweils die Figuren schlagen, um der Geschichte eine Wendung zu geben. Andererseits wird der Haken an der Geschichte aber auch zu einer Art Aufhänger wie in dem Beispiel aus Biel, wo der Student im Grunde alles beisammen hat – einzelne Szenen, die Figurenkonstellation, den Ort des Geschehens und seinen eigenen Stil –, aber etwas (Ungewöhnliches, Auffallendes) passieren muss, damit die Ereignisse ihren Lauf nehmen können.

Figuren sollen auch anders können

Der in den Mentoraten zu beobachtende Perspektivwechsel in Richtung der Figuren hängt eng mit der im vorigen Abschnitt beschriebenen Rede der Mentorïnnen im Namen der Autorïnnen zusammen. Wie bereits ausgeführt, wird die Autorïnnenperspektive oft eingenommen, um für eine grundlegende Änderung des Erzählverlaufs zu plädieren und den Studierenden aufzufordern, stärker über Wendungen seiner Geschichte nachzudenken. Die Handlung zu verändern, bedeutet wiederum die Figuren auszuarbeiten, denn die Handlung – so das von einem Mentor aus Norwich formulierte Ideal – ergibt sich aus den Verhaltens-, Reflektions- und Wahrnehmungsweisen der Figuren: »You know, the character in a way needs to drive the plot, [it's] not the plot driving the characters.«[59]

50 Ebd.
51 Ebd.
52 UEA, Serie 2, Gespräch 3, 9.6.2015, Dozent.
53 Ebd.
54 Ebd.
55 Ebd.
56 UEA, Serie 3, Gespräch 1, 13.5.2015, Dozent.
57 Ebd.
58 Siehe Fußnote 34.
59 UEA, Serie 1, Gespräch 3, 4.6.2015, Dozent.

Ein Kollege von ihm bringt diese Idee auf eine noch direktere Formel: »Characters is plot.«[60] Gut ausgeführt wird dieser arbeitspraktische Hinweis auch zu einem Qualitätsmerkmal des Ergebnisses: »then it becomes that great and really satisfying character-driven novel«.[61]

Ein weiterer Punkt, für den immer wieder aus der Autorïnnenperspektive argumentiert wird, ist die Fokalisierung, also die Frage, von welchem Standpunkt aus die Erzählinstanz spricht, ob sie Teil des Geschehens ist oder nicht. Wir haben diesen Punkt im vorangegangenen Kapitel nicht weiter ausgeführt, weil er meistens mit einer Art Schuss-Gegenschuss-Gesprächssituation einhergeht. Zuerst weisen die Mentorenïnnen ihre Studierenden auf eine unentschlossene Erzählhaltung hin oder sprechen Passagen an, in denen die Perspektivführung unklar ist. Daraufhin nehmen sie die Rolle der Figur ein und sprechen aus, was der/die Autorïn in bestimmten Szenen oder auch allgemein an ihr übersieht.

Exemplarisch dafür ist eine Diskussion aus den Bieler Aufzeichnungen über die Schlussszene eines Textes. Es ist das vierte und letzte von uns aufgenommene Gespräch des eingangs zitierten Duos. Der Text muss noch zusammengesetzt und sprachlich überarbeitet werden, vier Wochen später ist die Abgabefrist. Nicht zum ersten Mal hält der Mentor seinem Studenten vor, dass er Gefahr laufe, eine Karikatur aus seinem Protagonisten zu machen – ein schwerreicher Geschäftsmann, für den ein Verwandter des Studenten als Vorlage dient. Den Grund für das Karikaturhafte sieht der Mentor in dem Bedürfnis des Erzählers, ironisch wirken und seine Figur ins Lächerliche ziehen zu wollen. Der Student verteidigt sich zunächst damit, dass er einfach »gerne auch Lacher provoziere«,[62] räumt dann aber ein: »Vielleicht sollte ich hier [in der Schlussszene, Anm. d. Verf] auch einfach dieses Ironische sein lassen, wäre ja auch interessant.«[63] Diesen Vorschlag entlarvt der Mentor aber unmittelbar als »ein Keuschheitsgelöbnis«[64] und legt dem lachenden Studenten daraufhin noch einmal ausführlich »das persönliche Kernproblem von dir als Autor zu diesem Stoff«[65] nahe, bevor er wieder zu der Schlusszene kommt und nach einer Lösung für das Problem im Text sucht.

Für diese konstruktive Kritik situiert der Mentor sich und seinen Studenten zunächst in der Handlung und fasst zusammen, dass der Protagonist in der entsprechenden Szene am Kamin sitzt und damit beschäftigt ist, ein fragwürdiges psychologisches Gutachten zu lesen, mit dem er seine Mutter enterben kann. Daraufhin zählt der Mentor auf, was in der aktuellen Fassung des Textes von dieser Situation ablenkt und nimmt die Perspektive der Figur ein:

> Also im Vordergrund muss dieses Sitzen am Kamin die deutliche Kontur haben, vielleicht dieses eine Telefonat. Und dann: Zurücklehnen, am Whiskey schnuppern, ein Schluck nehmen, aus dem Fenster gucken, ins Feuer gucken, seine eigenen Pantoffeln angucken, [...] und dann über das sinnieren, was jetzt passiert ist.[66]

Indem sich der Mentor auf die Seite der Figur begibt, versucht er seinem Studenten vor Augen zu führen, dass es interessanter wäre, sich stärker mit der Figur zu verbinden, länger bei ihr zu verweilen und ihren Blick- und Gedankenverlauf nachzuvollziehen. Davon erhofft er sich einen offeneren, ambivalenteren Erzähler. Einen Erzähler, der sich nicht von Anfang an über seine Figur stellt, sondern sich auf eine Auseinandersetzung einlässt. Sich auf eine Ebene mit der Figur zu begeben, kann wiederum dabei helfen herauszufinden, wie ernst man die Figur nimmt. Deshalb fordert der Mentor von dem Erzähler eine »ehrliche Haltung gegenüber jedem Moment von Alfons [Name geändert], von Verdammung bis zu Bewunderung, bis zu Beneiden, alles, was da möglich ist, bis zu Ekel und so weiter.«[67] Zusammenfassend könnte man sagen, der Student übergeht das »Sicheinleben«[68] in die Figur. Dafür müsse der Schreibende »erleben, erblicken, erkennen, was er [die Figur beziehungsweise der Held, Anm. d. Verf.] erlebt hat, an seine Stelle treten, mit ihm zur Deckung kommen«.[69] Mit dem Sicheinleben erschließt sich der Autor den konkreten Lebenshorizont seiner Figur und erkennt gleichzeitig, welche Teile dieses Horizontes ihm unzugänglich bleiben.

60 UEA, Serie 2, Gespräch 3, 9.6.2015, Dozent.
61 Ebd.
62 SLI, Serie 2, Gespräch 4, 23.4.2015, Student.
63 Ebd.
64 Ebd., Dozent.
65 Ebd.
66 Ebd.
67 Ebd.
68 Für Michael Bachtin ist das Sicheinleben »das erste Moment der ästhetischen Tätigkeit« (Michail Bachtin, *Autor und Held in der ästhetischen Tätigkeit*, Frankfurt am Main: Suhrkamp, 2008, S. 79).
69 Ebd.

In dem Mentoratsduo aus Biel, das wir bereits wegen seiner Meta-Problematik zitiert haben, gibt es eine ähnliche Schwierigkeit mit dem Verhältnis des Erzählers gegenüber seiner Neben- beziehungsweise Behelfsfigur. Bei der Figur handelt es sich um eine Mentorenfigur, die an den realen Mentor des Studenten angelehnt ist und nur vorübergehend in der Geschichte auftaucht. In dem von uns aufgezeichneten Gespräch, das diese Mentorfigur thematisiert, hat der Student sie bereits wieder aus dem Text gestrichen. Er und sein realer Mentor reflektieren die Wirkung und das Verhältnis des Erzählers zu dieser Figur abschließend. Es geht nicht darum, die Figur auszuarbeiten, sondern aus dem Umgang mit ihr zu lernen. Zu Beginn der betreffenden Passage sagt der Student, dass ihm beim Lesen seines Textes aufgefallen sei, dass man »gar nicht nicht an die [Figur] herangekommen ist«, weil sie bloß eine »Karikatur« gewesen sei: »Eigentlich habe ich mir keine Mühe gegeben, da eine Figur zu schaffen.«[70] Der Mentor erinnert daran, dass die entsprechenden Passagen bei Lesungen gut angekommen waren. Man kann sich gut vorstellen, dass auch dieser Student mit seinem Blick auf die Figur »Lacher« provoziert hat. Die Perspektive der Figur einzunehmen, ist in diesem Fall recht paradox, weil der Mentor sich ja quasi in sich selbst als einen Anderen einleben müsste, also für die Figur aus der Wahrnehmung des Erzählers sprechen müsste. Er löst diesen Konflikt, indem er eine unpersönliche Außenperspektive einnimmt und festhält: Die Figurenbeschreibung hätte dazu geführt, dass »man sich sagt, ›der ist doch nicht ganz gebacken‹«.[71] Ähnlich wie in dem vorigen Beispiel entsteht also auch hier der Eindruck, dass der Erzähler seine Figur nicht ernst nimmt. Zwar spricht der Mentor nicht davon, dass der Erzähler mit dem Finger auf seine Figur zeigt, aber er benutzt ein vergleichbares Bild, wenn er sagt, dass da jemand »gedeckelt wird«.[72] Die Metapher des Deckels bestätigt wiederum die Einsicht des Studenten, man sei nicht an die Figur herangekommen.

In den genannten Beispielen sprechen die Mentoren aus der Perspektive der Figuren, um sie aus ihrer beschränkten Weltsicht und ihrem Dasein als Karikatur zu befreien. Die Rede im Namen einer Figur muss aber nicht immer mit einer solch grundsätzlichen Kritik einhergehen. Sie kann auch Teil der Empfehlung sein, im Erzählgeschehen innezuhalten, um den Lesenden eine Situation deutlicher zu machen, wie in einem Beispiel aus Norwich, das wir abschließend noch erwähnen möchten. Der Mentor schlägt hier vor: »You could have just little breaks« und schwenkt daraufhin auf die Figur – der Mann, der gerade von seiner Frau verlassen wurde und in Erwägung zieht, an Katzen-Schönheitswettbewerben teilzunehmen, um sie zurückzugewinnen: »I sat down on the couch and wondered what to do. Maybe I needed to go to the gym, [...] maybe I needed to get a really good job, so I had some cash, maybe that would bring her back, but in the bottom of my heart, I knew that, none of this things were really going to work with... what's her name?«[73] Ohne die Figur wirklich zu kennen – der Mentor muss sich nach einem Namen erkundigen – taucht er hier in eine Situation ein und eröffnet ihr einen konkreten Handlungsspielraum. In Gedanken geht er verschiedene Möglichkeiten mit ihr durch, wie sie aus ihrer mißlichen Lage wieder herauskommen könnte. Dabei zählt er nicht nur Alternativen auf, die für die Figur selbst in Frage kommen, sondern macht dem Studenten auch vor, dass es unterschiedliche Optionen gibt, wie die Figur sich verhalten kann. Wie auch in den anderen Beispielen führt der Mentor hier die Rede im Namen der Figur, um dem Studenten zu vermitteln, dass die Figuren auch immer anders können sollten, als er – respektive der Erzähler – denkt.

Fazit

Wie die Beispiele gezeigt haben, bleibt das Gespräch in der Mentoratsszene nah an den Akteuren und Artefakten, die in sie involviert sind – Mentorïn, Studentïn, Text und Figur. Mithilfe eines Perspektivwechsels zwischen diesen Akteuren arbeiten Mentorïn und Studentïn das Potenzial des bereits erschriebenen Materials heraus. Wenn dabei Urteile formuliert werden, beziehen sie sich auf das Zusammenspiel der Komponenten des erschriebenen Materials. In der Aufzeichnung aus Biel, in der der Mentor seinem Studenten vermittelt, dass die expliziten Meta-Passagen ein Störfaktor seien und sich der Schreibprozess besser indirekt über den Text vermitteln solle, argumentiert der Mentor etwa über das Zusammenspiel

70 SLI, Serie 1, Gespräch 2, 10.10.14, Student.
71 Ebd.
72 Ebd.
73 UEA, Serie 3, Gespräch 2, 2.6.2015, Dozent.

von Meta-Ebene und direkt erzählter ›histoire‹. Ein weiteres Beispiel für dieses Zusammenspiel wäre das Qualitätsmerkmal einer ›character-driven-Novel‹ aus Norwich, das sich aus dem Verhältnis von Figurenentwicklung und Handlungsverlauf ergibt. Häufig nehmen die Mentorïnnen auch die von den Studierenden formulierten Probleme auf, anstatt eigene Vorstellungen von literarischer Qualität an sie heranzutragen. Nichtsdestotrotz können natürlich auch indirekte Wertvorstellungen aus dem ästhetischen Diskurs über die Gesprächspartner in die Mentoratsszene diffundieren. Auch wenn sich in unserem Material keine Beispiele dafür finden lassen, sollte man, wie Stephan Porombka, von einem strukturellen Zusammenhang zwischen Literaturbetrieb und Produktionsprozess ausgehen und davon absehen, den Literaturbetrieb »als das unkreative Verdinglichungsprinzip aus der Literatur herauszurechnen«.[74] In den Mentoratsgesprächen ist der mit dem Dialog eingeübte Perspektivwechsel – anders als man es womöglich von Lektoratsgesprächen erwartet – jedoch noch stark an dem ausgerichtet, was während des Schreibens geschieht. Dabei wird weniger in den Kategorien eines fertigen Textes gedacht, als eine Vielzahl von möglichen Varianten des entstehenden Textes aufgefächert.

Nach unseren bisherigen Einschätzungen wird der durch die Mentoratsgespräche verinnerlichte Blick von außen von vielen ehemaligen Schreibschulabgängerïnnen positiv beurteilt. Sie suchen nach dem Studium mentoratsähnliche Arbeitssituationen mit anderen Vertreterïnnen ihres Praxiskollektivs. In einer Gegenüberstellung seiner Mentoratserfahrungen mit dem ersten Lektorat, das er nach dem Studium kennengelernt hat, betont beispielsweise Thomas Flahaut, ein Ehemaliger des Schweizerischen Literaturinstituts, dass er weiterhin das Gespräch mit einem konkreten Gegenüber während des Schreibens suche und schätze. Durch den Austausch mit einem anderen über seinen Text könne er seine eigene Position klarer erkennen, seine »geste esthétique«[75] radikaler umsetzen. Eine Abgängerin des Deutschen Literaturinstituts in Leipzig, Judith Keller, die wir zu ihren Dialogpraktiken befragt haben, betont ebenfalls, dass es eine »starke Präsenz des Gesprächs um das Schreiben gibt«[76] und dass sie den regelmäßigen Austausch mit ihrem Praxiskollektiv brauche, mehr noch, dass dieser ein Generationsmerkmal sei: »Es ist unsere Generation. Die Generation Feedback. Man ist verunsichert, wenn jemand nichts zum Text sagt. Ich kann dann nur denken, dass die Leute es nicht gut fanden. Dieses Rückmeldeding ist sehr stark.«[77] Auch wenn in diesem Kommentar die Gefahr eines Abhängigkeitsverhältnisses angedeutet wird, integriert auch diese Ehemalige das Gespräch mit ihrem Praxiskollektiv selbstverständlich in ihre Schreibprozesse. Die Positionen von Thomas Flahaut und Judith Keller entsprechen der Haltung des überwiegenden Teils der Mentorïnnen, die an unserer Erhebung teilgenommen haben. Obwohl sie selbst noch zur Lone-Wolf-Generation der Autodidakten gehören und ihre Texte häufig erst zeigen, wenn sie schon weit fortgeschritten sind, heben sie vor allem die Vorzüge dialogischer Schreibprozesse im Mentorat hervor.[78]

Vor dem Hintergrund der von uns ausgewerteten Arbeitsgespräche stellt sich die Rückkopplung des Schreibprozesses an die Lektüreeindrücke eines anderen Autors, einer anderen Autorin als eine zeitgenössische literarische Praxis dar. Als Möglichkeit, »einen dialogischen Publikationsmodus durchzuspielen«,[70] befördert das Schreibdispositiv ›Mentorat‹ einen von Lionel Ruffel aktuell beobachteten Paradigmenwechsel, mit dem ein monologisch geprägter Literaturbegriff durch eine dialogische, kollektive Kultur des Schreibens ersetzt wird.

74 Stephan Porombka, zitiert nach: Anja Johannsen, »›To pimp our minds sachwärts‹ – Ein Plädoyer für eine praxeologische Gegenwartsliteraturwissenschaft«, in: Hugo Dittberner (Hg.), *Text + Kritik. Sonderband: Zukunft der Literatur*, München: edition text + kritik, 2013, S. 179–186, hier S. 182.

75 Thomas Flahaut, »Écrire au temps présent. Les réecritures d'Ostwald, de l'Institut littéraire suisse aux Éditions de l'Olivier«, in: *A Contrario 27* (2018), S. 55–67, hier S. 63.

76 Zitat aus einem Gespräch im Januar 2018.

77 Zitat aus einem Gespräch im Januar 2018.

78 Vgl. hierzu Johanne Mohs / Marie Caffari, »Perlen aufziehen oder Pilze suchen«, oder Claire Genoux, »Érire librement. Accompagnement et exigence – un aller-retour de l'autre à soi?« in: *A Contrario 27* (2018), S. 45–55.

79 Lionel Ruffel, »Publizieren im Zwiegespräch. Über die Studiengänge im ›kreativen Schreiben‹«, in: Caffari / Mohs / Zimmermann (Hg.), *Schreiben im Zwiegespräch*, S. 223–237, hier S. 224.

Literaturverzeichnis

Bachtin, Michail: *Autor und Held in der ästhetischen Tätigkeit*, Frankfurt am Main: Suhrkamp, 2008.

Bereiter, Carl: »Entwicklung im Schreiben, Schreiben als kognitiver Prozess«, in: Zanetti (Hg.), *Schreiben als Kulturtechnik*, S. 397–412.

Campe, Rüdiger: »Die Schreibszene, Schreiben«, in: Zanetti (Hg.), *Schreiben als Kulturtechnik*, S. 269–283.

Caffari, Marie / Mohs, Johanne: »La scène de mentorat – (Se) raconter la création littéraire en plein travail«, in: *Nouvelle Revue Synergies Canada* 10 (2017), https://journal.lib.uoguelph.ca/index.php/nrsc/article/view/3708/3936 (geprüft am 19.10.2018)

Caffari, Marie / Mohs, Johanne: »Le tiers (in)visible – Mentorat littéraire entre processus d'écriture et publication«, in: *Bibliodiversity. Journal of Publishing in Globalization 1* (2018).

Caffari, Marie / Mohs, Johanne / Zimmermann, Katrin (Hg.): *Schreiben im Zwiegespräch – Writing as Dialogue. Praktiken des Mentorats und des Lektorats in zeitgenössischer Literatur – Practices of the Editor and the Mentor in Contemporary Literature*, Bielefeld: transcript, 2019.

Caffari, Marie / Mohs, Johanne: »Perlen aufziehen oder Pilze suchen. Schreibprozesse im literarischen Mentorat von Creative-Writing-Studiengängen in Paris, Norwich und Biel«, in: Caffari / Mohs / Zimmermann (Hg.), *Schreiben im Zwiegespräch – Writing as Dialogue*, S. 79–103.

Dürr, Claudia / Zembylas, Tasos: *Wissen, Können und literarisches Schreiben. Eine Epistemologie der künstlerischen Praxis*, Wien: Passagen, 2009.

Dürr, Claudia: »Wittgensteins Wink & Haslingers Hund. Unsagbares im Sprechen über Literatur, während sie entsteht«, in: Caffari / Mohs / Zimmermann (Hg.), *Schreiben im Zwiegespräch – Writing as Dialogue*, S. 65–79.

Flahaut, Thomas: »Écrire au temps présent. Les réécritures d'Ostwald, de l'Institut littéraire suisse aux Éditions de l'Olivier«, in: *A Contrario 27* (2018), S. 55–67.

Foden, Giles: »Well done overall: The discipliary framework of modes and metaphers in creative writing feedback«. In: Caffari / Mohs / Zimmermann (Hg.), *Schreiben im Zwiegespräch – Writing as Dialogue*, S. 103–117.

Genoux, Claire: »Érire librement. Accompagnement et exigence – un aller-retour de l'autre à soi?«, in: *A Contrario 27* (2018), S. 45–55.

Giuriato, Davide / Stingelin, Martin / Zanetti, Sandro (Hg.): »Schreiben heißt: sich selber lesen«. Schreibszenen als Selbstlektüren, München: Fink, 2008.

Giuriato, Davide / Stingelin, Martin / Zanetti, Sandro (Hg.): »Schreibkugel ist ein Ding gleich mir: von Eisen«. *Schreibszenen im Zeitalter der Typoskripte*, München: Fink, 2005.

Johannsen, Anja: »›To pimp our minds sachwärts‹ Ein Plädoyer für eine praxeologische Gegenwartsliteraturwissenschaft«, in: Hugo Dittberner (Hg.), *Text + Kritik. Sonderband: Zukunft der Literatur*, München: edition text + kritik, 2013, S. 179–186.

McNeil, Jean: »Disclosure and the ethics of dialogue in Prose Fiction Workshop. Some reflections from the University of East Anglia«, In: Caffari / Mohs / Zimmermann (Hg.): *Schreiben im Zwiegespräch – Writing as dialogue*, S. 51–65.

Ruffel, Lionel: »Publizieren im Zwiegespräch. Über die Studiengänge im ›kreativen Schreiben‹«, in: Caffari / Mohs / Zimmermann (Hg.), *Schreiben im Zwiegespräch – Writing as dialogue*, S. 223–237.

Stierle, Karlheinz: »Gespräch und Diskurs – Ein Versuch im Blick auf Montaigne, Descartes und Pascal«, in: Karlheinz Stierle / Rainer Warning (Hg.), *Das Gespräch*, München: Fink, 1984, S. 297–335.

Stingelin, Martin (Hg.). »Mir ekelt vor diesem tintenklecksenden Säkulum«. *Schreibszenen im Zeitalter der Manuskripte*, München: Fink, 2004.

Zanetti, Sandro (Hg.): Schreiben als Kulturtechnik. Grundlagentexte, Berlin: Suhrkamp, 2012.

Zitierte Gespräche

Schweizerisches Literaturinstitut (SLI), Serie 1, Gespräch 1, 30.9.2014.

Schweizerisches Literaturinstitut (SLI), Serie 1, Gespräch 2, 10.10.2014.

Schweizerisches Literaturinstitut (SLI), Serie 2, Gespräch 4, 23.4.2015.

Schweizerisches Literaturinstitut (SLI), Serie 2, Abschlussgespräch mit dem Dozenten, Juli 2015.

Schweizerisches Literaturinstitut (SLI), Serie 3, Gespräch 1, 5.12.2014.

Schweizerisches Literaturinstitut (SLI), Serie 3, Gespräch 2, 20.2.2015.

Université Paris 8 (UP8), Serie 1, Gespräch 1, 11.3.2015.

Université Paris 8 (UP8), Serie 1, Gespräch 2, 21.5.2015

University of East Anglia (UEA), Serie 1, Gespräch 1, 13.5.2015.

University of East Anglia (UEA), Serie 1, Gespräch 2, 21.5.2015.

University of East Anglia (UEA), Serie 1, Gespräch 3, 4.6.2015.

University of East Anglia (UEA), Serie 2, Gespräch 1, 12.5.2015.

University of East Anglia (UEA), Serie 2, Gespräch 3, 9.6.2015.

University of East Anglia (UEA), Serie 2, Abschlussgespräch mit dem Dozenten, 7.7.2015.

University of East Anglia (UEA), Serie 3, Gespräch 1, 13.5.2015.

University of East Anglia (UEA), Serie 3, Gespräch 2, 2.6.2015.

»Erlösung für Kurt«: Was man aus literarischen Schreibratgebern lernen kann – und was nicht

Miriam Zeh

In der Alltagskommunikation wird ein guter Rat in der Regel metakommunikativ eingeleitet. Es wird um Erlaubnis gefragt, einen ›freundschaftlichen Rat‹ erteilen zu dürfen. Denn wer einen Rat gibt, verletzt die Souveränität des anderen. Indem die Ratgebende zwischen sich und dem Ratsuchenden ein Gefälle feststellt, behauptet sie einen Mangel oder ein Defizit. Wer einen Rat anhört oder befolgt, akzeptiert das Gefälle. Zur professionellen Ratgeberin qualifiziert sich besonders eine, die ihr Glück und ihren Erfolg überzeugend und beeindruckend verkörpern kann. In einer »wohltuenden Mischung aus weltabgehobener Weisheit und weltzugewandter Klugheit«[1] lautet die freundliche Botschaft der guten Ratgeberin: ›Ich habe es geschafft, also kannst Du es auch!‹ Weniger Erkenntnis als Motivation steht im Fokus. Und das kommunikative Fundament des Rates ist oft die Berufung auf Handlungen und Regeln, die sich in der Vergangenheit bewährt haben.

Ratgeben findet größtenteils in Gesprächen statt – auch an Literaturinstituten. In Seminargruppen werden Texte von Studierenden gemeinsam diskutiert, zu individuellen Beratungsgesprächen kommt es im Rahmen des sogenannten Mentorats.[2] Die Ratgebende qualifiziert dabei zumeist die eigene erfolgreiche

1 Rudolf Helmstetter, »Wenn ich Ihnen einen guten Rat geben darf. Experten für erfolgreiches Leben im falschen«, in: *Merkur*, 66, 9 (2012), S. 957–970, hier S. 966.

2 Vgl. zum Mentoratsgespräch den Artikel von Johanne Mohs und Marie Caffari in diesem Band.

Karriere als Schriftstellerin, wobei sich Erfolg im Allgemeinen an Veröffentlichungen und Preisen misst.

Doch sind diese dialogischen Formen des Schreibratgebens den Angehörigen eines jeweiligen Literaturinstituts vorbehalten. Einer interessierten Öffentlichkeit ist der Expertïnnenrat von Literaturprofessorïnnen lediglich in medial vermittelter Form zugänglich – in gedruckten literarischen Schreibratgebern. Besonders Hanns-Josef Ortheil hat sich in dieser Gattung mit bemerkenswerter Produktivität hervorgetan. Eine eigene Ratgeberreihe gibt der Seniorprofessor und ehemalige Direktor des Instituts für Literarisches Schreiben und Literaturwissenschaft der Stiftungsuniversität Hildesheim seit 2011 heraus. Bisher erschienen sieben Bände, die jeweils eine Textgattung (zum Beispiel autobiografische Genres wie Journal und Tagebuch, Schreiben für Film und Serien) oder eine Schreibtechnik (Notieren und Skizzieren, Schreiben auf Reisen) zum Thema haben.[3]

Doch auch andere Dozierende und Absolventïnnen deutscher Literaturinstitute haben Schreibratgeber zu verantworten oder solche Veröffentlichungen, die sich explizit zum Ratgeber-Genre verhalten. So wehren sich Josef Haslinger und Hans-Ulrich Treichel in einem von ihnen herausgegebenen Sammelband im Klappentext zwar ausdrücklich gegen die Gattungszuschreibung des Ratgebers.[4] Nichtsdestotrotz haben die (ehemaligen) Literaturprofessoren des Deutschen Literaturinstituts Leipzig[5] mit ihrer Publikation unter dem einschlägigen Titel *Wie werde ich ein verdammt guter Schriftsteller?* zumindest nach der vom Börsenverein des Deutschen Buchhandels festgelegten Systematik die Gattung bedient. Während Fachbücher als »handlungs- und wissensorientiert mit primär beruflichem oder akademischem Nutzwert« festgelegt sind, werden Ratgeber als »handlungs- oder nutzenorientiert für den privaten Bereich« definiert.[6] Vertrauliche Handlungsanweisungen, die sich nicht auf öffentliche oder berufliche Sphären, sondern auf die individuelle Lebensführung beziehen, finden sich sehr wohl in Beiträgen des Leipziger Nicht-Ratgebers. »Treibe Sport«, »Hör nicht mit dem Lesen auf« oder »Geh auf Reisen« heißt es etwa im Beitrag von Michael Lentz.[7]

Damit enthält der Sammelband zumindest Anleitung und Hilfestellung für das Verfassen von Texten. Ein Element, das ich als konstitutiv für jeden Ratgeber ansehe, fehlt ihm jedoch: das Nutzwertversprechen.[8] Ratgeber leiten ihre Leserïnnen an, zeigen Lösungen auf. Vor allem aber stellen sie Besserung in Aussicht. Dabei werden die mehr oder weniger übersteigerten Nutzwertversprechen der Ratgeber in Klappentext, Vorwort oder bereits im Titel transportiert: *Das Kind in dir muss Heimat finden. Der Schlüssel zur Lösung (fast) aller Probleme, Magic Cleaning. Wie richtiges Aufräumen Ihr Leben verändert, Die Gesetze der Gewinner. Erfolg und ein erfülltes Leben* oder eben: *So schreiben sie mühelos ein tolles dickes Buch* und *Wie man einen verdammt guten Roman schreibt.*[9] Keine andere Textsorte garantiert ihren Leserïnnen explizit, nach der Lektüre verbesserte Fähigkeiten, erhöhte Motivation oder gar ein fertiges Produkt zu besitzen. Das verspricht nur der Ratgeber und damit auch der Schreibratgeber. So werden Poetikvorlesungen oder Werkstattberichte zwar oft unter der Prämisse gelesen, Hinweise für das eigene Schreiben abzuleiten, doch fehlt diesen Gattungen das mehr oder weniger vollmundige Nutzwertversprechen. »Keine Panik mehr, kein Lamento, ein Ende aller Klagen!«, garantiert dagegen Hanns-Josef Ortheil. »Nach Lektüre dieses Buches ist damit Schluss.« Das Schreiben (über sich selbst) soll dann zu einer

3 Bisher erschienen in dieser Reihe in chronologischer Reihenfolge: Hanns-Josef Ortheil, *Kreatives Schreiben. Blanko Block*, Mannheim: Duden, 2011; Stephan Porombka, *Schreiben unter Strom. Experimentieren mit Twitter, Blogs, Facebook & Co*, Mannheim: Duden, 2011; Christian Schärf, *Schreiben Tag für Tag. Journal und Tagebuch*, Mannheim: Duden, 2011; Hanns-Josef Ortheil, *Schreiben auf Reisen. Wanderungen, kleine Fluchten und große Fahrten. Aufzeichnungen von unterwegs*, Mannheim: Duden, 2012; ders. *Schreiben über mich selbst. Spielformen des autobiografischen Schreibens*, Mannheim: Duden, 2014; ders. *Schreiben dicht am Leben. Notieren und Skizzieren*, Mannheim: Duden, 2014; Benjamin Benedict, *Schreiben für Film und Serie. Drehbücher selbst entwickeln*, Mannheim: Duden, 2015, Hanns-Josef Ortheil, *Mit dem Schreiben anfangen. Fingerübungen des Kreativen Schreibens*, Mannheim: Duden, 2017.

4 »[…] entstanden ist kein ›Ratgeber‹, sondern eine Sammlung von Erfahrungsberichten von Autoren, die mit der Unterrichtspraxis vertraut sind und wissen, wo die Probleme derer liegen, die sich dem Schreiben anvertrauen wollen.« Josef Haslinger / Hans-Ulrich Treichel (Hg.), *Wie werde ich ein verdammt guter Schriftsteller? Berichte aus der Werkstatt*, Frankfurt am Main: Suhrkamp, 2005, Klappentext.

5 Hans-Ulrich Treichel ging im März 2018 in den Ruhestand.

6 Sachbücher werden dagegen definiert als »wissensorientiert mit primär privatem Nutzwert«. Vgl. neue Warengruppen-Systematik (WGS), in: *Website des Verzeichnis lieferbarer Bücher* vom 15.7.2006, online unter: https://info.vlb.de/media/wgsneuversion2_0.pdf (geprüft am 7.9.2018).

7 Michael Lentz, »Warum steht jetzt da, was da steht? Eine nachgefragte Inventur«, in: Haslinger / Treichel (Hg.), *Wie werde ich ein verdammt guter Schriftsteller. Berichte aus der Werkstatt*, Frankfurt am Main: Suhrkamp, 2005, S. 156–175, hier S. 175.

8 In dieser Definition folge ich Thomas Klupp, vgl. ders., *Literarische Schreibratgeber. Eine typologisierend-vergleichende Untersuchung*, Frankfurt am Main: Peter Lang, 2015, S. 40.

9 Stefanie Stahl, *Das Kind in dir muss Heimat finden. Der Schlüssel zur Lösung (fast) aller Probleme*, München: Kailash, 2015; Marie Kondō, *Magic Cleaning. Wie richtiges Aufräumen Ihr Leben verändert*, Reinbek bei Hamburg: Rowohlt, 2013; Bodo Schäfer, *Die Gesetze der Gewinner. Erfolg und ein erfülltes Leben*, München: dtv, 2018. Die drei Titel finden sich im Zeitraum von 13.8.2018 – 19.8.2018 auf den Plätzen 2, 23 und 8 der Ratgeber-Bestsellerliste, vgl. https://www.boersenblatt.net/bestseller/ratgeber (geprüft am 28.8.2018). Außerdem Jürgen Müller, *So schreiben sie mühelos ein tolles dickes Buch*, Norderstedt: Books on Demand, 2009; James N. Frey, *Wie man einen verdammt guten Roman schreibt*. Aus dem Englischen von Jochen Stremmel und Hejo Emons, Köln: Emons, 1993.

»lebensnotwendige[n], lebensverlängernde[n], lebensintensivierende[n] Kraft« geworden sein.[10]
In diesem Artikel beschreibe ich die Vermeidung eines Nutzwertversprechens wie im Leipziger Sammelband als eine institutsspezifische Positionierungsstrategie, wenn es darum geht, Wissen übers Schreiben nach außen zu kommunizieren. Dafür werden literarische Schreibratgeber aus der ›Schreibschule‹ zunächst in aktuelle Entwicklungen auf dem Ratgebermarkt eingeordnet sowie die generelle Funktionsweise von Ratgebern systemtheoretisch erläutert (I). Um Charakteristiken von Ratgebern aus Literaturinstituten hervorzuheben, werden anschließend Gemeinsamkeiten und Unterschiede zwischen ratgebenden Experten thematisiert, die ihre Qualifikation außerhalb des Literaturbetriebs begründen (II) oder ihren Status vor allem an ihrer Position innerhalb eines Literaturinstituts festmachen (III). Eine genauere Analyse der narrativen Verfahren ausgewählter Schreibratgeber und Nicht-Ratgeber von Literaturprofessoren wird zeigen, welche schriftstellerischen Fähigkeiten als lehrbar deklariert werden und welche nicht (IV), woraus abschließend Rückschlüsse auf die allgemeine Funktion dieser Ratgeber innerhalb des Literaturbetriebs gezogen werden (V).

I. Rundumrettung in Buchform: der Ratgebermarkt

Auch für den gedruckten Ratgeber gilt die kommunikative Handlung ›einen Rat geben‹ als zentrale Bezugsgröße. Eine Sprecherin schlägt dem Hörer eine Lösungsstrategie für sein Problem vor. Der Vorschlag der Sprecherin muss dabei zum Besten des Hörers erfolgen, der von selbst nicht auf die vorgeschlagene Lösung gekommen wäre. John R. Searle benennt im Rahmen der Sprechakttheorie vier Bedingungen für einen erfolgreichen Verlauf der kommunikativen Handlung ›einen Rat geben‹.[11] Erstens: Dialogizität. Die Ratgeberin weiß genau, worin eigentlich das Problem des Ratsuchenden besteht. Zweitens: Expertise. Die Ratgebende muss Lösungen kennen, die der Ratsuchende nicht kennt. Drittens:

Nutzwert. Die vorgeschlagenen Lösung muss für den Ratsuchenden von Nutzen sein und vor allem mit dessen Mitteln und Möglichkeiten realisierbar. Viertens: Vertrauen. Der Ratsuchende muss darauf vertrauen, dass sich das Beratungshandeln an seinem Interesse, dem Interesse des Ratsuchenden und nicht am Interesse der Ratgebenden orientiert.

Im gedruckten Ratgeber wird die soziale Rolle der ratgebenden Expertin zum Gattungsbegriff. Ebenso wie der kommunikativen Handlung liegt dem Ratgeber ein krisenorientierter Umgang mit einem Sachverhalt zu Grunde. Die Beratung erhält in gedruckter Form allerdings eine buchmediale Dimension. Der schriftlich vermittelte Rat verlangt deshalb ein ganzes Arsenal von Beglaubigungs- und Simulationsstrategien, mit denen die Abwesenheit der Ratgeberin kompensiert werden soll.[12] Diese sind nicht nur entscheidend für eine etwaige erfolgreiche Verwendung des Buchratgebers durch den Leser. Vertrauen in die Expertise der Ratgebenden und in die Relevanz des anvisierten Lebensbereichs ist Voraussetzung für den Buchkauf. Dabei muss die Ratlosigkeit des Käufers nicht zwingend akut oder drastisch sein. Eine professionell Rat gebende Autorin findet mit der entsprechenden Autorität und einer im besten Falle charismatischen Aura der Kompetenz immer noch dunkle Winkel von Erfolglosigkeit, die überwunden, und brach liegende Potenziale, die genutzt werden wollen. Das erklärt zumindest einen Teil des Erfolgs von Lebens- und Selbsthilfebüchern.

Rund 15% trug das Ratgeber-Segment 2017 zum Gesamtumsatz des Buchhandels bei und bildet so zusammen mit Kinder- und Jugendbüchern die wichtigste Säule im Publikumsmarkt nach dem dominierenden Belletristik-Segment. Trotzdem haben Ratgeber ein Image-Problem. Während bestimmte kanonisierte Romane im Bücherregal immer noch als repräsentativ gelten und zum anerkannten Teil des Bildungsprozesses gehören, sind Ratgeber irgendwie peinlich.[13] Sie ermöglichen ihrem Besitzer gerade keine

10 Ortheil, Schreiben über mich selbst, S. 5f.

11 Vgl. Karl N. Renner, »Massenmediales Ratgeben unter den Bedingungen der Medienkonvergenz«, in: *Non Fiktion. Arsenal der anderen Gattungen – Ratgeber*, 7, 1 (2012), S. 25–36, hier S. 29f.

12 Historische Legitimationsstrategien im Vergleich untersuchen Christian Klein und Matías Martínez in dies. »Herausforderungen meistern, Krisen überwinden. Über Ratgeberliteratur aus narratologischer Sicht«, in: *Non Fiktion. Arsenal der anderen Gattungen – Ratgeber*, 7, 1 (2012), S. 57–69, hier bes. S. 58ff.

13 Das verdeutlicht auch die soziale Praxis literarischer Buchhandlungen: Das Fehlen des Ratgebers ist Bestandteil ihres Ladenkonzepts. Es ist nicht allein ein quantitatives, sondern qualitatives Fehlen. Ratgeber werden bewusst nicht eingekauft.

Distinktionsgewinne, die eine Statusverbesserung einbringen. Schließlich hat innerhalb der Leserinnenschaft eines Ratgebers jede und jeder die gleichen Probleme. Unablässig Rat einzuholen – und dies womöglich anonym in Buchform –, ist in einer Gesellschaft der normativen Autonomie eine einfache Methode, sich seine Verwirrtheit mehr oder weniger einzugestehen und gleichzeitig der damit verbundenen Kränkung vorerst ausweichen zu können.

Dabei sind ratgebende Texte keine spezifisch gegenwärtige oder moderne Erscheinung. In der Forschung wird auf Vorläufer wie höfische Fürstenspiegel, Prinzenerziehungsbücher, barocke ›Complimentierbücher‹ und sogenannte Weltweisheiten-Traktate oder Klugheitslehren verwiesen.[14] Es wird allerdings beobachtet, dass Ratgeber erst im Laufe des 18. Jahrhunderts in allgemeinen Gebrauch kommen. Aus systemtheoretischer Sicht wird die Expansion des Beratungssektors im Allgemeinen als Ergebnis funktionaler Differenzierung gelesen: »Steigende Komplexität erzeugt steigenden Beratungsbedarf.«[15] In vormodernen Gesellschaftstypen war über Gruppen-, Schichten und Familienzugehörigkeiten jene »exklusive Adresse, die durch Kommunikation angesteuert werden kann«, für jedes ratsuchende Individuum eindeutig zu identifizieren.[16] Alle Handlungsoptionen und Orientierungen waren durch diese Zuweisungen strukturiert. Jedes Individuum erhielt einen festen Platz, gehörte – mit Luhmann gesprochen – *einem* Teilsystem der Gesellschaft an.[17] Das änderte sich mit der Ausdifferenzierung in funktionsbezogene und autonome Systeme wie Wirtschaft, Recht, Politik, Wissenschaft, Religion oder Kunst, die als selbstreferenzielle, selbst(re-)produzierende, operativ geschlossene Einheiten zwar untereinander verkoppelt sind, jedoch ohne von einem übergeordneten Gesamtsystem zusammengehalten zu werden. Die Perfektionierung der Teilsysteme verlangt die Übersetzung der spezifischen Codes. Zudem ist ein Individuum nicht mehr nur von einem, sondern von vielen verschiedenen Funktionssystemen abhängig und muss sich an all diesen Kommunikationen beteiligen. Damit ist das beratungsbedürftige Klientel generiert: Um die permanent wechselnden Kopplungen mit den Funktionssystemen störungs- und damit schamfrei zu bewerkstelligen, muss sich eine hinreichend komplexe, autonome

Expertïnnenidentität herausbilden, die von jedem Individuum adressierbar ist und den Übergang zwischen den Teilsystemen erleichtert. So kann jede und jeder einen fremden Sachverhalt für sich aktivieren, wenn er oder sie in die Rolle des Ratsuchenden schlüpft, der die Expertïnnenautorität des Ratgebers anerkennt.

Auf dem Buchmarkt tritt die Gattung des Ratgebers erst im gegenwärtigen Jahrhundert in Erscheinung. 2007 teilt der Börsenverein des deutschen Buchhandels dem Ratgeber eine eigene Warengruppe zu, weshalb er auch erst seit diesem Jahr in den entsprechenden Statistiken fassbar ist. Seitdem sinkt der Umsatz gedruckter Ratgeber jedoch – relativ und absolut – kontinuierlich.[18] Immer kürzer werdende Themenkarrieren treffen auf Kundïnnen, die sich per Google-Suche immer besser vorinformiert haben. Und in Foren wie fragmutti.de, gutefrage.net oder chefkoch.de ist Rat nicht nur kostenlos, sondern auch personalisiert einholbar. Dass dabei die Legitimation des Ratgebers für den Nutzerïnnen nicht immer transparent ist, nehmen viele Ratsuchende in Kauf.

Zur Rettung der Ratgeber-Gattung setzt nun einerseits der Buchmarkt an. Seit Januar 2018 spendiert die Fachzeitschrift *Buchreport* gebundenen Ratgebern ab fünf Euro Verkaufspreis einmal monatlich eine eigene Bestsellerliste.[19] Sie soll die Sichtbarkeit der rückläufigen Warengruppe erhöhen. Andererseits ergreifen die Ratgeberautorïnnen selbst Maßnahmen: Sie holen zunehmend zum ganzheitlichen Rundumschlag aus. Im Gegensatz zu den pragmatischen Anleitungen und ›Lifehacks‹ im Internet will der

14 Vgl. Rudolf Helmstetter, »Guter Rat ist (un)modern. Die Ratlosigkeit der Moderne und ihre Ratgeber«, in: Gerhard von Graevenitz (Hg.), *Konzepte der Moderne*, Stuttgart / Weimar: Metzler, 1999, S. 149–172, hier S. 165f. Sowie Burkhard Meyer-Sickendiek, »Vorformen moderner Ratgeberliteratur. Die neuzeitlichen Klugheitslehren von Machiavelli bis Thomasius«, in: Michael Niehaus / Wim Peeters (Hg.), *Rat geben. Zu Theorie und Analyse des Beratungshandelns*, Bielefeld: Transcript, 2004, S. 159–178.

15 Thomas H. Macho, »Zur Ideengeschichte der Beratung. Eine Einführung«, in: Gerd Prechtl, *Das Buch von Rat und Tat. Ein Lesebuch aus drei Jahrtausenden*, München: Diederichs, 1999, S. 16–47, hier S. 29. Die Vielfalt der Ratgeber lässt zwar auf einen Bedarf an derartiger Literatur schließen, nicht jedoch das dahinterstehende Bedürfnismodell erkennen. In der soziologischen Forschung wird das Bedürfnis nach Beratung jedoch häufig mit der unübersichtlichen Komplexität der Gesellschaft begründet. So vermutet etwa Frank Engel, der in der Beratung »eine Reaktion auf die Pluralisierung von Lebensformen und Lebensentwürfen« erkennt. Vgl. Frank Nestmann / Frank Engel / Ursel Sickendick (Hg.), »›Beratung.‹ Ein Selbstverständnis in Bewegung.« In: dies. *Das Handbuch der Beratung. Bd. 1. Disziplinen und Zugänge.* Tübingen: dgvt, 2007, S. 33–43, hier S. 34.

16 Peter Fuchs, »Und wer berät die Gesellschaft? Gesellschaftstheorie und Beratungsphänomen in soziologischer Sicht.« In: ders. / Eckhart Pankoke (Hg.), *Auf dem Wege zur Beratungsgesellschaft? Zur Theorie einer diffusen Praxis*, Schwerte: Katholische Akademie, 1994, S. 67–78, hier S. 67.

17 Niklas Luhmann, *Die Gesellschaft der Gesellschaft*, Frankfurt am Main: Suhrkamp, 1997, S. 636.

18 Vgl. O.A., »Ratgeber. Schwindende Sichtbarkeit«, in: Buchreport, 10.5.2017.

19 Thematisch ist die Ratgeber-Bestsellerliste unterteilt in die größten Themenfelder Essen und Trinken, Hobby und Kreativität, Natur und Tiere sowie Gesundheit. Vgl. O.A., »Viel guter Rat in Buchformat. Jahresbestseller Ratgeber«, *Buchreport*, 1.1.2018.

gedruckte Ratgeber seinen Leserinnen heute nicht mehr nur zum perfekten Krawattenknoten verhelfen oder zur üppig gedeihenden Zimmerpflanze. Ratgeber bieten immer öfter den intellektuellen Überbau für eine völlig neue Lebensphilosophie. Bereits seit einigen Jahren haben Ratgebertitel Konjunktur, die ausgehend von den verschiedensten Fachgebieten auch in die Kategorie Lifestyle fallen. So müssen weltweit über zwei Millionen Menschen Marie Kondōs Bestseller *Magic Cleaning* im Regal stehen haben. In ihrem Ratgeber verspricht die Japanerin ihren Lesern nicht nur Ordnung im Kleiderschrank. Richtiges Aufräumen soll sich heilsam auf das gesamte Leben auswirken: »Bei vielen lief es am Arbeitsplatz besser, in der Familie klappte es wieder – das ganze Leben fühlte sich plötzlich schöner an.«[20]

II. Laienratgeber oder: Schreiben als Selbsttherapie

Auffällig ist nun, dass an der Grenze von Kreativitätstechniken und Lebensphilosophie gerade ein neuer Prophet auf den Markt drängt: der literarische Schreibratgeber. Aktuelle Titel lauten *Rewrite your life. Schreibend sich selbst entdecken*, *Federleicht – die kreative Schreibwerkstatt. Wie die Kraft Ihrer Worte zur Lebenskraft wird* oder *Das 6-Minuten-Tagebuch. Ein Buch, das dein Leben verändert.*[21] Die dort propagierten expressiv-therapeutischen Ansätze schüren nicht nur die Motivation zum Schreiben, geben nicht nur Übungen und Schreibtipps an die Hand. Sie leiten aus dem Schreiben vielmehr große, ganzheitliche Heilsversprechen ab: »Schwing den Stift. Schreib dich glücklich« liest man etwa in Dominik Spensts *6-Minuten-Tagebuch*.[22] Abseits des sanktionierenden Literaturbetriebs und weit weg von ästhetischen Qualitätsurteilen und -normen steht das Schreiben als reine Praxis im Vordergrund. So heißt es in Barbara Pachl-Eberharts Schreibwerkstatt *Federleicht*: »Weg mit dem staubigen Glauben; dass andere viel talentierter sind. Dass man studiert haben muss, um wirklich schreiben zu dürfen. Weg auch mit den Gedanken, dass man nichts zu sagen hätte. Weg mit alledem! Und her: her mit dem ersten Blatt Papier.«[23] Wie das

Geschriebene anschließend zu bewerten ist, spielt keine Rolle. Beurteilungskriterien für Literatur, Maßstäbe und Beispieltexte aus dem Kanon der Weltliteratur tauchen in den aktuellen Titeln kaum auf. Vermittelt werden Techniken der Selbsttherapie, die sich schlüssig auch in jenes spätmodern-gesamtgesellschaftliche Phänomen einordnen lassen, das Andreas Reckwitz als ›Kreativitätsdispositiv‹ beschrieben hat. Die Kreativität, jene Fähigkeit nach dem Modell des ›Schöpferischen‹ dynamisch Neues hervorzubringen, wird darin nicht nur als subjektives Begehren, sondern auch als soziale Erwartung gelesen.[24] Diese Omnipräsenz der Selbstentfaltung und -verwirklichung hat Auswirkungen auf die Beschaffenheit der hervorgebrachten Kreativität: »Das Neuartige im Sinne des Kreativen ist dann nicht lediglich vorhanden wie eine technische Errungenschaft, es wird vom Betrachter und auch von dem, der es in die Welt setzt, als Selbstzweck sinnlich wahrgenommen, erlebt und genossen.«[25] Die expressiven Schreibratgeber scheinen ein paradigmatisches Exempel für die Reckwitz'sche Diagnose zu sein. Schließlich geht es ihnen weniger um literarästhetische Maßstäbe oder handwerkliche Fähigkeiten als um die aktionistische Kreativität um ihrer selbst willen.

Wenn statt literarischer Qualität psychische Seelenhygiene im Vordergrund steht, muss der literarische Schreibratgeber folglich auch nicht mehr von erfolgreichen Schriftstellerïnnen verfasst sein. Nicht das schriftstellerische Prestige, nicht Expertise, sondern Erfahrung qualifiziert zum Rat geben. Stefanie Duttweiler behauptet in ihrer Untersuchung von Lebenshilferatgebern sogar, dass Autorïnnen dieser Bücher ihre Glaubwürdigkeit gerade aus der fehlenden Institutionalisierung ihres Wissens gewinnen. Zwar müssten sie sich als Expertïnnen ausweisen, deren Status sich aus der Behauptung von Sonderwissen ergibt, eine institutionelle Professionalisierung (an einem Literaturinstitut etwa) würde jedoch

20 Kondō, *Magic Cleaning*, S. 10. Auch Kochbücher begnügen sich nicht länger mit dem Abdrucken von Zutatenlisten und Rühranleitungen. In Ernährungs- und Ratgebertrends wie Vegetarismus und Veganismus wird Essen und Trinken als Lifestyle verkauft, hochwertig und geschenkfähig aufgemacht mit elegant entsättigten Fotos der Ratgeberautoren neben ihrem verfertigten Produkt. Vgl. exemplarisch Ella Woodward, *Deliciously Ella. Genial gesundes Essen für ein glückliches Leben*. Übersetzung aus dem Englischen von Monika Baark, Berlin / München: Berlin Verlag, 2015.

21 Tatijana Milovic, *Rewrite your life. Schreibend sich selbst entdecken*, München: Kailash, 2017; Dominik Spenst, *Das 6-Minuten-Tagebuch. Ein Buch, das dein Leben verändert*, Reinbek bei Hamburg: Rowohlt, 2017; Barbara Pachl-Eberhart, *Federleicht – die kreative Schreibwerkstatt. Wie die Kraft Ihrer Worte zur Lebenskraft wird*, München: Integral, 2017.

22 Spenst, *Das 6-Minuten-Tagebuch*, S. 7.

23 Pachl-Eberhart, *Federleicht – die kreative Schreibwerkstatt*, S. 10.

24 Andreas Reckwitz, *Die Erfindung der Kreativität. Zum Prozess gesellschaftlicher Ästhetisierung*, Berlin: Suhrkamp, 2012, S. 10.

25 Ebd.

die spezifische Legitimität des Erfahrungswissens, die sich vor allem durch den Ausweis eines subjektiv gehärteten Wichtigkeitswissens ergibt, verspielen.[26] So vermarkten sich die Verfasserïnnen selbsttherapeutischer Schreibratgeber auch häufig als leidenserfahrene, nun aber glückliche und geheilte Menschen und als erfolgreiches Fallbeispiel der beworbenen Methode. Wie bereits Marie Kondō ihre Aufräum-Methode mit ihrer eigenen Biografie legitimierte, formulieren auch die Autorïnnen literarischer Schreibratgeber ihre Tipps in einem Narrativ mit ihrer individuellen Lebens- und Leidensgeschichte. So offenbart der Klappentext von *Federleicht – die kreative Schreibwerkstatt. Wie die Kraft Ihrer Worte zur Lebenskraft wird*, dass seine Autorin Barbara Pachl-Eberhart durch eine »dramatische Wende in ihrem Leben« zum Schreiben kam. 2008 verunglückten ihr Mann und ihre zwei Kinder bei einem Autounfall. »Ihre beiden SPIEGEL-Bestseller zeugen von der Kraft, die das Schreiben selbst inmitten einer existenziellen Krise erwecken kann.«[27]

Mit diesen autobiografischen Legitimationsstrategien nähern sich literarische Schreibratgeber – ein in Deutschland relativ junges Phänomen – aktuell narrativen Verfahren an, die in anderen Ratgeberbereichen längst etabliert sind. Die selbsttherapeutische Prägung der Schreibratgeber hat allerdings in Deutschland auch eine historische Tradition. In den 1980er Jahren kamen aus völlig verschiedenen Gesellschaftsschichten stammende Laien zunächst in selbstorganisierten Werkstätten zusammen, dann zunehmend auch in Schreibkursen an Volkshochschulen sowie in vereinzelten Schreibseminaren an Hochschulen. Angestoßen durch Fachdiskussionen der Deutschdidaktikerïnnen, die eine Stärkung der schöpferischen Kreativität der Schülerïnnen im Unterricht forderten,[28] sollte auch in den Laienschreibkursen jede und jeder seine Produktionskraft erproben und entfalten können. Für dieses Phänomen bürgerte sich der Begriff der ›Schreibbewegung‹ ein.[29] Literarische Produktion verstand man hier im politischen Sinne einer Gegen- beziehungsweise Alltagskultur, aber auch als Weg zur Ich-Entwicklung. Die Titel literarischer Schreibratgeber dieser Zeit, würden auf den ersten Blick auch ins heutige Sortiment passen: *… triffst Du nur das Zauberwort. Eine Einführung in die Schreib- und Poesietherapie* oder *Schreiben hilft leben. Wege zur Selbstentfaltung*.[30]

III. Argwohn oder: Professionell Schreibende im Ratgebermarkt

Seit der zweiten Hälfte der 1990er Jahre hat sich allerdings auch in Deutschland das Kreative Schreiben akademisch wie künstlerisch professionalisiert und deutlich von diesen selbsttherapeutischen Ansätzen abgegrenzt. Wie Thomas Klupp in einer der wenigen literaturwissenschaftlichen Abhandlungen zu literarischen Schreibratgebern zeigt, ist zeitgleich mit der Aufnahme des Lehrbetriebs am Deutschen Literaturinstitut Leipzig und dem Diplomstudiengang ›Kreatives Schreiben und Kulturjournalismus‹ in Hildesheim ein Boom literarischer Schreibratgeber zu beobachten.[31] Die »lehr- und lernbare Kulturtechnik« des Kreativen Schreibens (mit großem K), die von der Annahme getragen wird, dass literarisches Schreiben oder zumindest literarische Schreibtechniken von vielen Menschen erlernt werden können, bereitet der Ratgeberliteratur dabei ihren Nährboden. Indem ein öffentliches Bewusstsein dafür herrscht, dass man literarisches Schreiben lernen kann, lassen sich auch Bücher verkaufen, die es zu lehren versprechen. Literarische Schreibratgeber bilden eine Art »popularisierte Vergegenständlichung der Kulturtechnik Kreatives Schreiben, deren Aufstieg sie ihre Entstehung und ihre massenhafte Verbreitung verdanken.«[32]

Erscheinen in den späten 1980er und frühen 1990er Jahren insgesamt rund zwei Dutzend Ratgeberbücher, so werden seit den späten 1990ern jedes Jahr durchschnittlich 15 Schreibratgeber veröffentlicht.[33] 1996 gründet sich der auf Schreibratgeber

26 Vgl. Stefanie Duttweiler, *Sein Glück machen. Arbeit am Glück als neoliberale Regierungstechnologie*. Konstanz: UVK-Verlagsgesellschaft, 2007, S. 143ff. sowie dies. »Professionalisierung von Orientierungswissen? Lebenshilferatgeber als Experten der Lebensführung«, in: Karl-Siegbert Rehberg (Hg.), *Soziale Ungleichheit, kulturelle Unterschiede. Verhandlungen des 32. Kongresses der Deutschen Gesellschaft für Soziologie*, Frankfurt am Main / New York: Campus, 2006, S. 3192–3201.

27 Pachl-Eberhart, *Federleicht – die kreative Schreibwerkstatt*, Klappentext.

28 Vgl. etwa Ingeborg Meckling, *Kreativitätsübungen im Literaturunterricht der Oberstufe*, München: Oldenbourg, 1972 sowie Karl-Heinz Brokerhoff, *Kreativität im Deutschunterricht. Etwas erfinden dürfen ...*, Kastellaun: Henn, 1976.

29 Vgl. zu dieser Entwicklung Barbara Glindemann, *Creative Writing in England, den USA und Deutschland. Kulturelle Hintergründe, literaturwissenschaftlicher Kontext, institutioneller Bezug*, Frankfurt am Main: Peter Lang, 2001, S. 52f.

30 Lutz Werder, *... triffst Du nur das Zauberwort. Eine Einführung in die Schreib- und Poesietherapie*, München / Weinheim: Urban & Schwarzenberg, 1986; Gustl Angstmann, *Schreiben hilft leben. Wege zur Selbstentfaltung*, Freiburg im Breisgau: Herder, 1989.

31 Vgl. Klupp, *Literarische Schreibratgeber*, S. 11. Das Deutsche Literaturinstitut Leipzig nahm 1995 den Lehrbetrieb auf und der Hildesheimer Diplomstudiengang Kreatives Schreiben und Kulturjournalismus im Jahr 1999.

32 Ebd., S. 22.

33 Vgl. ebd., S. 19.

spezialisierte Autorenhaus Verlag. 1998 erscheint James N. Freys *Wie man einen verdammt guten Roman schreibt 2* und wirbt auf dem Buchrücken mit über 30.000 verkauften Exemplaren des ersten Bandes. Auch wenn dort etwas vage zu lesen ist: »Mit seinem ersten Buch *Wie man einen verdammt guten Roman schreibt* hat James N. Frey über 30.000 zufriedene Leser gefunden und sicher das eine oder andere Manuskript auf den Weg zum Leser gebracht.«[34]

Während die Ratgeberproduktion in dieser Zeit noch von Übersetzungen aus dem angloamerikanischen Raum dominiert wurde, erscheint seit den 2000er Jahren eine vergleichbare Menge an originalsprachig auf Deutsch verfassten Publikationen. Außerdem werden sie nun auch von renommierten Autorïnnen verfasst wie der Deutschen-Buchpreis-Gewinnerin Ursula Krechel, dem Thomas-Mann-Preisträger Hanns-Josef Ortheil oder dem Bachmann-Preisträger Kurt Drawert.[35] Vor allem publizieren aber eben auch Dozenten der akademischen Literaturinstitute Schreibratgeber.

Das scheint zunächst einmal verwunderlich, weil diese Herren in bisherigen Publikationen hauptsächlich Verachtung für diese Gattung übrig hatten. So kritisiert Hanns-Josef Ortheil in seinem 2003 erschienenen Aufsatz »Schreiben unterrichten« nicht nur die »hilflos wirkenden deutschen Schreibratgeber«, sondern auch »den Regelzwang und die Eindimensionalität« der amerikanischen Lehrbücher.[36] Michael Lentz, Professor für literarisches Schreiben in Leipzig und derzeitiger Institutsdirektor, sind Schreibratgeber keines Blickes würdig. »Von Creative Writing Books [...] sehe ich hier geflissentlich ab«, bemerkt er zu ihnen lediglich in seinem Essay »Schreiben lernen? Haben andere nicht nötig!« von 2006.[37] Und eine ähnliche Position vertritt auch Stephan Porombka, der bis 2013 zusammen mit Ortheil das Institut für Literarisches Schreiben und Literaturwissenschaft an der Universität Hildesheim leitete. In seinem Vorwort zur Essaysammlung *Erst Lesen. Dann schreiben. 22 Autoren und ihre Lehrmeister* von 2007 vermerkt er mit Blick auf die eigene Publikation:

> Damit grenzen sich diese Essays von Büchern zum Kreativen Schreiben ab, die eine für alle Texte passende

> Regelpoetik propagieren und jene Werke für literarisch ›gelungen‹ halten, die den Marktvorgaben möglichst exakt folgen. Wir verzichten auf solche DIN-Normen fürs Schreiben und gehen davon aus, dass die Regeln fürs literarische Schreiben nicht allgemein formuliert werden können.[38]

Paraphrasiert man die zitierten Aussagen etwas zugespitzt, kann man literarisches Schreiben also nicht lernen, jedenfalls nicht mithilfe von Regeln in Schreibratgebern. Das scheint nicht nur verwunderlich, weil die Autorïnnen ja selbst Schreiben unterrichten und zum Teil Schreibratgeber veröffentlicht haben. Die Schreibschulprofessoren scheinen in Bezug auf Ratgeber auch ziemlich genau die Argumentation übernommen zu haben, mit der sie selbst von zahlreichen Schriftstellerïnnen und Literaturkritikerïnnen angegangen wurden, als sie in den 1990er Jahren ihre Institute gründeten.

Thomas Klupp liest diese Selbstpositionierung als Abgrenzung von amerikanischen Ratgebertiteln wie *Bestseller. Wie man einen Erfolgsroman schreibt* von Zuckerman und *Wie man einen verdammt guten Roman schreibt* von Frey, die genau zu der Zeit auf dem deutschen Markt veröffentlicht worden waren, als die Schreibinstitute ihren Betrieb aufnahmen. Von diesen amerikanischen Publikationen, deren Titel die Marktanpassung und normative Zurichtung der literarischen Produktion bereits unverblümt offenlegen, mussten sich die deutschen Schreibinstitute abgrenzen. Denn eine Sympathisierung mit ihnen hätte laut Klupp jedem Schreibschulbashing nur zusätzliches Wasser auf die Mühlen geleitet.[39]

Ich lese die Selbstpositionierung durch das zitierte Ratgeber-Bashing jedoch auch als Hervorhebung der Vorzüge einer exklusiven

34 James N. Frey, *Wie man einen verdammt guten Roman schreibt. Bd. 2. Anleitung zum spannenden Erzählen für Fortgeschrittene.* Aus dem Englischen von Jochen Stremmel und Hejo Emons, Köln: Emons, 1998, Klappentext.

35 Ursula Krechel, *In Zukunft Schreiben. Handbuch für alle, die schreiben wollen*, Salzburg / Wien: Jung und Jung, 2003; zu Schreibratgebern von Hanns-Josef Ortheil vgl. Anm. 3; Kurt Drawert, *Schreiben. Vom Leben der Texte*, München: C. H. Beck, 2012.

36 Hanns-Josef Ortheil, »Schreiben unterrichten«, in: *Kursbuch*, 153 (2003), S. 53–65, hier S. 54.

37 Michael Lentz, »Schreiben lernen? Haben andere nicht nötig!«, in: Josef Haslinger / Hans-Ulrich Treichel (Hg.), *Schreiben lernen, Schreiben lehren*. Frankfurt am Main: S. Fischer, 2006, S. 30–46, hier S. 32.

38 Olaf Kutzmutz / Stephan Porombka, »Vorwort«, in: dies. (Hg.), *Erst lesen - Dann schreiben. 22 Autoren und ihre Lehrmeister*. München: Luchterhand, 2007, S. 9–13, hier S. 12.

39 Vgl. Thomas Klupp, *Literarische Schreibratgeber*, S. 11ff.

institutionalisierten Autorïnnenausbildung. Denn alle Schreibschulprofessoren verweisen durch ihre Polemik gegen eine Allgemeingültigkeit formulierter Regeln indirekt auf die Dialogizität der Schreibberatung in ihren Instituten. Josef Haslinger äußert in einem Interview mit Marlen Schachinger, er habe sich am Beginn seiner Lehrtätigkeit zwar eingehend mit Schreibratgebern beschäftigt, »setze sie aber in seiner Unterrichtstätigkeit nicht ein, da er diese Werke als nicht praktikabel empfinde, weil sie verständlicherweise nicht auf den jeweiligen eigenen Text der Studierenden eingehen können.«[40] Damit betont Haslinger eine Voraussetzung für erfolgreiche Beratung: den Hörerïnnenbezug. Der Ratgeber muss wissen, worin genau die Probleme der Ratsuchenden bestehen. Das unterscheidet das Ratgeben vom Behaupten, kann aber in Bezug auf Schreibprobleme nur in dialogischen Kommunikationsformen wie im Seminarkontext oder Einzelgespräch verwirklicht werden. Haslinger fügt allerdings hinzu, dass Schreibratgeber »jedoch für Autodidakt/innen hilfreich sein« können.[41]

Es ist darüber hinaus kein Hinweis darauf zu finden, dass Dozentïnnen an Literaturinstituten Schreibratgeber (oder Creative Writing-Handbücher) in ihrem Unterricht einsetzen – auch nicht ihre eigenen. Schreibratgeber aus der ›Schreibschule‹ scheinen sich also weniger an die Studierenden der eigenen Institutionen als an externe Autodidaktïnnen zu richten. Dadurch wird die Exklusivität der institutionellen Schreibausbildung noch einmal hervorgehoben. Schließlich sind die Literaturinstitute die einzigen Orte, an denen optimale, da dialogische Schriftstellerïnnenberatung stattfinden kann. So versuchen Haslinger und Treichel im Vorwort zum Nicht-Ratgeber *Wie werde ich ein verdammt guter Schriftsteller?*, ihre Legitimation und das Vertrauen der Leserïnnen hauptsächlich über die Institution herzustellen: »Die Verfasser [des vorliegenden Sammelbandes, Anm. M.Z.] eint, dass sie entweder als Lehrende oder als Studierende oder auch in beiden Funktionen dem Leipziger Literaturinstitut verbunden waren oder weiterhin verbunden sind.«[42] Durch die Assoziiertheit mit dem Leipziger Literaturinstitut ist die Expertise der Autorïnnen hinreichend bewiesen. Im Vorwort zumindest muss sie mit keinem weiteren Wort begründet werden. Stattdessen reihen sich auch diese

Literaturprofessoren in die Polemik gegen zeitgenössische Ratgebertexte ein: »Es gibt keinen Königsweg, um Schriftsteller zu werden. Es gibt nicht einmal wirklich brauchbare Rezepte, an die sich derjenige halten kann, der das Schreiben erlenen [...] möchte.«[43] Denn wie wohl ein Satz beschaffen sein müsse, der der Leserïnnenschaft auch Lust macht auf den nächsten? »Wir wissen es nicht. Niemand weiß es. Und schon gar nicht diejenigen, die von sich behaupten, sie wüssten *Wie man einen verdammt guten Roman schreibt*, um James N. Freys Schreibratgeber zu zitieren, auf den sich auch der Titel der vorliegenden Essay- und Aufsatzsammlung nicht ohne ironische Absicht bezieht.«[44]

Ob die Veröffentlichungen aus den Literaturinstituten trotz all der Verachtung für die Gattung des literarischen Schreibratgebers nicht doch einiges mit diesen Selbsthilfebüchern gemeinsam haben, soll nun exemplarisch an einem Band aus Ortheils Ratgeberreihe, *Schreiben dicht am Leben. Notieren und Skizzieren*, und dem bereits erwähnten vermeintlichen Nicht-Ratgeber von Haslinger und Treichel *Wie werde ich ein verdammt guter Schriftsteller?* untersucht werden.

IV. Performanz vs. Begabung: Literaturinstitute geben Rat

Interessant scheint besonders eine Gemeinsamkeit, die sowohl Ortheils Schreibratgeber als auch jene selbsttherapeutischen Exemplare für den populären Markt aufweisen: die Fetischisierung analoger Schreibgeräte und -utensilien. Die Vorstellung vom Schreiben – ob nun professionalisiert oder nicht – bleibt bis heute mit einer gewissen Nostalgie verbunden.

Im Anschluss an die Ratgebertrends um Ausmalbücher für Erwachsene und das sogenannte Handlettering, bei meist nur einzelne Wörter aus aufwendig verschnörkelten Buchstaben gezeichnet werden, sind auch populäre zeitgenössische Schreibratgeber

40 Marlen Schachinger, *Werdegang. Varianten der Aus- und Weiterbildung von Autor/innen*, Frankfurt am Main: Peter Lang, 2004, S. 78.
41 Ebd.
42 Josef Haslinger / Hans-Ulrich Treichel, »Vorwort«, in: dies. (Hg.), *Wie werde ich ein verdammt guter Schriftsteller? Berichte aus der Werkstatt*, Frankfurt am Main: Suhrkamp, 2005, S. 7–10, hier S. 10.
43 Ebd., S. 7.
44 Ebd.

medial rückwärtsgerichtet bis technikfeindlich. »Wlan aus, Stifte raus!«, lautet der Leitspruch von Rhiannon Shoves *Echt ich! Ein Stift – tausend Einblicke. Zum Ankreuzen und Ausfüllen.*[45] Um seine selbsttherapeutische Wirkung zu erzielen, muss das Schreiben also unbedingt mit der Hand erfolgen.[46] (Praktischerweise können so Schreibutensilien wie bunte Federkiele, Füllfederhalter, Stifte und elegante Notizbücher von Moleskine, Brunner und co. auf dem Büchertisch gleich mitdrapiert und quer-vermarktet werden.) Auffällig sind außerdem mehrere Ratgeber mit Workbook-Charakter. Im *Journal of Happiness. Du bestimmst selbst, wie glücklich du bist* und dem *6-Minuten-Tagebuch*[47] gibt es mehrere freie Seiten, die der Leser selbst füllen soll. Schreiben wird zur angeleiteten Selbstfürsorge. Mit Spensts *6-Minuten-Tagbuch* sollen drei Minuten am Morgen und drei Minuten am Abend ausreichen, um das Leben Tag für Tag ein bisschen besser zu machen.[48]

Der Schriftsteller und Hochschullehrer Hanns-Josef Ortheil bedient sich in seinem Ratgeber *Schreiben dicht am Leben. Notieren und Skizzieren* ganz ähnlicher Materialitätsfetischismen. In dem für die Ratgeberliteratur topischen legitimatorischen Vorwort verwendet Ortheil eine fiktive Fallgeschichte. Das in diesem Genre beliebte narrative Verfahren suggeriert zumindest eine gewisse Dialogizität. Denn es bleibt offen, ob es sich bei dem eingeführten Protagonisten Kurt um einen realen Fall aus einem von Ortheils Schreibkursen handelt, ob Kurt seine Probleme also Ortheil erzählt hat oder ob die Figur vollkommen frei erfunden ist. Kurts Lage wird in den ersten Sätzen von Ortheils Ratgeber jedenfalls plastisch präsentiert:

> Eigentlich ist Kurt medial perfekt ausgerüstet und hat auch immer alles dabei, was man heutzutage im Medientrubel so braucht: ein Smartphone, einen Laptop, ein iPad. Mit all dem kommt er gut über die Runden, er simst, mailt und twittert, er arbeitet alle paar Tage an seinem Blog, schreibt mindestens dreimal täglich in Facebook, er telefoniert, was das Zeug hält, und er holt sich jeden Tag seine Informationshäppchen frisch aus dem Netz. Kurt fühlt sich auf der Höhe der Zeit und vor allem auf Augenhöhe mit seinen Kollegen und

> Freunden, die solche Geräte natürlich auch alle besitzen und sich wohlfühlen in den kommunikativen Netzen, die man heutzutage ›Communities‹ nennt. Dann aber kommt der Tag, als einer von Kurts Freunden plötzlich mit einem Notizbuch auftaucht. Es ist ein schwarzes, handliches Notizbuch der Firma ›Moleskine‹.[49]

Mit diesem Moleskine beginnen Kurts Probleme. Er beobachtet, wie diese Hefte sich in seinem Umfeld vermehren. Alle Läden verkaufen auf einmal elegante Notizbücher, alle seine Freundinnen kaufen sie auf einmal und notieren hinein, von Hand, und »Kurt muss beobachten, wie sich seine Freunde mit jedem Tag mehr in Schriftsteller verwandeln.«[50] Dem Schriftsteller haftet in diesem Ratgeber also von Beginn an eine gewisse mediale Altertümlichkeit an. Im Gegensatz zu den simsenden und bloggenden Kurts dieser Welt, schreibt ein Schriftsteller von Hand in ein Notizbuch. Und nicht nur das: Mit dem Begriff des Schriftstellers ist in diesem Fallbeispiel nicht etwa ein Beruf oder eine Fähigkeit bezeichnet, sondern zunächst einfach nur eine performative Praktik. Man wird offensichtlich als ›Schriftsteller‹ erkannt, wenn man ein Notizbuch einer bestimmten Marke mit sich führt und in dieses hineinnotiert. Indem Ortheil dieses Notizbuch an den Anfang seines Ratgebers stellt, beginnt er die Vermittlung des Schreibens durch die Vermittlung der Performanz des Schriftstellers. Performanz bezeichnet hier ein komplexes Verhalten, soziale Beziehungen herzustellen.[51] Wir »inszenieren unser Handeln, Sprechen und Interagieren, indem wir es für uns und andere mit Deutungs- und Regieanweisungen versehen«.[52] Bevor Kurt tatsächlich zu

45 Rhiannon Shove, *Echt ich! Ein Stift – tausend Einblicke. Zum Ankreuzen und Ausfüllen.* Aus dem Englischen von Leena Flegler, München: Wilhelm Goldmann, 2016.

46 Einige Ratgeber psychologisieren die Handschrift außerdem und propagieren mit ihrer Optimierung eine ganzheitliche Aufwertung des Seelenheils, vgl. etwa Vimala Rodgers, *Ändern Sie Ihre Handschrift und Sie ändern Ihr Leben*, Stuttgart: Lüchow, 2015.

47 Marius Kursawe, *Journal of Happiness. Du bestimmst selbst, wie glücklich du bist.* München: Ars Edition, 2018; Spenst, Das 6-Minuten-Tagebuch.

48 Spenst selbst musste nach einem schweren Verkehrsunfall mehrere Monate im Krankenhaus verbringen. Der Schicksalsschlag gibt ihm Anlass zur Reflexion seines Lebens und zur Entwicklung seines Tagebuchs. Auch hier legitimiert wieder das eigene Leiden den Ratgebenden. Kreiert hat Spenst daraus ein hochprofessionell vermarktetes Glücksprodukt. Bereits in seinem Eigenverlag »UrBestSelf« verkauften sich nach eigenen Angaben 45.000 Exemplare. Im November 2017 legte Rowohlt das *6-Minuten-Tagebuch* neu auf.

49 Ortheil, *Schreiben dicht am Leben*, S. 5.

50 Ebd.

51 Vgl. Thomas Etzemüller, »Ins ›Wahre‹ rücken. Selbstdarstellung im Wissenschaftsbetrieb«, in: *Merkur* 69, 10 (2015), S. 31–47, hier S. 34.

52 Hans-Georg Soeffer zitiert nach Herbert Willems, »Inszenierungsgesellschaft? Zum Theater als Modell, zur Theatralität von Praxis«, in: ders./Martin Jurga (Hg.), *Inszenierungsgesellschaft. Ein einführendes Handbuch*, Opladen: Westdeutscher Verlag, 1998, S. 23–80, hier S. 29.

schreiben beginnt, versieht er sich also mit den Insignien eines Schriftstellers. Er kauft sich das richtige Notizbuch und signalisiert damit Zugehörigkeit.
Doch sobald diese Darstellung des Schriftstellers erfolgreich eingeübt wurde, stellt sich Kurt bereits das nächste Problem: Im Grunde weiß er gar nicht, wie man mit der Hand in Notizbücher notiert. Er weiß nicht einmal, was er notieren soll, denn er kennt sich im gesellschaftlichen Teilsystem der Kunst nicht aus. Damit hätte Ortheils Ratgeber – kennzeichnend für die Gattung und die zugrundeliegende Sprechhandlung – ein weiteres Mal bewiesen: Die Gefahr, sich lächerlich zu machen, lauert überall. Ratgeber sind daran interessiert, die Angst vor Lächerlichkeit zunächst zu schüren, dann aber Strategien anzubieten, die sie vermeiden helfen, das heißt: den Übergang ins und die Kommunikation mit dem System der Kunst geschmeidiger zu gestalten. Der Ratgeber trachtet damit zugleich genau die Defizite aufzuheben, die er zunächst einmal aufzeigt.

Das Notieren von Hand wird in Ortheils Schreibratgeber als Kulturtechnik präsentiert, die ein gebildeter und moderner Mensch zu beherrschen hat, um dazuzugehören. Wer hier Defizite aufweist, kann auf das Expertïnnenwissen im vorliegenden Schreibratgeber zurückgreifen. Bei Kurt hat's schließlich auch geklappt. So heißt es am Ende von Ortheils Vorwort: »Die Erlösung für Kurt ist dieses kleine, handliche Büchlein: ›Schreiben dicht am Leben‹. Es zeigt, dass und warum Notieren eine Kunst sein kann, und es macht Kurt mit einigen der besten Notierer unter den Schriftstellern der Welt bekannt.«[53] Ortheil legitimiert seinen Ratgeber also nicht nur mit einer fiktiven Fallgeschichte, der erfolgreichen ›Erlösung‹ von Kurt. Der Ratgebende ist auch ein Kenner der Weltliteratur und verfügt damit über die besondere Kompetenz, die Flut der Handlungsoptionen für literarisch minder gebildete Leserïnnen zu überschauen.

Beispieltexte, die meist aus den Werken berühmter Schriftstellerïnnen entnommen sind, stehen im Vordergrund dieses Ratgebers. Sie werden von Ortheil im close reading erläutert und am Ende eines Kapitels wird eine Schreibübung zu den Beispieltexten formuliert. Viele dieser Übungen bedienen sich dabei eines imitierenden Verfahrens. So heißt es in einer Schreibaufgabe in dem Kapitel

»Notieren als Präzisieren«: »Wählen Sie einen Gegenstand Ihrer nächsten Umgebung. Betrachten Sie ihn genau von außen und beschreiben sie dieses Äußere wie Ponge. Beschreiben Sie dann, wie man den Gegenstand gebraucht.«[54] Ästhetische Maßstäbe dafür, wie das Geschriebene anschließend zu bewerten ist, werden auch hier, wie bereits bei ihren selbsttherapeutischen und geächteten Ratgeber-Geschwistern, keine installiert. Es geht also auch hier weniger darum, einen Literaturbegriff oder kritische Maßstäbe zu entwerfen, als das Kreative Schreiben um seiner selbst willen auszuführen.

Ähnliche Ratschläge, die die Performanz von Schriftsteller·innen betreffen, oder zum bloßen Schreiben um seiner selbst willen anleiten wollen, finden sich auch in Michael Lentz' Beitrag »Warum steht jetzt da, was da steht? Eine nachgefragte Inventur« im Band *Wie werde ich ein verdammt guter Schriftsteller*. So heißt es dort: »Hör mit dem Rauchen auf – fang es erst gar nicht an. Rauchen vermittelt nichts, außerdem den Trugschluss, beim Schreiben kreativer zu sein. Schnell ist die Packung aufgeraucht, das Blatt Papier aber noch völlig unschuldig.«[55] oder »Triff Entscheidungen: Ich will jetzt einen Roman schreiben, ich will jetzt einen Gedichtband schreiben, etc. Fang an. Aber immer schön locker bleiben.«[56] Sie sind überschrieben mit »Ein Strategienbündel des Schreibens von Prosatexten und Gedichten: Reformulierung eigener Arbeitserfahrungen«. Wie bereits im Vorwort ausreichte, dass die Autor·innen des Sammelbandes als Lehrende oder Studierende mit dem Literaturinstitut verbunden waren, setzt sich hier die Narration der biografischen Legitimationsstrategie fort – allerdings in besonders radikaler Form. Die Beratung von Schreibenden in Literaturinstituten wird zwar explizit thematisiert. Von außen herangetragen bleibt sie nach Lentz allerdings ohne Erkenntniseffekt beim Beratenen:

> Was auch immer dir in einem Schreibseminar gesagt wird, du wirst es nie einsehen. Vielleicht ersetzt du mal das eine Wort durch ein anderes, streichst einen ganzen Satz, erweiterst ein Romankapitel, nimmst ein anderes heraus, änderst den Titel eines Gedichts …

53 Ortheil, *Schreiben dicht am Leben*, S. 6.
54 Ebd., S. 76.
55 Lentz, »Warum steht jetzt da, was da steht. Eine nachgefragte Inventur«, S. 175.
56 Ebd., S. 165.

> wirklich einsehen kann man nur sich selbst – höchstens. Und das ist auch gut so. Wenn ein Schreibseminar nur das bewirkt, ist es schon eine Menge.[57]

Eine Verbesserung des Schreibens ist demnach nur durch die ›Einsicht in sich selbst‹ möglich, die durch Beratung allenfalls angestoßen, nicht jedoch vollzogen werden kann. Während diese selbsttherapeutische Lebensweisheit womöglich auch in einem der einschlägigen Laienratgeber zu finden wäre, grenzt sich Lentz in einem entscheidenden Punkt von den anderen zitierten Schreibratgebern ab: Besserung steht nicht für jede Leserin und jeden Leser in Aussicht. Schreiben ist nicht für alle erlernbar: »Man hat es oder man hat es nicht.«[58] Für denjenigen, der ›es‹ nicht hat, hilft auch kein Ratgeber mehr. Lentz hat ›es‹ (»Und ich hab's ja.«[59]), verfügt also über eine hinreichende Begabung zum Schriftsteller, der er bereits ist. Wie seine Leserïnnen herausfinden könnten, ob sie ähnlich begabt sind, beantwortet der Literaturprofessor jedoch nicht. Mit dem Verweis auf die Selbsterkenntnis und Beratungsresistenz des (potenziellen) Schriftstellers ist endgültig die hartnäckige Vorstellung des erlesenen originalästhetischen Genies aufgerufen, das seine Werke allein aus sich selbst heraus schöpft. Lentz' Ratschläge sind so ganz anders gerahmt als bei Ortheil. Während *Schreiben dicht am Leben* die ersehnte »Erlösung für Kurt« stellvertretend für alle genialen und nicht-genialen Leserïnnen garantiert, verweisen Lentz sowie die Herausgeber des Sammelbandes *Wie werde ich ein verdammt guter Schriftsteller?* im Vorwort ausdrücklich auf das, was man mit dem Leipziger Nicht-Ratgeber nicht lernen kann. Haslinger und Treichel richten ihre Publikation zwar zunächst niederschwellig an »jüngere Mensch[en], die schreiben möchte[n]«, fügen jedoch hinzu, dass die Wege künstlerischer und literarischer Entwicklung »von vielen Umständen und Einflüssen« abhängen und »in der Regel nicht planvoll organisiert und organisierbar« sind.[60] Folglich ist Schreiben nicht vollständig erlernbar, weder an einem Literaturinstitut noch durch einen literarischen Schreibratgeber. Denn nur »[w]enn Begabung, Biographie und Schreibwunsch auf günstige Weise miteinander kommunizieren, dann hat der Schreibende eine Chance, zum Schriftsteller zu werden, wenn er es denn unbedingt möchte.«

Dies geschehe dann »in der Regel auf ganz individuelle und zumeist autodidaktische Weise.«[61] Damit hat ein hinreichend begabter, biografisch geeigneter und naturgemäß schreibgetriebener junger Mensch ohnehin keine Schreibberatung nötig, ob nun in persönlicher oder medial vermittelter Form.[62]

V. Wem Schreibratgeber nützen: Fazit

Den infolge von Kreativitäts- und Selbstoptimierungsboom expandierten Schreibratgebermarkt wollen Lehrende akademischer Literaturinstitute offensichtlich nicht den Laien überlassen. Auch diejenigen, die das Schreiben professionell unterrichten, veröffentlichen literarische Schreibratgeber. Allerdings scheinen sich diese, wie gezeigt wurde, im Gegensatz zu ihren Seminaren und persönlichen Beratungen, an eine Leserïnnenschaft außerhalb des Literaturinstituts zu wenden. Das Schreibschul-Studium kann kein Schreibratgeber ersetzen. So ist zumindest die Haltung der deutschen Publikationen zu lesen. Denn im angloamerikanischen Sprachraum werden sogenannte Handbooks von einzelnen Creative Writing-Dozenten explizit für ihre Studierenden, begleitend zu Seminaren herausgegeben. So konzipierte Andrew Cowan seinen Ratgeber *The Art of Writing Fiction* in 12 Kapiteln, analog zu seinem Undergraduate-Seminar an der University of East Anglia.[63] Titel wie Schreibdozent Tom Kealeys *Creative Writing Mfa Handbook: A Guide for Prospective Graduate Students* oder der Sammelband *The portable MFA in Creative Writing. Improve your craft with the core essentials taught to MFA students* propagieren die Ratgeberlektüre außerdem als studienvorbereitend oder -resümierend.[64] Diese Publikationen schrecken vor dem Formulieren konkreter Empfehlungen wie »Show, don't tell«, »Say what you have to say. Say it simple and directly« nicht zurück. Dagegen zeigte die Analyse der Schreibratgeber deutscher Literaturprofessoren,

57 Ebd., S. 174.
58 Ebd., S. 156.
59 Ebd.
60 Haslinger / Treichel, »Vorwort«, S. 7.
61 Ebd., S. 8.
62 Vgl. zu Erfahrung und Biografie als Ressource Kevin Kempkes Beitrag in diesem Band.
63 Vgl. Andrew Cowan, *The Art of Writing Fiction*, Abingdon, Oxon / New York: Routledge, 2011.
64 Vgl. Tom Kealey, *Creative Writing Mfa Handbook: A Guide for Prospective Graduate Students*, London u.a.: Bloomsbury Academic, 2005 sowie The New York Writers Workshop (Hg.), *The portable MFA in Creative Writing. Improve your craft with the core essentials taught to MFA students*, Cincinnati, Ohio: Writer's Digest, 2006.

dass die Publikationen weniger dazu dienen, jenes implizite Wissen, das zur Unterscheidung von guten und schlechten Texten notwendig und an Literaturinstituten präsent ist, mit einer breiten Öffentlichkeit zu teilen. Schreiben wird hier stattdessen als performative Handlung und als selbstzweckhafte Kreativitätstechnik präsentiert, während im Duktus des Geniediskurses ein letzter, nicht lehrbarer Rest als ›Begabung‹ oder ›Erfahrung‹ stilisiert wird.

Auffällig ist außerdem, dass nur sehr wenige Ratgeber – wie etwa das außerdem bereits im Titel als Genreratgeber gekennzeichnete Buch »Heftromane schreiben und veröffentlichen« von Literaturinstitutsabsolventin Anna Basener – Hinweise für die erfolgreiche Kommunikation innerhalb des Teilsystems der Literatur enthalten. Bei Basener finden sich beispielsweise Tipps zur Kommunikation mit Lektoren, die für eine Veröffentlichung der angeleiteten Texte hilfreich sein sollen.[65] Obwohl Literaturbetriebskunde an allen Instituten fester Bestandteil des Lehrplans ist, scheinen die entsprechenden Informationen für das Laienpublikum der Schreibratgeber also als irrelevant erachtet zu werden oder nicht mit ihm geteilt werden zu wollen. Damit dienen die zitierten Polemiken der Lehrenden deutscher Literaturinstitute nicht nur der Abgrenzung von ratgebenden Laienschriftsteller-innen. Sie bestätigen gleichzeitig die Exklusivität und die Notwendigkeit der Existenz ihrer eigenen Schreibinstitute. Denn ein richtiger Schriftsteller kann man eben manchmal durch das Studium an einem Literaturinstitut, sicherlich aber niemals durch die Lektüre eines Schreibratgebers werden.

65 Vgl. Anna Basener, *Heftromane schreiben und veröffentlichen*, Berlin: Autorenhaus Verlag, 2010.

Literaturverzeichnis

O.A.: »Ratgeber. Schwindende Sichtbarkeit«, in: *Buchreport*, 10.5.2017.

O.A.: »Viel guter Rat in Buchformat. Jahresbestseller Ratgeber«, *Buchreport*, 1.1.2018.

O.A.: »Neue Warengruppen-Systematik (WGS)«, in: *Website des Verzeichnis lieferbarer Bücher* vom 15.7.2006, online unter: https://info.vlb.de/media/wgsneuversion2_0.pdf (geprüft am 7.9.2018).

O.A.: »Aktuelle Ratgeber-Bestsellerliste«, online unter: https://www.boersenblatt.net/bestseller/ratgeber (geprüft am 28.8.2018).

Angstmann, Gustl: *Schreiben hilft leben. Wege zur Selbstentfaltung*, Freiburg im Breisgau: Herder, 1989.

Basener, Anna: *Heftromane schreiben und veröffentlichen*, Berlin: Autorenhaus Verlag, 2010.

Benedict, Benjamin: *Schreiben für Film und Serie. Drehbücher selbst entwickeln*, Mannheim: Duden, 2015.

Brokerhoff, Karl-Heinz: *Kreativität im Deutschunterricht. Etwas erfinden dürfen …*, Kastellaun: Henn, 1976.

Cowan, Andrew: *The Art of Writing Fiction*, Abingdon, Oxon / New York: Routledge, 2011.

Drawert, Kurt: *Schreiben. Vom Leben der Texte*, München: C. H. Beck, 2012.

Duttweiler, Stefanie: »Professionalisierung von Orientierungswissen? Lebenshilferatgeber als Experten der Lebensführung«, in: Karl-Siegbert Rehberg (Hg.), *Soziale Ungleichheit, kulturelle Unterschiede. Verhandlungen des 32. Kongresses der Deutschen Gesellschaft für Soziologie*, Frankfurt am Main / New York: Campus, 2006, S. 3192–3201.

Duttweiler, Stefanie: *Sein Glück machen. Arbeit am Glück als neoliberale Regierungstechnologie*. Konstanz: UVK-Verlagsgesellschaft, 2007

Etzemüller, Thomas: »Ins ›Wahre‹ rücken. Selbstdarstellung im Wissenschaftsbetrieb«, in: *Merkur* 69, 10 (2015), S. 31–47.

Frey, James N.: *Wie man einen verdammt guten Roman schreibt*. Aus dem Englischen von Jochen Stremmel und Hejo Emons, Köln: Emons, 1993.

Frey, James N.: *Wie man einen verdammt guten Roman schreibt. Bd. 2. Anleitung zum spannenden Erzählen für Fortgeschrittene*. Aus dem Englischen von Jochen Stremmel und Hejo Emons, Köln: Emons, 1998.

Fuchs, Peter: »Und wer berät die Gesellschaft? Gesellschaftstheorie und Beratungsphänomen in soziologischer Sicht.« In: ders. / Eckhart Pankoke (Hg.). *Auf dem Weg zur Beratungsgesellschaft? Zur Theorie einer diffusen Praxis*, Schwerte: Katholische Akademie, 1994, S. 67–78.

Glindemann, Barbara: *Creative Writing in England, den USA und Deutschland. Kulturelle Hintergründe, literaturwissenschaftlicher Kontext, institutioneller Bezug*, Frankfurt am Main: Peter Lang, 2001.

Haslinger, Josef / Treichel, Hans-Ulrich: »Vorwort«, in: dies. (Hg.), *Wie werde ich ein verdammt guter Schriftsteller?*, S. 7–10.

Haslinger, Josef / Treichel, Hans-Ulrich (Hg.): *Wie werde ich ein verdammt guter Schriftsteller? Berichte aus der Werkstatt*, Frankfurt am Main: Suhrkamp, 2005.

Helmstetter, Rudolf: »Guter Rat ist (un)modern. Die Ratlosigkeit der Moderne und ihre Ratgeber«, in: Gerhard von Graevenitz (Hg.), *Konzepte der Moderne*, Stuttgart / Weimar: Metzler, 1999, S. 149–172.

Helmstetter, Rudolf: »Wenn ich Ihnen einen guten Rat geben darf. Experten für erfolgreiches Leben im falschen«, in: *Merkur*, 66, 9 (2012), S. 957–970.

Kealey, Tom: *Creative Writing Mfa Handbook: A Guide for Prospective Graduate Students*, London u.a.: Bloomsbury Academic, 2005

Klein, Christian / Martínez, Matías: »Herausforderungen meistern, Krisen überwinden. Über Ratgeberliteratur aus narratologischer Sicht«, in: *Non Fiktion. Arsenal der anderen Gattungen – Ratgeber*, 7, 1 (2012), S. 57–69.

Klupp, Thomas: *Literarische Schreibratgeber. Eine typologisierend-vergleichende Untersuchung*, Frankfurt am Main: Peter Lang, 2015.

Kondō, Marie: Magic Cleaning. Wie richtiges Aufräumen Ihr Leben verändert, Reinbek bei Hamburg: Rowohlt, 2013.

Krechel, Ursula: *In Zukunft Schreiben. Handbuch für alle, die schreiben wollen*, Salzburg / Wien: Jung und Jung, 2003.

Kursawe, Marius: *Journal of Happiness. Du bestimmst selbst, wie glücklich du bist*. München: Ars Edition, 2018.

Kutzmutz, Olaf / Porombka, Stephan (Hg.), *Erst lesen – Dann schreiben. 22 Autoren und ihre Lehrmeister*. München: Luchterhand, 2007.

Lentz, Michael: »Warum steht jetzt da, was da steht? Eine nachgefragte Inventur«, in: Haslinger / Treichel (Hg.), *Wie werde ich ein verdammt guter Schriftsteller. Berichte aus der Werkstatt*, Frankfurt am Main: Suhrkamp, 2005, S. 156–175.

Lentz, Michael: »Schreiben lernen? Haben andere nicht nötig!«, in: Josef Haslinger / Hans-Ulrich Treichel (Hg.), *Schreiben lernen, Schreiben lehren*. Frankfurt am Main: S. Fischer, 2006, S. 30–46.

Luhmann, Niklas: *Die Gesellschaft der Gesellschaft*. Frankfurt am Main: Suhrkamp, 1997

Macho, Thomas H.: »Zur Ideengeschichte der Beratung. Eine Einführung«, in: Gerd Prechtl, *Das Buch von Rat und Tat. Ein Lesebuch aus drei Jahrtausenden*, München: Diederichs, 1999, S. 16–47.

Meckling, Ingeborg: *Kreativitätsübungen im Literaturunterricht der Oberstufe*, München: Oldenbourg, 1972.

Meyer-Sickendiek, Burkhard: »Vorformen moderner Ratgeberliteratur. Die neuzeitlichen Klugheitslehren von Machiavelli bis Thomasius«, in: Michael Niehaus / Wim Peeters (Hg.), *Rat geben. Zu Theorie und Analyse des Beratungshandelns*, Bielefeld: Transcript, 2004, S. 159–178.

Milovic, Tatijana: *Rewrite your life. Schreibend sich selbst entdecken*, München: Kailash, 2017

Müller, Jürgen: *So schreiben sie mühelos ein tolles dickes Buch*, Norderstedt: Books on Demand, 2009.

Nestmann, Frank / Engel, Frank / Sickendick, Ursel: »›Beratung.‹ Ein Selbstverständnis in Bewegung«, in: dies. (Hg.), *Das Handbuch der Beratung. Bd. 1. Disziplinen und Zugänge*. Tübingen: dgvt, 2007, S. 33–43.

New York Writers Workshop, The (Hg.): *The portable MFA in Creative Writing. Improve your craft with the core essentials taught to MFA students*, Cincinnati, Ohio: Writer's Digest, 2006.

Ortheil, Hanns-Josef: »Schreiben unterrichten«, in: *Kursbuch*, 153 (2003), S. 53–65.

Ortheil, Hanns-Josef: *Kreatives Schreiben. Blanko Block*, Mannheim: Duden, 2011.

Ortheil, Hanns-Josef: *Schreiben auf Reisen. Wanderungen, kleine Fluchten und große Fahrten. Aufzeichnungen von unterwegs*, Mannheim: Duden, 2012.

Ortheil, Hanns-Josef: *Schreiben über mich selbst. Spielformen des autobiografischen Schreibens*, Mannheim: Duden, 2014.

Ortheil, Hanns-Josef: *Schreiben dicht am Leben. Notieren und Skizzieren*, Mannheim: Duden, 2014.

Ortheil, Hanns-Josef: *Mit dem Schreiben anfangen. Fingerübungen des Kreativen Schreibens*, Mannheim: Duden, 2017.

Pachl-Eberhart, Barbara: *Federleicht – die kreative Schreibwerkstatt. Wie die Kraft Ihrer Worte zur Lebenskraft wird*, München: Integral, 2017.

Porombka, Stephan: *Schreiben unter Strom. Experimentieren mit Twitter, Blogs, Facebook & Co*, Mannheim: Duden, 2011.

Reckwitz, Andreas; *Die Erfindung der Kreativität. Zum Prozess gesellschaftlicher Ästhetisierung*, Berlin: Suhrkamp, 2012.

Renner, Karl N.: »Massenmediales Ratgeben unter den Bedingungen der Medienkonvergenz«, in: *Non Fiktion. Arsenal der anderen Gattungen – Ratgeber*, 7, 1 (2012), S. 25–36.

Rodgers, Vimala: *Ändern Sie Ihre Handschrift und Sie ändern Ihr Leben*, Stuttgart: Lüchow, 2015.

Schachinger, Marlen: *Werdegang. Varianten der Aus- und Weiterbildung von Autor/innen*, Frankfurt am Main: Peter Lang, 2004.

Schäfer, Bodo: *Die Gesetze der Gewinner. Erfolg und ein erfülltes Leben*, München: dtv, 2018.

Schärf, Christian: *Schreiben Tag für Tag. Journal und Tagebuch*, Mannheim: Duden, 2011.

Shove, Rhiannon: *Echt ich! Ein Stift – tausend Einblicke. Zum Ankreuzen und Ausfüllen. Aus dem Englischen von Leena Flegler*, München: Wilhelm Goldmann, 2016.

Stahl, Stefanie: *Das Kind in dir muss Heimat finden. Der Schlüssel zur Lösung (fast) aller Probleme*, München: Kailash, 2015.

Spenst, Dominik: *Das 6-Minuten-Tagebuch. Ein Buch, das dein Leben verändert*, Reinbek bei Hamburg: Rowohlt, 2017.

Werder, Lutz: *... triffst Du nur das Zauberwort. Eine Einführung in die Schreib- und Poesietherapie*, München / Weinheim: Urban & Schwarzenberg, 1986.

Willems, Herbert: »Inszenierungsgesellschaft? Zum Theater als Modell, zur Theatralität von Praxis«, in: ders. / Martin Jurga (Hg.), *Inszenierungsgesellschaft. Ein einführendes Handbuch*, Opladen: Westdeutscher Verlag, 1998, S. 23–80.

Woodward, Ella: *Deliciously Ella. Genial gesundes Essen für ein glückliches Leben*. Übersetzung aus dem Englischen von Monika Baark, Berlin / München: Berlin Verlag, 2015.

Die Autorïnnen des Bandes

Dr. Marie Caffari, geb. 1968, leitet das Schweizerische Literaturinstitut seit seiner Eröffnung im Jahr 2006, in Biel. Sie hat Literatur an der Universität Lausanne studiert und an der Universität London, Queen Mary College, promoviert. Sie unterrichtet Gegenwartsliteratur im Bachelor ›Literarischem Schreiben‹ und hat in mehreren Forschungsprojekten mitgewirkt, zuletzt im Projekt ›Schreiben als Zwiegespräch: Das Mentorat als Autorinstanz‹ (2014-2018), das vom Schweizerischen Nationalfonds zur Förderung der wissenschaftlichen Forschung unterstützt worden ist.

Dr. Claudia Dürr, geb. 1977, Literaturwissenschaftlerin mit den Forschungsschwerpunkten Gegenwartsliteratur, Praktiken des Literaturbetriebs und digitale Editionsphilologie. 2004 Promotion im Fachbereich Neuere Deutsche Literatur am Institut für Germanistik der Universität Wien; anschließend Post-Doc-Fellow am Institut für Kulturmanagement und Kulturwissenschaft, Wien mit einem Projekt zur wissenstheoretischen Erforschung literarischer Schreibprozesse (Buchpublikation *Wissen, Können und literarisches Schreiben*, gem. mit T. Zembylas, Wien: Passagen Verlag, 2009). Seit 2006 Lehraufträge u.a. an den Universitäten Wien, Graz, Klagenfurt. Derzeit wissenschaftliche Mitarbeiterin an der *Kommentierten Werkausgabe Werner Kofler* (gem. mit W. Straub und J. Sonnleitner, Wien: Sonderzahl Verlag, 2018) am Institut für Germanistik, Wien. Ihre Arbeit wurde u.a. mit dem Theodor-Körner-Preis ausgezeichnet.

Dr. Johannes Franzen, geb. 1984, ist wissenschaftlicher Mitarbeiter am GRK ›Gegenwart/Literatur‹ an der Universität Bonn. Zu seinen Forschungsinteressen zählen Fiktionstheorie, deutsch- und englischsprachige Gegenwartsliteratur, Literatursoziologie und die Geschichte der politischen Lyrik. Veröffentlichungen: u.a. die Monographie *Indiskrete Fiktionen. Theorie und Praxis des Schlüsselromans 1960-2015* (Göttingen: Wallstein, 2018) sowie »Ein Recht auf Rücksichtslosigkeit. Die moralischen Lizenzen der Fiktionalität«, in: *Non-Fiktion* (2017); »›Mehr Bild als Roman‹. Fiktionalität, Faktualität und das Problem der Bewertung«, in: *Der Deutschunterricht* (2016).

Sara Heristchi, M.A., promoviert seit 2016 im Forschungskolleg ›Schreibszene Frankfurt – Poetik, Publizistik und Performanz von Gegenwartsliteratur‹ an der Goethe-Universität Frankfurt. In ihrem Dissertationsprojekt *Fictions of Health: Contemporary Memoirs of Depression* geht sie der Frage nach, wie Depressionen in Zeiten von Prozac erzählt werden. Sie studierte Ethnologie und Amerikanistik in Frankfurt am Main und Amherst, Mass.

Dr. Wolfgang Hottner, geb. 1987, Studium der Germanistik, Komparatistik und Philosophie in München, Berkeley und Stanford. Promotion 2017 an der Humboldt Universität zu Berlin mit einer Arbeit zur Ästhetik und Poetik des Anorganischen im späten 18. Jahrhundert. Seit August 2017 wissenschaftlicher Mitarbeiter am Peter Szondi-Institut für Allgemeine und Vergleichende Literaturwissenschaft der Freien Universität Berlin. Forschungsschwerpunkte im Bereich der Ästhetik und der Wissenschaftsgeschichte, Theorie und Geschichte der Übersetzung, Gegenwartsliteratur und der Lyrik. Habilitationsprojekt zur Geschichte und Theorie des Reims in der Moderne.

Kevin Kempke, M.A., Studium der Germanistik und Politikwissenschaft in Göttingen, von 2016 bis 2019 wissenschaftlicher Mitarbeiter im Graduiertenkolleg ›Schreibszene Frankfurt‹ der VW-Stiftung an der Goethe-Universität Frankfurt mit einem Promotionsprojekt zu den Frankfurter Poetikvorlesungen. Seit 2019 wissenschaftlicher Mitarbeiter am Institut für Literaturwissenschaft (NDL II) der Universität Stuttgart. Aktuelle Forschungsschwerpunkte im Bereich der Autorpoetik und ihrer Geschichte sowie der Literatur und ihrer Institutionen. Aktuelle Veröffentlichung: »Das Schweigen der Maschine – Georges Perec / Italo Calvino«, in: Imme Bageritz / Hartmut Hombrecher / Vera K. Kostial/ Katerina Kroucheva (Hg.): *Fordschritt und Rückblick. Verhandlungen von Technik in Literatur und Film des 20. und 21. Jahrhunderts*, Göttingen: Vandenhoeck & Ruprecht. (Erscheint Ende 2019).

Sonja Lewandowski, M.A., promoviert im Bonner DFG-Graduiertenkolleg ›Gegenwart/Literatur. Geschichte, Theorie und Praxeologie eines Verhältnisses‹. Seit 2017 führt sie eine teilnehmende Beobachtung im neuen Studienschwerpunkt ›Literarisches Schreiben‹ an der Kunsthochschule für Medien in Köln durch, um dort die Entstehung von Autorschaft und Gegenwartsliteratur ethnografisch zu erkunden. Thema der Dissertation: *Autorinnen bilden – Wissens- und Praxisformen an akademischen Schreibschulen*. Zuletzt erschienen zusammen mit Jörg Döring und David Oels (Hg.): »rowohlts deutsche enzyklopädie: *Wissenschaft im Taschenbuch 1955–1968*«, in: *Non Fiktion. Arsenal der anderen Gattungen*, 2 (2017).

Dr. Johanne Mohs, geb. 1981, studierte Romanistik, Kunstgeschichte und Journalistik an der Universität Hamburg und der Universitat de Barcelona. Von 2007 bis 2010 unterrichtete sie französische und spanische Literatur an der Universität Hamburg und seit 2010 arbeitet sie, zunächst als Doktorandin und inzwischen als Post-Doktorandin, an der Hochschule der Künste Bern. Ihre Forschungsinteressen umfassen intermediale Bezugnahmen zwischen Literatur und Fotografie, Manifeste der Europäischen Avantgarden, die Poetik von Tel Quel und OuLiPo, Metaphern für literarische Arbeitsweisen und Materialität in zeitgenössischer Kunst.

Dr. Katja Stopka, Literaturwissenschaftlerin, arbeitet als wissenschaftliche Mitarbeiterin am Zentrum für Zeithistorische Forschung Potsdam. Forschungsschwerpunkte: Literatur und Zeitgeschichte; DDR-Kultur- und Literaturgeschichte; Geschichtskulturen und Wissensordnungen im digitalen Zeitalter. Publikationen u.a.: *Schreiben lernen im Sozialismus. Das Institut für Literatur ›Johannes R. Becher‹* (zus. mit Isabelle Lehn und Sascha Macht), Göttingen: Wallstein, 2018; »Zeitgeschichte, Literatur und Literaturwissenschaft«, in: *Docupedia – Zeitgeschichte. Begriffe, Methoden und Debatten der zeithistorischen Forschung*, 11.2.2010, http://docupedia.de/zg/Literaturwissenschaft; *Semantik des Rauschens. Über ein akustisches Phänomen in der deutschsprachigen Literatur*, München: m-Press, 2005.

Lena Vöcklinghaus, M.A., studierte Soziologie und Kulturwissenschaften in Mannheim, Bogotá und Frankfurt/Oder sowie ›Literarisches Schreiben‹ an der Schreibschule Hildesheim. Seit 2016 ist sie wissenschaftliche Mitarbeiterin im Forschungskolleg ›Schreibszene Frankfurt‹ an der Goethe-Universität in Frankfurt am Main. Sie promoviert zu institutionellen und ästhetischen Rahmungen zeitgenössischer Autorïnnenlesungen im deutschsprachigen Raum.

Miriam Zeh, M.A., ist seit 2016 wissenschaftliche Mitarbeiterin am Forschungskolleg ›Schreibszene Frankfurt‹ an der Goethe-Universität in Frankfurt am Main. Ihr Promotionsprojekt beschäftigt sich mit Ethos und Inszenierung schriftstellerischer Arbeit im literarischen Feld der Gegenwart. Zuvor studierte sie Musik, Germanistik und Philosophie in Köln, Paris und St. Louis, MO.

Impressum

Kevin Kempke / Lena Vöcklinghaus / Miriam Zeh (Hg.)

Institutsprosa –
Literaturwissenschaftliche Perspektiven
auf akademische Schreibschulen

Gestaltung und Satz:
Hannes Drißner (Spector Bureau)
Druck und Bindung:
Druckhaus Köthen GmbH & Co. KG

Erschienen bei:
Spector Books
Harkortstraße 10
04107 Leipzig
www.spectorbooks.com

Distribution
Deutschland, Österreich: GVA, Gemeinsame
Verlagsauslieferung Göttingen GmbH&Co. KG,
www.gva-verlage.de
Schweiz: AVA Verlagsauslieferung AG,
www.ava.ch

Erste Auflage
Gedruckt in Deutschland

ISBN 978-3-95905-287-0

Der Verlag führt mit diesem Band den
Buchbstaben ï für alle Pluralformen ein,
der alle Geschlechter miteinschließt.